치과 나는 의사다

글로벌 치과계를 선도하고 있는 박광범원장의
투명한 경영, 사람 중심의 진료철학!

#메가젠임플란트 #미르치과병원 #Anyridge #R2GATE

박광범 지음

인생은 한권의 책과 같다
-장 파올-

나는 치과의사다

박광범 저

엠지뉴턴

치과계 지도자로부터의 진심 어린 조언들

세계에서 가장 성공한 사람들은 항상 자기 자신과 그들의 가족, 친구에게 정직합니다. 그들의 말은 마음에서 우러나오는 진심을 말하는 것임을 알고 있기 때문에, 사람들은 항상 그들의 말에 귀 기울입니다. 금전적인 이익만을 위해 말을 하거나 행동하지 마십시오. 우리 모두 생계를 유지해야 하는 것을 잘 알고 있지만, 환자 및 동료에게 정직함을 유지한다면 재정적 보상까지 자동으로 따라오게 될 것입니다. 또한, 환자를 수술 절차가 아닌 한 분 한 분의 사람으로 대하십시오. 당신이 하고 있는 일에 최선을 다하여 배울 수 있는 모든 것을 배우십시오. 자기 자신에게 정직하고 자신의 능력이 무엇인지 정확히 알고 계십시오. 더 많은 지식이나 경험을 가진 사람에게 물어보는 것에 대해 주저하지 마십시오. 당신이 아무리 잘 훈련되어 있더라도 다른 방향의 지식을 가졌거나 더 다양한 지식을 가진 사람은 항상 있으며 당신을 도와줄 수 있습니다. 당신이 모르는 것에 대해서는 절대 올바른 진단을 내릴 수 없다는 것을 기억하세요!

데니스 타노우(Dennis Tarnow) 교수
미국 콜럼비아대학, 치주과

II

치의학에는 많은 분야가 있으며, 모든 면에서 어느 정도는 숙련이 되어야 합니다. 우리는 우리가 하는 모든 일을 완벽히 하기 위해 노력해야 하지만, 완벽함의 수준은 다를 수 있으니 부디 자신을 힘들게 하지는 마십시오.

항상 모든 치료 방법, 합병증 및 관리방법등에 대해 환자와 함께 논의하십시오. 이런 설명 과정은, 혹시 모를 합병증이 생겼을 때 당신의 스트레스를 줄여줄 것입니다. 환자가 자신에 대한 치료 방법 등에 대해 많이 알고 있다면, 수술 후 관리를 하는 과정에서나, 심지어 합병증이 발생한 경우에도 쉽게 이해를 구할 수 있을 것입니다.

당신의 관심사가 무엇이든 많은 전문가들에게 배우십시오. 전문가들이 이루어낸 성과에 대해 존중하되, 그들 또한 사람으로서 인간적인 약점을 가지고 있다는 것을 명심하십시오. 각 전문가에게 가서 배우고, 그 배움을 나만의 것으로 만드십시오. 한 가지가 완벽해지지 않았는데 이것 저것 여러 우물을 파는 것은 시야를 더욱 더 좁게 만들어 당신의 환자들에게 나쁜 결과를 초래할 수 있습니다. 독단적인 생각은 위험하지만, 많이 아는 것은 힘이 됩니다. 만약 우리가 가진 것이 망치뿐이라면 모든 것은 못처럼 보일 것입니다. 즉, 편견을 가지고 바라보면 그 본질을 제대로 파악할 수 없다는 점을 명십하십시오.

연단에서 강의하는 사람들을 볼 때, 이분들은 평균적이거나 최악의 케이스가 아닌, 최상의 케이스를 보여준다는 것을 명심하십시오. 그들 또한 여러 실패 사례들을 겪었으며, 그들이 보여주는 완벽한 케이스도 한 두번의 경험만으로 얻어진 것이 아닐 것입니다. 학회나 강연에서 대가들의 훌륭한 케이스를 봤을 때, 당신의 케이스가 나쁘다고 실망하지 마십시오. 모든 면에서 최고가 되는 것은 어려울 수 있지만, 최고의 성과를 거두기 위해서는 항상 영감을 받아야 합니다.

닥터 하워드 그럭만(Howard Gluckman) , 치주과 전문의
남아공, 심미 임플란트 학회 이사

축하의 글과 도움의 말씀들

저의 스승인 헨리 다케이(Henry Takei) 박사님은, '교육자로서의 가장 큰 성취는, 자신이 지식과 경험을 나누어 준 제자가 교육자인 자신을 능가하는 것'이라고 늘 말씀하셨습니다.

저는 1986년 아주 우연한 기회로 박광범 원장을 만났습니다. 당시 UCLA 치과대학 치주과 겸임 교수로 있을 때, 서울 치과 심포지엄에서 연설해 달라는 부탁을 받았습니다. 저는 한국전쟁 직후 대구에서 태어났었기 때문에, 대구에 있는 경북대학교 치과대학을 방문하고 싶었습니다. 그래서 서울 심포지엄이 끝난 후 대구에 있는 치주학과 레지던트들을 위한 외과 세미나를 기획하였고, 거기에서 치주과 1년차 레지던트였던 박광범 원장을 만났습니다. 그는 항상 다른 사람을 돕기를 원했고, 에너지가 넘치고, 똑똑하고, 야망이 있었고, 무엇보다 원칙을 중시하는 사람이었습니다. 그때 박 원장은 저의 강의 슬라이드를 복사하여 다른 레지던트들과 함께 공유하여 공부해도 되는지 허락을 구했고, 저는 'yes'라고 답하였습니다. 제가 했던 최고의 결정 중 하나일 것입니다.

12년 정도가 지나, 제가 한국에서 다시 강의를 할 기회가 있었는데, 중간 쉬는 시간에 박광범 원장이 찾아와서, 자신이 새로 출간한 외과책에 감사하는 마음을 담아 저에게 선물해주었습니다. 그 책에는, 제가 강의에서 가르쳐 온 몇몇 수술 개념과 기법들이 포함되어 있었습니다. 그 당시 저로서는 이루어낼 수 없었던 일을 박 원장이 대신 해 주었습니다. 그 책을 보면서, 과거 어느 UCLA 교수님의 보철학 교재 중 한 권이 본인의 허락 없이 한국에서 인쇄되었던 일이 떠올랐습니다. 저는 그 교수님께 당시 화가 났었는지 물어봤지만, 그는 아니라고 말씀하셨습니다. 그 교수님은 자신이 교육을 하는 사람으로서, 어떻게 되었던 자신의 책을 통해 한 명의 치과의사라도 더 자신의 노하우를 공유하게 된다면 치과 분야에 더 좋은 영향을 줄 것이므로, 감사한 일이라고 말씀하셨습니다.

전문직업인으로서 우리는, 같은 열정과 가치관을 가지고 있으며 우리가 사랑하는 전문분야에 헌신하는 동료들에게 이끌리기 마련입니다. 그 전문직의 핵심 가치를 유지하기 위해 기꺼이 희생하고, 더 나은 발전을 위하여 위험을 감수하는 그런 사람들에게 말입니다. 박광범 원장은 그런 사람이며, 그의 일에 대한 전문성, 성실함, 그리고 다른 사람을 위하는 마음에, 저는 그를 존경하게 되었습니다.

우리는 박 원장이 UCLA에서 방문 교수로 지내는 동안, 동료이자 친구로 더 가까워졌습니다. 열정으로 이루어진 그의 에너지는 한계가 없으며, 그의 긍정적인 열정은 주위 사람들에게도 좋은 영향을 끼쳤습니다. 어떤 사람들은 '박광범 원장만큼 이룬 사람은 세상에 많다.'라고 말할 수 있겠지만, 성실함과 끈기로 많은 장애물을 극복하면서 그가 원하는 모든 것을 성취한 사람은 그다지 많지 않을 것입니다.

박 원장은 애정을 담아 항상 저를 자신의 멘토라고 부릅니다. 그러나 우리가 함께 보낸 30여 년을 돌이켜보면, 오히려 제가 그에게서 배웠고, 그에게서 영감을 얻었으며, 그의 진심 어린 우정에 마음이 따뜻해졌습니다. 이 자서전에서, 박 원장의 절친인 류경호 원장의 아버지께서 그를 위해 일본어 격언을 써 주셨다는 것을 확인할 수 있습니다. '여행을 할 때 동반자가 있다는 것이 안심되듯, 인생을 살아가는 동안 서로를 배려하는 것이 중요하다'라는 격언인데, 이 점을 박 원장은 정확히 이해하고 있는 것 같습니다.

박 원장은 메가젠의 치과 임플란트 기술과 디지털 기술로 한국 뿐만 아니라 전 세계 수천 명의 치과의사에게 영감을 주었습니다. 미르치과 네트워크를 만들고 이끌어 온 그의 비전속에는, 항상 환자를 최우선적으로 생각하면서도 경제적으로 적절한 혜택을 유지 할 수 있는 방법들이 온전히 담겨져 있으며, 많은 치과의사들에게 올바른 치과의사의 길에 대해 생각할 수 있도록 영향을 주었습니다. 그는 뛰어난 임상가이자, 과학자, 혁신가, 교육자, 온정적인 사업가이며, 모은 일에 충실한 사람입니다.

이 자서전은 정직하고 투명합니다. 이 책은 그의 경력 중 흥미진진한 순간과 엄청난 좌절을 맛봤던 순간을 가감 없이 묘사하고 있습니다. 그리고 그가 어떻게 그 모든 힘든 과정을 인내하고 극복했는지를 보여줍니다. 저는 그런 내용이 많은 젊은 치과의사들에게 헌신과 전문성에 관한 강한 영감을 줄 것이라고 확신합니다. 치과의사로서 가질 수 있는 직업의 범위가 아주 방대하다는 것도 깨우쳐줄 것입니다. 박 원장! 출간을 축하드리며, 이 책 이후의 인생의 챕터도 읽어볼 수 있길 고대합니다.

애정을 담아서,
토마스 한

토마스 한(Thomas Han) 교수
미국 남가주대학, 치주과

독일로부터의 헌사
닥터 데트레프 힐데브란트 (Dr. Detlef Hildebrand)
베를린 덴탈포럼(DENTAL-FORUM) 대표
치과임플란트 전문의

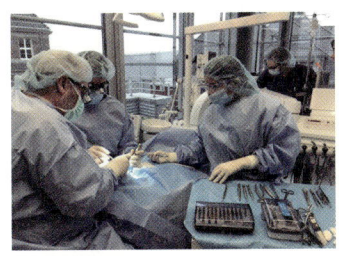

치과 의사로서의 나의 인생:
항상 영감을 얻고, 의욕적으로 임하며, 디지털을 사용한 진료를 한다.

최근 치과 진료는 급격한 변화를 맞이하고 있습니다. 인공지능을 비롯한 치과의 디지털화는 환자들을 위해 더 많은 치료 솔루션을 제시하고 있습니다. 젊은 치과의사들에게는 앞선 지식을 빠르게 배우고, 디지털 방식을 이용하여 효율적으로 진료를 해나가는 것이 아주 중요합니다.

매일 임플란트 진료를 하면서, 우리는 임플란트 치료의 장기적인 안전성을 실현하기 위해, 더 안전한 임플란트 시술과 높은 성공률을 기대하고 있습니다. 이를 위해, 물론 임플란트 시스템이 주요 핵심요인이기는 하나, 거기에 3차원 컴퓨터 모의 시술을 통한 치료 계획의 수립과 정밀한 시술을 통해, 거의 손상이 없는 시술을 해내는 것 또한 매우 중요합니다.

메가젠의 에니리지 시스템(AnyRidge system)과 알투게이트(R2GATE)는 이런 측면에서, 아주 훌륭한 솔루션이며, 이 두 가지 시스템을 통해서, 우리는 어떤 임상 케이스라도 안전하게 시술 할 수 있습니다.

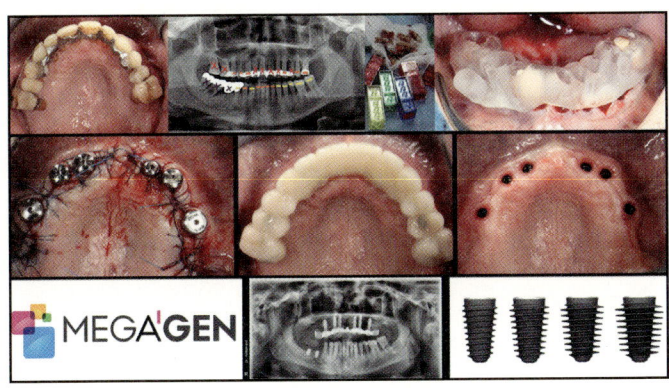

우리는 이 솔루션을 사용하여 임플란트를 이상적인 위치에 편리하게 식립할 수 있을 뿐만 아니라, 식립 즉시 보철물까지 연결 할 수 있습니다.

박 광범 원장과 그의 한국팀들이 그동안 우리가 놓치고 있었던 중요한 요인들을 일깨워 주셨으며, 더 성공적인 임플란트 시술을 할 수 있도록 이끌어 주었습니다.

젊은 치과의사분들께 추천합니다 : 여러분의 지식과 자부심을 찾으세요. 우리는 전 세계의 학회에서 함께 만나고, 어울리며, 임플란트학에 대해서 의견을 나눌 수 있을 것입니다.

이를 이루기 위해 **MINEC** (MegaGen International Network for Education & Clinical Research) 의 문을 두드리면 성공적인 임플란트의 미래를 향한 최고의 티켓을 얻을 수 있을 것입니다.

현대 임플란트 과학은, 매우 분석적이고, 디지털화 되어 있으며, 충분히 지속 가능한 학문이며, 저는 그팀의 일원이라는 것을 자랑스럽게 생각합니다.

박광범 원장님과 메가젠(MegaGen) 팀, 특히 숀(Sian), 론(Lorne), 스테판(Stephan)그리고 파나즈(Farnaz) 및 다른 모든 사람들에게 무한한 감사의 뜻을 전합니다. 그리고 매일매일 그 팀의 일원으로써 충실히 진료하고 있습니다!

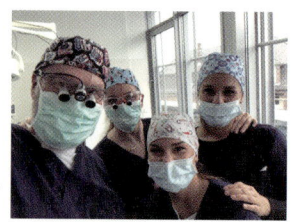

닥터 데트레프 힐데브란트(Dr. Detlef Hildebrand)
독일 베를린, 2020년 5월

Ⅲ

'나는 치과의사다' 출간을 축하 드립니다, 박 원장님!

세계적으로 유명한 메가젠임플란트 회사의 사장, 그리고 미르치과병원 원장으로서의 박 원장님을 존경합니다.

이 책을 읽으면서 저는, 인간적으로 친근하고, 항상 앞으로 나아가는 박 원장의 원동력을 이해할 수 있었습니다. 감사합니다.

닥터 요시하루 하야시(Dr. Yoshiharu Hayashi)
일본, 도쿄, U 치과의원 원장

IV

박 원장님을 알게 된 지 20년이 넘었습니다.

다른 사람들보다 치과 의사로서의 열정과 노력을 몇 배를 더 하시면서, 인성도 연마되어 가는 원장님을 보며, 저 자신도 공부가 됩니다. 하여, 깊이 감사드립니다.

박 원장님, 건강 유의하시고 치과 임상과 회사경영을 지금과 같이 잘해 나가시기를 기도하겠습니다.

이 책을 통해 박 원장님과 같은 훌륭한 치과의사가 한국에서 많이 성장하기를 진심으로 바라고 있습니다.

닥터 마사미치 이토세(Dr. Masamichi Itose)
일본, 후쿠오카, 마사미치 이토세 치과의원 원장

V

일본 치과계에서, 박 원장님과 메가젠의 평가가 높아지고 있는 것에 대해, 매우 기쁘고 자랑스럽게 생각하고 있습니다. 그리고 또한 이 책으로 인해 박 원장님의 훌륭함을 다시 한번 느꼈습니다. 한 사람의 치과의사로서, 한 사람의 사회인으로서, 한 사람의 인간으로서, 많은 것을 배울 수 있었습니다. 앞으로도 무한한 가능성을 지닌 박 원장님의 능력을 최대한 발휘하여 치과계의 발전에 기여해주시기를 바랍니다.

이 책이 더 많은 국가의 치과의사들이 읽을 수 있도록 여러 언어로 번역되어 출판되기를 간절히 바랍니다.

닥터 원 영삼(Dr. Young-Sam Won)
일본, 후쿠오카, 겐(Gen) 치과의원 원장

VI

박광범 원장님을 처음 만났을 때, 저는 진심 어린 연정과 따뜻한 우정을 느꼈습니다. 당시 그는 많은 스트레스를 받는 상황이었음에도 주변 친구들을 위해 항상 귀를 열고 마음을 다하는 특별한 능력을 갖추고 있었습니다. 그것이 그의 성공 비결입니다. 그는 항상 당신을 기다리고 있었던 사람인 것처럼 느끼게 해줄 것입니다.

저는 그가 차분하고 예의 바르고 총명하고 유머러스하며 절대 지루하지 않은 사람인 것을 알게 되었습니다.

그는 세계적으로 성공을 한 임플란트 회사의 최고경영자(CEO)이지만 매우 겸손한 사람입니다.

다른 사람들의 문제나 고민을 많이 들으면서도 그는 절대 싫어하거나 짜증을 내지 않습니다. 대신, 항상 진정성 있는 조언과 전문적인 지식을 바탕으로 사람들을 대하기 위해 노력하고, 모든 순간 기뻐합니다. 그를 생각하면, 지구 반대편에 나를 도와줄 수 있는 사람이 있다는 것을 항상 확신할 수 있습니다.

그는 임플란트 수술에 대한 제 생각을 완전히 바꿔버렸고, 그의 개념 덕분에, 우리는 이제 더 쉽고, 더 빠르고, 더 예측 가능한 많은 사례를 해결할 수 있습니다. 당신의 인생에서 그와 공유 할 수 있는 시간이 단 며칠이라도 있다면, 그는 당신의 진료방법과 수술 방법을 완전히 바꾸어 버릴 것입니다.

공적 혹은 사적으로 박 원장님과 함께 시간을 보낸 모든 사람은 행복을 느낄 것입니다

그리고 그는 뛰어난 외과 의사이고 저보다 훨씬 더 훌륭한 노래방 가수입니다.

박광범 원장님, 모든 것에 감사드리고 곧 만날 수 있길 고대합니다.
올라프(Olaf)

닥터 올라프 다움(Dr. Olaf Daum)
독일, 잔아르츠프락시스(Zahnarztpraxis)

VII

　세계 최고 10대 임플란트 회사의 최고경영자이면서, 더 다양한 치과 분야들에 관심을 가지고 있는 사람을 생각해보라고 하면, 아마 여러분들 중 많은 분들은, 그 사람이 완전히 사업에만 몰두하며, 주식 같은 것에만 관심을 가진 사람을 떠올릴 것입니다.

　그러나 박 원장은 절대 그런 사람이 아닙니다.

　저처럼 수년 전부터 그를 알고 지낼 수 있었던 좋은 기회를 가진 사람들은, 분명히 그가 전형적인 사업가처럼 보이지 않는다고 말할 것입니다. 그는 항상 많은 혁신적인 실험을 진행해왔고, 환자의 삶을 개선할 수 있는 해결책을 찾기 위해 평생을 노력했습니다. 그의 휴머니티는 사업 전반에 널리 퍼져 있습니다.

　그는 상호존중과 기술 향상을 바탕으로 항상 동료 및 임직원들과 친밀한 관계를 맺어왔고, 이러한 방식으로 견고하고 열정적인 팀워크를 만들어냈습니다.

　그는 혁신에 대한 높은 열정을 가지고 있고 동시에 누구를 만나더라도 항상 열린 마음으로 다가갑니다. 항상 새로운 지식을 갈망하는 그는, 모든 미팅에서 가장 첫째 줄에 앉습니다. 그리고 마치 학생처럼 열심히 필기하는 모습을 자주 보여 줍니다.

　젊은 치과의사들을 교육하는 것 또한 그가 열망하는 것들 중 하나입니다. 몇 년 전 그는 몇몇 치의 들과 함께 MINEC International 단체를 설립하였고, 그 후 MINEC 단체는 엄격한 기준을 갖고 급격한 속도로 성장하였고, 모든 MINEC 멤버들이 가족적인 분위기를 가진 매우 특별한 단체가 되었습니다.

　박 원장으로부터 창립 이래 이 단체 이사회에 참여해달라는 요청을 받은 것을 매우 자랑스럽게 생각합니다.

　저처럼 박 원장을 많이 만나 본 사람이나, 단 한 번밖에 못 만나본 사람일지라도 모두 공통으로 느끼는 점들이 있습니다. 그는 매우 천재적인 사람임과 동시에 겸손하고 친근하며, 가족이라는 가치를 일과 사생활 모두에 적용하는 사람입니다. 이러한 점들이 그의 성공의 비결일 것입니다.

박 원장님은 많은 젊은 치과의사분들에게 좋은 본보기가 될 것입니다.

주세페 루옹고(Guiseppe Luongo) 교수
이탈리아, 나폴리대학(Univ of Naples), 구강외과 (Federico II OMS)

VIII

저의 경험상, 아주 소수의 사람만이 한 그룹의 분위기를 변화시킬 수 있었습니다. 저는 바로 그런 분이 박 원장님이라고 생각합니다. 저는 몇 년 전, 박 원장님을 만나는 영광스러운 기회를 얻었습니다. 저처럼, 그도 우리 의료계를 발전 시키고자 하는 열정을 가진 분이셨습니다. 그는 저 뿐만 아니라, 다른 많은 분들께도 훌륭한 조언과 지원, 소중한 답변과 지혜를 아끼지 않으셨습니다.

제가 존경하며 배울 점이 있는 분들은 많이 계시지만, 환자와 우리 모두를 위하여 가치 있는 일을 해내시는 분은 많지 않으며, 저는 그런 분들로부터 특별히 더 많이 보고 배웁니다. 메가젠의 창시자, 리더로서 박 원장님은 용감하고, 훌륭하며, 통찰력이 있고, 너그럽고, 정직하며, 성실한 분입니다.

이 책의 수많은 페이지들이 많은 치과 의사들에게 영감을 줄 것으로 생각합니다. 앞으로의 길을 밝혀 주신 박 원장님께 감사드립니다 – 우리는 당신을 응원하고 있습니다!

닥터 더크 U. 두데(Dr. Dirk U. Duddeck)
독일, 크린임플란트 재단(Cleanimplant Foundation)

감사의 글

치과의사의 길을 걷게 해주신 부모님,
힘든 여정을 묵묵히 함께 해 준 아내와 아들, 딸, 그리고 가족들,
훌륭한 치과진료를 위해 평생을 노력하고 있는 동료 치과의사들,
헌신적인 도움을 주신 우리 진료 스텝들,
회사의 임직원들,
치과계의 여러 구루들께
이 책을 바칩니다.

가슴으로 느끼는 좋은 글(1)

의사는 사람을 살리지만,
치과의사는 사람답게 만듭니다.

- 백암연세치과 정 찬식 원장님

가슴으로 느끼는 좋은 글(2)

> 사람은 가르치며 배운다 (Homines, dum docent, discunt)
> - 도덕에 관한 편지(Epistolae morales), 세네카

Hodie mihi, cras tibi

오늘은 나에게, 내일은 너에게

Si vis vitam, para mortem.

삶을 원하거든 죽음을 준비하라.

～ 그때 문득 인간은 죽어서 그 육신으로 향기를 내지 못하는 대신 타인에 간직된 기억으로 향기를 내는 게 아닐까 생각했습니다. 그 기억이 좋으면 좋은 향기로, 그 기억이 나쁘면 나쁜 향기로 말입니다.

- 한동일의 '라틴어 수업'(흐름출판) 중에서

가슴으로 느끼는 좋은 글(3)

세상에서 가장 어려운 일은 세상을 바꾸는 것이 아니라

당신 자신을 바꾸는 것이다.

- 넬슨 만델라

차례

치과계 지도자로부터의 진심 어린 조언들 5
축하의 글과 도움의 말씀들 7
감사의 글 18
가슴으로 느끼는 좋은 글(1), (2), (3) 19
책을 시작하며 26

치과, 그 변화들 28

디지털 시대의 치과환경 38
디지털 원데이 임플란트의 또 다른 증례(I) 40
디지털 원데이 임플란트의 또 다른 증례(II) 41

나의 치과인생 이야기 43

치과대학 입학, 그리고 대학생활 43
오래 사귀었던 여자 친구와 헤어지다. 55
아버님을 여의다. 58
레지던트 2년차 61
나의 첫 번째 자동차, 포니엑셀, 그리고 새로운 인연 63
결혼 70
첫 아들 그리고 첫 개원 74
제대, 그리고 조교 78
류 경호원장과의 운명적인 만남 87
무급 조교에서 탈출, 유급 조교가 되다 92
둘째가 태어나다 93
학교를 떠나다 95

첫 개원　100
놀라운 능력의 직원들　106
박사학위, 그리고 첫 번째 저서의 출간　108
가우정 치과병원의 시작　113
미국 유학　124
토마스 한 선생님의 결혼　133
UCLA 안에서는 한국인 티를 내지 말아라?　135
인생의 지침을 바꾸어준 첫 번째 세무조사　136
미국까지 찾아오신 두 분의 동방박사　139
대구미르치과병원의 시작　142
드디어 개원!　150
미르치과네트워크, 그 원점과 발전　156
더 나은 미래를 위한 준비　164
모든 파트너 원장에게 유학의 기회를 제공하기로 결정하다　166

  미르치과 네트워크는 생각보다 많은 일을 하고 있습니다!
  (1-국내 교육과 팀웍 훈련)　171
  (2-대한민국 여자검도단 후원)　174
  (3-해외동포 의료봉사활동)　175
  (4-해외 치과의사 교육)　176
  (5-한국문화재 보존-복원 지원)　178

메가젠의 첫 번째 위기, 그리고 도약　179
(주)메가젠 글로벌의 시작과 실패　185
대구미르치과병원 파트너들의 새로운 도전-경산미르치과병원의 건설　190

  2016년 당시 미르치과병의원의 전경 및 임직원 단체사진들　200

미국으로의 도전 206
유럽으로의 첫발, 리투아니아 212
메가젠의 성장과 두 번째 위기 218
글로벌 메가젠 패밀리들의 약진과 국제 심포지엄들 231
디지털 덴티스트리의 시작 246
    2011년 알투게이트가 완성된 후 첫 번째 원데이 임플란트 수술 250

나의 디지털 덴티스트리 이야기(치의학 박사, 김 종철) 252
    〈R2GATE 개발에 영감을 준 이미지〉 252
    〈R2GATE의 탄생〉 255
    〈알투게이트의 진화과정〉 256
    〈알투게이트의 현재〉 261
    〈게이트(GATE) 너머의 미래에 대한 준비〉 264

미르의 분열 그리고 재도약 269
대구미르치과병원의 새로운 시도, 새로운 문제들 282
미넥(MINEC) 그리고 미넥 나이트(MINEC Knight) 295
유럽의 큰 임플란트 업체로부터 투자를 제안받다. 301
리투아니아 명예영사에 임명되다. 309
수상한 흐름 316
그 유럽 회사의 대표이사로부터 우리 딜러들에게 날아든 편지 324
그 유럽 회사 회장의 한국 치과전문지 Dental Today 인터뷰내용 (휴대폰 캡처) 329
신사옥의 건축에 몰두하다 331
끝나지 않은 전쟁 337
그래도 우리는 나아간다. 347
    2017년 African Blitz. 351
    2019년 India-Nepal Blitz. 353

더하는 페이지   356

치과의사가 되고 싶어하시는 분들에게   357
치과에 대해 큰 불만을 가지고 계신 분들께   360
자주 듣는 질문, 하고 싶은 이야기들   379

    인생에서 가장 중요하다고 생각하는 점이 있으면?   379

    동료들과 임직원들, 또 하나의 가족!   382

    대학교수가 꿈이었다는 이야기를 들었는데, 지금도 그런 꿈을 가지고 있나?   387

    치과의사이면서 사업체를 운영하고 있는데, 진료와 경영 중 어느 쪽이 더 호감이 가는지? 그리고 힘들었던 점이나 좋은 점은?   392

    메가젠 임플란트의 예를 보면서, 나도 저렇게 창업을 하고 성공을 거두고 싶다고 하는 분들이 있을텐데, 이 분들에게 조언을 주신다면?   395

    치과의사가 되려는 분들이나 이미 치과대학에 다니는 학생들에게, 성공적인 치과의사가 되기 위해 필수적으로 가져야 할 덕목들에 대해 해주고 싶은 이야기가 있다면?   401

    앞의 질문과는 거꾸로, 이미 성공을 거둔 치과의사들이 조심하여야 할것들이 있을까요?   408

    스스로 가지고 있는 인생의 좌우명은?   414

책을 시작하며

저는 지금 독일 쿌른에서 열리는 세계 최대의 치과의료기기 박람회인 IDS에 참가하기 위해 프랑크푸르트로 향하는 비행기 안에 앉아 있습니다. 2년마다 열리는 이 치과전시회에는 전세계에서 수천 개의 치과 의료 관련 회사들이 참여하고 있는데, 수십만 명의 전시 관계자들과 치과의사들이 치과계의 흐름을 파악하고, 관심사를 서로 나누는 매우 중요한 장이 되어 있습니다. 2002년 70여 명의 젊은 치과의사들이 의기투합해서 시작한 (주)메가젠임플란트도 여기에 전시부스를 내고, 지난 2년간 우리가 노력해서 만들어낸 신개념, 신제품들을 소개합니다. 노력한 만큼 충분한 관심을 끌었으면 좋겠다는 욕심과 함께, 경쟁사들은 어떤 발전과 성과들을 거두고 있을지, 우리가 크게 뒤지지는 않았을지, 긴장감을 잔뜩 가지고 있습니다.

비행기에 오르면서, 지난 수년 동안 내 속에서 꿈틀거리고 있었지만, 이런 저런 이유들로 미루어왔던 생각들을, 이제는 꼭 적어 보아야겠다고 생각했습니다. 망설임의 주된 이유는 '굳이 내가 이런 것들을 적어야 할 필요가 있을까?', '괜히 연관된 분들에게 불편을 끼치거나, 가뜩이나 위축되어 있는 치과 의료분야에 나쁜 영향을 주지는 않을까', '결국 지 자랑하는거 아니냐 라는 오해를 받지는 않을까…' 등등의 생각들이었습니다. 이 책을 써보아야겠다고 생각하게 된 근본적인 계기는, 지난 몇 년 동안 수차례 발생하였던 치과계 내부의 불협화음들로 인해 일반 대중들의 치과의료에 대한 실망스러운 시선에 정말 너무나도 큰 안타까움을 느꼈기 때문입니다.

기본적으로 치과에 가기를 좋아하는 사람은 거의 없습니다. 소음과 통증이 주된 이유로 꼽히지만, 높은 치료비용 또한 치료의 시작을 주저하게 만드는 원인 중의 하나입니다. 치과진료가 즐거운 것은 아니지만, 그 중요성은 누구나 이해하고 있을 것입니다. 이 책에서는 기본적으로 제가 살아온 치과인생에 대해서 이야기하고자 합니다만, 치과치료를 주저하고 있는 분들에게 자신감을 드리기 위해, 지난 30여 년동안 치과의료가 얼마나 발전하였는지에 대해서도 조금 적어 보려고 합니다. 한편으로 치과의료가 어떻게 이루어지는지, 우리 치과의사들이 어떤 고민을 하면서 진료에 임하고 있는지, 들여다 보실 수 있는 기회가 되어서, 치과의사들과 의료진들을 좀 더 이해하실 수 있게 되면 좋겠습니다.

저는 곧 우리 나이로 60살이 되고, 치과의사로서 사회에 입문한 지는 35년이 되었습니다. 아직 인생을 회고할 만큼 나이가 많이 들지도 않았고, 그만큼 지혜가 쌓이지도 못했습니다. 비록 미천한 한 개인 치과의사의 인생스토리에 덧붙여진 궤변들이지만, 미래에 치과의사가 되려고 하는 청소년들에게는, 그들의 꿈에 조금 더 구체적인 내용을 더해 줄 수 있으면 좋겠습니다. 이미 치과의사가 되었지만, 치과의료인으로서의 방향성을 정립하지 못한 젊은 치과의사들에게는, 치과의사로서의 저의 인생이 반면교사가 되었으면 좋겠습니다. 치과계의 중진을 이루고 있는 리더그룹에게는 보다 밝은 미래를 제시하고, 발전적으로 치과계를 이끌어주십사 부탁드리고 싶습니다.

제게 치과의사의 길을 권해주셨던 아버님과 어머님, 한평생 치과의사의 여정을 함께 해주고 있는 아내, 제대로 된 관심이나 격려를 챙겨주지 못했음에도 잘 자라준 아들과 딸에게 먼저 감사의 인사를 해야겠습니다. 미국에 계시는 토마스 한 사부님과 광주 상무미르치과병원의 류 경호 원장님께 크게 머리숙여 감사를 드리고 싶습니다. 일일이 언급하지는 못하지만, 이 두 분 외에 지난 시간 저를 리드해주셨던 많은 멘토분들, 동료치과의사들 그리고 정말 헌신적으로 저와 함께 진료에 임했던 우리 스텝들께도 감사의 인사를 올립니다. 이 분들의 희생과 노력이 없었다면, 지금의 저는 존재하지 않을 것입니다.

2019년 3월 9일
독일행 비행기안에서 박 광범

치과, 그 변화들

　치과 가기를 즐겨하는 사람들은 그다지 없을 듯 합니다. 치과 입구에서부터 풍겨져 나오는 특유의 냄새, 마취 바늘의 공포, 엄청난 소음과 진동으로 온 몸을 움츠려들게 만드는 치과치료의 과정들… 치과의사가 되어 35년이나 지났지만, 어릴적부터 치과를 드나들 수 밖에 없었던 저도 똑같은 악몽들을 가지고 있습니다.

　하지만 오늘날의 치과는 지나온 시절과는 상당히 다르게 발전을 거듭해 왔습니다. 이 기술적인 발전들에 대해서는 뒤에 조금씩 언급을 하겠지만, 무엇보다 국민적 의식이 크게 바뀌어, 치아질환으로 인해 고통을 호소하는 빈도가 크게 줄어들었다는 사실이 매우 중요한 요소입니다. 제가 치과대학을 다닐 때만 하여도, 무의촌 봉사활동이 큰 행사였습니다. 치과의사나 시설의 숫자가 부족한 면도 있었지만, 도심에서 두어시간 떨어진 곳에서조차 치과서비스를 받기가 쉽지 않았습니다. 여름방학마다 이런 곳으로 봉사활동을 가면, 학생들이 베푸는 기초적인 서비스라도 받으려고 수십 명씩 때로는 수백 명씩 줄을 서서 기다리곤 했는데, 그 치료행위의 대부분이 충치가 심해져서 수복이 불가능한 치아들을 '빼주는' 것이었습니다.

　그 당시 초등학교 학생들을 대상으로 구강검진을 다녀보면, 학생들의 대부분이 적게는 몇 개에서 많게는 십수 개의 충치를 가지고 있었습니다. 양치질을 하지 않아서 어린나이임에도 불구하고 치주질환을 가지고 있는 학생들도 적지않게 눈에 띄었습니다. 하지만 요즘의 학생들은 정말 구강건강이 좋아졌습니다. 양치질과 같은 기본적인 예방교육의 영향과 함께, 경제가 좋아짐으로써 조기검진과 치료가 잘 이루어진 덕분이라고 할 수 있겠습니다. 정말 깨끗히 치료되고 잘 관리되어 있는 어린 학생들의 구강상태를 볼 때면, 마치 제 입안인 듯 기분이 좋습니다. 기술과 재료의 발전으로 치과치료에 대한 개념이 크게 변화하였고, 그 결과와 장기적 예후 또한 매우 우수하게 되었지만, 무엇보다도 정기적인 검진과 조기치료가 중요합니다.

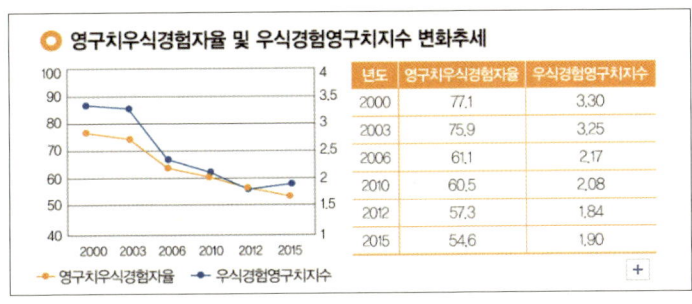

2000년~2015년까지의 영구치 우식 경험자율과 우식 경험 영구치 지수의 변화추세. 그래프에서 보시는 바와 같이 두 지표들이 크게 개선되어 있음을 볼 수 있습니다. 이는 구강건강관리와 조기치료에 대한 국민의 의식이 크게 개선되었음을 나타냅니다.

치과에서의 첫 번째 변화는 '예방'이라고 할 수 있겠습니다. '하루 3번, 식사 후 3분안에, 3분 동안'이라는 333 치과 예방 원칙을 지키시는 분이 얼마나 되시는지 알기는 어렵지만, 30년 전과 비교하면 말로 표현하기 어려울 정도로 좋아진 것은 사실입니다.

여기에 조기진료도 큰 역할을 하고 있습니다. 보통 유치(젖니)는 어차피 없어질 것이므로 치료를 하지 않고 방치하는 경우가 많았지만, 요즘의 부모들은 정말 철저히 관리를 해주고 있습니다. 그 덕분에 영구치가 건강하게 자라날 수 있지요. 보통 유아기에 첫 앞니가 등장하는 것은 출생 후 약 6개월 정도입니다. 그리고 유구치(젖니 어금니)는 1년 반에서 2년 사이에 올라오게 되는데, 이때부터 충치가 나타나기 시작하는 경우도 있습니다. 2살배기 아기에게 입을 크게 벌리고 조용히 얌전하게 치료를 받으라고 하는 것 자체가 말이 되지 않지만, 치료는 해야 하다 보니, 전신마취를 통해서 진료를 하는 빈도가 크게 증가하였습니다. 전신마취가 아이에게 너무 해로운 것이 아닌가 걱정하시는 부모님들도 있지만, 오히려 치과에 대한 고통을 최소화하고, 한꺼번에 모든 문제점들을 해소할 수 있어서, 아이나 부모님들에게 더 좋은 방법이라 생각됩니다. 올바른 잇솔질을 통한 예방이, 가장 기본적이고 더 없이 안전한 방법이지만, 이렇게 어린 나이로부터의 철저한 관리가 궁극적으로 영구치에서는 예방의 역할을 하게 되는 셈입니다.

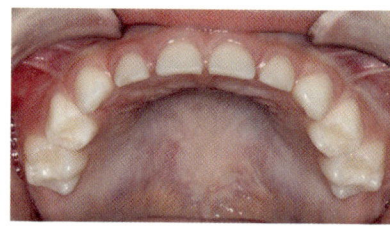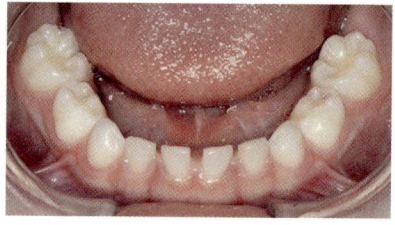

건강하게 잘 관리된 유치들. 구강내에 치아가 등장하기 시작하면, 소아치과 전문의들과 의논하면서 전문적인 관리가 시작되어야 합니다. (사진제공: 대구미르치과병원 소아치과 박 현진 원장님)

대구미르치과병원의 예방 프로그램 중 하나인 '톡포유(TOC4U)'와 이 승봉 원장

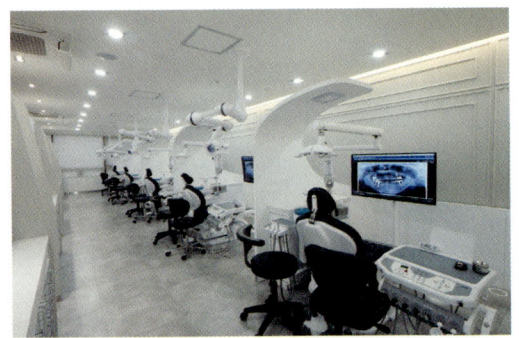

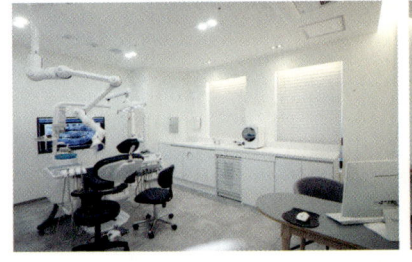
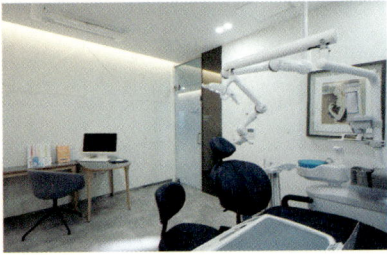

대구미르치과병원 7층의 평생관리센터 전경. 예방은 어떤 치료보다도 더 중요하고, 효과적입니다. 정기적인 방문과 예방적 조치, 그리고 조기치료는 구강내에 치아가 나타나기 시작하는 유아기에서부터 노년기에 이르기까지 매우 중요하며, 전신 건강에도 큰 영향을 미칩니다.

    치과에서의 두 번째 변화는 '심미'입니다. 요즘 치과를 찾는 분들 중 상당히 많은 분들이 '통증'을 이유로 내원하는 것이 아니라, 더 예쁘고 가지런한 치아를 갖기 위해서 내원합니다. 예쁜 얼굴과 좋은 이미지에 대한 사회적인 평가가 점점 더 중요하게 여겨지고 있기에, 정말 많은 사람들이 성형외과적인 치료를 받고 있습니다. 하지만 통계에 의하면 사람의 인상을 좌우하는 여러가지 요소들 중에서 '스마일'이 단연 으뜸으로 꼽히고 있습니다.

여러분도 다 이해하고 계시겠지만, 웃음에도 두 가지 부류가 있습니다. 1800년대 이것을 연구하였던 Duchenne이라는 분의 저서에 나오는 두 가지 웃음을 비교해 보십시오. 오른쪽의 진정한 스마일에 비해, 왼쪽은 소위 '거짓웃음'이라고 합니다. 마음 속에서 우러나오는 진정한 스마일을 추구하는 것이 치과의료인들의 미션이라고 이야기할 수 있습니다. 건강하고 멋진 치아가 이런 미소를 만드는데 정말 중요한 역할을 한다는 것은, 수많은 논문들을 통해 검정된 사실입니다.

위의 두 장의 사진에서 여러분은 무엇을 발견하셨는지요? 가운데 있는 아빠의 앞니가 없어진 것을 보셨나요? 그런데 아빠의 왼쪽 눈썹이 없다는 것도 동시에 발견하셨는지요? 아마도 많은 분들이 치아가 없어진 것을 먼저 발견하고, 한참이 지나서야 눈썹도 없다는 것을 발견하셨을 것입니다. 이것은 1967년 러시아의 Dr. Yabus가 출간한 Eye Movement & Vision이라는 책에서 이미 증명된 바와 같이, 사람이 다른 사람의 얼굴을 볼 때 가장 오랫동안 시선이 머무르는 곳이 바로 '입'이기 때문입니다.

치아의 존재여부는 당연히 대인관계에서 매우 중요한 인상을 줄 것입니다. 하지만 치아가 모두 존재한다고 하여도, 그 가지런함 정도에 따라 그 사람의 첫 인상에 매우 큰 영향을 주게 됩니다. 아래 왼쪽의 기사내용은 첫 인상에 대한 많은 기사들 중 하나입니다.

First Impressions Are Everything: New Study Confirms People With Straight Teeth Are Perceived as More Successful, Smarter and Having More Dates
-- Findings back up the negative judgments about people with crooked teeth; Two in five Americans would not go on a second date with someone who has crooked teeth and more than half believe someone with crooked teeth would be less likely to land a job when competing with someone who has a similar skill set and experience --

첫 인상은 모든 것이다: 새로운 연구의 결과 가지런한 치아를 가진 사람은 더 성공적이고, 더 스마트하다는 선입견을 얻게 되고, 데이트도 더 많이 한다는 것이 증명되었다.
— 삐뚤어진 치아를 가진 사람들에 대한 부정적인 견해를 살펴보자: 미국인 5명 중 2명은 삐뚤어진 치아를 가지고 있는 사람에게 두 번째 데이트를 신청하지 않으며, 절반 이상의 미국인들은 삐뚠 치아를 가진 사람들은 (가지런한 치아를 가진 사람에 비해) 비슷한 기술과 경력을 가졌음에도 불구하고 직장을 얻을 확률이 적다고 믿고 있다.

전통적으로 교정을 통해서 가지런한 치아를 만들어왔지만, 요즘은 심미를 위해 발전된 미니교정이나 라미네이트, 미니쉬 등의 치료법을 통해서 더 쉽고 빠르게 심미를 얻어낼 수 있습니다. 예쁘고 가지런히 배열된 치아는 실제로 단순한 심미를 떠나, 관리적인 측면에서도 매우 유리한 상황이 되므로, 더 오랫동안 건강한 치아를 유지하는데 도움이 됩니다.

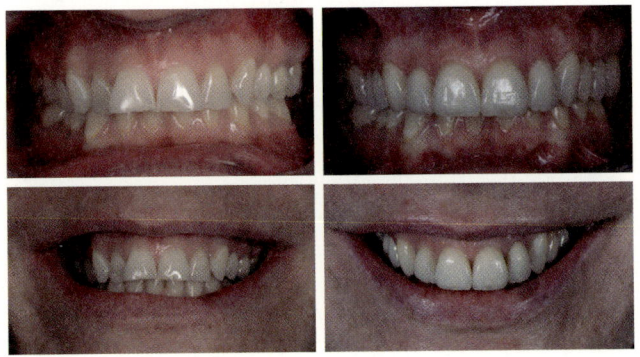

라미네이트 치료 전(왼쪽)과 후(오른쪽)의 스마일 체인지 (사진제공: Dr. Guido Picchocci, MINEC Knight, Italy)

치과 그 변화들

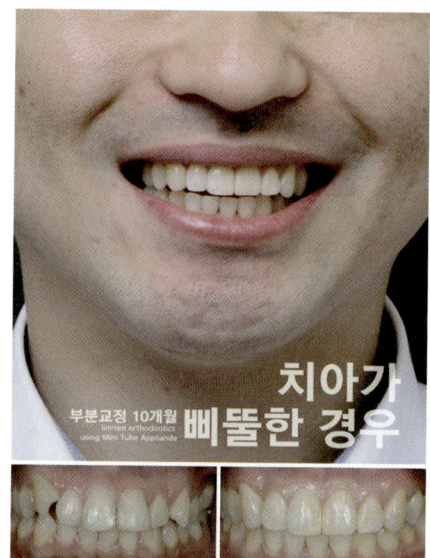
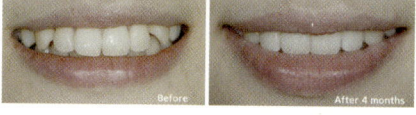
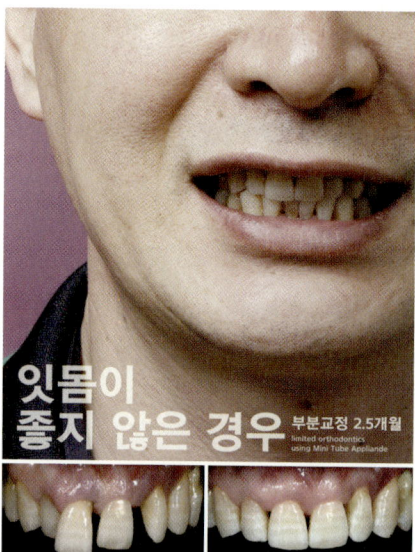
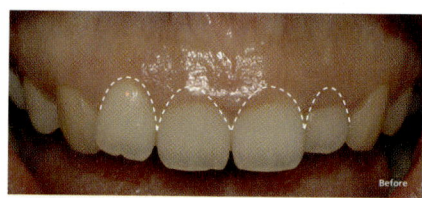
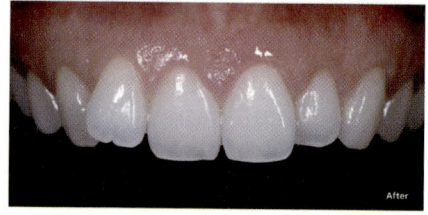

웃을 때 많이 보이는 잇몸
거미스마일 잇몸성형

분명 치아는 바르고 보기 좋은데 웃으면 어색하고 이상하다고 느껴지는 경우
'잇몸'이 바르지 않을 수 있습니다.

잇몸이 바르지 않은 경우, 잇몸절제 성형을 통해 바르고 이상적인 라인을 만들어 줄 수 있습니다.

부분 교정과 간단한 치은 절제술을 통한 심미 치료의 증례들 (사진제공: 대구미르치과 정 성국 원장)
기술과 개념의 발전은 이런 치료들이 수 주에서 3~4개월 이내에 완성될 수 있도록 해 주었습니다.

심미적인 치과치료에 결정적으로 큰 역할을 한 것은 아마도 '치과재료의 발전'이었다고 할 수 있을 것 같습니다. 나이가 지긋하신 분들은 다들 기억하시겠지만, 충치가 있어서 치과를 방문하면, 대개 '아말감'이라는 재료로 소위 '땜빵'을 했습니다. 이 아말감이라는 재료는 제2차 세계대전 중에 개발된 것인데, 주로 은과 수은을 혼합하면 충진이 가능한 상태가 되고, 일정 시간이 지나면 경화되도록 만들어져 있었습니다. 저렴하고 사용이 편리하기는 했지만, 수은이라는 치명적 요소와 함께 치아가 시커멓게 변하는 문제가 있었습니다. 즉, 전혀 심미적이지 못했지요. 경제적으로 여유가 있는 분들은 '금'으로 때우거나 씌우는 치료를 선택하였습니다. 금합금의 부드러운 컬러로 인해 아말감이나 일반 보철 재료들에 비해서는 심미적이긴 하였지만, 역시 자연스럽지는 못했습니다. 이후 레진이라는 심미적인 충전재들이 개발되었고, 캐드캠 기술을 접목한 세라믹 재료들도 보편화되어, 요즘은 거의 대부분의 치아들이 원래의 치아와 같은 컬러와 심미를 유지할 수 있게 되었습니다. 그 덕분에 요즘은 TV나 영화의 사극에서, 배우들이 크게 웃거나 입을 벌릴때 치과치료의 흔적들이 눈에 띄지 않게 되었습니다^^

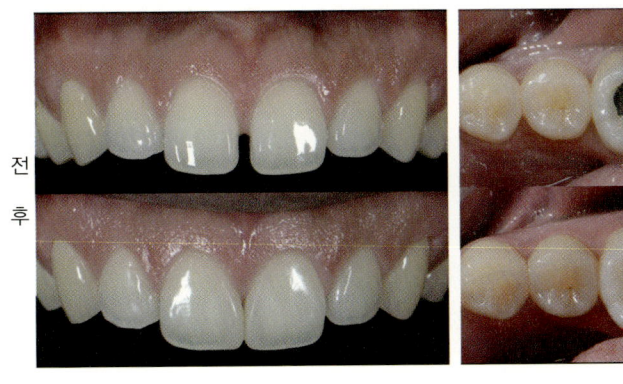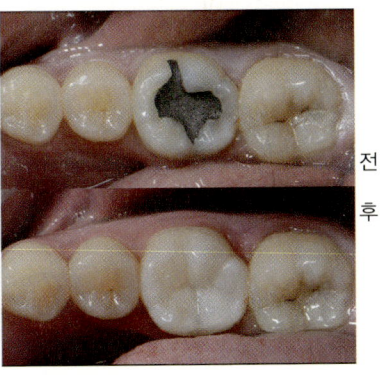

심미 보철 치료의 증례들. 상악 중절치부에 생긴 공간을 커버한 라미네이트 치료(왼쪽)와 오래된 아말감 충전을 세라믹 인레이로 교체한 치료(오른쪽). (사진 제공:수성아트라인치과 조 상호 원장님)

치과 환경의 세 번째 변화는 '디지털과 AI'라고 할 수 있겠습니다. 치과분야에서의 디지털 기술은 '영상' 분야에서 시작되었습니다. 요즘 치과를 방문해 보신 분들은 아시겠지만, 옛날처럼 방사선 촬영을 하고 난 후 필름으로 결과를 보는 것이 아니라, 그저 화면상에 나타나는 이미지로 진단을 하고 치료계획을 하고 있습니다. 영상기법이 아날로그 방식에서 디지털로 바뀐 덕분입니다. 빠르고 간편할 뿐만 아니라, 얼마든지 복사나 이동이 가능해서, 원격진료에 있어서도 큰 도움이 되고 있습니다.

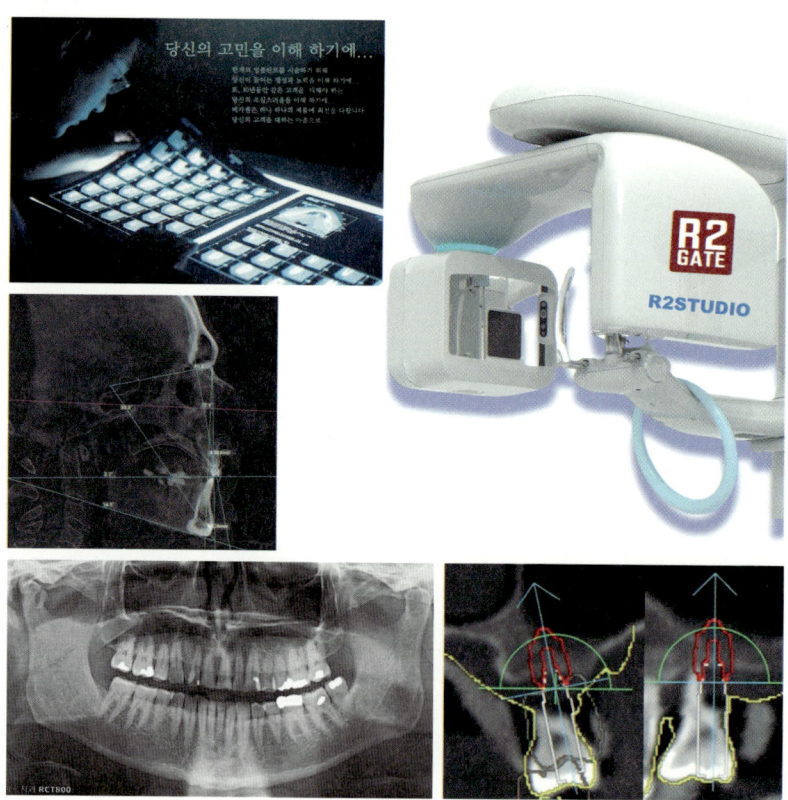

필름에서 디지털 영상으로! 디지털 영상장비의 발전은 진단과 치료계획 분야에서 과거엔 상상하지도 못했던 성과들을 만들어내고 있습니다.

이미징에서 시작된 디지털의 바람은 치료 영역에도 급속히 도입되어서, 많은 치과에서 디지털 장비로 인상(본뜨기)을 하고, 컴퓨터 소프트웨어에서 치료계획을 세우며, 그 결과물들을 캠(CAM, Computer Aided Machining)이라고 불리는 장비들로 출력을 해서 마무리 하고 있습니다.

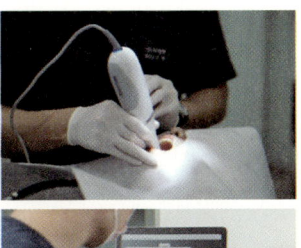
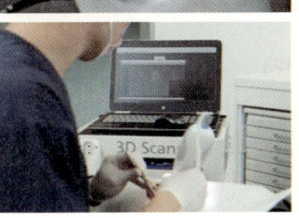
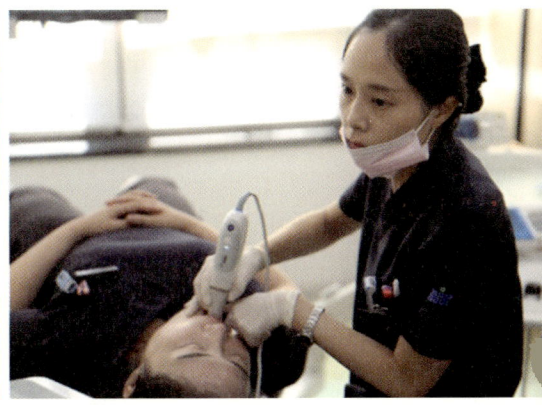

구강스캐너를 통해 인상을 채득하고 있는 모습.

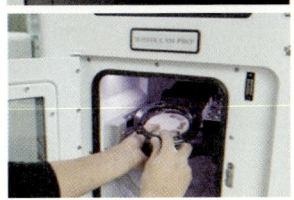
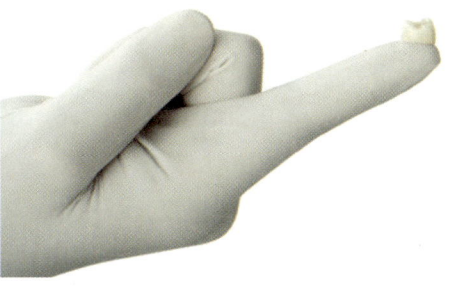

구강스캐너를 통해 얻어진 데이터들은, 캐드(CAD, Computer Aided Design)라고 하는 치아 디자인을 위한 컴퓨터 소프트웨어를 위한 기초자료가 되며, 이후 여러 종류의 밀링 장비(CAM)를 통해 디지털 치아보철물이 만들어집니다.

디지털 시대의 치과환경

소위 '이빨치료'를 하는 곳이 치과이던 시절은 지나가고 있습니다. 치과치료의 근본적인 목적은 잘 씹기위한 '기능'과 함께 완벽한 미소가 어울리는 '심미'를 창조해내는데 있습니다. 안면 사진과 스마일 분석을 위한 과정이 필수적이며, 마치 사진관을 연상시키는 스튜디오가 필요합니다.

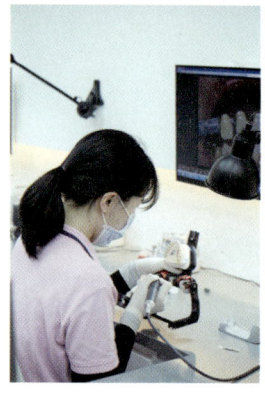

가장 만족스러운 치과 보철물을 만들어내는 데에는, 치과 기공사들의 조력이 절대적으로 필요합니다. 예전에는 왁스와 석고등의 재료를 이용한 수작업으로 하나하나 작업을 이어나갔으나, 지금은 컴퓨터 소프트웨어와 디지털 장비를 통해 대부분의 과정이 연결되어가고 있습니다. 그렇다 하더라도, 최종적인 터치는 결국 사람의 눈과 손을 거칠 수 밖에 없습니다. 그래서 요즘은 이 분들을 치과 디자이너(Dental Designer) 또는 치과 예술가(Dental Artist) 라고 부르고 있습니다.

이러한 디지털 덴티스트리(Digital Dentistry)와 함께, 치과치료의 패러다임에 매우 큰 변화를 이루어낸 부분은, 아마도 '임플란트'일 것입니다. 자연치아를 보존하는 치료법도 큰 발전을 이루어내었지만, 상실된 치아의 수복에 있어서 임플란트의 역할은 가히 혁명적이었다고 할 수 있습니다. 그리고 그 바람은 지금도 계속 이어지고 있습니다.

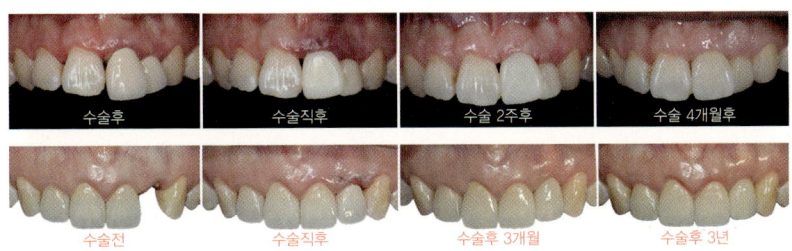

원데이 임플란트의 증례들. 디지털 기술과 임플란트의 발전으로 인해 손상된 치아의 발거, 임플란트의 식립, 뼈이식과 연조직의 처치 및 보철물의 장착이 하루만에 이루어지는 원데이 임플란트 시술 증례들이 점점 더 많아지고 있습니다.

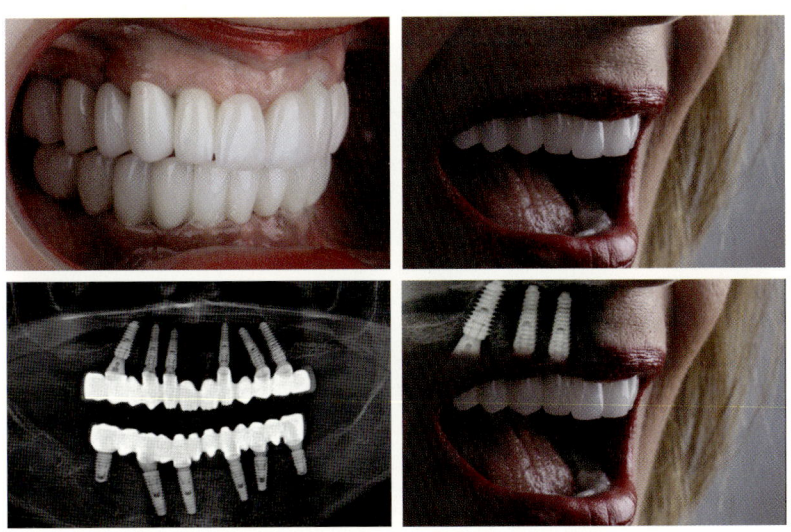

임플란트를 이용한 전악 수복 케이스. 환자에게 완벽하게 어울리는 심미와 기능이 회복된 것을 사진으로도 확인할 수 있을 것입니다. (사진제공 Dr. Cem Dergin, Turkey, MINEC Knight)

디지털 원데이 임플란트의 또 다른 증례(I)

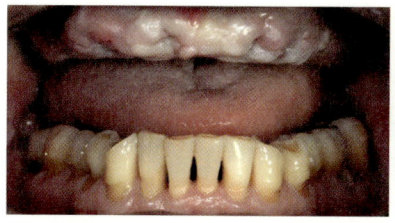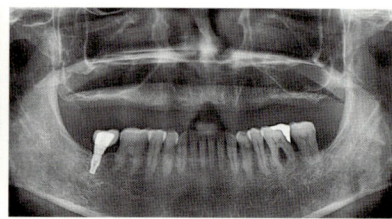

상악 전악 무치악 증례: 이 환자분은 아랫턱 치아들은 상당히 양호한 상태를 유지하고 있었으나, 윗턱은 전체 치아를 상실한 상태였으며, 양쪽 상악동(공기주머니)의 크기가 커서 많은 양의 뼈이식과 상당기간의 치료가 필요한 상태였습니다.

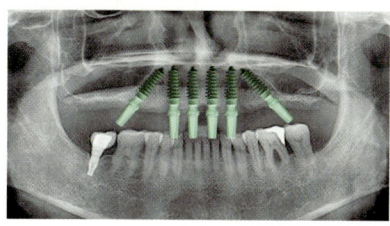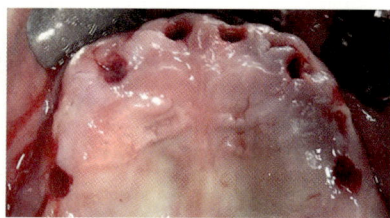

최단시간, 최소한의 치료를 위해 디지털 분석과 치료계획이 수립되었고, 알투게이트 네비게이션으로 치은의 절개없이 수술이 이루어졌습니다.

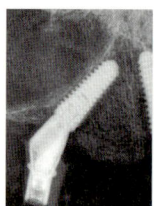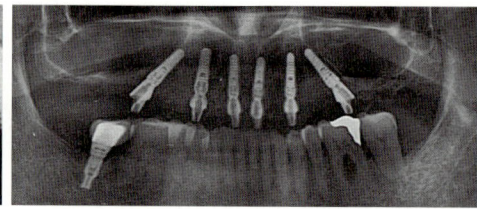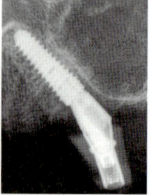

수술 직후의 방사선 사진. 위의 치료계획 단계와 비교할 때, 아주 정확히 네비게이션 수술이 이루어진 것을 확인할 수 있었습니다.

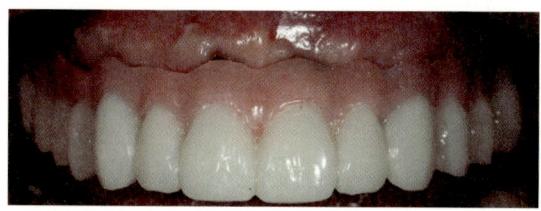

임플란트의 초기 고정력이 매우 우수하였으므로, 수술 당일 임시보철물을 장착해 줄 수 있었습니다. 이 환자분은 수술후 즉시 식사가 가능하게 되었습니다.

디지털 원데이 임플란트의 또 다른 증례(II)

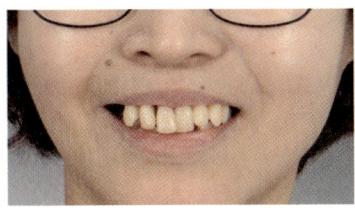
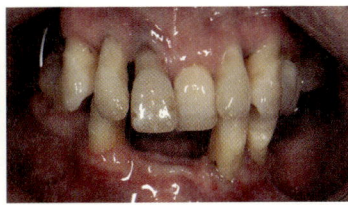

심한 치주염으로 전체 치아의 유지가 어려운 환자분이었습니다.

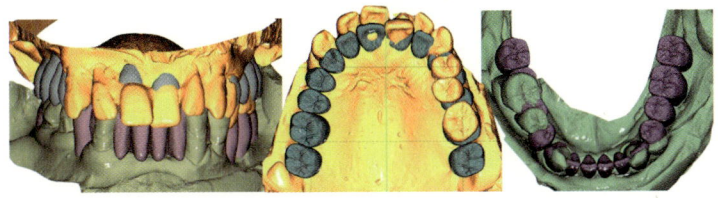

알투게이트 디지털 소프트웨어를 통한 치료계획이 이루어졌습니다. 현재의 불규칙한 치아배열과 치료 후 미래에 만들어질 치아의 배열을 겹치게 표현하여, 환자분이 치료에 대한 이해를 잘 하실 수 있도록 하였습니다.

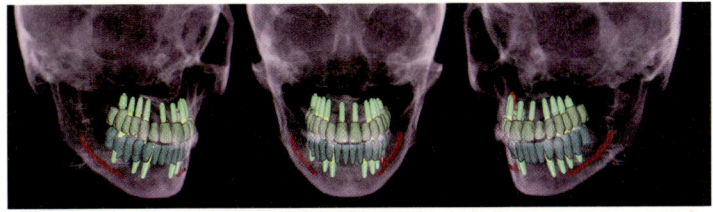

이상적인 치아의 배열에 맞춰, 이상적인 위치에 임플란트가 계획되었습니다.

계획된 위치에 정확하게 임플란트가 식립될 수 있도록 네비게이션 장치물들이 제작되었습니다.

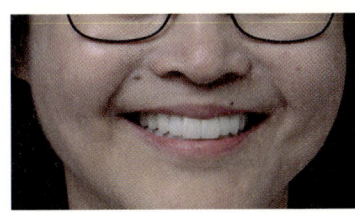
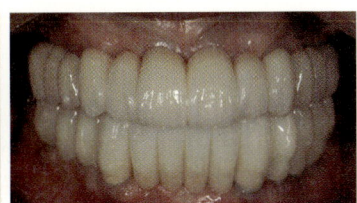

몇 차례의 네비게이션 수술과 뼈이식이 이루어진 이후, 위와 같은 이상적인 결과가 얻어질 수 있었습니다.

앞으로 치과의사가 되실 분들은, 과거와 같이 치과 특유의 냄새와 먼지를 풀풀 날리는 치료환경에서, 좁은 구강내의 보이지 않는 곳을 찾아 헤매며 허리와 목을 숙여 진료하는 것이 아니라, 디지털 진단과 치료법으로 무장하고, 마치 반도체 업체를 연상하는 멋진 공간속에서, 편안하고, 과학적이며, 확실한 예지성을 가진 치료들을 제공할 수 있게 될 것입니다. 치료를 받는 분들 또한, 통증을 가진 '환자'라는 기준이 아니라, 심미와 건강을 추구하는 '고객'으로써, 안락한 환경속에서 즐겁고 기쁜 진료를 받게 될 것이 분명합니다. 물론 현재로서 100% 완성되어 있지는 않지만, 과거 저의 치과인생을 돌이켜보고, 그 변화의 빠름을 감안한다면, 미래 저의 후배님들에게는 정말 멋진 치과의사의 길이 열려있다고 확신합니다. 이것이 제가 치과의사가 되었음에 감사하고, 또 치과의사의 길을 후배들에게 적극 권장하는 이유입니다.

나의 치과인생 이야기

다소 지루한 이야기가 될지도 모르겠습니다.
하지만 결과론적으로 얻어질 한두 마디의 충언만으로는 여러분들의 이해를 구하기에 역부족일 것이라는 것이 저의 생각입니다.
어떤 여정과 고민의 과정을 거쳐 현재의 상태에 도달하게 되었는지를 보여 드리는 것만이, 치과의사라는 직업에 관심을 가지시는 여러분들이 조금 더 구체적인 생각으로 접근하실 수 있게 해 드릴 것이라고 생각하게 되었습니다.

치과대학 입학, 그리고 대학생활

저는 1979년에 치과대학, 정확히 이야기하면, 경북대학교 문리과대학 치의예과에 입학을 하였습니다. 중학교 때부터 부실한 건강 상태 때문에 부모님의 속을 썩여드린 탓에, 의과대학에 진학해서 의사가 되겠다는 꿈을 늘 가지고 있었습니다. 고등학교 2학년 때에는 정말 고통스러운 피부병 (지금 돌이켜 생각해보면 대상포진이었던 것 같습니다)에 걸려, 거의 두어달 학교를 쉬어야 하는 일도 있었지만, 그럭저럭 의과대학에 도전할 정도의 성적은 유지되고 있어서, 경북대학교 의과대학에 원서를 접수할 준비를 하고 있었습니다. 원서 접수일을 일주일 남겨 놓은 어느 날에, 당시 영남대학교 수학과 교수로 재직하고 계시던 아버님께서, 갑자기 치과대학으로 가면 어떻겠냐는 제안을 하셨습니다. 의사로서 모 대학병원에 근무하시던 사촌 형님께서 '앞으로는 치과분야가 더 비전이 있을 것 같다'고 아버님께 조언하신 것이 계기가 되었습니다. 한번도 치과의사가 되겠다는 생각을 해본 적도 없고, 제 치아를 치료해 주시던 치과의사 선생님을 제외하고는 치과분야에 대해 전혀 아는 바가 없던 저로서는 매우 당황스러웠습니다. 며칠간의 투쟁(?)끝에 치과대학행을 받아들이되, 서울대에 진학하게 해달라고 졸랐습니다. 당시 경북대학교 의과대학과 서울대학교 치과대학의 입시성적이 비슷하였으므로, 충분히 합격할 가능성이 있다고 생각하였습니다.

하지만 세 분의 삼촌들과 저를 포함한 세 명의 아들에 대해 실질적인 부양을 감당하셨던 저희 아버님은, 서울에서의 생활비를 지원해 줄 수 없으니, 경북대학교로 진학할 것을 주장하셨습니다. 대신, 당시로서는 쉽지 않았던 '해외여행'을 치과대학 재학 중에 보내주겠다는 제안을 하셨는데, 결국 이 꼬임(?)에 경북대학교 치과대학으로 진학하게 되었습니다. 지금은 참으로 현명한 선택이었다고 생각하고 있지만, 당시에는 꽤나 가슴앓이를 하였습니다.

경북대학교 본교 캠퍼스에서의 대학입시 본고사를 무사히 통과해서, 드디어 1979년 3월 경북대학교 문리과대학 치의예과에 입학을 하였고, 2년 뒤에는 치과대학 본과로 진학하게 되었습니다. 치의예과에서의 공부들은 그다지 흥미로운 것들이 없었기에, 다른 동기들과 함께 신나게 놀러다니고, 대학생으로서의 권리와 혜택(?)들을 마음껏 누렸습니다.

1981년 본과로 올라오면서 교양과목은 완전히 사라지고, 모든 과목이 필수과목으로 변하면서, 매 학기 수료해야하는 학점도 크게 증가하였을 뿐 아니라, 수업의 강도도 엄청나게 세어졌습니다. 소위 이야기하는 '마의 본과 1학년'이었습니다. 그런데 이상하게도 저는 그 공부들이 정말 재미있었습니다. 거의 매주 쪽지시험이 있었던 해부학과 조직학에서 여러번 재시험도 치르곤 했지만, 교과서와 함께 대학노트 몇 권이나 되는 분량의 시험범위를 몽땅 외울 수 있을만큼 재미가 있었고, 그만큼 열정적으로 공부할 수 있었습니다.

하루는 밤샘 공부를 하고 있던 제게, 공부도 좋지만 건강을 생각해서 쉬어가면서 하라는 아버님의 충고에 '저는 지금 하고 있는 공부가 재미있어서, 이렇게 하다가 죽어도 괜찮을 것 같습니다'라고 했다가, 크게 혼난 일도 있었습니다. 어떤 이유때문에 그렇게 몰입할 수 있었는지는 지금도 이해가 잘 되지 않지만, 그때의 기억들이 이후에도 많은 가능성에 자신있게 도전할 수 있는 마음가짐을 가지는데 도움이 되었던 것 같습니다.

본과 1년을 마치고 나서 2학년에 진학할 때에는 전체 치과대학에서 단 한 명에게만 혜택을 주는 '정수장학금'을 받게 되는 행운도 누리게 되었습니다. 당시 국립치과대학의 한 학기 등록금이 23만여 원이었는데, 정수장학금은 학기당 45만원 정도나 되었으니, 등록금의 거의 두 배나 되는 큰 돈이었습니다. 당시 아버님은 많지 않은 봉급으로 집안을 대소사를 건사하고 계셨지만, '장학금은 너의 노력으로 얻어진 결과이니, 네가 원하는대로 용돈으로 사용하라'고 허락해 주셨습니다. 그 뿐만 아니라, 매달 정해진 용돈도 꼬박꼬박 챙겨주셨습니다. 철이 없었던 때의 행동이었지만, 그 용돈과 함께 막대한 장학금의 대부분을 후배들과의 술자리에서 아낌없이 탕진(?)하였습니다. 그 때문인지, 치과대학의 많은 후배들은 저희 집이 '재벌'수준의 부잣집인 줄 알았다고 지금도 이야기하고 있습니다. 이런 환경은 제가 경제적인 부분에서 상당히 자유로운 사고를 할 수 있게 해 주었고, 이후로도 '돈을 버는 일'보다는 '의미있는 치과진료'를 추구할 수 있는 심적 여유를 가질 수 있었습니다. 아버님께서 일찍 타계하시고 한참이나 흘러서, 어머니께서 그때 우리가 얼마나 어렵게 생활을 했었는지를 이야기해 주셨는데, 정말이지 부끄러워 쥐구멍이라도 찾고 싶었습니다. 월급날 어머니께서 생활비를 받으시면, 대개 열흘도 지나지 않아 다 사용이 되어버리고, 그때부터는 동네의 가게에서 필요한 생필품들을 외상으로 갖다 먹고는, 다음 월급날이 되면 그 빚을 갚은 다음, 열흘 후에는 다시 외상으로 생활을 하는, 그런 환경이었다고 한숨을 섞어서 이야기하곤 하셨습니다.

그렇게 어려운 환경에서도, 아들을 믿어주시고 최고의 호기를 부릴 수 있도록 해 주신 부모님께 말로 다할 수 없는 감사를 드립니다. 흙수저, 금수저라는 단어가 등장하기 전이었지만, 정신적으로는 어떤 금수저들보다 여유로움을 누리고 있었고, 이런 배려가 지금의 저를 있게 해준 큰 교훈으로 남아있습니다.

본과 3학년이 되었을때, 새로운 경험을 하게 되는 이벤트가 생겼습니다. 대개 의과대학이나 치과대학에는 기초의학을 연구하고 가르치는 '기초학교실'들이 있습니다. 직접 환자들을 치료하는데 필요한 시술을 가르치는 '임상교실'들과 달리, 해부학, 생리학, 생화학, 약리학, 병리학 등등 임상적 치료에 대한 기초지식을 가르치고, 또 더 나은 임상을 위한 연구활동을 하는 학과들입니다.

치의학은, 치료에 사용되는 재료의 발전에 따라 여러 종류의 치료법이 크게 변화하기 때문에, 그 재료의 개발과 사용법에 대한 연구를 위해 '치과재료학'이라는 교실이 있습니다. 이곳에 공과대학 출신으로 부임하셨던 이 기대교수님께서, '전국 의-치-약학-한의학대학 학생 학술 경진대회'에 도전해보자는 말씀을 하셨고, 운이 좋게도 그 발표팀의 일원으로 뽑히게 되었습니다. 경북대학교 의과대학으로부터 치과대학이 분리 독립된 지 얼마 되지 않았고, 제가 제 6 회 입학생이었으므로, 이런 행사자체가 있는 지도 알지 못하고 있었습니다. 알고 있었다 하더라도, 이를 제대로 지도 감독해 주실 수 있는 교수진도 없었습니다. 치과학을 전공하지 않으셨지만, 공과의 시각으로 바라본 치과재료학 분야에서 이런 도전을 해보게 된 것은 완전히 새로운 세상을 만난 느낌이었습니다.

사실 본과 3학년이라고 하더라도, 기초 치과 재료학을 주제로, 이런 큰 학술대회에서 발표를 할 수 있는 능력은 거의 없다고 보는 것이 옳을 것입니다. 우리들은 교수님께서 만들어주신 내용을 바탕으로 발표문을 만들고, 멋진 발표를 할 수 있도록 앵무새처럼 수백 번을 연습, 또 연습하였습니다.

그 결과, 경남 진주에서 열렸던 그 대회에서, 우리팀은 최우수상을 거머쥘 수 있었습니다. 사실 발표의 내용이나 표현의 방법, 발표자의 발표능력적인 면에서 대상을 받아야 한다고 생각하였지만, 의과대학의 막강한 파워?에 눌려 최우수상에 만족하여야 했습니다. 그래도 이게 어디냐~~! 세상에 한번도 해 본 적이 없던 큰 발표에 도전해 본 것 만으로도 엄청난 경험이었는데, 거기서 최우수상까지 먹었으니!!! 이 이벤트를 계기로 '발표 (presentation)'의 중요성을 몸소 느낄 수 있었습니다.

저는 어릴 적부터 대인공포증이 있어서, 학급내에서 발표를 할 일이 있거나, 반장선거 같은 작은 일 때문에 급우들 앞에만 서도, 얼굴이 붉어지고, 가슴이 벌렁거려서 말문을 열지 못하였습니다. 조리있는 설명은 커녕, 혼자 감정에 격해 몇 마디 더듬거리다 내려오는 경우가 대부분이었습니다. 그런데 이 행사를 통해, 충분한 준비와 연습이 선행된다면, 남을 설득할 수 있을 것 같다는 어렴풋한 자신감을 가지게 되었습니다. 그로부터 거의 40년이 지난 지금, 저는 저와 관계된 모든 사람들에게 이 '발표능력'을 매우 중요하게 강조하고 있습니다. 치과의사들은 자신이 생각하는 치료방법과 순서에 대해 정말 합리적이고 조리있게 환자들에게 설명할 수 있어야 합니다. 회사에서는 모든 임직원들이 자신이 가지고 있는 생각과 아이디어, 또 문제점들을 확실히 전달할 수 있어야 합니다. 이는 '더불어 사는 세상'에서 자신의 소신을 펼치고, 의지를 전달할 수 있는 필수적인 수단이므로, 어릴 적부터 훈련을 반복할 필요가 있습니다. 우리가 받아왔던 주입식 교육으로는 절대 얻어질 수 없던 소중한 기회를 주셨던 이 기대 교수님께 다시 한번 감사의 말씀을 드리고 싶습니다.

최우수상의 상금도 그 당시 학생의 입장으로는 매우 컸습니다만, 교수님께서는 우리 치과재료학 교실원들의 단합대회비용으로 모두 허락해 주셔서, 10여 명의 팀원 모두가 진주에서 삼천포로 빠져서 그 다음 2박 3일을 완전히 술독에 빠져 지냈습니다. 보통은 어느 정도 취하면 그저 조용히 자는 타입이었는데, 승리의 분위기 때문인지, 삼천포 앞바다에서 갓 잡아올린 정말 싱싱하고 맛있었던 잡어회 때문이었는지, 아침부터 저녁까지 모두가 커다란 댓병 소주를 끼고 있었어도, 누구하나 구토를 하거나 주사를 부리는 일이 없었습니다. 정말 멋진 경험이었습니다.

그렇게 치과대학의 학업을 이어가면서 드디어 졸업반이 되었고, 이제 전공 과목을 정해야 하는 때가 되었습니다. 소위 이야기하는 인턴, 레지던트라는 코스를 밟아 전문의가 되는 길입니다. 치과업계와 직접적인 관계가 없는 사회 일반인들은 치과를 하나의 단독 전문분야라고 생각하시지만, 실상 치과에는 구강내과, 구강 악안면 외과, 치주과, 보철과, 교정과, 보존과, 소아치과 및 구강 방사선과를 포함하는 8개의 임상 전공과정이 있습니다. 평소 외과적 시술에 관심이 많아, 구강 악안면 외과와 치주과 둘 중 하나를 선택하고자 했는데, 당시에는 구강 악안면 외과의 인기가 치주과에 비해 훨씬 높았습니다. 구강 악안면 외과는 이름에서 의미하는 바와 같이, 발치와 같은 작은 수술에서부터 구강암, 골절 등등의 큰 수술까지 치과영역 거의 대부분의 외과적 시술을 담당하는 과입니다. 그에 비해 치주과는 흔히 풍치라고 알려진 치주질환의 치료와 회복에 주로 집중하고 있었습니다. 지금처럼 임플란트 치료가 보편화되기 전 이었으므로, 사실 구강 악안면 외과에 비하면 그 치료 영역이 상당히 협소해 보였습니다. 졸업반 학생들에 대한 인기순위로 따지자면, 구강외과는 늘 1,2 순위를 달리고 있었던 반면, 치주과는 4~5위 정도에 불과했습니다. 3학년 2학기부터 4학년 초반까지 일년 내내 고민의 연속이었습니다.

당시에 저는, 모든 수련과 학위 과정을 마치고 난 뒤에, 연구와 임상을 겸하는 교수가 되어보겠다는 꿈을 가지고 있었습니다. 학생으로서 그 내용자체는 잘 이해하지 못하였지만, 치주교과서에서 다루는 기초학문의 영역이 매우 넓어보였고, 당연히 교수가 되면 응용가능한 연구분야도 클 것이라고 생각되어, 치주과에서 수련을 받기로 마음을 굳히게 되었습니다. 치주과 과장님께 승인을 받기 위해 방문을 두드리던 때의 긴장감은 지금도 또렷이 기억이 날 만큼 생생합니다. 왜 치주과를 전공하려고 하느냐는 과장님의 질문에 어떤 대답을 했는지는 기억나지 않지만, 사열중인 군인처럼 기립자세로 상당히 긴 시간 인터뷰를 하였습니다. 지금은 모든 것이 투명해져서, 입시와 같이 성적을 위주로 경쟁선발을 통해 전공의가 결정되고 있지만, 당시에는 과장님의 OK 사인 하나면 모든 것이 통과되던 시절이었습니다. 그렇게 저는 치주과의 수련의로 받아들여졌습니다. 이후 열심히 국가고시를 준비하면서 남은 본과 4학년 기간을 마치게 되었습니다.

1985년 2월 25일, 드디어 치과대학을 졸업하고, 어엿한 한 사람의 치과의사가 되었습니다. 하지만 졸업이라는 기쁨을 누릴 시간도 없이, 인턴생활이 시작되었습니다. 8개의 임상치의학 진료실을 일년 동안 모두 경험하는 과정인데, 실질적으로 깊이있는 공부를 하였다기 보다는, 각 과의 교수님과 레지던트 선배님들의 뒷바라지를 하는 것이 대부분의 일이었습니다. 어쨌건 이 과정은 레지던트가 되기 위한 통과의례였기에, 모든 윗분들께 좋은 인상을 남기기 위해 열심히 뛰어다녔습니다.

겨울이 되어 인턴 과정이 종료되면서, 드디어 치주과의 레지던트로써 환자에 대한 진료를 시작할 수 있게 되었습니다. 치주질환의 원인은 매우 다양하지만, 가장 큰 두 가지 원인만 언급한다면, 구강 내의 세균과 교합압이라고 할 수 있습니다. 일반적으로 구강 내에는 300종류가 넘는 세균들이 존재하는데, 그 중에서 치주질환을 일으키는 세균들에 대한 관리가 부족하게 되면 치주염이 발생하게 됩니다. 즉, 평소 양치질등에 의한 세균감소 활동이 충분히 이루어지지 않는다면, 어느 순간 치주염이 발생하고, 치아 주변의 뼈들이 녹아내리게 되며, 이로 인해 동요도가 증가하여, 치아를 상실하게 됩니다. 정상 범주를 벗어나는 교합압은 이런 세균의 파괴 활동을 촉진시키는 작용을 해서 더 빠른 골흡수를 일으키게 합니다. 한두 개의 치아에서만 집중적으로 일어나는 치주염도 있지만, 대개의 경우 구강내 전체 치아에 영향을 미치게 되고, 그다지 증상이 없이 지속되는 경우가 많아, 환자가 불편함을 느끼고 치과를 찾았을 때에는 치주염이 상당히 진행되어 많은 수의 치아를 한꺼번에 발거해야 하는 경우가 적지 않습니다.

	이런 치주염을 치료하기 위한 첫 번째 단계는, 흔히 스케일링 이라고 불리는 과정을 통해, 치아표면에 있는 치석과 세균막을 제거하는 것입니다. 스케일링 후 2~3주가 지나면 겉으로 드러나는 치은의 염증은 거의 사라지고, 환자들이 느끼는 불편감도 많이 개선되지만, 사실 치료는 이때부터 입니다.

	치주염을 일으키는 세균은 치은 속 상당히 깊은 곳까지 퍼져있고, 가장 깊은 곳에 들어있는 세균들을 제거해내지 않으면, 머지않아 다시 치주염이 재발하게 됩니다. 이 과정을 위해서는 치은 판막술이라는 외과적 시술이 사용됩니다. 즉, 치은을 절개해서 박리하고, 잇몸 아래의 치아 표면에 붙어있는 모든 치석과 치태를 깨끗이 제거함과 동시에, 치주염으로 거칠어져있는 치아표면을 유리면처럼 매끈하게 형성해주는 치근활택술을 실시합니다. 그 다음 치주염으로 파괴되어 불규칙하게 되어있는 치조골을 다듬고, 가급적 정상적인 형태로 만들어주게 되는데, 필요한 경우에는 뼈이식을 실시하기도 합니다. 이후 치은을 원위치시키고 봉합하여 수술을 마무리합니다.

1985년 졸업을 앞두고 은사님들을 모신 사은회 장소에서

1986년 가을 레지던트 1년차때, 히포크라테스 광장에서 박 종을 선배님(맨앞쪽)과 인턴 과정 중의 서 경환 선생과 함께

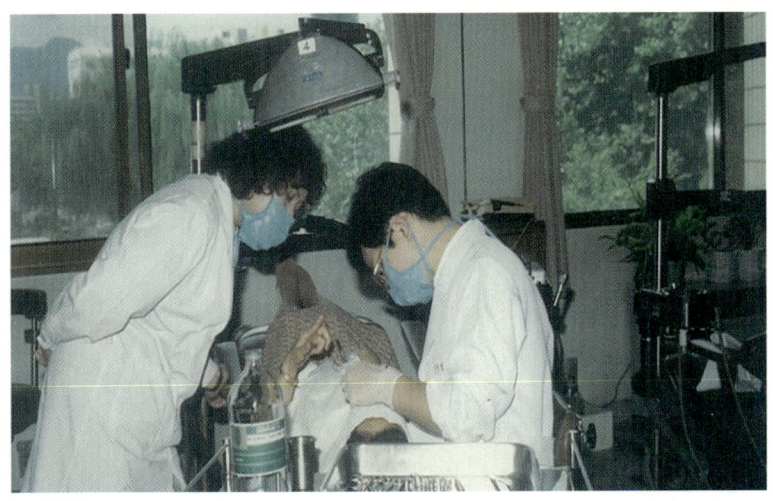

1986년 레지던트 1년차 때의 진료모습. 지금과 비교하면 참 부족한 환경이었지만, 완벽한 치주치료를 향한 치주과 멤버들의 열정은 정말 뜨거웠습니다.

지금은 대부분의 치과 개원의들이 이 시술을 상당히 능숙하게 잘 해내고 있지만, 당시에는 치주염에 대한 일반인들의 이해도 부족하였을 뿐만 아니라, 개원가에서도 그저 발치후 스케일링 정도만 하고 보철로 마무리하는 것이 보편적인 접근이었습니다. 그런 만큼 대학병원 치주과로 거의 모든 치주환자들이 몰려들었고, 우리 수련의들은 매일 똑같은 시술들을 반복하였습니다. 반복이 숙련을 위한 가장 좋은 방법 중의 하나인 것은 분명하지만, 치주과학이 가지는 크고 새로운 분야를 가르쳐 주는 선배님도 교수님도 없었기에, 그저 우리가 하고 있는 일들이 전체인 양 당연하다고 생각하였습니다.

환자를 직접 치료하는 일에 상당히 익숙해지고, 경험도 조금씩 쌓여가고 있을 즈음인, 1986년 봄에 제 인생에 있어서 큰 전환이 된 사건이 생겨났습니다. 사건이라기보다는 이벤트라고 하는 것이 맞을 듯 합니다. 레지던트 1년차가 되었을 때, 미국 UCLA 치과대학 치주과 수련을 마친 토마스 한 (Dr. Thomas J Han)이라는 분이 전문의를 따고 나서 처음으로 한국을 방문해서 강의를 하게 되었는데, 그게 마침 경북대학교 치과대학이었습니다. 당시 과장님과의 친분으로 인해 초대가 된 것이었습니다.

그 분의 강의는 늘 똑같은 시술을 반복해 오던 우리들에게 그야말로 새로운 세상을 보여주었습니다. 교과서에서만 볼 수 있었고, 정말 미국과 같은 선진국에서만 가능하다고 생각했던 시술들이 눈앞에서 펼쳐지는 것을 보고, 입을 다물 수가 없었고, 완전히 새로운 장난감에 꽂힌 아이처럼 두근거리는 가슴을 주체할 수가 없었습니다. 증례에 따라서 다른 수술법들이 다양하게 적용된 치은 판막술, 골 이식술, 연조직 수술들, 그리고 그 당시 막 붐이 일기 시작하였던 임플란트 치료까지, 네 시간여의 강의가 조금도 지루하지 않았습니다.

그날 저녁 치과대학의 교수님들과 수련의들이 함께 하는 저녁 만찬

이 준비되어 있었습니다만, 이 기회를 놓치면 새로운 학문과 기술에 다가갈 기회를 영 놓칠 것 같아, 용기를 내어 토마스 한 선생님께 요청을 하였습니다. "교수님, 혹시 제가 교수님의 강의 슬라이드를 카피할 수 있도록 해 주실 수 없을까요? 제가 오늘 너무 감명깊게 들었는데, 완전히 이해하지 못한 내용들이 많아서, 슬라이드를 복사해서 보면서 좀 더 공부하고 싶습니다." 교수님들의 강의 슬라이드는 그야말로 지적 재산권에 해당하는 것이었기에, 감히 이런 요청을 하는 것 자체가 당돌하고 무례하였지만, 놀랍게도 토마스 한 교수님은 망설임없이 허락을 해 주셨습니다. 당시에는 컴퓨터를 이용한 프리젠테이션이 없었고, 필름으로 된 슬라이드를 트레이에 꽂아서 영사하는 방식이었는데, 4시간여의 강의를 위해 준비해 오신 슬라이드 트레이가 무려 16개나 되었습니다. 한 트레이에 80장이 들어가니, 1200장이 넘는 슬라이드였습니다. 요즘처럼 편리한 슬라이드 카피 머신도 없던 터라, 일반 카메라에 연결된 수동복사기로 한장 한장 백열등에 비추어가면서 복사를 하였습니다. 근무를 마친 저녁에 시작해서 거의 밤을 꼬박 세워서야 복사를 마무리하였는데, 이 날이 저의 치과인생을 바꾸어준 계기가 되었습니다

토마스 한 선생님의 강의를 계기로, 치주치료에 대한 이해의 폭을 넓히게 된 이후로, 치주교과서에 나오는 모든 시술을 다 해 보기로 목표를 정했습니다. 치주염에 대한 일반적인 치료법들은 충분히 경험하고 있었지만, 치조골 이식술을 사용하여 파괴된 치주조직을 재생시키고, 퇴축된 치은 조직을 다양한 형태의 치은이식술을 사용해서 복원시키는 시술들은 아직 경북대병원 치과에서 시도된 적이 없었습니다. 그야말로 치주교과서를 스승 삼아 거기에 적혀 있는대로 하나하나 따라하는 수 밖에 없었습니다만, 감사하게도 거의 대부분의 새로운 시도들이 성공적인 결과들을 보였습니다. 지금 돌이켜보면, 세련되지 못한 시술들이었지만,

입안의 다른 부위로부터 이식된 조직들이 괴사되지 않고, 그대로 살아 붙어있다는 그 사실만으로 우리는 하늘을 날 듯 기뻐하였습니다. 그런 시술을 하는 날이면, 많은 수련의들과 학생들이 함께 둘러서서 참관하였고, 저는 치주과의 작은 스타가 되었습니다. 교과서에는 나와있었지만, 수업시간에도 거의 다루지 않았던 재미있는 시술들을, 일개 수련의 일년차가 척척 해내었으니, 후배들로 부터 선망 또는 존경 어린 찬사를 받았고, 저 또한 상당히 우쭐함을 느꼈습니다. 그렇다고 건방지게 선배님들을 대하거나, 잘난 체를 한 것은 아니었습니다만, 이런 분위기는 결국 화근이 되었고, 나중에 치과대학의 교수가 되어 후진 양성에 정진해보리라는 제 꿈을 접도록 만드는 계기가 되어버렸습니다.

오래 사귀었던 여자 친구와 헤어지다.

　　임상적인 면에서 혁신적인 발전을 이어가던 그해 봄, 5년여 동안 사귀어왔던 여자 친구로부터 헤어지자는 이야기를 듣게 되었습니다. 오랫동안 사귀었고, 양가에 모두 소개도 되어있어서, 자연스럽게 결혼까지 갈 것으로 생각하고 있었던 터에, 작은 다툼으로 인해 이런 상황으로까지 이어지게 되어, 그야말로 맨붕 상태가 되었습니다.
　　대학 생활을 하면서 몇 번의 미팅과 가벼운 사귐들이 없지는 않았지만, 나름 철이 들어서 본격적으로 자타가 인정한 연애를 한 첫 여자 친구이었기에, 갑작스런 통보에 정말이지 가슴이 찢어지는 듯 하였고, 아무것도 할 수 없는 상태가 되어버렸습니다. 되돌아보면 어리고 미숙한 생각과 행동들이었습니다만, 그 당시로서는 모든 것이 사라져버려, '나'라는 존재의 가치도 생각하기 어려웠습니다. 같은 경험을 하신 분들은 충분히 이해하시리라 믿습니다.
　　두어 주 동안 좀비같은 생활을 하면서 지나는 동안, 주변의 친구들이 많은 조언을 해주었습니다. 여자친구 또한 치과대학의 졸업반이고 준비할 것이 많은 시기이니, 국가고시를 마칠 때까지 냉정기를 갖고 기다려보면 어떻겠냐고… 어머니를 빼고는 여자가 없었던 가정에서 자란 탓에, 여자에 대한 이해가 정말 부족하였습니다. 한번 마음이 떠난 여자는 절대 돌아오지 않는다는 것을 알지 못한 채, 기다림을 핑계로 다시 정상적인 생활로 돌아왔습니다. 사실 정상적이라고 할 수는 없었습니다. 가슴 한 쪽이 항상 서늘하였고, 술을 많이 마시는 날이 부쩍 늘었습니다. 당시 유행하던 '아픈만큼 성숙해지고'라는 유행가가 저의 18번 곡이 되었습니다.

여자 친구와 데이트하던 시간도 더 이상 없어지고 나니, 이제 공부와 환자 진료 외에는 달리 몰두할 것이 없었습니다. 정신적인 공허함과 가슴앓이를 잊기 위해서라도 더욱 책과 환자에 파묻혀 지냈습니다. 본과 1학년 한때 미친 듯이 공부하였던 이후로, 가장 열심히 논문을 읽고, 가장 많은 환자를 보았다고 생각되는 시절이었습니다. 아이러니하게도 이 때 읽고 정리하였던 논문들이, 임상적인 경험과 함께, 지금까지 저의 학문적인 척추가 되었습니다.

저로 인해 치주과의 의국원들도 참 고생을 많이 하였습니다. 거의 매일 아침 8시부터 9시까지는 논문을 읽고 발표하는 시간으로 시작하였고, 이후 병원의 근무 종료 시간까지는 정말 열심히 환자를 보았으며, 함께 저녁식사를 한 다음에는 다시 각자의 공부를 하는 시간이 이어졌습니다. 밤 10시경이 되면 가방을 챙기고, 단골 술집으로 향했습니다. 그리곤 새벽 1~2시까지 부어라 마셔라… 지금이라면 생각조차 하기 힘든 일정이었지만, 당시엔 위계질서가 엄정해서, 의국의 선배가 퇴근하기 전에 후배 의국원들이 먼저 퇴근하는 것은 금기사항처럼 여겨졌습니다. 일부 여선생님들은 이 화를 모면할 수 있었지만, 죄없는 남자선생님들은 실연한 의국선배의 외로움을 달래주는 파트너로서 한동안 고생을 하였습니다. 몇 달 동안이나 지속되었던 늦은 퇴근과 새벽까지의 음주는, 체력이 바닥이 나고서 중단되었지만, 열심히 공부하고 더 열심히 진료하는 일과는 그 해가 다 지나고 수련을 마칠 때까지 쭉 이어졌습니다. 그때 묵묵히 곁을 지켜주며 위로해 주셨던 후배님들에게 이제서야 심심한 사과와 함께 감사의 인사를 드립니다. 지금까지도 늘 감사하게 생각하고 있습니다, 꾸벅.

아버님을 여의다.

여자 친구와의 헤어짐으로 인해 상당히 비정상적인 생활을 이어가던 그 해 늦가을 어느 날, 평상시처럼 아버님과 무뚝뚝한 아침 겸상을 뒤로하고, 대학병원에 출근하여 첫 수술을 하고 있는데, 집으로부터 급한 연락이 왔습니다. 지금처럼 휴대폰이 있지도 않았기 때문에, 집에서의 전화가 병원에 근무하던 제게 전달되기 위해서는 여러 단계를 거쳐야 했습니다. 게다가 제가 수술 중 이었기에, 그저 아버지께서 쓰러지셨다는 전갈만 듣게 되었습니다. 번개불처럼 머리를 스치는 불안감에, 의국 선배님께 진행 중이던 수술을 대신 부탁드리고, 택시를 잡아타고 집으로 달렸습니다. 그날따라 얼마나 신호등은 많이 걸리고, 방해물들은 왜 그리 많았는지… 대문을 들어서니, 어머니께서 어찌할 바를 몰라 하시면서, 아버지께서 갑자기 가슴을 움켜쥐고 쓰러졌다고 하셨습니다. 평소에 협심증으로 인해 약을 드시고 계셨는데, 결국 심근경색이 되어 심장마비에 이른 결과였습니다. 대학에 연락해서 구급차를 부르고, 서투르게 심폐소생술과 인공호흡도 했지만… 결국 소용이 없었습니다. 구급차가 도착하였을 때는, 이미 쓰러지고, 맥박이 잡히지 않은 지 한 시간을 넘기고 있었습니다. 형제들과 친지들이 도착해서는, 이미 돌아가셨으니 병원으로 모시는 것이 무의미하다고 결론을 내리고, 막 도착한 구급차도 돌려보냈습니다.

지금의 의술이라면, 간단한 심장 스텐트 시술만으로 쉽게 치료할 수 있었던 것이었는데… 의사는 아니지만, 그래도 치과대학을 다니며 남들보다는 조금 더 주워 들은게 있었음에도, 이렇게 허망하게 아버지를 잃게 되다니… 이런 일에 준비라는 것이 있을 수도 없지만, 그야말로 아무런 준비가 되어있지 않았습니다. 아버님의 연세가 53세에 불과하셨기에, 대학교수의 정년인 65세까지는 아무런 문제가 없을 것이라고 생각하고는, 저 혼자 철없이 이기심에 찬 계획만 세우고 있었던 시절이었습니다.

제가 본과 3학년때 아버님께서는 교환 교수로 미국 워싱턴 주립대학에 가시게 되었습니다. 요즘이라면 온 가족이 함께 미국으로 가서, 눈도 넓히고, 영어공부도 하고, 여행도 하겠지만, 그 당시에는 대학으로부터의 경제적인 지원도 부족하였고, 줄줄이 딸린 식구들의 먹거리도 걱정이 되셨

박사학위를 받으신 때의 아버님. 이 학위를 받으시고 불과 3년 만에 작고하셨습니다. 일상 속에서도 늘 가족들과 후배 수학자들을 따뜻하게 보살피셨던 참 훌륭하신 가장이셨습니다.

겠지요. 혼자서 미국에 계시는 동안 두어 차례 편지를 주고 받았었는데, 참 철이 없게도 졸업 후 수련, 유학, 귀국 후 치과대학의 교수가 되었으면 좋겠다고 포부를 잔뜩 적어보냈던 기억이 지금도 생생합니다. 치과대학을 졸업하고 나서는 아버님과 조금 더 다정한 시간을 보냈을 수 있었을텐데, 나만의 생활에 빠져서 제대로 된 대화시간 조차 갖지 못하고 여의고 말았습니다. 장례를 치르는 동안, 몇 차례나 아버님께서 저와 시간을 보내고 싶어서 사인을 보냈었다는 것을 깨닫고, 저의 바보스러웠던 행동에 가슴을 치고, 눈이 퉁퉁 붓도록 통곡을 했습니다. 그래봐야 다 소용없는 일인 것을…

어머니와 저를 포함한 형제들이 경황이 없어 모두 정신을 차리지 못하고 있는 중이었지만, 아버님의 많은 제자분들이 장례가 마칠 때까지 함께 하시면서, 모든 것들을 챙겨 주셨습니다. 그 뿐만 아니라, 돌아가신 지 30년도 더 지난 지금까지도 때때로 저희 어머니를 찾아 안부를 물어 주시면서, 생전에 아버님께서 그 분들께 얼마나 자상했었는지, 후배들과 제자들을 얼마나 다정하게 이끌어 주셨는지를 이야기 해주고 있습니다. 바보같은 아들은 머리가 다 희어지고 나서야, 아버님의 그 넓은 생각과 따뜻한 마음을 느끼고 그리워하고 있습니다…

아버님을 여의고 나자, 참 막막했습니다. 저는 졸업해서 수련의 생활을 하고 있었지만, 두 동생과 어머니를 보살필 만큼 여유롭지 못했습니다. 경제적인 면도 그랬지만, 정신적으로도 그다지 여유롭지 못해, 그 이후에도 여전히 가족들에게 무뚝뚝한 어린 가장이 되었습니다. 그저 마음 속에 커다란 바위 덩어리를 품고 지내는 날들의 연속이었습니다.

레지던트 2년차

레지던트 2년 차가 되었을 때, 마침 치주과의 과장님께서 교환교수로 미국을 가시게 되었습니다. 당시에는 수련의 과정이 인턴 1년, 레지던트 2년으로 되어있었고, 한 연차에 한 명 혹은 두 명 정도의 수련의 밖에 뽑지 않았기 때문에, 저는 레지던트 2년 차임에도 불구하고, 과장님을 대신해서 치주과의 임상을 책임지는 위치에 오르게 되었습니다. 다른 진료과의 임상 교수님께서 과장 대리로써 행정적인 일들을 지도해 주셨지만, 환자에 대한 진료와 수련의들에 대한 임상지도에는 관여하지 않았으므로, 제가 실질적인 리드를 하게 되었습니다.

임상시술에 대해 상당히 보수적이었던 과장님이 계실 때에는 비록 교과서에 실려있는 시술이고, 그 시술의 적응증이 되는 환자가 있다고 해도, 새로운 시도들에 대해서는 반드시 의국회의를 통해서 발표를 하고 승인을 받아야만 진행할 수 있었습니다. 그런데, 그 과장님이 교환교수로 미국으로 가셨고, 타과의 교수님들은 치주과의 시술에 대해서 관여하지 않으셨기 때문에, 저를 비롯한 우리 수련의들은 교과서에 기술된 임상 시술들을 더욱 더 과감하게 환자들에게 적용하기 시작하였습니다. 지금 생각해도 어떻게 그렇게 하였을까 싶지만, 거의 대부분의 새로운 시도들이 성공적인 결과를 보였고, 전국적으로도 아주 소수의 치주과 전공의들과 교수님들만이 그런 시술을 하고 있었기 때문에, 우리끼리는 치주

치료의 새로운 장을 열어간다는 자부심을 가지게 되었습니다.

'세계 최고를 지향하는 Perio Men'!

마침내 치주과 수련의들이 공부하는 의국실 문 앞에, 빨간색 도화지에 흰 글씨로 이런 슬로건을 커다랗게 걸게 되었는데, 우리 치주과 수련의 전체의 자부심이 정말 장난이 아니었습니다. '세계 최고의 치주과 의사들이 되자!' 이 한 마디로 우리는 똘똘 뭉칠 수 있었고, 과장님이 없는 그 해에도 조금도 흐트러짐 없이 진료와 공부를 이어나갈 수 있었습니다.

나의 첫 번째 자동차, 포니엑셀, 그리고 새로운 인연

　무엇이 계기가 되었는지 기억나지 않지만, 당시에는 그다지 흔하지 않았던 운전면허를 따게 되었습니다. 요즘의 젊은이들은 재주가 많아서 그런지, 동네 오락실에 가듯이 쉽게 운전면허를 따곤 하던데, 저는 두 번이나 실기시험에서 떨어지고 세 번째 도전에서야 겨우 운전면허증을 가지게 되었습니다. 말을 타면 마부를 거느리고 싶다는 이야기처럼, 운전면허증이 있으니 차를 가지고 싶었습니다. 중고차 가격을 대충 알아보고, 어머니께 차가 있어야겠다고 말씀을 드렸더니, 선뜻 300만 원이 넘는 거금을 내어주셨습니다. 이런저런 일들로 인해 풀이 죽어있던 아들의 기를 살려주기 위한 조치이었겠지만, 당시의 형편으로는 매우 큰 돈이었습니다.

　그렇게 처음 만난 중고차는 '스카이 블루' 컬러를 가진 '포니 엑셀'이었습니다. 에어컨도 없고, 수동으로 창문을 돌려내려야 하는, 조금은 구식이었지만, 치과대학의 교수님들과 수련의를 모두 포함해서도 자가용을 가진 분들이 몇 되지 않은 때였기에 동료들과 후배들의 부러움을 한껏 받았었습니다. 주말마다 이곳저곳으로 차를 몰고 다니다 보니, 예전보다 훨씬 활동의 폭도 넓어졌습니다.

　1987년 초가을에, 치과재료학 교실원들의 단합대회가 있으니, 참석해달라는 연락을 받았습니다. 당시에는 토요일에도 병원진료를 하였기 때문에, 근무를 마치고 밤이 되어서야 단합대회 장소인 구룡포의 연수원에 도착할 수 있었습니다. 이미 후배들은 여러차례 술판이 돌아 다들 거나하게 취해 있었는데, 평소 이런 회식에서 귀여운 얼굴과 목소리로 열심히 서빙?을 하던 한 후배가 눈에 띄지 않았습니다. 교실의 대선배가 등장을 했는데, 얼굴도 보이지 않는다고 타박을 주었더니, 남자 후배들이 수련원 이곳저곳을 찾아다녔습니다. 그러더니 한쪽 구석에서 사색이 되어 끙끙대고 있는 그 후배를 찾아내었습니다. 방학 내내 교실에서의 무슨 프로젝트를 진행하느라 무리한데다, 단합대회에 와서 서너 잔 권하는 소주를 마시다 보니, 속이 단단히 탈 난 모양이었습니다.

    그때 시간이 이미 자정에 가까웠고, 단합대회 장소는 읍내와도 상당히 떨어져 있는 한적한 곳이어서, 어찌할지 몰라 다들 허둥대었습니다. 의과적인 지식은 절대 부족하였지만, 그래도 대학병원 수련의로 근무하고 있다는 이유로, 무언가 결정을 내려야 했습니다. 도착하자마자 몇 잔의 술을 마신 후여서, 아픈 사람을 차에 싣고 대구까지 돌아온다는 것도 쉽지 않았고, 주변의 후배들은 모두 만취 상태였기에, 일단 제가 읍내로 약을 구하러 나가기로 했습니다. 약국과 병원의 닫힌 문들을 두드리고 다닌 끝에, 위층에서 살림집을 하면서 약국을 운영하시던 분이 문을 열어주시고, 사연을 들은 다음, 몇 가지 약들을 챙겨주셨습니다. 위가 탈이 나서 사색이 되어 있었으므로, 복용제보다는 혈관주사제를 택했습니다.

    다시 숙소로 돌아와 어슬픈 재주로 몇 번의 실패 후에 겨우 수액혈관주사를 연결할 수 있었습니다. 통증이 가라앉은 다음에도 두어명의 후배들과 번갈아가면서 간호를 하고 있었는데, 새벽녘이 되어서야 그 후배가 눈을 뜨고 무슨 일이 있었냐고 물었습니다. 그제서야 다들 안도의 한숨을 쉴 수 있었습니다. 예정보다 빨리 해산해서 대구로 돌아오기로 했고, 아픈 후배는 다시 제 차에 배정되어, 집 근처까지 안전?하게 데려다 주었습니다. 예상치 않게 꼬박 밤을 세운 탓에 완전히 녹초가 되었습니다.

　며칠이 지난 뒤, 진료가 한참이던 오후에 의국으로 누군가가 찾아왔다고 연락이 왔었습니다. 어떤 미모의 아가씨가 꽃다발을 들고 찾아왔다고 주변의 후배들과 직원들이 키득거리며 수군 대었습니다. 구룡포에서 그 사건의 주인공이었던 후배였습니다. 단합대회 때와는 달리 화사한 옷에 커다란 장미 꽃다발을 들고 있는 후배를 보고 사실 깜짝 놀랐습니다. 선배로서 당연한 일을 했을 뿐인데, 이렇게 찾아와서 고맙다는 인사를 하니, 미안하기도 하고 상당히 당황스러웠습니다. 뭔가를 해야겠기에, 오늘 시간이 있으면 저녁을 사겠다고… 그것이 계기가 되어 좀 더 가까운 사이가 되었습니다. 새 여자친구라고 하기에는 한참 어렸으므로, 그

1987년 가을 레지던트 2년차때 석사논문 실험 중인 저를 격려하러 와준 후배들과 함께 (박 욱, 양 경란, 이 기직)

저 좋은 선배와 착한 후배로서 가끔씩 커피를 즐기고 저녁을 나누는 정도의 교류가 이어졌습니다.

　인턴 1년, 레지던트 2년의 수련기간을 마치고, 1988년 초 군복무를 위한 훈련을 받고, 인천 부평의 제 3군지사로 배치를 받게 되었습니다. 요즘과는 달리 당시에는 약 4개여월에 걸친 훈련과 교육을 받았는데, 3군 사관학교에서의 군사훈련은 상당히 고통스러웠습니다. 특히 그 즈음에 새로 만들어진 100 키로미터 야간 행군, 화산 유격장까지의 야간 이동 등은, 추위도 추위였지만, 평소 단련되지 못한 신체구조에 체력의 한계를 경험할 만큼 엄청난 고통이었습니다. 그런 와중에 의국의 후배들이 몰래 반입해 준 약간의 주류들을 불꺼진 내무반에서 동료들과 나누던 순간은, 지금 생각하여도 '가뭄에 단비'와 같은 즐거운 휴식이었습니다.

　훈련이 거의 막바지에 이른 2월 말에는 수련기간동안 함께 진행하였던 석사학위 수여식에 참가할 수 있도록 2박 3일의 짧은 휴가가 주어지기도 했습니다. 빡빡머리에 무관후보생 군복을 걸쳤었지만, 몇 달 만에 맡아본 '외부사회'의 공기는 정말 달콤하였습니다.

군의관 후보생 훈련때. 그리고 석사학위 수여식때의 사진들

군의학교에서 군의관후보들에 대한 마지막 교육을 마치고, 1988년 3월 말 자대배치를 받았습니다. 3군지사라는 이야기만 들었을 뿐, 이 부대가 어디에 있는, 어떤 기능을 하는 부대인지도 알지 못한 채, 다른 군의관들과 자대배치를 위한 집결지로 이동하였습니다. 한 두어 달은 집에 갈 수 없을 것이라는 훈련교관의 이야기를 곧이 곧대로 듣고, 생활용품들이 잔뜩 든 일명 '따블백'을 메고, 집결지 연병장 한쪽 구석에서 한참을 기다렸습니다. 훈련기간동안 가깝게 지냈던 군의관들이 모두 다 헤어졌는데도, 저를 데리러 오기로 한 3군지사의 의무 부대원은 나타나지 않았습니다. 내심 얼마나 산골짜기에 있는 부대이기에 이렇게나 늦나하고 상당히 마음이 불편하였습니다.

　드디어 지프차가 한 대 오더니, 3군지사로 발령받은 박대위냐고 물어왔습니다. 대구를 떠나서 여행을 해 본 적이 별로 없던 때여서, 어디론가 간다고 이야기를 들었지만, 그것이 어디에 있는지 감을 잡기도 어려웠습니다. 오후 늦게서야 3군지사 의무부대에 도착하여, 부대장에게 신고를 하였습니다. 배치된 자대에서의 대접은 훈련소와는 정말이지 엄청난 차이가 있었습니다. 훈련소에서는 일개 훈련병이었지만, 자대에서는 대위 계급장을 단 장교였으므로, 거수경례를 하는 경우보다 받는 경우가 훨씬 많았습니다. 게다가 제 3 군지사는 경기도 부평에 위치하여, 서울지역 출신의 군의관들에게는 선망의 대상이 되던, 특급지였습니다. 전입신고를 받은 의무대장님은 아직도 뻣뻣하게 굳어있던 나를 소파로 불러앉히고 차를 권했습니다. 지금 생각하면 참 우습지만, 세상 물정을 모르고 나름 모범생으로만 살아왔던 터라, 당황스러운 점들이 많았습니다. 차를 마시고 이런 저런 이야기를 한 끝에, 의무대장님이 하시는 말씀! '박대위, 이미 주말이 다 되었으니, 주변 인사를 마치고 나면 집에가서 주말을 쉬고, 월요일 아침 미팅부터 근무를 시작하면 되겠어!' 오잉? 두어 달 집에 가지도 못할 것이라는 이야기를 듣고 잔뜩 긴장하고 있었는데, 부임 인사를 하자마자 바로 고향 앞으로? 그렇게 자대에서의 첫 날을 보내고, 밤 기차를 타고 대구 집으로 돌아왔습니다.

군대에서는 사병이나 장교나 선임을 잘 만나야 편안하게 지낸다고 했습니다. 제 경우가 바로 그런 예가 아니었나 싶습니다. 3월 말 자대배치를 받고, 약 한 달 정도는 선임 치과군의관과 함께 지내며 인수인계를 받도록 되어 있었습니다. 그런데 우리 선임 치과과장은 군대생활의 말년을 아주 '게으르게' 보내고 있었습니다. 사병들이 치통으로 의무부대를 찾으면, 그저 진통제나 조금 처방해 주고는 쫓아 보내기 일쑤였고, 이런 상태에 익숙한 의무병들은 아예 치과진료는 약속조차 해 주지 않는 상태였습니다. 아시다시피, 치통이라는 것이 여간 고통스러운 것이 아닌데, 간단한 치료만 해주어도 통증은 충분히 가라앉혀 줄 수 있는건데… 참 한심하다는 생각을 했습니다. 선임 왈, '군대에서는 너무 잘해주면 안 돼… 한번 시작하면 끝이 없으니, 대충 즐기다 제대하도록 하게.'

잘난 척을 하려는 것은 아니었지만, 정말 치통때문에 끙끙 앓고, 사랑니때문에 얼굴까지 퉁퉁 부어오른 사병들을 차마 외면할 수가 없었습니다. 치과군의관이 아픈 사병들을 치료하기 위해 존재하는데, 왜 우리 선임은 그런 식이었을까… 정성을 다해 진료를 해 주고, 최대한의 진통제와 항생제를 처방하고, 또 후속조치가 필요한 경우에는 해당 부대장에게 편지를 써서, 다음 진료에 꼭 보내달라고 당부까지 하였습니다. 새로 온 치과군의관이 진료를 잘 해 준다는 소문이 나서인지, 주변 부대로부터 점점 더 많은 치통환자들이 찾아오게 되었습니다. 3군지사의 치과군의관이었지만, 주변의 3~4개 부대의 병사들까지 돌보도록 되어 있었기에, 날이 갈수록 점점 바빠졌습니다. 부대 내에서도 인식이 좋아져서, 의무부대를 전혀 찾지않던 참모장 이하 많은 영관장교들도 치료를 예약하는 일들이 많아져서, 한편으로 박 대위때문에 의무대가 너무 힘들어졌다는 핀잔을 듣기도 했습니다. 운이 좋아서 그런지, 함께 근무하던 일반 군의관들도 모두 좋은 사람들이었고, 열심히 진료를 해 주어서, 모든 의무부대원들의 분위기가 좋았습니다.

대개 그 당시의 군의관들은, 근무시간 이외의 시간에는 골프를 배우거나 기타 다른 취미생활을 익히는 것이 보편적인 일이었습니다. 의과대학이나 치과대학을 졸업하고, 수련의 기간을 거치는 동안은 사실상 제대로 된 여유를 가지기가 힘들었기 때문에, 군의관 생활은 한편으로 황금같은 시간들이라고 할 수 있었습니다. 위수지역을 벗어나지는 못했지만, 퇴근 후에는 상당히 여유가 있었고, 근무시간 조차도 자기가 마음먹기 나름이었기에, 골프 연습장을 찾는 등등 사회에서 일반적으로 통용되던 취미들을 익히기에 열심이었습니다.

그런데, 저는 이런 시간을 즐길 수가 없었습니다. 수련을 마칠 즈음부터, 과장님께서 '자네는 본교에 돌아와 교수가 되어야 하니, 어느 부대에 있더라도 주말에는 의국에 와서 공부와 연구를 계속하도록 하게'라고 하셨기에, 또 저도 교수가 되어 치과대학과 치주과의 발전에 보탬이 되고자 하는 마음이 컸기에, 금요일 오후 근무시간만 마치면, 대구로 차를 몰았습니다. 그 즈음의 의무부대는 주 5일 근무를 시행하고 있었던 반면, 대학병원은 토요일까지, 일반 의원들은 일요일 오전까지도 진료를 하였기에, 저는 거의 매주 토요일 치주과 의국에서 후배들을 지도하기도 하고, 간단한 연구들에 동참하기도 하였습니다. 매 주말을 그렇게 보내고, 일요일 밤에 다시 부대로 복귀하는 생활이 상당히 고되었지만, 미래를 위한 숙명이라 여기고 나름 최선을 다하였습니다.

결혼

　3군지사에서의 군의관 생활에 익숙해지고, 일 년 여가 지날 즈음에 결혼을 하게 되었습니다. 군의관이라고 해도, 서울 외곽에서 상당히 자유스러운 생활을 하고 있었지만, 혼자서 떨어져 지낸 것이 처음이다 보니, 외로움도 컸던 것 같습니다. 사귀던 여자 친구는 학교도 졸업하지 않은 학생이었기에, 양가 모두의 반대가 적지 않았지만, 제가 억지로 우기는 바람에, 허락을 얻어내었습니다. 장인 장모님은 4대 봉사를 하는 장남에게 딸을 보내는 것이 내키지 않으셨을 것이고, 우리 어머니께서도 학생 신분의 어린 며느리를 맞는 것이 부담스러우셨을 것입니다. 여러 우여곡절을 거친 끝에, 3년 전 감포에서 술병을 얻어 데굴데굴 구르던 것을 목숨살려?준 보답으로 장미 한 다발을 들고 의국을 찾아왔던, 그 아가씨를 신부로 맞아 들이게 되었습니다. 군인이었던 관계로 신혼여행도 제주도에서 짧게 보낼 수 밖에 없었고, 그것도 신혼부부들을 위한 단체관광 코스였지만, 즐겁고 행복한 여행이었습니다. 신혼여행을 마치고 나서는 전형적인 주말부부 생활을 하였습니다. 치과대학 본과 4학년을 다니던 아내는, 주 중에는 처가에서, 주 말에는 시댁에서 지내며 두 집 살림으로 나름 힘든 시간을 보냈고, 또 이른 결혼으로 인해 학교생활에 적지 않은 피해를 보았다고 자주 이야기하였습니다.

　다시 일 년이 지나서 드디어 아내가 졸업을 하고, 국가고시를 합격하여 치과의사 자격증을 얻었습니다. 지금도 그렇지만, 치과대학을 졸업해서 치과의사 자격증을 가졌다고 해서, 독자적으로 진료를 할 수 있는 수준에 이르렀다고 하기는 어려웠습니다. 졸업을 하자마자 치주과 의국의 선배님이신 조 무현 선생님께 아내의 개원의 수련을 부탁드렸습니다. 불과 몇 개월이었지만, 엄격한 원칙하에서 성심을 다한 지도 덕분에 아내는 치과의사로서의 길을 시작하는 소중한 지식을 가질 수 있게 되었습니다.

결혼(1989).

여름에서 가을로 접어 들면서, 아내는 비록 원룸생활이라 하더라도 함께 부평에서의 생활을 원하였습니다. 수소문 끝에 부대 인근에 있던 방 두 개짜리 이십여 평 아파트의 작은 방 하나를 월세로 임대해서 처음으로 둘만의 신혼 방을 꾸미게 되었습니다. 옷장과 작은 냉장고, 그리고 책상을 겸한 작은 상 하나를 놓고 나니, 둘이서 꼭 붙어서 자야 하는 작은 방이었습니다. 화장실도, 주방도, 세탁기도 집주인과 함께 써야 하는 상황에서, 아내는 군복 빨래를 하거나, 특별한 요리라도 할 때에는 주인집에 뭐든 뇌물?을 바쳐야 했습니다. 그 집에 서너 살짜리 꼬마가 있었는데, 시도 때도 없이 우리 방에 침입?해서 냉장고를 무단 점거하곤 했습니다. 그럼에도 주인집의 부부가 참으로 성실하게 사는 모습은 매우 보기가 좋았습니다. 일찍 귀가해서 함께 TV를 볼 때마다 우리 부부는 집 주인 부부가 생활비에 보태기 위해서 했던 '인형 눈 붙이기'라든가 '줄넘기 손잡이 연결하기'등의 부업에 동참하였습니다. 넉넉하지 않았지만, 열심히 사는 모습을 보여주었던 그 분들과, 이제는 30대 중반이 되었을 그 꼬마녀석이 가끔씩 보고 싶어집니다.

   3군지사에 부임한 지가 일 년이 지났고, 나름대로 열심히 진료를 해 준 덕분에 매일 치과 진료실을 찾는 병사들이 상당히 늘어나 있었습니다. 어떤 때에는 혼자서 진료하기가 부대낄 정도로 줄을 지어 대기하고 있기도 했습니다. 아내가 부평으로 올라와서 함께 지내게 되면서, 의무부대장께 건의를 하였습니다. '우리 치과 의무실에 진료용 유닛체어가 2대 있는데, 군의관이 저 혼자여서 충분히 활용하지 못하고 있습니다. 마침 제 아내가 치과의사이니, 일주일에 두어 번은 아내와 함께 진료를 하게 해 주시면, 더 나은 진료를 해 줄 수 있을 것 같습니다.' 군대에 일반인을 들이는 것도 엄격한 통제를 받던 때인데, 젊은 여자를, 그것도 병사들의 진료 목적으로 출입과 상주를 허용한다는 것은 쉽지 않은 결정이었을 것입니다만, 우리 의무부대장은 취지가 그러하다면 한번 해보라고 선뜻 허락을 해 주었습니다. 단, 출입시 초소를 제외한 병영식구들의 눈에 띄지 않는 조건이었습니다. 이후로 아내는 일주일에 몇 번씩 의무부대 지프차를 타고 유유히 부대안을 출입하게 되었고, 둘이서 함께 사병들에 대한 진료를 실시하였습니다.

3군지사 근무시절 아내와 바닷가에서 한 장!

　　치마만 걸쳐도 휘파람을 불며 농을 던지던 부대 안에서, 20대 중반의 미모의 여자 치과의사가 진료를 해준다는 소문이 돌자, 치과 진료실은 점점 더 많은 환자들로 북적거렸습니다. 가까이 지내던 참모장께서 열심히 진료해서 병사들의 사기를 진작시켜 준 공로로 사령관 표창까지 상신하겠다고 했지만, 그런 표창을 잘못 받으면 군대에 말뚝을 박아야 할지도 모른다는 선배 군의관들의 충고?에 극구 사양하였던 기억도 즐거웠던 군의관 시절의 추억으로 남아있습니다.

첫 아들 그리고 첫 개원

아내의 군대생활이 몇 달 이어지던 중, 첫 아이가 찾아왔습니다. 입덧도 문제였지만 하혈이 있어, 급히 대구로 철수해서 정밀검사를 받아보기로 했습니다. 모 대학병원의 산부인과에서 진료를 받게 되었는데, 이미 태아의 심장이 뛰지 않으니, 수술을 해서 아이를 제거하는 것이 좋겠다고 했습니다. 의무실에서 그 전화를 받고, 겉으로는 태연한 척하며 건강하니 다음에 또 아이를 가질 수 있을 것이라고 아내를 위로하였지만, 얼마나 슬펐는지 모릅니다. 며칠 뒤 아내가 장모님과 낙태수술을 하러가기로 한 전날, 의무실 당직을 서고 있었는데, 도무지 잠을 이룰 수가 없었습니다. 세상을 보지 못하고 떠나는 아이에게 긴 편지를 썼습니다. '…보지 못하고, 만지지 못하고, 이야기하지 못하고, 떠나 보내지만… 분명 너는 밤 하늘 빛나는 별이 되어서 우리와 함께 할거야…' 지금은 그 내용이 잘 기억나지 않지만, 밤새 눈물과 함께 썼던 편지 때문에, 아침에 두 눈이 퉁퉁 불어 있었습니다.

그런 다음날, 아내로부터 놀라운 소식이 전해졌습니다. 아이가 살아있고, 약하지만 심장박동이 들린다는 것이었습니다. 내용인즉, 수술을 받으러가기로 한 아침, 병원으로 가는 길에 장모님께서 가까운 산부인과에서 한번만 더 검사를 받아보자고 했답니다. 큰 기대없이 방문한 처가 근처의 효성 산부인과에서, 대학병원에서도 재차 삼차 낙태를 확진하였던 그 상태를 완전히 뒤집어주었고, 그 덕분에 우리 아들이 세상을 볼 수 있었습니다. (박 정동 원장님은 그뒤 산부인과 병원을 크게 발전시키셨고, 이제는 종합병원급의 대구 효성병원을 일구어 내셨습니다.)

'절대 안정' 처방을 받고, 아내는 대구에서 몇 달간 조용히 지냈습니다. 덕분에 아이도 아내도 건강을 되찾고, 전형적인 배불뚝이 임신부가 되었습니다. 그 사이 저도 2년 동안의 전방? 근무를 마치고, 치과군의관 3년 차가 되어 대구 국군통합병원으로 전보발령을 받게 되었습니다. 집에서 출퇴근하는 생활을 하다보니, 저희 부부 모두 어느 정도 마음의 안정을 찾게 되었습니다. 임신 중에도 개원에 욕심을 내는 아내의 뜻에 따라 1990년 8월 '상동부부치과'를 개원하게 되었습니다. 당시에는 '부부치과'라는 것이 참 유행했었습니다. 혼자서 진료를 하던 치과의원이 대부분이었던 시절에, 두 사람의 치과의사, 그것도 부부 치과의사가 진료를 한다는 어감이 좋았나 봅니다. 여자 치과대학생이 크게 증가하면서 치과의사 커플이 많아진 것도 하나의 요인이었을 것입니다.

상동시장이라는 작은 시장을 끼고 있는 주택가 2층에, 30평짜리 치과였습니다. 유닛체어 3개짜리의 당시 유행하던 가장 보편적인 형태의 치과였는데, 모아둔 돈이 거의 없었던 탓에, 어머니께 3000만원을 빌려 전세금과 인테리어, 그리고 일부 장비를 마련하고, 나머지는 할부로 구매하였습니다. 임신한 아내를 배려해서 원장실 안에 찜질용 돌침대 하나를 놓아준 것이 가장 큰 사치였습니다. 개원 첫 날, 많은 친척 친지들이 축하를 하러 와주셨고, 그다지 필요하지도 않은 스케일링을 받겠다고 하시고는 기꺼이 진료비를 지불하셨습니다. 월급쟁이가 아닌 '개원 치과의사'로서의 첫날 수입이 20여만원이나 되어서, 우리 부부는 이렇게 돈을 많이 벌어도 되는가 하면서 흥분하였던 기억이 새롭습니다.

아내는 참 열심히 진료하였습니다. 수련을 받은 것도 아니었지만,

유명하다는 강의들을 찾아다니며 공부하였고, 또 배운대로 실천하는 것을 주저하지 않았습니다. 약속제가 정착되기 전이어서, 내원 순서대로 진료를 하였기에, 대기실에서 한두 시간 기다리는 것은 아무런 문제가 되지 않던 시절이었습니다. 진료 마감시간인 오후 6시가 되면, 문을 걸어 잠그고, 그때까지 접수되어 기다리고 있던 환자분들을 끝까지 진료하였는데, 밤 8시, 때로는 9시가 되어서야 진료를 마치는 날이 다반사였습니다. 통합병원에서의 근무를 마치고 퇴근을 한 다음, 아내의 병원으로 출근해 얼마간이라도 진료를 도와주기는 했지만, 그때의 아내는 배불뚝이 임산부인 상태에서 정말 초인적으로 진료하였습니다.

아내가 상동부부치과의원을 운영하던 시절. 처제가 많은 도움을 주었습니다. 1991년의 어느 여름날 진료를 마치고 한 컷.

그 당시에는 많은 의원들이 토요일은 물론 일요일 오전까지 주 6.5일을 진료하고 있었습니다. 성실과 근면을 모토로 한 '상동부부치과'도 예외가 아니었습니다. 매일 밤 8시 혹은 9시까지 진료하고 돌아와서는 쓰러지듯 잠자고, 아침이면 다시 무거운 몸을 이끌고 치과로 향하는 생활을 연속이었습니다. 왜 그렇게 열심히 일했는지, 지금 생각해도 잘 이해가 되지 않습니다만, 그 절반은 그저 '남들보다 더 열심히 해야한다'는 생각 때문이었고, 나머지 절반은 '헝그리 정신' 때문이었던 것 같습니다.

1990년 11월 11일은 일요일이었는데, 그날도 함께 오전 진료를 마치고 집으로 돌아오는 길에, 아내가 배가 아프다고, 아이가 나오려는 것 같다고 하였습니다. 주변의 조언에 따라 출산 준비물은 챙겨두었는데, 어디서 어슬프게 들은 바가 있어서 진통이 5분 간격으로 올 때까지 기다렸다가 병원에 가자고 의견을 맞추었습니다. 그 와중에 아내는 '아마 병원에 가서 출산을 하게 되면 밥도 못먹을 것이고 힘들거야… 우리 중국집에 볶음밥이라도 하나 시켜 먹을까?' 라고 했습니다. 볶음밥 곱빼기를 몽땅 비우고, 우리는 출산 준비물이 든 가방을 챙겨들고, 유유히 경북대병원으로 향했습니다. 태아에 대한 검진은 효성산부인과에서 받아왔지만, 출산은 경북대병원에서 하기로 미리 약속이 되어있었습니다. 막상 병원에 도착하니 과장님께서 엄청 꾸중을 하셨습니다. 도대체 무슨 배짱으로 초산인데 5분 진통주기까지 기다렸냐고… 어슬픈 반푼수가 사람잡을 뻔 했다고…

어쨌거나 아내는 그 산통속에서, 남들이 흔히 한다던 남편에 대한 욕짓거리?도 한마디 하지 않고, 입원 두 시간 만에 건강한 아들을 순산하였습니다. 낙태수술 직전에서 돌아온 아들을, 개원 후 일요일 오전 진료까지 마치고, 중국집 볶음밥 곱빼기를 말끔히 비우고 나서, 병원에 온 지 두시간 만에 순풍하였으니… 무어라 말할 수 없는 기쁨이 밀려왔습니다. 참 열심히 일하였고, 더불어 행복하였던 때였습니다.

1992년 봄. 아버님 묘소에서 한 때. 아이가 생기고 재롱을 부리니 일찍 돌아가신 아버님이 부쩍 더 그리웠습니다. 그 때는 참 자주 아버님 산소를 찾았던 것 같습니다.

제대, 그리고 조교

1991년 봄, 3년간의 치과군의관 복무를 마치고 제대를 하였습니다. 훈련기간까지 합하면 40개월이나 되는 짧지 않은 기간이었지만, 결혼과 아내의 개원, 또 아들의 탄생과 같은 굵직한 일들이 있었고, 거의 매 주말 모교 치주과 의국에서 무언가를 해왔었기에 금방 지나간 느낌이었습니다.

제대를 하고 나서, 본격적으로 경북대학교 치주과로 출근을 했습니다만, 저를 위한 자리는 마련되어 있지 않았습니다. '자네는 교수가 되어야 할 사람이니, 어떤 일이건 열심히 하면서 기다리도록 하라'는 과장님의 말씀을 믿고, 무급조교가 되어 근무를 시작하였습니다. 아내가 열심히 진료해서 저의 용돈과 박사학위 과정의 학비까지 받쳐주고 있었기 때문에 가능한 일이었습니다.

치주과의 무급조교 생활을 시작한 지 몇 달 되지 않아, 과장님께서 교환교수 자격으로 다시 미국유학을 가시게 되었습니다. 레지던트 2년차 때에도 일 년간 자리를 비우시는 바람에 제가 치주과를 이끌었는데, 군대생활을 마치고 돌아 오자마자, 또 같은 상황이 벌어졌습니다. 이번에는 무급조교로서 더 많은 식구를 이끌게 되었습니다. 당시 치주과에는 저보다 한 해 선배인 분이 연구 조교로 함께 근무하고 있었지만, 임상파트는 수련의 위주로 이루어지고 있어서, 진료실과 수련의들에 대한 교육은 대부분 저와 고년차 레지던트들을 중심으로 진행되었습니다.

　　과장님이 미국으로 가신 지 얼마 되지 않아, 치주과 수련의들의 교육에 대해 편지를 쓰게 되었습니다. 그때까지만 해도 이메일이 없던 시절이었으므로, 손 편지를 써서 항공우편으로 보내면, 일주일 정도나 되어서 받아보는 형편이었습니다. 기본적으로 어떤 어떤 공부들을 하고 있고, 치주과의 형편은 어찌 돌아가고 있으니, 걱정하지 마시고 미국생활을 잘 하시라는 이야기였을 것입니다. 그 때 한 가지 특별한 청을 넣었는데, 제가 군의관시절 서울에서 열린 임플란트 강의를 몇 번 들었는데, 치주과의 미래는 임플란트에 있을 것 같으니, 수련의들과 함께 공부할 수 있게 해 달라는 요청이었습니다.

　　여기에서 여러분의 이해에 조금이나마 도움이 되도록 하기위해 치과용 임플란트의 역사에 대해서 간단히 기록하고자 합니다. 아주 오래전부터 치아가 상실된 경우 이를 재현시켜주기 위해 다양한 임플란트들이 시도 되었습니다만, 현재 우리가 사용하는 형태의 임플란트는 1965년 스웨덴의 브로네막 교수(Prof. Branemark)에 의해 시작되었습니다. 이분은 정형외과의사였는데, 1952년 토끼의 대퇴골에서 혈관의 재생에 대한 연구를 하다가, 우연히 티타늄으로 된 연구용 챔버가 뼈와 결합되어 빠지지 않는 현상을 발견하게 되었습니다. 보통 사람이라면, 왜 빠지지 않는거야 하면서 화를 내고는 잊어버렸을 것인데, 브로네막 교수는 이 현상에 호기심을 품고 연구를 계속해서, 순수 티타늄이 뼛속에서 일정기간 유지되게 되면, 뼈와 융합된다는 사실을 발견하게 되었습니다. 이 현상에 골융합 (Osseointegration)이라는 명칭을 부여하고, 무치악상태가 된 환자들에게 적용할 수 있는 임플란트 시스템으로 개발하게 되었습니다. 1965년 유전적 치아결손을 가지고 있던 라슨(Mr. Larsen)이라는 분에게 첫 번째 시술이 이루어졌는데, 이 분은 거의 30년 동안 아무런 문제없이 성공적으로 사용하게 되었습니다. 첫 환자에 대한 성공적인 시술 이후 연구가 거듭되어 1982년에 캐나다의 토론토에서 브로네막 임플란트 시술에 대한 15년간의 결과가 발표되면서, 북미에서 치과용 임플란트 치료가 활성화되기 시작하였습니다. 이후 몇몇 임플란트 전문회사들이 등장해서 여러가지 주장들을 하였습니다만, 돌이켜보면 서로가 잘 모르던 시절에 코끼리 다리 만지던 식의 논문들과 주장들이 많았던 것 같습니다. 물론 그 경험들이 바탕이 되어 현재의 발달된 임플란트 시술들이 가능해졌습니다만…

한국에서 수련의 시절이었던 1986년 토마스 한 선생님으로부터 임플란트 시술에 대한 첫 슬라이드 강의를 들었고, 1988년과 1989년 서울 근교에서 군의관 생활을 한 덕분에 몇 차례 임플란트 강의를 접하게 되었으니, 당시로서는 선진 지식을 상당히 빨리 접한 셈이었습니다.

과장님으로부터 허락이 있었는지, 그냥 밀어 붙였는지는 잘 기억나지 않지만, 이 편지를 보내고 나서 의국의 수련의들과 함께 임플란트에 대한 공부들을 본격적으로 하기 시작하였습니다. 치주과의 특성상, 진행된 치주염으로 인해 치아를 상실하는 분들이 많았고, 또 상실된 치아 주변의 치아들도 상태가 좋지 않아, 보철적으로 수복하기가 매우 힘든 경우가 많았습니다. 외과적 치주치료를 통해 열심히 치아를 살려놓으면, 보철과에서는 보철을 위한 지대치로서 불가능하니 다 빼라고 하는 경우도 많았습니다. 이런 경우야 말로 임플란트 치료가 최선이었는데… 불행하게도 그 당시 치주과에는 임플란트 수술을 위한 장비들이 전혀 없었습니다. 복도 건너편 구강외과에는 최신 브로네막 임플란트 시스템을 풀세트로 가지고 있기에, 적응증을 가진 환자분이 생겼을 때 한 번만 빌려서 쓰게 해 달라고 요청을 했었지만, '어디 감히! 무급조교인 주제에… 교수님도 안쓰고 계시는 브로네막 임플란트 수술세트를 빌려달라니!'

라는 답이 돌아왔습니다. 지금은 임플란트 수술 장비들이 많이 저렴해졌지만, 그때는 수천만 원을 호가하는 귀하디 귀한 존재였습니다. 아무리 그렇다고 해도, 그 장비를 써서 좋은 결과를 얻을 수 있는 환자분이 있는데도, 쓰지도 않고 모셔만 두던 장비를 공유해 주지 않으시는 구강외과 의국에 참 섭섭하였습니다. 답답하였지만, 위계가 강한 대학병원인지라 할 수 있는 일이 없었습니다.

그런데 어느 날, 우연찮게도 기회가 찾아왔습니다. 심각한 치주질환으로 인해 많은 치아를 상실하게 된 환자분이 있었습니다. 당해보지 않으신 분들은 느낌이 없으시겠지만, 한꺼번에 10개가 넘는 치아를 발치해야 하는 일이 생기면 정말 큰 충격입니다. 이 부인께서도 생각하지도 못한 일을 당하시고는 크게 실망하시고, 당신의 치아를 재건할 방법을 저와 여러차례 상의하였습니다. 보철과에서는 당연히 의치(틀니)를 할 수 밖에 없고, 저작력이나 심미성도 크게 기대하지 말라고 했으니, 그 분의 심정이 어떠했을지 상상이 가실 것입니다. 상당기간 치주치료를 하면서 가까워지고 믿음이 생기셨는지, 다른 방법을 소개해 달라고 하셨습니다. '임플란트라는 치료가 있습니다. 티타늄이라는 재료로 되어있는 나사못 같은 것인데, 잇몸뼈에 식립하면 뼈와 결합이 되어서 마치 내 치아가 새로 생긴 것 같은 효과가 있습니다. 제가 그 시술을 할 수는 있는데, 불행하게도 예산적인 문제 때문에 아직 대학병원에 그 장비가 들어오지 못하고 있습니다. (솔직히 예산을 배정받아 들어올 가능성은 거의 제로였습니다) 보통 임플란트 치료가 한 개당 약 300만 원 정도인데, 지금 10개의 임플란트 치료를 하셔야 하니, 제게 3000만 원을 주시면 그 장비와 재료를 사서 치료해 드릴 수 있겠습니다…'

설마 이런 큰 돈을, 병원 수납실을 통하는 것도 아닌데, 제게 맡기실 것이라는 것을 상상하지 못했습니다. 임플란트라는 새로운 치료법에 대한 저의 갈망도 있었지만, 정말 이 환자분께는 지금 당장 그 치료법이 절대적으로 필요하였기에, 그냥 설명해드린 것 뿐이었는데… 며칠이 지나, 그 환자분이 3000만 원이라는 거금을 직접 가지고 오셨습니다. 와우!!!

무급조교가 겁도 없이 3000만 원이나 되는 현금을 환자에게 바로 받다니!!! 지금 이런 일이 발생한다면, 사기, 배임, 횡령등의 혐의들로 인해 틀림없이 저는 치과의사 면허도 박탈당하고, 감옥에 가야할 겁니다….수련의 월급이 80여만 원이었던 시절이었으니, 3000만 원이라는 돈이 얼마나 큰 금액이었는지 상상이 가실겁니다.

이 돈으로 당시 한국에서 유행하던 미국산 3i 임플란트 시스템을 풀 세트로 구매하였습니다. 수백만 원을 능가하는 수술 기구들과 함께, 이런 저런 부속 장비들과 기구들, 그리고 잇몸뼈 속에 식립하는 임플란트 픽스쳐도 수십 개 살 수 있었습니다. 과장님도 없는, 한편 서러운 살림살이를 하던 치주과 의국에, 시쳇말로 삐까번쩍하는 새 장비들을 펼쳐놓으니, 모든 치주과 식구들의 사기가 크게 올랐습니다.

며칠간 그 환자분의 케이스를 품고 다니며, 전체적인 치료방안, 수술방법과 생길 수 있는 부작용과 같은 경우의 수를 꼼꼼하게 챙겼습니다. 새로 구입한 3i 임플란트(미국의 임플란트 회사로써, 당시 한국 시장에서 가장 인기있던 시스템이었습니다) 기구를 이용한 첫 수술이 성공적으로 마무리되었고, 주변에서 함께 수술을 도와주던 수련의들과 본과 4학년 실습생들이 환호하였습니다. 정확하지는 않지만, 아마도 이 수술이 경북대학교 치과대학 부속병원에서 이루어진 첫 번째 임플란트 수술이 아니었나 생각합니다.

첫 번째 임플란트 시술이 매우 성공적으로 이루어진 다음, 더 많은 환자분들이 임플란트 치료에 관심을 보이기 시작하였습니다. 그때만 하여도 치과 임플란트가 잘 알려져 있지 않아, 어떤 원리로 이것이 가능한

가를 설명하는데 보통 30분에서 한 시간 정도나 소요되었습니다. 지금처럼 동영상이나 컴퓨터를 사용하던 때도 아니어서, 진료시 찍어둔 사진들을 활용해서 정말 열정적으로 설명하였던 기억이 납니다.

그해 연말까지 상당히 많은 케이스의 수술이 이루어졌는데, 새로운 문제가 등장하였습니다. 대학병원의 시스템을 경험하신 분들은 이해하시겠지만, 수술은 주로 구강외과나 치주과에서 이루어지고, 이후 치아를 만드는 보철과정은 보철과에서 이루어집니다. 치주과에서 수 십명의 환자분들을 대상으로 임플란트 수술을 하였고, 수 개월이 지나 그 위에 치아를 만들어 올려야 할 때가 되었는데, 보철과에서 이 분들에 대한 보철을 해 줄 수 없다는 통보를 받았습니다. 오 마이 갓!!! 환자분들께는 수술 후 3~6개월이 지나면 치아를 만들어서 씹는 즐거움을 돌려드리겠다고 약속을 했는데, 보철과에서 거부를 당한 것입니다. 이유인즉, 치료 전에 보철과와 상의를 하지 않았고, 보철과에 해당 보철시스템이 존재하지 않으니 할 수 없다는 것이었습니다. 환자 중심의 진료가 최우선이 되어야 마땅할 대학병원에서, 이런 이유로 환자에 대한 진료를 거부당하다니… 지금 생각하면, 제 자신이 너무나 유아스러운 상상 속에서 살고 있었던 것 같습니다. 올바른 생각으로 환자 중심의 올바른 진료를 하면 모든 것이 용서될 것이라는… 세상은 진솔한 정열보다는 정치적인 논리에 더 쉽게 작동한다는 것을… 그때는 전혀 이해하지 못하였습니다.

정말 발등에 불이 떨어졌습니다. 모든 수술들은 성공적으로 이루어져서, 이제 치아를 만들 준비가 다 되어있었는데, 진행을 못하게 되었으니… 일찍부터 임플란트 치료에 대한 이해가 넓으시고, 우리가 공부하는데 많은 도움을 주셨던 단국대학교 치과대학 보철과 조 인호 교수님을 찾아갔습니다. 상황을 설명드렸더니, 청담동에 '치예원'이라는 치과를 오픈하신 김 성오 원장님이 계시니 그 분을 찾아뵙고 도움을 받는 것이좋겠다는 말씀을 해 주셨습니다. 선 걸음에 서울로 가서 치예원에 도착하니 벌써 저녁때가 조금 지난 시간이었습니다. 지하에 있는 사무실로 찾아가니, 김 성오 원장님께서 다소 떨떠름한 표정으로 '뭔 일로 왔나?'라고 물었습니다. 30대 초반의 젊은, 아니 어린 치과의사가 시골이라고 일컬어지는 대구에서 찾아왔으니, 그다지 반길 일도 아니었을 것입니다.

조 인호 교수님의 소개로 찾아왔다고 말씀드리고, 그동안 있었던 일들을 한동안 설명을 드렸습니다. 어떻게 하면 제가 심은 임플란트에 보철물을 제작할 수 있는가를 여쭈니, 우선 케이스를 좀 보자고 하셨습니다. 치예원의 지하 사무실에는 강의용 슬라이드를 정리하기 위한 커다란 (전지 두 장 정도 크기의 엄청난) 뷰박스가 있었는데, 그 위에 제가 수술했던 환자분들의 파노라마 방사선사진을 쫙~ 깔았습니다. 임플란트 치료가 본격적으로 확산되기 전에, 새파랗게 젊은 친구가 백 수 십개의 임플란트가 심겨진 수십 장의 파노라마를 올려놓으니, 김 성오 원장님께서도 상당히 놀라셨나 봅니다. 그제서야 얼굴이 밝아지시면서, 자리를 권하고, 대화가 이루어지기 시작하였습니다. 어떻게 보면 이 순간이 저를 변화시킨 또 하나의 계기가 되었습니다.

김 성오 원장님께서는 미국 남가주 치과대학 (USC)에서 보철과전문의를 받으시고, LA에서 한동안 개원을 하시다가, 그 만남이 있기 얼마 전에 미국으로 부터 귀국하셔서 '치예원'을 오픈한 상태였습니다. 김 성오 원장님의 지도를 받아 하나 둘씩 급한 불을 꺼나갔습니다. 수술만 집중해서 공부한 탓에 보철파트는 아는 것이 별로 없을 정도로 무지하였습니다. 각각의 환자분들이 가지고 있는 다양성에 맞춰 보철물을 하나하나 만들어 나가다 보니, 수술만 하던 때에는 발견하지 못하였던 새로운 면들을 볼 수 있었고, 수술 테크닉을 향상시키는데 큰 도움이 되었습니다. 보철과의 거부로 우여곡절 끝에 진행된 사건이었지만, 수술을 벗어나 임플란트 치료의 전체과정을 볼 수 있는 기회를 얻었으니, 그야말로 전화위복이 되었습니다.

해가 바뀌면서, 치예원에서는 총 2년 과정의 임플란트 교육과정(기본과정과 심화과정 각 1년)을 개설하였는데, 김 성오 선생님께서 제게 수술파트의 강의를 맡아보면 어떻겠냐고 제안을 하셨습니다. 어차피 지속적인 가르침을 받기 위해 자주 서울을 방문하여야 하던 터에, 비록 무급조교의 신분이었지만 치주과 전공을 살려서 강의까지 할 수 있게 되었으니! 강의 자료가 충분하지는 않았지만, 제안을 고맙게 받아들였습니다.

치예원의 임플란트 연수과정은 정말 인기가 많았습니다. 수강료와 실습비를 합해서 거의 1000만 원이나 드는 비싼 코스였지만, 연수코스를 알리자마자 매진이 되었으며, 그러면 다시 새로운 코스가 개설되었습니다. 지금보다 교통이 불편한 상황이다보니 지방에서의 강의도 점점 더 늘어나게 되었습니다. 그러다 보니 매달 대부분의 주말이 강의스케줄로 꽉 찼습니다. 1년 52번의 주말 중 50주말의 토요일과 일요일 종일 강의가 잡힐 정도였습니다. 매주 금요일 밤이나 토요일 새벽 집을 나서면, 월요일 새벽이 되어서야 집에 돌아오는 살인적인 강의스케줄이 1998년까지 계속되었습니다.

이 연수코스와 강의들을 위해 치예원의 교수진들과 함께 한국의 많은 도시들을 방문하게 되었는데, 정말 힘든 스케줄이었음에도 불구하고 너무나도 좋았던 점은, 각 도시마다, 각 마을마다, 자신을 드러내지 않으며 묵묵히 최선을 다하는, 개원가의 진정한 실력자들을 만난 것이라 할 수 있습니다. 치과대학에서의 교육이 훌륭하지도 않았고, 졸업 후 배움의 기회가 많지 않았음에도 불구하고, 스스로, 혹은 주변의 친구들과 함께 문제점들을 파악하고, 독자적인 방법들을 개발해서 환자 진료에 사용하고 있었는데, 그 개념이나 방법이 세계적인 석학들이 주장하고 시행하던 것과 큰 차이가 없었습니다. 어떻게 그런 생각을 하시게 되었느냐고 물으면, 겸연쩍은 웃음과 함께, 하다보니 그렇게 되더라… 라는 답이 돌아왔습니다. 하지만 '하다보니 저절로 되는' 일은 없습니다. 자신들이 진료하는 환자들이 품고 있는 문제점들에 대해 얼마나 치열하게 고민하고, 올바른 해결책을 구하기 위해 노력해 왔었는지, 그 흔적들이 고스란히 느껴져 왔습니다. 나아가 혼자서만 잘 하는 것에서 벗어나, 자신들이 어렵게 터득한 방법들을 아낌없이 나누어주는 모습을 보고, 참 느낀 바가 많았습니다. 이것이야 말로 진정한 연구이고, 교육이 아닌가! 탁상공론과 권위주의가 넘쳐나던 대학의 분위기와 완전히 다른, 현장으로부터의 솔직하고도 명쾌한 노하우들을 정말 많이 배울 수 있었습니다. 소설 '수호지'에 나타나는 영웅호걸들이 함께 우애를 나누던 '양산박'과 같은 분위기라면 좀 더 이해가 되실까요?^^

류 경호원장과의 운명적인 만남

1992년 봄, 대구 금호텔에서 치예원 주최로 임플란트 세미나를 가졌습니다. '발치후 즉시 임플란트(Immediate implant placement following tooth extraction)', '임플란트 식립후 즉시 부하 (Immediate loading)', '다양한 형태의 골 결손부를 해결하기 위한 골 이식술(Bone regeneration techniques for various bone defects)', 임플란트 주변의 연조직 관리(Soft tissue management for peri-implant tissue)등, 지금 내어놓아도 손색이 없을 정도의 주제들로 하루 종일 강의가 이어졌습니다. 치예원 주최라고는 해도, 저의 홈 타운인 대구에서 열리는 만큼, 행사준비와 의전등에 신경을 쓰느라, 정작 제 강의준비를 하지못해, 밤을 꼬박 세웠던 기억이 아직도 생생하게 남아있습니다. 여러 연자들의 훌륭한 강의 덕분에 행사는 성황리에 마칠 수 있었습니다.

이 행사에 광주에서 개인 치과의원을 개원을 하고 있던 류 경호 원장이 참석을 하였다고 합니다. (이때까지 우리는 서로에 대해 전혀 알지 못하였습니다.) 강의의 내용이 좋았고, 추구하는 방향도 류 경호 원장이 생각했던 방향과 일치하였기에, 광주로 돌아가서 친구들과 후배들을 모아 별도의 치예원 코스를 열어달라는 요청을 김 성오 선생님께 하였습니다. 처음 몇 번의 강의가 서울 치예원 강의실에서 이루어진 다음, 20여명의 치과의사들이 서울로 움직이는 것보다, 서너 명의 연자들이 광주로 와서 강의를 해 주면 어떻겠느냐는 의견이 있었습니다. 이에 김 성오 선생님께서 동의함으로써, 광주에서의 코스가 열리게 되었습니다. 광주에서의 첫 강의가 있기 전날, 연자들과 함께 전주를 방문하게 되었는데, 여기에서 전주연합치과의 정 회웅 원장을 만나게 되었습니다. 다들 젊었고, 치과와 임플란트에 대한 열정이 대단하였기에, 우리는 금방 가까운 친구가 될 수 있었습니다. 대구에서 나고 자란, 속칭 '경상도 문둥이'가 30대가 되어서야 전주와 광주를 처음으로 방문한 날이었고, 세상을 조금 더 넓게 접할 용기를 얻은 첫 계기가 되었습니다.

류 경호 원장. 광주 토박이로써 저와는 혈연, 지연, 학연이 전혀 얽혀있지 않음에도 불구하고, 만나자마자 첫 눈에 반해 버렸습니다. 30년의 세월 속에서 정말 많은 일이 있었지만, 한결같이 저를 믿어주시고, 지원과 격려를 아낌없이 해 주고 계십니다.

류 경호 원장은 온전히 광주토박이 입니다. 부모님이 모두 교사인 교육자 집안에서 자랐고, 전남대학교 치과대학을 졸업한 후, 광주 금남로에 작은 치과를 열고 있었습니다. 우리가 만나기 전, 그러니까 학창시절의 류 경호 원장 이야기를 듣고 있노라면, '전설'이라는 단어가 쉽게 생각납니다. 이야기를 재미있게 풀어내는 입담도 그러하지만, 실제 이야기 속에서 펼쳐지는 철학과 신조에서, 그 분의 따뜻함과 함께 자신에게 적용하는 엄격한 도덕적 잣대를 느낄 수 있었습니다. 지금도 한결같이 주변을 챙기고 있지만, 그 당시부터 얼마나 많은 선후배들이 함께 하고 있었는지 쉽게 짐작하실 수 있을겁니다. 지역사회에서는 물론이고, 류 원장을 아는 주변의 모든 사람들에게 '류 경호=믿음'이라는 공식이 수립되어 있었습니다.

지금도 전라도와 경상도, 광주와 대구는 정치적으로나 정서적으로 상당한 차이를 보이고 있습니다만, 90년대 초반은 그 정도가 훨씬 더 심하였습니다. 광주로 세미나를 하러 간다는 이야기를 하면, 대구에 있는 친구나 친척들은 누구나 걱정스러운 얼굴로 '거기 가도 괜찮나?'라고 물을 정도였습니다. 심지어는 '대구'번호판이 붙어있는 자동차를 가지고 가면 큰일이 난다고, 다른 지방의 차를 수배해서 타고 가라고 조언하는 사람도 있었습니다. 참 한심스럽고 우스운 이야기라고 생각하시겠지만, 그런 시절도 있었습니다.

92년 어느 날 아내와 함께 둘이서 광주 전남대 치과대학을 방문할 일이 있었습니다. 네비게이션이 없던 시절이라 익숙하지 않은 길을 갈 때에는 두어 번씩 차를 세우고 주변 사람들에게 방향을 물어갔었는데, 대구 토박이 둘이서 광주를 방문해야 하니 상당히 긴장을 했었습니다. 88고속도로를 지나 광주시내에 들어가서 길을 물어야 할 때가 되어, 아내가 '서울말씨'를 흉내 내어서 택시기사 분께 방향을 물었습니다. 그랬더니 그 기사분이 대뜸, '아따 대구에서 오셨나보네잉~ 멀리서 와 부렀네! 내가 안내할텡께, 따라 오시요이~'라면서 앞장서서 택시를 몰아갔습니다. 목적지에 도착해서 사례를 하려니, '멀리서 오셨는데, 잘 지내다 가시오잉~'하고는 웃으면서 가버렸습니다. 아내와 둘이서 서로 얼굴을 쳐다보면서 이걸 어떻게 해석해야 하나 한동안 멍하게 있었던 기억이 있습니다.

치예원 세미나를 계기로 매달 전주와 광주를 방문하게 되었고, 대구에서의 강의 때에는 류 경호 원장이 대구로 오게 되면서, 우리는 거의 모든 주말을 함께 보내게 되었습니다. 주중에는 그 뒤에 있을 강의들과 현안들에 대해 의논하느라, 매일 한 시간 이상씩 전화 통화를 하는 일이 잦아, 아내는 '둘이서 연애하나?'라고 농담을 할 정도였습니다. 류 경호 원장을 통해 광주 뿐만 아니라, 순천, 목포, 광양, 나주 등등 많은 도시에서 활동하던 치과의사들과 교류하게 되었는데, 앞에서도 이야기한바와 같이, 한결같이 상당한 수준의 지식과 환자들에 대한 깊은 애정을 보여주어서, 자잘한 재주를 강의하던 제 자신이 부끄러울 때가 많았고, 가르치는 것 보다 더 많은 것들을 배웠습니다. 다들 순수하였고, 정말 열정적으로 살았던 시절이었습니다.

다음의 이야기들은 상당한 시간이 흐른 뒤에 일어난 일이긴 하지만, 말이 난 김에 여기에 추가해 두겠습니다. 경상도, 그 중에서도 광주와는 정치적으로 상극이라고 할 수 있는 대구의 어떤 녀석과 늘상 붙어다니며, 점점 큰 일들을 벌여가는 아들이 다소 불만이셨던지, 아니면 걱정이 되셨나 봅니다. 류 경호 원장의 어머님께서 평소 자주 다니시던 사찰의 큰 스님께 특별히 청을 넣었다고 합니다. 도대체 이 두 사람의 사주가 어떻게 연결되었는지를 확인해 달라고 하셨답니다. 제게 직접 묻지는 못하시고, 제 아내에게 전화를 걸어 태어난 '년 월 일 시'까지 자세히 물었다는 이야기를 나중에 들었습니다. 다행히도, 큰 스님께서 '이 두 사람은 전생에 부부의 연을 맺었으니, 걱정하지 않아도 된다'고 하셨답니다. 늘 따뜻하게 격려해 주셨지만, 큰 스님의 이 말씀 이후로, 류 원장의 부모님께서 더욱 적극적으로 저희들을 지원해 주셨습니다.

한번은 광주를 방문했다가, 류 원장의 아버님과 함께 식사를 하게 된 일이 있었는데, 두어 잔 술로 기분이 좋아지신 아버님께서 제게 '앞으로 두 사람이 이렇게 함께 잘 지냈으면 좋겠다'고 하시면서, 메모장에 일본의 속담 한 구절을 적어주셨습니다. '다비와 미치츠레, 요와 나사게!' (여행은 길동무와 함께, 인생은 정으로!) 세월이 지나면서, 제 책상의 유리판 아래 넣어둔 이 글을 읽을 때마다, 아버님께서 우리에게 하시고자 했던 충고를 가슴 깊이 느끼게 됩니다.

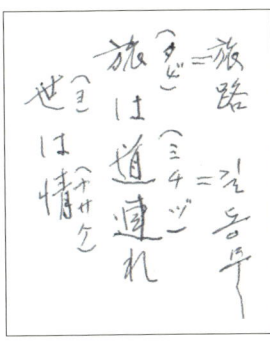

류 경호 원장의 아버님께서 제게 주신 인생의 지침이 담긴 메모입니다. '여행은 길동무와 함께, 세상은 정으로'. 20년도 더 지나 메모지는 색깔이 바랬습니다만, 그 뜻은 세월이 지날수록 더 가슴에 다가옴을 느낍니다.

무급 조교에서 탈출, 유급 조교가 되다

치과대학의 교수가 되겠다는 생각에 일말의 의심이 없었고, 시간이 지나 언젠가 순서가 되면 내게 기회가 찾아올 것이라는 마음가짐을 가지고 있었기에, 무급의 임상조교라는 포지션에 대해 아무런 불만도 갖고 있지 않았습니다. 그런 신분임에도 불구하고, 과장님이 교환교수로 미국으로 가 계시던 일 년여의 기간을 포함해서 치주과를 잘 지키고, 우리 의국의 수련의들을 나름 최선을 다해 이끌어 왔음에 자부심을 느끼고 있었습니다. 돈에 대한 개념이 별로 없기도 했지만, 의국행사로 제가 저녁이나 술자리를 마련해야 할 때면, 기꺼이 '계산'을 하러 달려와 준 '개원의 아내'가 있었기에, 월급을 받든 말든 그닥 신경을 쓰지 않았습니다. 약 2년여를 그렇게 보내던 어느날, 과장님이 방으로 불러 '유급조교 자리가 생길 것 같으니, 꼭 그 기회를 가질 수 있도록 해 주겠다'고 하셨습니다. 전임강사가 나와야 하는 시점인데, 유급조교라니… 어쨌건 무급조교보다는 낫고, 80여만원의 월급까지 준다니, 후배들과 저녁 술자리를 만드는데 아내의 눈치를 조금 덜 보게 되어 좋았습니다.

둘째가 태어나다

1993년 봄 둘째가 태어났습니다. 아내가 임신하였다는 사실을 들었을 때, 직감적으로 딸일 것이라고 생각했었는데, 정기검진을 받으러 가던 효성산부인과 원장님께서 슬쩍 딸임을 확인시켜 주셨습니다. 우리 직계 가족 중에 작은 고모님 이후로는 모두 남자들만 태어나서, 완전히 아들 부자집이었는데, 드디어 60여 년 만에 딸이 태어난다고 온 가족들이 기뻐했습니다.

아내가 임신을 하고 있었음에도, 상동부부 치과는 여전히 주말진료를 계속하고 있었고, 토요일 오전 대학병원에서의 근무를 마치면 아내의 치과로 가서 진료를 도와주고 있었습니다. 참 고맙게도 둘째인 딸도 일요일에 출산을 하게 되었습니다. 토요일 늦게까지 진료를 마치고, 아내와 함께 집으로 돌아왔는데, 일요일 늦은 아침 아내의 진통이 시작되었습니다. 첫째 출산때 분만실로 늦게 왔다고 꾸중을 들었던 것이 생각나, 일찍감치 짐을 챙기고 점심때 경북대병원 산부인과에 도착했습니다. 첫째를 받아주셨던 산부인과 교수님께 연락을 드렸더니, '자네들은 꼭 일요일에 출산을 해서, 내가 일요일에도 쉬지 못하게 한다!'고 농담섞인 불평을 하셨습니다^^. 아직 시간이 있으니 점심이나 먹고 오라는 말씀에, 학창시절 일주일에 서너 번은 점심 먹으러 가던 '중동반점'으로 향했습니다. 화창한 봄날씨에, 뒤뚱거리는 배불뚝이 아내의 손을 잡고, 추억의 중동반점에서 느긋한 점심을 즐겼습니다.

아내는 아기를 잘 낳는 재주가 있나 봅니다. 다시 병원에 들어가 옷을 갈아입은 지 두어 시간 만에 '예쁜' 둘째가 태어났습니다. 아들부자집에 60년 만에 건강하고 예쁜 딸이 순산되자, 이 과정을 도와준 분만실의 간호사들에게, 첫째 아들 때보다 몇 배나 되는 '촌지'를 기쁜 마음으로 돌렸습니다. 제 할머니께서 말씀하시길, '아이고, 무슨 아가야가 이래 이쁘노!! 내 평생에 이렇게 이쁜 아가야는 첨 본데이~!' 그렇게 기뻐했고, 다들 행복했습니다. 둘째마저 일요일에 태어나 준 덕분에, 저는 드물게도 두 아이의 분만을 모두 함께 한 '훌륭한 아빠'가 될 수 있었습니다!^^

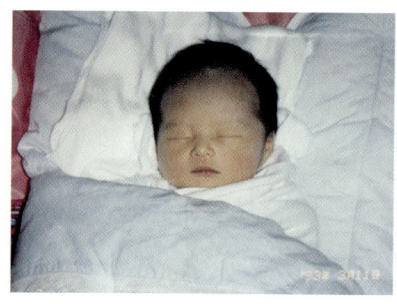

1993년 봄. 둘째가 태어난지 사흘째의 사진. 아들 부자집에 60년 만에 찾아온 딸이었습니다.

1993년 여름의 가족사진.

1995년 봄. 온 가족이 함께 거제도를 찾았습니다. 참 열심히 공부하고, 진료와 강의에 매진하였던 시절이었습니다. 젊기도 했지만, 꿈도 희망도 가슴 한가득 품고 살았던 때였습니다.

학교를 떠나다

　1993년 여름쯤, 치과대학 안에서 우리 과장님이 다른 대학으로 옮겨가기로 했다는 소문이 돌기 시작했습니다. 평소 매일 아침 과장님의 연구실로 불려가면, 거의 한두 시간은 선 채로, 학교나 치주과가 나아가야 할 발전방향 등에 대해 장황한 훈시를 들어왔던 터라, 갑자기 다른 치과대학으로 전근을 가는 이유에 대해 이해할 수가 없었습니다. 직접 물어볼 분위기도 아니었기에, 그저 소문에 매달려 궁금함을 달랠 뿐이었습니다. 공식적으로 학교를 떠나는 날짜가 잡히자, 과장실로 불려가는 빈도가 더 많아졌고, 훈시 시간도 더 길어졌습니다. '내가 어쩔 수 없이 서울에 있는 대학으로 옮겨가지만, 너는 경북대학교 치과대학의 교수가 되어서 치주과를 지키고 발전시켜야 한다…'라는 요지의 이야기였습니다. 마지막 환송회가 있던 날, 모든 의국 선후배들이 돌아간 후에도, 저는 과장님과 남아 계속 술잔을 기울였습니다. 역시 같은 레파토리! 자정을 넘긴 시간에 만취한 상태로 거의 울먹이다시피 하면서, '내가 너를 키워주고 싶었는데… 이렇게 대학을 옮기게 되어서 너무 미안하다… 너는 잘할 수 있을거다… 군의관 시절부터 지금까지 5~6년 동안이나 노력해왔으니, 내가 없어도 잘 해 낼거다… 잘 부탁한다…' 이런 이야기들이 계속 반복되었습니다.

　갑자기 과장이 공석이 된 경북대학교 치주과도 문제였지만, 과장님이 옮겨가시기로 한 그 대학에서도 작지 않은 잡음들이 들려왔습니다. 그 대학에도 저와 같이 교수자리가 나오기를 기다리면서 수년 동안 조교 생활을 해 왔던, '박 원배'라는 유능한 분이 있었는데, 우리 과장님이 그 쪽으로 옮겨가게 되면서, 그 분이 대학을 떠나게 되었다는 이야기였습니다. 같은 시절 치주과 수련을 했었고, 군의관을 마친 후, 비록 학교는 달랐지만, 조교생활도 같이 하였기에, 거의 10년 이상의 기간 동안 서로가 잘 알고 지내던 사이였습니다. 수련의 시절부터 탁월한 임상실력과 많은 논문들을 발표하면서, 차세대 대한민국 치주과를 이끌어갈 분으로 이야기되던 분이었는데… 안타까웠지만 이 또한 우리가 모르는, 깊은 이유가 있을 것이라고 생각만 하였습니다.

　과장님이 서울의 대학으로 옮겨가시고 난 뒤, 경북대학교 치과대학 치주과에 새 주임교수 겸 과장님이 임명되었습니다. 같은 경북대학교 치과대학 출신으로서, 저보다 한 해 선배였던, 치주과의 연구조교를 거쳐 막 전임강사 발령을 받은 여교수님이 치주과의 새 과장님이 되셨습니다. 일년 차이인데다, 학창시절부터 생화학 교실원으로 서로 잘 알고 있었고, 제가 치주과에서 수련의 시절을 할 때에도 연구조교로서 근무하면서, 우리 과에서의 논문 작성에 많은 역할을 해 오셨기에, 이 발령에 누구도 이의를 제기하거나 불만을 이야기하지 않았습니다. 뒤에 제가 교수발령을 받게 되면, 저는 임상적인 분야를 주로 맡아서 교육하고, 연구부분은 신임과장님이 맡게 될테니, 참 콤비가 잘 이루어질 것이라고 나름 생각하였습니다.

　과장님이 서울의 모 치과대학으로 이직하신 탓에 치주과에 신규 교수자리가 생겼고, 행정적인 절차가 약 2개월 정도 걸린다고 들어서, 10월에는 교수발령을 받을 수 있을 것이라고 기대하고 있었습니다. 10월 중순이 지나 새로운 교수 인사발령 결과가 발표되었는데, 놀랍게도 우리 치주과에서는 신규 교수임용이 없다는 소식이 들렸습니다. 평소 교내 정치적인 놀음에는 전혀 관심을 주지 않았고, 그저 열심히 환자들을 진료하면서, 수련의들과 학생들을 지도하면 된다고 생각하고 있었던 터라, 이런 인사조치가 발표되었어도 다소 혼돈스러웠을 뿐, 그게 무엇을 의미하는 지 조차 알지 못하였습니다. 가까이 지내던 선배 교수님께 찾아가서, '이게 어떤 시츄에이션인지?' 묻자 그 선배님 왈, '바보같은 놈 같으니라고… 너더러 학교에서 나가라고 하는 거야!!' 커다란 망치로 머리를 세게 얻어맞은 느낌이었습니다.

군의관 시절 뿐만 아니라, 지난 3년간의 무급, 유급 조교시절에도, 항상 최선을 다해서 노력하였고, 나름 임상적인 분야의 연구와 개발, 교육에도 자신감이 있었으며, 대부분의 교수님과 선후배들도 제가 교수가 될 것이라는 것을 공공연히 인정하고 있었기에, 한동안 정신을 차릴 수가 없었습니다. 하지만 이미 결정된 사항이었고, 다음 교수선발 기회에서 조차 제가 선택될 가능성도 없었으므로, 이 충고를 듣고는 의국으로 돌아가 바로 짐을 싸서 그날로 대학을 떠났습니다. 아니 정식으로 교수가 된 것도 아니었으니, 떠났다는 표현마저도 옳지 않을 듯 합니다. 선택되지 못하였고, 버려졌다고 하는게 옳은 표현인 것 같습니다.

정확하지도 않고, 증거가 있는 것도 아니었지만, 그 뒤 주변으로부터 많은 이야기들이 전해져 왔습니다. 저보다 치과대학 한 해 선배였던 여자교수님은, 임상을 위주로 하던 치주과의 정식 레지던트 출신이 아니어서 임상적으로 다소 불리함을 지닌데다, 제가 임플란트를 위시해서 여러가지 새로운 임상적 테크닉들을 선보이면서, 학생들과 수련의들에게 인기가 많았기에, 제가 교수로 임용이 되면 자신이 뒤로 밀릴 것을 염려했었답니다. 또 한편으로는 타과의 선배 교수님들이 시도조차 하지 않고 있던 임플란트 시술을, 감히 치주과의 조교인 주제에 마구 해대어서, 원로 교수님들의 미움을 샀다는 이야기도 있었습니다. 조금 더 시간이 흐른 뒤 접한 정말 충격적인 이야기는, 모 교수님께서 '박광범이는 호랑이 새끼를 키우는 꼴이 되니, 절대 뽑으면 안된다.'라는 어드바이스를 했다는 것이었습니다. 공식적으로 확인된 이야기는 아니었지만, 참으로 실소를 금치 못하였습니다. 철없는 학생들을 교육해서 훌륭한 치과의사로 길러내고, 세계적인 실력을 가진 임상가가 될 수 있도록 젊은 치과의사들을 수련시켜 배출하며, 고유 기능인 임상 및 기초학문에 대한 연구를 통해서 대학의 위상을 드높여야 할 교수님들이, 이런 시기심, 질투심, 혹은 경계심을 발휘해서 수년간 함께해왔던, 꽤나 부지런하고 나름 열심히 노력하고 있던 사람을 잘라내다니… 제가 선택되지 못했다는 실망감보다, 이런 정신세계에서 살고 계시는 그 분들의 수준에 분노가 치밀어 올랐습니다. 하시던 '말씀들'을 모두 진리이고 미션이라고 여기며, 신뢰하고 따랐던 여러 교수님들의 지난 행동들이 머리속을 스쳐 지나가면서 정말 큰 배신감을 느꼈습니다. 어떤 큰 미래를 그리고 대구에서 서울까지 옮겨 가셨는지는 아직도 알지 못하지만, 전임 과장님의 자리 이동으로 인해 두 명의 '꽤 괜찮았던' 대한민국 치주과의 꿈나무들이 교수가 될 꿈을 접어야 했습니다. 사람과 환경은 언제나 바뀔 수 있음을 이해하므로, 그때 차라리 학교나 교실의 상황이 이러이러하니, 학교는 그만두고 개원하는게 좋겠다고 솔직히 이야기해 주었다면 훨씬 좋았을 것을…

    1993년 10월에 저는 그렇게 대학을 떠났습니다. 얼마 되지 않는 짐을 자동차 트렁크에 싣고, 벌건 대낮에 시내를 달리는 기분은 참 야릇하였습니다. 맨날 아침 일찍 출근하고, 밤이 늦어서야 퇴근하던 그 길이 오늘은 완전히 다르게 느껴졌습니다. '이제 개원의의 길을 가는 수 밖에 없구나'라는 생각하면서 집으로 향했는데, 막 공사를 끝낸 새 건물이 눈에 들어왔습니다. 주택가도 아니었고, 시장통도 아니었지만, 첫 눈에 '여기에 개원을 해야겠다!'라고 마음을 먹었습니다.

첫 개원

집으로 돌아온 아내에게 상황을 이야기하니, '잘 되었네! 이제 개원해서 열심히 돈 벌어오면, 나는 좀 쉬어도 되겠네!'라며 오히려 저를 위로해 주었습니다. 밤새 뒤척거리다 다음날 아침 어제 보았던 건물을 방문해서 임대 가능 여부를 물어보았습니다. 한 층의 평수가 약 70평 정도였고, 임대료가 다소 비싸긴 했지만, 바로 계약을 해버렸습니다. 전날 받은 정신적인 충격에 대한 오기도 큰 역할을 했던 것 같습니다. 당시에는 대개 30~40평짜리 치과를 만드는 것이 보통이었는데, 70평이라니…

계약서를 들고 바로 커피숍에 앉아 이 공간들을 어떻게 채울 것인지 구상하기 시작했습니다. 두 개의 수술실, 네 개의 보철 및 일반 치료실, 당시엔 흔치 않았던 파노라마 방사선실과 필름 현상실, 기공실, 약 20석 규모의 세미나실과 꽤 큰 자료준비실, 그리고 넓고 쾌적한 대기실 등등을 그려넣고, 인테리어를 맡아줄 회사와 미팅을 하였습니다. 개인 치과에 무슨 강의실이냐고 어리둥절하는 인테리어 디자이너에게는 그냥 미소로 답하였습니다. 공부하고 가르치는 것이 좋아서 교수가 되려고 했지만, 이제 그 꿈은 사라지게 되었고… 그렇다면 학교의 학생들이 아니라, 이미 개원해있는 치과의사들을 가르치면 되지 않겠나… 치예원의 임플란트 코스처럼 치주 치료를 중심으로 임플란트 술식을 혼합해서 코스를 만들면 좋겠다는 생각을 했었습니다. 인테리어가 거의 끝나갈 무렵에는 벌써 대구시내에 소문이 나고 있었습니다. 박 광범이가 학교에서 쫓겨나더니, 정신이 나가서 무리하게 큰 치과를 만들고 있다… 개원 인사장을 만들어 모교의 교수님들을 찾아뵈었더니, '야, 자네는 정신이 나갔구먼! 나같으면 그 돈을 은행에 넣어두고, 이자로 살텐데…'라고 이야기해주는 교수님도 있었습니다.

    1993년 12월 13일, 그렇게 저의 첫 번째 치과인 '박광범 치과의원'이 개원을 하게 되었습니다. 그리고 이듬해 '페리오 라인(Perio-Line)'이라는 이름의 개인 연수회를 시작하였습니다.

    대부분의 치과들이 보철을 중심으로 수입을 얻고 있었던 반면, 저는 치주치료에 집중을 하였습니다. 지금도 그러하지만, 치주치료는 그 치료의 난이도와 소요시간에 비해 진료 수가 상대적으로 크게 낮았습니다. 하루에 7~8 케이스의 치주 수술을 하면서, 다른 부속 치료들을 열심히 하였지만, 수입은 보잘 것 없었습니다. 임플란트 치료 또한 생소하여서, 환자분들께 임플란트 치료가 무엇인가, 또 어떤 원리로 이루어지는가, 치료의 순서는 어떠한가를 설명하려면, 거의 한 시간이나 걸렸습니다. 그래도 임플란트 치료를 선택하는 분들이 많지 않았습니다. 주 6일을 열심히 진료하고, 주말마다 강의 활동을 이어나갔지만, 매달 결산을 하고 나면, 100만 원 정도의 수입을 겨우 얻을 수 있을 뿐이었습니다. 개원 선배인 아내가 웃을 정도의 작은 수입이었지만, '조교보다는 20만원이나 더 많이 벌잖아' 하고 웃어넘겼습니다.

    개원을 준비하고 있던 중에, 정말 놀라운 일이 하나 더 생겨났습니다. 현재 미르치과병원의 파트너로서 변함없는 도움을 주고 있는, '박 찬우' 선생이 찾아와서 자신을 박광범 치과의원의 수련의로 받아달라고 요청을 한 것입니다. 아내와 치과대학 동기로서, 이미 개원을 하고 있던 박찬우선생이, 개원을 접고 저의 수련의가 되겠다고 하다니… 다소 어리둥절하였지만, 저도 혼자서 진료하기보다는 함께 지낼 누군가가 있으면 좋았기에, 받아들이기로 하였습니다. 돌이켜보면 박 찬우 원장의 합류는 제게 정말 큰 행운이었습니다. 그 뒤로 김 경환, 강 경우, 허 준용, 신 호섭, 이 석기, 손 재연, 박 준홍, 김 광효, 곽 명규, 이 은아 선생 외 여러 후배들이 차례로 합류하면서, 박광범 치과의원내 수련의 체계도 선순환이 이루어지게 되었습니다. 이 분들의 맹활약이 지금의 저와 미르치과병원, 또 메가젠 임플란트가 존재하는데 매우 큰 도움이 되었습니다.

박광범 치과의원의 세미나실이 열리면서, 대구에서도 치예원 코스가 시작되었는데, 아직도 생생하게 기억이 되고, 인간의 능력을 다시 생각하게 만든 사건이 생겨 났습니다. 대구에서의 강의 코스가 주말로 예정되었던 그 주의 월요일 아침에 김 성오 선생님으로부터 연락이 왔습니다. 일요일 아침 4시간 강의를 하기로 했던 연자분이 갑자기 일이 생겨서 못하게 되었고, 다른 연자를 찾을 수도 없으니, 저더러 그 강의를 준비해 보라고 했습니다. 한번도 해 보지 않은 생소한 주제였지만, 감히 거절할 수가 없어서 준비해 보겠다고 했습니다. 지금처럼 컴퓨터에 바로 연결되는 시스템이 아니라 슬라이드 필름을 만들고, 이것을 영사용 슬라이드 트레이에 넣어 한 장씩 돌려가며 강의를 했던 시절이라, 준비과정에 더 많은 시간이 걸렸습니다. 게다가 생소한 주제라니…

익숙한 주제들에 대해서는 그다지 오랜 시간이 걸리지 않았지만, 새로운 주제에 대해서는, 참고문헌들을 조사해서 필요한 정보들을 수집하고, 설명하기 쉽게 강의자료로써 편집한 다음, 슬라이드로 만들어야 했기에, 통상 한 시간 강의분량을 만드는데 거의 일주일이 꼬박 소요되었습니다. 그런데 4시간 분량의 강의를 5일 만에 만들어야 한다니… 게다가 일주일 치 환자 약속도 빽빽하게 잡혀있는데… 김 성오 선생님의 전화를 끊고, 아내에게 전화를 했습니다. 아마도 이번 주에는 집에 들어가

1994년 12월초 전주 정회웅 치과에서의 제 1 회 치예원 패컬티 미팅. 임 창준 교수님, 함 병도, 김 선영 선생님께서 김 성오 선생님과 함께 저희들을 많이 지도해 주셨습니다. 이전부터 치예원의 강의에서 활약들을 하고 있었지만, 이때부터 '치예원 패컬티'라는 공식 명칭이 부여되었습니다. 모두가 앳된 얼굴을 가진 젊은 치과의사들 이었습니다.^^

1995년 9월 구미 연합치과에서 열린 제 2회 치예원 패컬티 미팅. 일년사이에 다들 더 성숙해졌던 것 같습니다. 이날 김 성오 선생님께서 앞으로 모두 골프를 배우도록 하자고 이야기하셨고, 이후 모든 패컬티들이 골프연습에 빠져들었습니다. 둥근 공을 다루는데 재주가 없었던 저만 빼고…

기 힘들 것 같다고… 아침 9시부터 오후 6시까지 진료를 하고 나서, 짧은 저녁 식사와 휴식을 취한 다음에, 밤을 꼬박 세워 강의 준비를 하는 강행군이 시작되었습니다. 필름 현상과 정리에 하루가 걸리니, 토요일 새벽까지는 강의 시나리오와 편집을 마쳐야 했습니다. 그 일주일 내내 겨우 4~5시간 정도만 눈을 붙일 수 있었습니다. 하루에 4~5시간씩 자도 부족할 판이었는데, 일주일 내내 4~5시간 이었으니, 매일 겨우 한 시간 정도만 눈을 붙인 셈이었습니다. 일요일 새벽이 되어서야 겨우 슬라이드를 다 정리해서 챙기고, 새벽 기차로 대구역에 도착하시는 김 성오 선생님을 마중하러 나갈 수 있었습니다. 그날 강의를 어떻게 했는지 기억도 나지 않지만, 오전 4시간의 강의를 마치고는 바로 쓰러져 잠들어 버렸습니다.

1996년 11월말 서울 치예원 사무실에서 열렸던 제 3 회 치예원 패컬티 미팅. (뒷줄 왼쪽부터 최 갑림, 정 영동, 류 경호, 박 욱, 박 석인, 김 선영, 박 찬우, 이 성근 선생님. 앞쪽의 가운데가 김 성오 선생님, 오른쪽이 박 준일 선생님) 모든 분들이 정말 열심히 열정을 불태웠던 때였습니다. 한참 후의 일이긴 하였지만, 박 준일 선생님과 최 갑림 선생님은 일찍 유명을 달리하셔서 안타까움이 컸습니다.

한편으로 무리한 시도였지만, 어쨌건 욕을 먹지 않을 정도의 강의를 해낼 수 있었다는 사실 자체에 저도 놀랐습니다. 아! 사람이 마음만 먹으면 하루에 한 시간만 잠을 자도 일주일 정도는 버틸 수 있구나!! 빡빡한 진료일정에 덧붙여 밤새 강의준비를 했던, 정말 힘든 한 주일이었지만, 이 사건을 계기로 '무엇이든 마음 먹으면 해낼 수 있다!'는 자신감을 얻게 되었습니다. 이후 많은 후배들이 이런 생각을 가진 저로 인해 많이 힘들어하기도 하였지만, 어떤 일을 만나더라도 다 함께 거침없이 노력하면 목적을 달성해 낼 수 있다는 용기와 추진력을 공유할 수 있는 계기가 되었습니다.

놀라운 능력의 직원들

　세 명으로 시작하였던 치과위생사 스텝들도 정말 잘 해 주었습니다. 남들이 하지 않던 이상한 시도들을 마구 해대는 원장이 싫었을 법도 하였지만, 모든 직원들이 솔선수범해서 진료와 환자응대에 최선을 다했습니다. 박광범 치과의원 만의 특별한 진료매뉴얼을 만들어 감과 동시에, 전화응대에 있어서도 우리 치과만의 아이덴티티를 부여하기로 했습니다. 대부분의 치과에서 전화를 받으면, 접수를 담당한 직원이 다소 피곤한 목소리로, '네, 치과입니다!' 라고만 하고 상대방에서 이야기를 이어가도록 기다렸습니다. 치과로 걸려온 전화를 받았으니, 하고 싶은 말이 있으면 하라… 는 식의 퉁명함이 묻어 났습니다. '네. 치과입니다!'에서 '네, 박광범 치과의원입니다!'로 바꾸자고 했습니다. 대구 시내에 수 백개의 치과의원들이 있는데, 전화하신 분이 제대로 번호를 눌렀는지 바로 알 수 있어야 하지 않겠느냐고, 자신감을 가지고 우리 치과의 아이덴티티를 표현하자고 했습니다. 게다가 '무엇을 도와드릴까요?'라는 말도 붙이기로 하였습니다.

　'네, 박광범 치과의원입니다. 무엇을 도와드릴까요?'

　지금 생각하면 아무것도 아닌 일이지만, 90년대 초반의 한국 치과개원의 사회에서는 이런 생각을 하는 것 자체가 흔치 않은 일이었습니다. 이런 생각들과 작은 변화들이 쌓여감과 동시에, 스텝들의 숫자도 점차 증가하여 7~8명 수준을 유지하게 되었습니다. 감사하게도 이들 신입 치위생사들에 대한 교육과 훈련을 선배 치위생사들이 정말 잘 해 주었습니다. 때로는 선배로부터 호된 꾸지람을 듣고 혼나는 바람에 눈이 퉁퉁 부어서 출근하는 신입 직원들도 있었지만, 모르는 척 하였습니다. 이 또한 하나의 전통이 되어, 이후 대한민국에서 가장 큰 병원을 만들 수 있는 엄청난 자산이 되었습니다. 저의 수술을 참관하러 오는 치과의사들이 많이 있었는데, 수술이 끝나고 나면 대부분의 치과의사들이 제가 한 수술에 대해 질문을 하는게 아니라, '어떻게 하면 직원들이 이렇게 숙련되게 수술 어시스트를 잘 할 수 있느냐'고 물어왔습니다'^^ 우리 직원들이 얼마나 훌륭하였는지 보여주는 대표적인 예시였습니다.

박사학위, 그리고 첫 번째 저서의 출간

　맹목적인 신뢰를 바탕으로 한 10여 년의 헌신에 대한 배신, 질투심과 정치적인 견제심리 등으로 인해, 교수가 되지 못하고 짐을 싸서 대학을 떠났지만, 결론을 내려야 하는 한 가지 숙제가 남아있었는데, 바로 박사학위였습니다. '교수요원'이라는 이유로 치주과 의국의 몇 분 선배님들을 제치고 먼저 박사학위과정에 들어갔었는데, 논문이 아직 정리되지 못하고 있었습니다. 새로 부임한 과장님의 아래에서 논문을 마무리하고, 학위를 받는 것이 감정적으로는 결코 용납되지 않았지만, 저의 미래를 걱정해 주시던 선배 교수님의 충고와 함께, 이미 실험에 들어가 있던 20여 마리의 동물들의 희생을 헛되이 할 수 없어, 논문을 마무리하기로 하였습니다.

　그런데 더 큰 곤란에 봉착하게 되었습니다. 신분이 바뀌다보니, 조교시절에 이용 가능하였던 실험동물 사육시설을 사용할 수 없게 되었습니다. 의과대학에서 동물사육을 위해 사용하였던 그 공간에 대한 사용목적이 바뀌어 그리되었다는 이야기도 있었는데, 저로서는 어쩔 수 없이 20 여마리의 실험동물들을 팔공산 자락에 위치한 '개 농장'으로 옮기고, 스스로 모든 관리를 할 수 밖에 없었습니다. 실험동물에게는 특별한 음식을 먹이고, 아침 저녁으로 문안?을 드려야 하는데, 시설과 환경도 문제였고, 실험실과 사육장과의 거리도 정말 문제였습니다. 계절도 겨울로 접어들고 있어서 관리와 실험의 진행이 모두 매우 힘들었습니다. 관리 시설이 부실하다 보니, 실험동물들이 우리를 탈출해서 산으로 도망가는 일도 잦았습니다. 그러면 산을 뒤져가며 찾아서 데려오곤 했는데, 한 마리는 결국 찾지 못하고 잃어버리게 되었습니다. 한 마리당 수백만 원의 실험비가 들어간 것도 문제였지만, 실험 디자인이 망가지는 것이 더 큰 걱정이었습니다. 그해 겨울 동안은 그렇게 열악한 환경에서 실험동물들과 함께 하였고, 저보다는 그들에게 더 미안하였습니다

동물 실험을 모두 마치고, 논문 작성이 거의 마무리될 즈음, 경북대학교 치과대학에 새로운 원칙이 생겨났습니다. 논문 발표자는 논문 제출 시점으로부터 최소한 한 학기 전에 논문계획에 대한 발표를 해야, 심사를 청구할 수 있는 자격을 부여하도록 규칙이 바뀌었습니다. 그동안 다소 부실하였던 학술논문 관리를 철저히 하겠다는 좋은 취지였는데, 제가 이 새로운 원칙의 첫 번째 피해자가 되었습니다. 제가 포함된 논문계획 발표날을 며칠 앞두고, 미국에서 학회가 있었습니다. 매년 빠짐없이 꼭 참가해 오던 학회라 발표일 전날 돌아오는 항공권을 끊어두고 미국으로 향했는데, 문제가 발생하였습니다. 중간 연결 항공편이 타 도시에서의 기상악화로 인해 몇 시간이나 늦게 도착하는 바람에, 서울로 가는 비행기에 탑승할 수가 없었습니다. 대체 항공편을 수배했지만, 이미 날이 너무 늦어버려 LA에서 하룻밤을 보낼 수 밖에 없었고, 이로 인해 논문 예비 발표회에 참가할 수가 없었습니다. 위원회에 사정을 이야기했지만, 단호히 거절당했습니다. 원래의 취지가 논문 대필과 같은 부조리를 방지하자는 것이었고, 제 논문은 기획에서부터 동물실험 그리고 집필까지 모두 제 스스로 하였다는 것을 모두가 다 알고 있었음에도, 멋진 본보기가 된 것입니다. 사실 교수임용을 받을 것도 아니어서, 날짜에 구애받을 필요는 전혀 없었지만, 하루라도 이 악순환의 연결고리를 끊고 탈출하고

싶었기에, 꽉 막힌 제도로 인해 다시 한번 좌절감을 느꼈습니다. 일기불순으로 인해 일어난 단 하루의 항공편 딜레이로 인해 6개월을 더 기다려야 했고, 위원회가 정한 순서를 거쳐 1995년 여름 박사학위를 마칠 수 있었습니다.

1995년 박사학위 수여식

이즈음 Perio-Line을 통해 치주치료와 임플란트 강의들을 진행하고 있었습니다. 현재 개원가의 임상수준과 비교하면 그 수준이 절대적으로 부족하긴 하였지만, 뼈나 치아 등 경조직(Hard tissues)에 대한 치료들은 비교적 잘 이루어지는 반면, 잇몸을 건강하게 만드는 연조직(Soft tissues)관리에 대해서는 상대적으로 부족하였습니다. 이 부분에 대해 기회가 있을 때마다 나름 열심히 강의와 실습을 진행하였지만, 공간적으로나 시간적으로 큰 한계를 느끼고 있었습니다. 이미 세계적으로 유명한 석학들이 적지 않은 관련 서적들을 출간하고 있었지만, 그것이 한국의 임상으로 충분히 접목되지 못하고 있었고, 대부분의 개원 임상의들이 이에 대해 어려움을 호소하고 있었습니다. 함께 교육을 해오던 오 혜명 원장님과 박 찬우 선생의 도움으로, 우리 강의자료들을 바탕으로 우리의 생각을 정리한 책을 써 보기로 했습니다. 그때까지 제가 공부하였고 그 내용 속에 있던 시술들을 흉내 내어 따라 하려고 했던, 미국과 유럽의 교과서들은 그 내용이 실로 방대하여, 환자를 보는 일반 임상가들이 그 속에서 핵심을 찾아내고 진료에 필요한 술식으로 정리하기엔 한계가 있었습니다. 이에 각 시술들이 가지고 있는 학술적인 백그라운드는 가급적 생략하고, 임상가들이 환자에게 바로 적용할 수 있는 주요 술식들을 중심으로, 적응증과 장점, 주의할 점들을 기술해 나갔습니다. 이렇게 단순해 보이는 사진 중심의 임상책이었지만, 꼬박 2년의 시간이 걸렸고, 1998년 'Current Soft Tissue Management in Implant Dentistry'라는 이름으로 출간이 되었습니다. 책을 출간할 때마다 느끼는 바이지만, 머릿속에 있던 생각들이 활자로 바뀌는 과정은 참으로 어렵고, 종이로 인쇄되어 나오는 순간, 부족한 부분들이 너무 많이 눈에 띄어 차라리 포기하고 싶은 생각도 들었습니다. 하물며 첫 번째 책이었으니, 그 얼굴 화끈거림은 뭐라 말로 표현할 수 없었습니다.

다행스럽게도 이 책은 개원가에서 큰 환영을 받았고, 그 후 몇 년 동안 임플란트 수술과 관련된 한글책들 중에서 꾸준히 인기를 유지하였습니다. 이 책으로 인해 자신의 임플란트 임상이 더 나아졌다고 말씀해 주신 고마운 치과의사분들이 꽤 있었지만, 저는 이 책을 출간함으로써 제 인생에 있어서 또 한 번의 큰 변화를 가질 수 있었습니다.

그해 봄, 토마스 한 선생님께서 한국에 오셔서 순회강연을 하셨는데, 저는 마침 대전에서의 강의에 참석할 수 있게 되었습니다. 1986년 그분과의 첫 만남과 강의를 통해, 치과의사로서의 제 인생에 첫 번째 영감을 주신 분이었고, 그분처럼 진료할 수 있도록 하기 위해 정말 노력하고 있었지만, 그때까지도 저는 너무 작은 존재여서 한 선생님의 눈에 띌 정도는 되지 못하였습니다. 그저 LA를 들를 때마다 인사드리고, 불러주시면 함께 저녁식사 자리에 참석하는 정도로, 토마스 한 선생님의 수많은 한국 제자들 중 한 명이었습니다. 그 분의 강의에는 정말 미치지 못하였지만, 저의 첫번째 책이 만들어졌기에, 한 선생님의 강의장을 찾았고, 점심시간의 틈을 타서 전달해 드렸습니다. '1986년 경북치대에서의 강의 이후 선생님은 저의 '등대'가 되셨습니다. 가르침에 감사드립니다. 박광범 올림'이라고 헌사를 적었습니다. 살짝 선생님께만 드리려는 생각이었는데, 오후 강의가 시작되자마자, 책을 들어 보이면서 저를 소개해 주셨습니다. 다시 한번 얼굴이 화끈거렸습니다만, 이때부터 한 선생님께서 저를 확실히 기억하시게 된 게 아닌가 생각합니다.

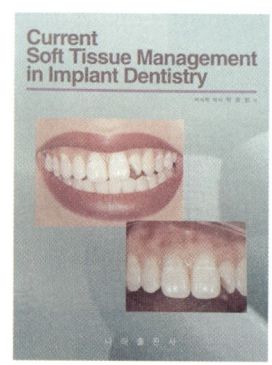 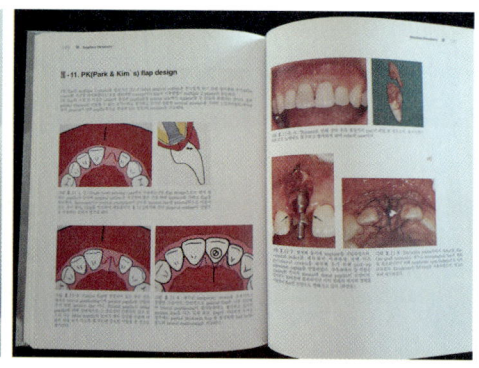

1998년 초에 출간하였던 첫 번째 저서 《Current Soft Tissue Management in Implant Dentistry》와 여기에 소개되었던 PK (Park & Kim) Flap design에 대한 모식도 내용일부.
지금 돌쳐보면, 참 부족한 면이 많지만, 당시엔 임플란트와 관련된 연조직 치료법에 대해 독자적으로 소개된 국내 첫 번째 책이었습니다. 단순히 외국의 지식을 카피해서 전수하던 교육에서 벗어나, 우리 임상가들의 목소리를 담을 수 있어서 참 좋았습니다. 함께 해주셨던 오 혜명, 박 찬우 원장님께 감사드립니다.

가우정 치과병원의 시작

박광범 치과의원의 개원 후 시간이 지남에 따라 조금씩 수입이 증가하기는 했지만, 그만큼 지출도 증가했었기에, 매달 100만 원 정도의 세전 수익을 얻어가는 달들이 이어졌습니다. 1993년 12월에 개원을 해서 1995년 4~5월까지 거의 일 년 반 동안 그렇게 박광범 치과의원이 운영하였는데, 어느 달부터인가 갑자기 전체 수입이 두 배가 되었습니다. 특별히 진료 환자가 많아진 것도 아니고, 다른 치과에서 흔히 하던 프로모션을 하지도 않았는데, 집으로 가지고 가는 수입이 날마다 증가하였습니다. 이렇게 돈을 많이 벌어도 되냐고 생각할 정도였습니다. 그동안 기울였던 노력에 대한 보상이 만들어지는 순간이었습니다.

1996년 초반이 되자, 늘 텅텅 비어 있기만 하던 통장에 3억 원이라는 큰 숫자가 찍혀있었습니다. 그때까지 평생 만져보지 못한 큰 돈이었기에, 이 돈을 가지고 무엇을 할 것인가, 즐거운 고민을 하기 시작하였습니다. '재산증식은 확실히 부동산이지!'라고 권하는 주변의 충고에 따라 시간이 날 때마다 대구시와 인근으로 '땅 쇼핑'을 하러 다녔습니다. 그런데 세상엔 부자들이 참 많았습니다. 부동산 중계소 방문을 거듭할수록, 3억 원이라는 돈으로 할 수 있는 일은 그리 많지 않았습니다. 조금 괜찮아 보이는 땅들은 변두리라 하여도 턱도 없이 비쌌고, 자금에 맞추려니 위치적으로나 미래 비전으로나 별로 달갑지 않아, 곧 '땅 구경'은 그만 둘 수 밖에 없었습니다.

그리고 얼마가 지났을 때, 한 복덕방(그땐 이렇게 불렀습니다)에서 연락이 왔습니다. 땅이 아니라 5층짜리 건물이 하나 나와있는데, 전세금을 끼고 대출을 받아서 사면, 거기서 나오는 월세로 은행의 대출이자를 커버할 수 있다는 이야기였습니다. 논리적인 설명에 설득이 되어 3억원을 시드 머니로 이십 수 억짜리 건물을 계약하게 되었습니다. 드디어 건물주가 된 순간이었습니다. 월세를 받으면 은행의 대출이자를 갚는데 몽땅 들어가서, 실제로 수익성이 전혀 없었지만, 살아가는 돈은 치과에서 또 벌면 되었으니, 그다지 걱정은 하지 않았습니다.

그러던 중, 1998년 한국이 IMF에 구제금융을 신청하는 사건이 벌어졌습니다. 50대 이상의 분들은 똑똑히 기억하시겠지만, 이로 인해 은행권의 대출이 거의 막혔고, 대출이율이 거의 3배나 증가하여 20%에 육박하였습니다. 정말 많은 회사들과 자영업자들이 도산하였고, 사회 전체가 혼돈 그 자체였습니다. 당연히 제가 갖고 있던 대출들에 대한 이자도 엄청나게 증가하였는데, 이자의 증가보다 더 큰 문제는, 그 건물에 입주하고 있던 분들이 이런 경제적 압박을 견디지 못해, 사업체를 닫고 떠나는 것이었습니다. 건물을 매입할 때부터 전세의 비중이 매우 높은 상태였기에, 한층 한층 건물이 비어져 나갈 때마다 전세금을 반환하느라 정말 힘들었습니다. 게다가 경기가 좋지 않았기에 새로 입주하려는 분들도 없었습니다. 그렇게 불과 6~7개월 여 만에 건물 전체가 비어져 버렸습니다. 다행히도 은행에서 대출을 철회하지는 않았지만, 저는 20억이 넘는 빚을 떠안게 되었습니다.

임대를 얻어 운영하고 있던 '박광범 치과의원'을 접고, 이 건물로 옮기는 방법 외엔 달리 방법이 없었습니다. 대로변에 위치하던 치과를 접고, 이면 도로에 있는 건물로 옮겨가는 것에 대해 꽤 큰 저항이 있었습니다다. 치과의 핵심 성공요인 중 하나가 '위치'인데, 사람들의 통행이 많지 않은 이면도로로 옮기면, 내원환자 숫자가 확 줄어들 것이라는 걱정들이었습니다. 일부 수긍도 되었지만, 빈 건물에 대한 이자를 내고, 현재의 치과 임대료까지 이중의 지출을 감당하기엔 역부족이었습니다. 다행히 함께 하고 있었던 수련의 선생들과 치위생사 스텝들이 매우 잘 해주고 있었고, 우리 치과가 갖고 있던 진료의 카테고리, 즉 치주치료와 임플란트 치료를 중심으로 한 진료의 내용들도 다른 치과와는 상당히 달라서, 우리의 치료가 필요한 분들은 우리가 이면도로에 숨어든다 하여도 틀림없이 찾아서라도 올 것이라고 생각했습니다. 대신 어차피 우리가 소유한 건물의 잉여 공간이고 식구들도 두 배이상 늘었으니, 임대하던 때에 비해 더 크고 잘 만들어보자고 생각했습니다. 나중에 경기가 좋아지면 아랫층은 임대에 유리할테니, 우리는 4층과 5층의 두 층을 차지하기로 하고, 인테리어 설계에 들어갔습니다. 아래층에는 접수와 대기실, 7개의 유닛체어를 두어 일반치료와 보철을 하게 하고, 위층에는 5개의 독립 진료실, 닥터들과 스텝들을 위한 공간을 두며, 이 두 개 층을 내부의 나선형 중간계단으로 연결할 수 있도록 디자인이 되었습니다. 당시로서는 '꽤 큰 치과병원'이 만들어지게 되었습니다.

그 다음은 새 치과의 '이름'과 '형식'이 문제가 되었습니다. 혼자서 주된 진료를 하고, 함께 하던 수련의에게서 약간의 도움을 받던 때에는 '박광범 치과의원'이라는 이름에 문제가 없었지만, 이미 함께 하던 치과의사의 수가 5~6명으로 늘었기에 같은 상호를 유지해 나가기가 곤란했습니다. 또 '박 광범' 한 사람에 의해 진료가 이루어지는 것보다, 치과의 다른 전문 분야를 가진 의사들이 협진을 하는 '치과병원'의 형태를 가지는 것이 좋겠다고 생각했습니다. '치과의원'과 '치과병원' 시스템에 그다지 큰 차이를 부여할 수 있었던 때는 아니었지만, 앞으로 더 큰 그룹이 될 것이 분명하므로, 치과병원의 구도를 가져가기로 하였습니다.

형식은 정해졌지만, 작명은 정말 힘든 일이었습니다. 매일 수십 개의 이름을 썼다가 지우기를 반복하면서 몇 주를 보냈지만, 마음에 드는 이름을 찾을 수가 없었습니다. 인테리어 공사의 마감을 앞두고, 보건소와 치과의사회에 치과명을 등록해야 하는 디데이가 코앞에 다가온 어느 날 밤에, 혼자서 원장실에서 조용히 생각할 기회가 생겼습니다. '도대체 내가 추구하는 진료가 무엇인가? 나에게 치과진료는 어떤 의미이지? 어떤 치과의사가 환자들로부터 공감을 얻고 만족을 줄 수 있을까?…' 이 질문들에 대한 스스로의 결론은 '정성'이었습니다. 그것도 단순히 '기술적으로 최선을 다하는 정성'이 아니라, '마음과 마음이 통하는 정성'! 개업의가 되고 나서 이미 5년 여가 흘렀고, 그 동안 제가 치료해 왔던 많은 분들을 떠올리며 반성해 보았습니다. 결론적으로, 제 자신이 만족하였던 진료결과보다, 환자분들께 공감하면서 그 분들이 가지고 있던 어려움을 헤아려가며 진료를 했을 때, 훨씬 좋은 결과가 얻어졌었고, 환자분들의 만족도도 높았습니다. 이런 생각들을 기초로 '가슴에서 우러나는 정성으로'라는 진료의 철학이 문장으로 탄생하였습니다. 이를 줄여 '가우정'으로 부르기로 하고, '치과병원' 시스템을 부여해서, '가우정 치과병원'이 탄생하게 되었습니다.

한국 경제 전체가 불황을 겪고, 엄청난 실업자들을 만들어내고 있던 중에, 치과를 두 배 크기로 확장을 했으니, 걱정도 적지 않았습니다. 그 불황으로 인해 야기된, 비어진 공간으로 옮겨갈 수 밖에 없는 궁여지책이었지만, 어떻게 이것을 건강하게 운영할 수 있을 것인가 하는 새로운 고민이 생겼습니다. 그저 열심히 하면 되겠지… 긍정적으로 생각하기로 했습니다.

하지만 '가우정 치과병원'이 오픈하는 날, 사실 모든 걱정들이 기우가 되었습니다. 치주치료와 임플란트 특화병원으로 어느 정도 소문이 난 것도 작용하였겠지만, 기본적으로는 모든 스텝들과 수련의들이 너무나도 잘 해 주었기 때문이었습니다. 한 치과위생사 스텝이 제안하기를, "환자분들을 부를 때 'ㅇㅇㅇ씨!'라고 부르지 않고, '아버님', '어머님' 이라고 부르니 훨씬 정겹게 느끼시더라. 우리 병원에서는 항상 이렇게 호칭하는 것이 어떻겠느냐?"고 했습니다. 진료의 특성상 연세가 높은 분들이 대부분이었고, 병원에서 그런 호칭으로 불리어진 경험들이 없었으므로, 이 작은 변화 하나로도 정말 모든 분들의 얼굴이 환해졌습니다.

　　수련의 치과의사들도 정말 열심히 공부하였고, 정성을 다해 환자들을 진료하였습니다. 6시경 진료를 마치면 저녁식사를 간단히 하고, 밤 12시까지 함께 공부하는 것이 일상이 되었습니다. 연차별로 상당한 위계가 있어서, 대학병원의 수련의 체계보다 더 엄격할 정도였습니다. 매일 아침에 출근해서 다음날 새벽에 귀가하고, 주말이면 세미나와 학회참석을 하던 터라, 수련의 선생들의 가족들로부터 적지않은 불평도 듣게 되었습니다. 신혼의 한 부인은 '무슨 치과가 새벽까지 일을 하느냐'고, 심지어 저희 집으로까지 불만스러운 전화를 해서 곤란을 겪기도 했습니다.

　　하루는 이런 일도 있었습니다. 12시가 지나 이제 집에 가야하는데, 이 은아 선생이 보이질 않았습니다. 병원을 돌아다니며 찾아보았지만 보이지 않아, 피곤해서 먼저 귀가했나보다 생각하면서도, '먼저 집에가면 간다고 이야기라도 해야지!'하고 투덜거리고 있었습니다. 그런데, 화장실 문이 열리더니, 이 선생이 겸연쩍은 얼굴로 나왔습니다. 선배 수련의 선생들의 눈초리를 피해서 화장실로 '피난'을 갔는데, 거기서 그만 잠이 들어 버렸다고 했습니다^^. (현재 이은아 선생은 울산에서 개원의로 자리잡아, 잘~ 살고 있습니다.)

　　당시 수련의라는 위치에 있기는 했지만, 박 준홍 선생과 허 준용 선생의 노력과 능력은 가히 대단하였습니다. 환자분들에 대한 '애살'이 컸다고 할 수 있었겠지요. 어느 때부터인가, 제게 예약된 환자분들이 자꾸 나타나질 않았는데, 저는 그저 '환자분들의 바쁜 일정들 때문에 예약이 취소되었거나 미루어졌구나' 라고만 생각하고 있었습니다. 그런데 한참 동안 같은 현상이 반복되어서, 수석팀장을 불러 예약을 어떻게 하길래 이렇게 자꾸 스케줄이 펑크나느냐고 꾸중같은 질책을 했습니다. 그랬더니 수석팀장 왈, "사실은 그분들 모두 치료를 잘 받고 돌아가셨어요. 박준홍 원장님과 허 준용 원장님이 환자분의 상태를 보시고, 4층에서 다 가로채서 진료를 하셨어요. '이 치료는 내가 박 광범 원장보다 더 잘한다'라고 이야기하니, 환자분들도 순순히 진료에 응하셨어요!"라고 했습니다. 놀랍기도 했지만, 그런 정도로 환자를 많이 보고 싶어했기에, 기특한 마음이 더 컸습니다. 다른 한편으로는, '이제 내가 조금 뒤로 물러나도 병원은 잘 돌아가겠구나' 하고 안심이 되기도 했습니다.

모든 스텝과 의사들이 합심단결해서 최선의 서비스와 최고의 진료를 하기 위해 노력하기도 하였지만, 또 한 가지 아이러니가 가우정 치과병원의 성공적인 발전에 크게 기여하였습니다. 나중에서야 알게 된 사실이었는데, IMF로 인해 크게 높아진 은행이율이, 많은 대출을 안고 사업을 하던 기업과 개인에게는 독약이 되어 사업을 접을 수 밖에 없도록 만들었지만, 그 반대로 자산을 안정적으로 보유하고 은행저축을 가지고 있던 분들에게는 오히려 수익을 늘여주었습니다. 5~8%의 대출이자가 18~25%까지 올라가는 동안, 2~3%의 예금이자도 15%이상으로 뛰었고, 이런 잉여 수익을 가지게 된 환자분들이 당시 상당히 고가였던 임플란트 치료를 받으러 점점 더 많이 가우정 치과병원을 찾았습니다. 이렇게 커진 규모와 증가된 환자, 잘 갖추어진 진료체계들로 인해, 저는 재정적으로 안정을 찾아갈 수 있었습니다.

병원이 날로 발전해 나가는 반가운 일들도 있었지만, 전반적으로 위축된 경기들로 인해 교육에 투자하려는 치과의사들의 숫자는 급감하게 되어 우리의 연수코스를 접을 수 밖에 없는 슬픈 일도 있었습니다. 93년부터 본격적으로 강의활동을 시작하여, 일년 52주 중에서 거의 50주의 주말을 강의와 함께 보냈고, 전국적으로 많은 훌륭한 치과의사들을 만날 수 있는 계기가 되었던 '임플란트 및 치주연수회'였지만, 드디어 폐강을 선언할 수 밖에 없게 되었습니다. 때마침 국산 임플란트 회사가 등장하면서, 거의 모든 교육들을 무상으로 제공한 것도 크게 영향을 미쳤습니다. 저희들이 일 년 혹은 이 년에 걸쳐 체계적이고 깊은 지식 기반의 교육을 제공한 것에 반해, 그 임플란트 회사는 하루 이틀짜리 초단기 코스를 실시한 다음, 임플란트 수술을 할 수 있다고 선전하였습니다. 말도 되지 않는 엉터리 교육이라고 하였지만, 어려워진 경제 환경과 더불어, 많은 젊은 치과의사들이 이런 교육으로 옮겨가게 되었습니다. IMF로 인해 원/달러 환율이 달러당 800~900원에서 1800원까지 치솟게 되면서, 수입에 의존하던 미국산 임플란트 식립체의 가격이 한때 50만원을 넘어간 적도 있었습니다. 치료를 종료하기까지 필요한 다양한 부품들까지 포함하면, 한개의 임플란트 치료를 마치기 위해 구매해야 할 부품의 가격만 거의 100만 원에 달했습니다. 이런 부품들의 가격인상이 고스란히 교육비용으로 전가되었으니, 전체적인 교육비 또한 크게 증가할 수 밖에 없었습니다. 이 또한 연수회를 중단하게 만든 큰 요인이 되었습니다.

　이런 저런 이유로 연수코스를 중단하면서, 강의를 했던 연자들끼리 회식을 하고, 그간의 소회들을 이야기하는 기회를 가졌습니다. 의견들의 많은 부분이 외국산 임플란트 시스템의 문제점에 대한 것이었습니다. 비싼 가격도 문제였지만, 한국인의 식습관 및 악골의 형태와 잘 매칭이 되지 않아, 상당수의 임플란트가 실패하였고, 2~3개의 임플란트를 묶어서 보철물을 만든 경우에도 '통째로' 부러지는 경우가 생겨났습니다. 그 당시 사용되었던 많은 시스템들이 도마에 올랐고, 어떤 점이 좋고, 어떤 점은 큰 문제점이다 하는 식으로 오랫동안 토론이 이어졌습니다. 오늘은 슬프게도 우리들의 교육활동을 접어야 하지만, 언젠가 기회가 된다면 우리가 가진 개념을 바탕으로 '한국인에 맞는 임플란트 시스템'을 만들어 보자고 기약하면서 모임이 해체되었습니다. ㅠ.ㅠ

1998년 그해 여름의 끝자락에, 가우정 치과병원은 큰 경사를 가지게 되었습니다. LA의 토마스 한 선생님께서 연락하시길, 당신의 사부님들이신 퍼민 카란짜 교수님(Prof Fermin Carranza) 부부와 헨리 다케이 교수 (Prof Henry Takei) 교수님 부부를 모시고 한국 투어를 계획하고 있는데, 대구에 들릴테니 자리를 만들어줄 수 있겠느냐고 하셨습니다. "당연히 되지요!!!^^ 영광이옵니다!"

카란짜 교수님은 아르헨티나 출신이신데, 그 부친께서도 아르헨티나를 대표하는 치주과 의사일 뿐 아니라, 치과의사협회와 정부의 중요한 역할을 담당하셨던 분이라고 알고 있었습니다. 그 분은 아르헨티나 혁명이 일어났을 때 미국으로 망명하셨고, 그 아들인 이 분도 치주과를 전공하여 UCLA 치주과의 주임교수를 오랫동안 역임하시면서, 많은 저서를 남기셨습니다. 당시 한국의 대부분 치과대학에서 이 분의 저서를 치주과의 정규 교재로 사용하고 있었기에, 저희들에겐 '치주학의 대부'라고 불리었습니다. 다케이 교수님은 카란짜 교수님의 제자로서, 역시 UCLA에서 오랫동안 강의와 연구를 해 오신 분이었습니다. 일본인 3세로서, 일본 치과의사회에서 매우 유명한 분이었으며, 역시 토마스 한 선생님의 사부님이셨습니다.

토마스 한 선생님 한분만 방문해 주셔도 큰 영광이었을텐데, 그 분의 사부님과, 그 사부님의 사부님까지 모두 오신다니! 나름 신경을 써

1998년 가우정 치과병원으로 이전한 뒤, 뜻밖의 귀한 손님들이 찾아오셨습니다. UCLA 치과대학의 치주과 교실을 이끌어오셨던 세 분의 사부님들이 멀리 대구까지 방문하셔서 까마득한 후배의 개원을 축하해 주셨습니다. (사진 왼쪽 두 번째로부터, 카란짜 교수님, 토마스 한 교수님, 그리고 다케이 교수님)

우리가 치과대학에서 공부하였던 교재의 집필자셨던 카란짜 교수님께서, 서고에 있던 본인의 치주과학 교과서를 발견하시고는 직접 사인을 해 주셨습니다. 늘 옆을 지켜주시던 사모님께서는 2018년 노환으로 유명을 달리하셨지만, 카란짜 교수님께서는 90이 넘으신 지금도 정정히게 활동하고 계십니다.

나의 치과인생 이야기

서 손님 맞을 준비를 하였지만, 국제적인 에티켓에 익숙하지 않아 의전에 실수가 많았습니다. 대구에서 유명하다는 한식당에서 점심식사를 모시게 되었는데, 식탁이 아니라 바닥에 앉아서 식사를 하는 곳이었습니다. 즐겁게 식사를 마치고 나서 카란짜 교수님께서 기도를 하셨는데, 토마스 한 선생님께서 교수님께 무슨 기도를 하셨냐고 물으니,

카란짜 교수님은 92살이 되었을때 자신의 치과 인생을 회고하는 'The Story of My Life'라는 책을 출간하셨습니다. 위의 두 장의 사진은, 이 책에 실린 젊은 시절의 토마스 한 선생님과 카란짜 교수님의 사진입니다. 지금도 토마스 한 선생님은 때때로 카란짜 교수님을 찾아뵙고 안부를 묻는다고 합니다. 스승과 제자로서, 또 동료로서, 평생을 함께 하시는 이 두 분의 아름다운 관계가 참 부럽습니다. 아래 사진은 회고록을 출간하신 후 두 분이 함께 하신 사진이라며, 토마스 한 선생님께서 제게 보내 주셨습니다.

'맛있는 음식을 준비해 준 닥터 박에게 감사하고, 저녁에는 제발 이렇게 땅바닥에 앉아서 식사하는 식당에 가지 않게 해 주십시오'라는 기도를 했다고 이야기했습니다. 다들 박장대소를 했지만, 의전을 담당했던 제게는 정말 당황스러운 상황이었습니다. 이 당시 카란짜 교수님은 일흔 살을 넘겨 학교에서 은퇴한 나이였지만, 젊은이 못지않은 체력을 자랑하셨습니다. 부산을 거쳐 제주도에 가셔서는, 파도가 세고 수심이 깊은 중문해수욕장에서 맨눈으로 보이지 않을 정도까지 먼 바다로 수영을 해 나가시는 바람에 일행들을 걱정시킬 정도로 에너지와 위트가 넘치는 분이었습니다. 저의 사부님이신 토마스 한 선생님, 토마스 한의 사부이신 헨리 타케이, 또 타케이 선생님의 사부이신 퍼민 카란짜 선생님까지, 4세대의 치주과 의사들이 한국, 그 중에서도 대구에서 이렇게 즐거운 한때를 보냈습니다. 2019년 카란짜 교수님은 93세가 되셨는데, 작년 92세가 되신 때에 'The Story of my Life'라는 자서전을 출간하셨습니다. 사모님께서는 2018년 봄, 92세로 별세하셨습니다. 타케이 교수님은 현재 일흔 중반이 되셨지만, 여전히 건강하시고 왕성하게, 대학과 학회에서 강의활동을 하고 계십니다.^^

미국 유학

가우정 치과병원이 문을 연지 거의 일년이 되어갈 즈음, 저는 그동안 쌓여 왔던 피로감으로 인해 몹시 지쳐있었습니다. 때마침 병원이 안정을 찾아가고 있었고, 제가 없어도 충분히 진료를 잘 해줄 수 있을 것이라는 믿음을 준 허 준용, 박 준홍 두 기라성 같은 치과의사들, 그리고 정말 열심히 노력하는 수련의들, 엄청난 파워를 자랑하던 스텝들이 있었기에, 일년간 미국에 가서 쉬어보자는 생각을 하게 되었습니다. UCLA에 계시던 토마스 한 선생님께 연락을 드려 사정을 말씀드렸습니다. 공부보다는 쉬고 싶은게 주요 목적이긴 하지만, 학생 비자인 F1 대신 교환교수나 연구원들이 받는 J1 비자를 가질 수 있으면 좋겠다고 했습니다. 사실 개원 치과의사의 위치에서, 대학 교수님들이나 연구원들과 같이 J1 비자를 가진다는 것이 큰 억지였지만, 한 선생님께서는 그것이 가능하도록 해 주셨습니다. 이런 주장은 J1 비자가 가지는 실질적인 혜택이 뭔지 알지 못하는 상황에서, 그저 교수요원이 되지 못했지만 그렇게 대접을 받고 싶다는 마음 속의 불평에 기인한 것이었습니다. '내가 대학 교수가 되지는 못했지만, 그보다 못한 점이 뭐 있나!'라는 오기가 이런 어려운 부탁을 하게 되었는데, 토마스 한 선생님께서 그동안 저의 교육활동들을 크게 부풀려서 UCLA 치과대학에 어필해 주신 덕분에, 마침내 1999년 초 J1 비자의 발급과 UCLA에서의 1년간 수학이 가능하게 되었다는 최종 확정 통보를 받게 되었습니다.

　미국, 그것도 UCLA로 가겠다고 마음을 먹은 첫 번째 이유는, 든든한 백그라운드가 되는 토마스 한 선생님께서 거기에 계셨다는 사실이었습니다. 하지만, 한 가지 제가 마음 속에 숨겨서 품고 있던 '작은 욕심'도 있었습니다. 토마스 한 선생님께서는 젊은 나이에 이미 '미국 최고의 청중을 끌어모은 연자'라는 기록을 가지고 있을 정도로 뛰어난 임상가이자 연자로 널리 알려져 있었습니다. 그런 분이 사석에서 슬쩍 지나가는 투로 하신 말씀이 계속 머릿속에서 떠나지 않고 있었습니다. '미국에서는 한국의 교수들과 달리, 강의와 연구 등 모든 것을 혼자서 해야 하는데, 이제 너무 힘에 부쳐서 강의활동을 그만해야겠다…' 그때 한 선생님의 나이가 40대 중후반 정도로 사실 가장 엑티브하게 활동할 때였습니다. 제가 아는 한, 가장 뛰어난 한국계 미국 치과의사인 토마스 한이 이렇게 젊은 나이에 활동을 그만 두어야 한다니… 일 년간 미국에 가서 놀고 있는 동안, 이 분의 강의준비를 조금이나마 도와 드려서, 한 5~10년 정도만 더 명성을 유지해 나가도록 하면 좋겠다는 욕심이 있었습니다. 그때까지 워드 프로세스나 겨우 다루던 컴맹 수준이었지만, 이를 위해 당시 막 등장하기 시작한 파워포인트 프리젠테이션 프로그램을 배우기도 했고, 슬라이드를 다시 파워포인트로 옮기기 위한 스캐너도 구매해서 연습을 했습니다.

　2000년 봄이 되어 드디어 미국으로 가는 날짜가 정해졌습니다. 아내에게 앞으로 약 4개월 뒤에 미국으로 갈 준비를 해달라고 하니, 어이가 없다는 얼굴로 쳐다봤습니다. 첫째 아들은 이제 초등학교 4학년으로 올라가고, 둘째 딸도 곧 초등학교에 입학을 해야하며, 아내가 계속 운영하던 치과도 누군가에게 맡겨야 하는데… 이걸 우째 다 처리하라고… 어쨌거나 날짜는 잡혔으니, 되는 대로 해보자라고 덤벼들어 시작하였습니다.

여기에서 우리 부부가 그동안 심각하게 느끼지 못하고 있었던 한 가지 문제를 새삼 알게 되었는데, 그때까지 아내가 거의 요리를 해보지 않았다는 것이었습니다. 저나 아내나 겨우 밥이나 하고, 라면이나 끓이는 정도의 실력뿐이었습니다. 미국에 가면 간단한 요리와 청소를 해 주는 가정부를 쓸 수도 없다고 하니, 아내의 입장에서는 그야말로 먹고 살 일들이 까마득했었나 봅니다. 그 남은 몇 개월동안, 아내는 동네 아주머니들을 대상으로 가정용 반찬을 만드는 법을 가르치던 요리교실에 들어가서 몇 가지 밑반찬 만들기를 배웠습니다.

2000년 6월말, 일 인당 2개의 이민 가방만이 허락된다는 이야기를 듣고, 네 식구가 8개의 커다란 이민 가방에 필요한 생필품들을 가득 챙겨들고 미국에 도착했습니다. 아내는 우리 아이들이 일년 뒤에 귀국하면 한국에서의 공부에 많이 뒤쳐질 거라며, 온갖 과외수업용 도서들을 끌어모아 가방을 채웠습니다. LA의 기후는 따뜻할 것이라는 말에, 긴 소매 옷은 거의 없이, 반바지에 티셔츠들만 잔뜩 넣었고, 심지어 어디서 식기류를 살지도 몰랐기에 숟가락, 젓가락에 기본적인 그릇류까지도 챙겼습니다. 미국에 친지라도 있어서 이런 생활적인 것들을 물어볼 수 있었으면 좋았을텐데… 한 선생님이 계셨지만, 이런 것을 여쭈어보기는 좀 거시기 했습니다 ^^;; 짧은 여행이나 학회방문은 몇 번 했었지만, 온 식구가 가서 밥을 해먹고, 아이들을 학교에 보내고, 미국 사회에서 '살아가야 한다'는 경험을 하지 못했기에 준비가 매우 부족했습니다. 우찌되었건, 그곳도 사람사는 곳이니, 부딪히면 되겠지… 그런 배짱으로 밀어붙였습니다.

그렇게 LA 공항에 도착했습니다. 두 아이와 아내, 그리고 촌스런 한국 치과의사가 8개나 되는 거대한 이민 가방을 카트에 싣고 나오는 모습은, 흡사 난민을 연상시킬 정도였습니다. 마침 학회에서의 미팅을 주관하시던 한 선생님을 대신해서 윌셔 팍 덴탈 치과의 직원이었던 '세라'가 마중을 나와주었습니다. 첫 물음이 '집은 어디로 구해두셨는지요?'였습니다. 집? 그냥 호텔에 며칠 묵으면서 구해보려고 했다고 했더니, 상당히 곤란한 표정으로 한 선생님께 전화를 걸었습니다. 아마도 우리가 구해 둔 집으로 데려다 주려고 했던 것 같은데, 집도 구해 두지 않고 왔으니 황당했었겠지요. 한 선생님께서 '그럼 우선 내 집에 와 있도록 하라'고 하셔서, 다행스럽게도 첫날부터 길거리에 나 앉지는 않아도 되었습니다.

한 선생님은 그 당시, 약 5년 전부터 혼자서 생활하시며, 주말마다 세 아이들을 이 집에서 만나서 돌보고 계셨는데, 그 아이들의 두 방을 우리 가족이 뺏어서 사용하게 된 셈이었습니다. 이미 모든 가구와 살림 가재도구들이 다 갖추어져 있었기에, 그저 약간의 식품들을 구매하는 정도의 쉬운 쇼핑들로 미국 생활이 시작되었습니다. J1 비자 서류들을 가지고 미국식 주민등록번호(Social Security Number)를 신청하니, 일주일은 걸려야 한다고 했습니다. 한국 여권과 비자를 가지고 할 수 있는 일이 그다지 없었고, 그동안 어디 여행이라도 다녀오라는 한 선생님의 추천도 있어서, LA의 한 한인여행사에서 주관하는 캐나다 뱅쿠버~밴프까지의 일주일 여행을 온 가족과 함께 다녀왔습니다. 그룹 투어여서 운전할 필요도 없고, 한인 여행사여서 모든 설명도 한국말로 해주니, 정말 느긋하고도 즐거운 여행이 되었습니다. 밴프에서 본 에머랄드 빛 호수들과 빙하들은 아직도 뚜렷이 기억날 만큼 매혹적이었습니다.

여행에서 돌아와 서류작업들이 어느 정도 마무리된 때에, UCLA 치주과의 주임교수였던 베리 케니 교수님(Prof Barry Kenny)께 인사를 드리러 가는 날이 잡혔습니다. 집에서 학교까지는 차로 약 30분 정도 걸리는 정도였기에, 약속시간보다 한 시간쯤 전에 집을 나섰습니다. 학교까지의 운전은 아무 문제가 없었는데, 아뿔사! 주차가 장난이 아니었습니다. 한 선생님과 함께 왔을때 아무 문제없이 치과대학 빌딩 가까운 곳에 주차했었기에, 저도 그럴 수 있을 것이라 생각했는데, 그 주차장은 교수 전용이라, 등록되지 않은 차량은 아예 입장이 허용되질 않았습니다. 이쪽 저쪽 주차장을 돌아다니다 보니 이미 약속시간이 지나고 있었고, 등에서는 식은 땀이 흘러 내렸습니다. 겨우 방문자용 주차장에 주차를 하니, 치과대학으로부터 상당히 멀리 떨어져 있어 다시 헐레벌떡 달려야 했습니다. 결국 약속시간보다 무려 30분이상 늦은 시간에 교수님 방을 노크하게 되었습니다. 베리 케니 교수님으로 부터 '나도 다음 미팅때문에 스케줄이 빡빡한데, 늦게 왔다'고 꾸지람을 들었습니다. 그리고는 문 앞 선 자리에서 돌아나와 치과대학의 이곳 저곳을 안내해 주시고, 등록처(administration)의 담당자들을 소개해 주셨는데, 무슨 이야기를 하시는지 거의 귀에 들어오지 않았습니다. 다음 주 언제쯤 와서 신분증을 수령하라는 이야기를 듣고, 주차장으로 돌아와 운전석에 앉으니, 온 몸의 힘이 쭉 빠졌습니다. UCLA에서의 첫 날이 그렇게 지나갔습니다.

아이들을 학교에 입학시키고, 미국 운전면허증을 따고, 주변 지리와 필요한 가게들을 익히는 동안에 벌써 한 달이 거의 지나가 버렸습니다. 한국과 달리, 등하굣길에 부모가 반드시 아이들과 함께 해야 하는 법칙때문에, 오후 2~3시만 되면 아이들을 데리고 와야 해서 다른 스케줄을 제대로 잡기도 어려웠지만, 그만큼 아이들과 함께 할 수 있는 시간이 많아서 좋기도 했습니다. 또 한가지 큰 문제는, 초등학교 4학년에 편입한 아들의 숙제내용을 거의 알기 어려웠다는 것이었습니다. 영어도 영어였지만, 수업하는 체계와 학교에서 요구하는 지식의 습득방법이 달라서, 어떻게 지도를 해야할 지 정말 당황스러웠습니다. 한동안 같이 숙제를 했었는데, 어느날 아들이 학교에서 돌아와서는, '아빠가 가르쳐준 답이 다 틀렸어!'라고 하는 바람에 정말 면목이 없었습니다. 하는 수 없이 주변의 도움을 받아 방과 후 숙제를 도와주는 아르바이트 대학생을 붙여주어야 했습니다. 한국에서 공부 좀 했다는 사람이 미국 초등학교 4학년 숙제들도 제대로 해결해 주지 못하다니… 또 다른 한계를 느끼는 순간이었습니다.

반면, 초등학교 1학년에 입학한 딸아이는 학교생활을 재미있어 했습니다. 미국 아이건 한국 아이건 처음 학교에 입학하였으므로, 크게 스스럼없이 친구가 되었고, 영어도 곧잘 구사하게 되었습니다. 그것도 오리지널 미국인 발음으로!^^ 하루는 학교에서 돌아온 딸아이가 배가 고팠던지 엄마에게 'Mom, can I eat 참치 can?'이라고 물었습니다. 물론 괜찮지 하고 답하고는, '그런데 참치는 영어로 뭔지 모르나보지?' 라고 물어보았습니다. 그랬더니 딸아이가 하는 말, '아니, 아는데… 내가 영어로 이야기하면 엄마가 못 알아들을까 봐 그랬어'라고 하는게 아니겠습니까… 초등학교 1학년 아이에게도 무시당하는 영어실력을 가진 부모가 되었습니다. ㅠ.ㅠ

프리셉터(Preceptor)라는 1년 연수코스에 참여하는 한국의 치과의사들은, UCLA 치과대학 레지던트들이 받는 수업을 함께 참관하고, 레지던트들의 임상 진료시간에도 동참하는 '스케줄'이 있었지만, J1 비자를 가지고 있는 사람은 챙겨주는 사람도 없고, 무엇을 하라고 요구하는 사람도 없었습니다. 몇 차례 수업과 임상진료에 참여한 뒤로는, 거의 도서관에서 살았습니다. 한국 치과대학의 도서관들은 크기도 작고 상당히 제한된 도서들만 소장하고 있었던 데 비해, UCLA의 의학도서관은 한마디로 '없는 게 없는' 정보와 지식의 보고였습니다. 학교를 떠난 몇 년동안 잊고 있었던 재미들이 되살아나서, 임플란트와 치주 치료의 각종 치료방법들을 그 역사적인 배경부터 최신 지견까지 줄 세우는 작업을 하느라, 아침에 도서관에 가면 시간 가는 줄도 모르게 즐겼고, 정리가 잘 된 날에는 가슴 뿌듯함을 느끼면서 집으로 돌아오곤 했습니다.

조금씩 미국에서의 생활이 안정되어 가면서, 한 선생님의 강의슬라이드를 돌보는 작업도 시작하게 되었습니다. 오랫동안 많은 환자들을 치료하면서 축적해 둔 엄청난 양의 임상자료들이 사실 거의 정리되어 있지 않았고, 자주 강의에 사용되던 케이스들을 제외하고는 창고의 상자속에 방치되고 있었습니다. 윌셔 팍 치과병원(Wilshire Park Dental Institute) 내의 작은 방을 하나 차지하고, 이 자료들을 하나씩 정리하면서, 필름 스캐너를 통해 컴퓨터에 저장하기 시작하였습니다. 하지만, 세 개의 캐비넷에 가득한 자료들을 모두 스캔하고, 또 이를 케이스 별로 정리한다는 것은 정말 많은 시간을 요하는 작업이었습니다. 최대한 시간을 할애하여 작업을 진행하였지만, 아무리 계산을 해도 제가 있기로 한 일 년 안에 마무리하기는 불가능하여, 후임을 찾고 설득하기 시작했습니다. 마침 전주 연합치과의 정 회웅 원장이 미국으로 올 수 있는 형편이 되어, 인수인계가 되었고, 그 다음 해가 되어서야 이 스캔 및 정리 작업이 마무리가 되었다는 소식을 듣게 되었습니다.

이런 슬라이드 작업은, 사실 단순 노동이었지만, 한 선생님의 임상세계를 들여다 볼 수 있는 좋은 기회이기도 하였습니다. 10년 이상 정기적으로 관찰되어 있던 임상케이스들이 많아, 진료테크닉에 따른 장기간의 예후도 간접적으로 배울 수 있었고, 비슷한 환자 증례들에서 다양하게 적용된 시술들의 결과도 비교해볼 수 있었습니다. 가끔씩은 함께 수술실에서 시술을 도와드리면서, 수술의 디테일을 익힐 수도 있었습니다.

저도 치주과를 수련하였고, 책에서 언급되는 거의 모든 시술들을 섭렵하였을 뿐만 아니라, 꽤 오랫동안 강의 활동을 해오면서, 나름 '한 칼 한다'는 소리를 듣고 있었지만, 한 선생님의 수술을 보고 있노라면 '어떻게 저런 손놀림과 유연한 흐름이 만들어질 수 있을까!' 감탄을 금할 수 없었습니다. 유학을 마치고 한국으로 돌아온 뒤에, 한 선생님의 어깨 너머로 배웠던, '책에서 언급되지 않는' 비법들을 나름 흉내내면서, 더 나은 수술들을 할 수 있게 되었지만, 솔직히 아직까지도 한 선생님의 경지에는 미치지 못하는듯하여 반성하고 있습니다.

그 당시 매년 초에 UCLA의 임상각과들이 모여서 신년학술 발표회 같은 것을 하고 있었는데, 제가 미국에 도착한 지 약 4개월 뒤에, 2001년의 행사는 1월 초의 어느 날이 될 것이라는 이야기를 듣게 되었습니다. 주요 강의자료로 쓰이던 슬라이드들은 거의 스캔이 완성되어 있어서, '이번에는 필름 슬라이드 프로젝션에서 벗어나 컴퓨터 파워포인트로 강의를 한번 해보시지 않겠느냐'고 말씀드렸더니, 좋은 생각이라고 한번 해보자고 하셨습니다. 저도 그때 아주 기초적인 파워포인트 작업기술만 익히고 있었기에, 책을 봐가면서 한 장씩 스캔본을 파워포인트로 옮겨갔습니다. 벽에 부딪히면, 한국의 후배들에게 전화로 하나씩 물어가면서 진행해야 했지만, 어쨌건 강의가 잡혔던 전날 밤늦게 겨우 완성을 시킬 수 있었습니다. 한 선생님께서도 리허설을 하시고는 만족하셔서, 이제 집에 가자고 하는 찰라에 무슨 키를 잘못 눌렀는지 발표 파일이 완전히 사라져버렸습니다. 겨우 워드프로세스와 파워포인트를 조금 사용할 줄 알았지, 거의 컴맹에 가까운 상태여서, 이 사라진 파일을 어디서 어떻게 복구할 수 있는지 전혀 알 수가 없었습니다. 식은 땀이 쫙 흐르고, 숨을 쉬기조차 힘들었습니다. 거의 밤 12시가 다 되었는데… 게다가 한 선생님의 강의가 내일 첫 강의인데… 하지만 달리 어떻게 할 수 있는 방법이 없었습니다. 처음부터 새로 다시 하는 수 밖에…

기억을 되살려가면서 한 선생님과 밤을 꼬박 세워서 겨우 발표가 가능한 정도까지 새로 파일을 만들 수 있었습니다. 함께 UCLA 치과대학의 발표장으로 가서, 컴퓨터를 세팅하고 제대로 작동이 되는 것을 확인하니, 모든 긴장이 한꺼번에 풀렸습니다. 한 선생님의 강의가 시작되자마자, 저는 거의 기절에 가까운 잠 속으로 빠져 들어버렸습니다. 괜찮게 발표가 잘 되었다고는 말씀하셨지만, 아직도 그날 밤을 생각하면 머리털이 쭈뼛거릴 만큼 스트레스가 쌓이곤 합니다. 그런 실수들을 통해서 파워포인트 기술들을 하나씩 익히게 되어, 지금까지도 아주 유용하게 잘 사용하고 있습니다.^^

한 선생님 댁에 눌러 앉아 살게 해 주신 데 대한 보답이라고 하기에는 너무 작았지만, 아내는 나름대로 정성을 다했습니다. 일찍 집을 나서시는 한 선생님을 위해 더 일찍 일어나 매일 아침 식사를 준비했고, 항상 그릇을 깨끗이 비우신 한 선생님께서는 메모지에 "땡큐! 팁!"이라는 문구를 남겨주셨습니다. 일 년이 지나 저희 가족이 한국으로 돌아오기 며칠 전에 한 선생님을 저녁식사에 초대하였습니다. 나름 한 상 가득 차려진 음식들을 맛보시고 나서, '이거 정말 닥터 양이 요리한 거야?'라고 물으셨습니다. '당연히 제가 다 요리한 겁니다'라고 아내가 답하자, '정말 믿을 수가 없다! 일 년 전에 차려주었던 아침을 끝까지 다 먹느라고 상당히 고생했는데!^^ 그때는 진짜 맛이 별로였어!^^;'라고 하셨습니다. 한바탕 웃음바다가 만들어졌지만, 사실이었습니다. 거의 요리를 하지 못하였던 아내는 LA에서의 일 년 동안 가족들을 먹이기 위해 열심히 요리 수련을 하였고, 그 덕분에 요즘도 꽤 솜씨자랑을 할만한 집 밥을 얻어먹고 있습니다.

토마스 한 선생님의 결혼

우리가 미국에 도착한 지 약 3개월 정도가 지날 즈음, 한 선생님께서 '내가 9월 말에 결혼을 하기로 했어!' 라고 말씀하셨습니다. 지난 5년 동안 강의때문에 LA를 떠나는 경우를 제외하곤, 항상 금요일 오후에 세 아이들을 픽업해서 주말을 함께 보내고, 일요일 저녁에 다시 데려다 주는, 정말 헌신적인 아버지의 모습을 보여주고 있었던 터라, 새로 사모님을 맞이한다는 소식은 정말 기뻤습니다. 아주 가까운 친구와 친지들만 초대하는 스몰 웨딩이었는데, 같은 집에서 살았다는 이유로 저희 부부도 결혼식에 초대되었습니다. 결혼식장 입구에서 혼주들과 간단히 인사를 하고, 축의금 봉투를 전달한 다음, 먼 발치에서 초스피드의 결혼식 과정을 바라보다가 돌아오는, 한국식의 예식문화에만 익숙하던 터라, 미국의 결혼식이 어떤지 궁금하기도 했지만, 실례가 되지 않을까 사실 걱정도 컸습니다. 아는 분들께 물어보았더니, 남자들은 반드시 보타이 정장을 해야하고, 여자들은 풀메이컵에 드레스를 착용해야 한다고 했습니다. 저런… 한국식 양복 두어 벌이 전부였는데, 보타이라니… 대여 양복점에서 겨우 제 사이즈에 맞는 정장을 빌릴 수 있었습니다. 아내는 준비해야 할 일이 더 많았습니다. 일주일 전부터 드레스와 하이힐, 심지어 핸드백까지 사러 다니고, 결혼식 당일에는 아침 일찍부터 미장원에서 오랫동안 머리를 손질 받고, 풀 메이컵을 해야 했습니다. 정말 우리 부부의 결혼식

때에도 이런 식의 정성을 기울이지 않았었습니다.ㅠ.ㅠ 그래도 노력한 보람이 있어, 미장원에서 나오는 아내는 제가 알아 보지 못할 정도로, 눈부시게 아름다웠습니다.^^

　교회에서의 예식을 마치고, 하객들은 축하연을 여는 호텔로 옮겼습니다. 양가에서 모두 100명만 초대한 축하연이었기에, 모인 분들도 두 분의 절친들이자, LA 한인사회를 이끌고 계시는 쟁쟁한 분들이셨습니다. 한 선생님의 친구분들이 쭈뼛거리는 저희들을 친절히 안내해 주셔서 함께 즐거운 시간을 보낼 수 있었습니다. 미국식의 포멀한 결혼식과 피로연을 처음 느껴본 좋은 경험이었습니다. 여기에서 발생한 또 한가지 재미있는 일은, 토마스 한 선생님 또한 아내의 변장(?)한 얼굴을 알아보지 못했다는 것입니다. ^^

UCLA 안에서는 한국인 티를 내지 말아라?

제가 UCLA 치과대학을 방문하고 있을 때, 치과대학의 학장님은 한국계 미국인이었습니다. 연구분야에서 워낙 유명하시기도 하셨지만, UCLA 치과대학 역사상 가장 많은 기부(donation)을 받아내시는 능력을 발휘하셔서, 학교 내에서의 입지가 짱짱하신 것으로 전해 듣고 있었습니다. 언젠가 도서관 앞에서 학장님을 마주치게 되었는데, 반가운 마음에 '안녕하세요!'라고 한국말로 인사를 하였습니다. 그런데, 아는 체도 하지 않으시고, 지나치셨습니다. 내 목소리가 작아서 못 들으셨나 보다 하면서도 뭔가 좀 꺼림찍 하였습니다. 그리곤 주변에 있던 한국 유학생들에게 물었더니, 학장님은 한국말로 이야기하는 거 정말 싫어하기 때문에, 교내에서는 반드시 영어로 인사를 해야한다는 이야기를 들었습니다. 이거 무슨 시츄에이션? 한국 사람이 한국 사람에게 한국말로 인사를 하는 것이 부끄러운 일인가? 그것이 어느 나라 어느 장소라 하더라도, 공식적인 자리도 아닌 상황에서, 지나가는 인사도 받지 않는 것이 과연 옳은 일인가? 제 얼굴이 부끄러움에 붉혀졌습니다. 또 다른 분의 말씀으로는, 학장님께서 한국 유학생들이 자기들끼리만 몰려 다니며, 한국말로 떠들고 다니는 것을 싫어하셔서, 학교 안에서는 영어로만 이야기하기를 주장하신다고 했습니다. 이 말을 듣고 나니, 이해가 되기도 했지만, 복도를 지나치면서 '안녕하세요!'라고 인사한다고, 아는 척 조차 하지 않고 무시하며 지나치는 것은, 너무하는 처사가 아닌가… 마음이 착잡했습니다.

인생의 지침을 바꾸어준 첫 번째 세무조사

　미국에서의 생활에 어느 정도 적응이 되어있을 무렵, 새벽에 한국으로부터 전화가 왔습니다. 시차때문에 새벽에 전화를 받는 게 다반사였지만, 전화를 건 후배의 목소리가 심상치 않았습니다. '오늘 국세청에서 세무조사가 나왔습니다!' 개원한 선배들로부터 술자리에서 세무조사를 받으면 어떻게 하라는 조언을 듣기는 했지만, 직접 세무조사를 받게 된 것은 1993년 12월 개원 후 처음이어서 무엇을 어떻게 해야 할지 당황하였습니다. 게다가 제가 한국에 있는 것도 아닌데… 잘 협조하고, 필요로 하다는 자료는 다 제출하도록 하라고 하고는 전화를 끊었지만, 하루 종일 찜찜하였습니다. 다음날 걸려온 전화에서 후배가 말하길, '큰일 났습니다. 나중에 미국에서 돌아오시면 치과운영에 대해 보고 드리려고 수입과 지출을 자세히 적어둔 장부를 들켜서 다 뺏겼습니다…'

　솔직히 말씀드려서, 그 당시 치과의사들을 포함한 대부분의 자영업자들은 수입을 제대로 모두 신고하지 않는 것이 관행이었습니다. 제가 개업을 할 때에도, 주변 선배 개원의들로 부터 '수입의 약 50%정도 신고하고, 나머지는 나중에 세무조사가 나오면 그때 적당히 입막음을 하면 된다. 그게 차라리 적게 든다.'라는 조언을 들었습니다. 다른 한편에서는, '우리가 이런 정도로 수입신고를 하고 있는데, 만약 네가 잘 한답시고 100% 신고하면 주변의 유사 치과들에 비해 과표가 높게 잡히게 된다. 결국 우리마저 비교되면서 문제가 될 것이니, 주변의 선후배들에게 누가 되지 않도록 하라'고 이야기하였습니다. 세무신고를 대신해 주는 일선 세무사들의 의견 또한 다르지 않았기에, 그저 다른 사람들이 행하는대로의 '관행'을 따라 살아 왔었습니다.

어떤 변명이나 핑계도 댈 수 없는 '명백한 증거'들 앞에서, 사실 어떤 누구의 도움도 기대할 수 없었습니다. 급히 비행기 표를 구해서 한국으로 돌아와, 형평성을 읍소했지만, 그 때의 그 올곧은 세무 공무원께서는 조금도 여유를 허락하지 않았습니다. 그것이 옳은 일이었기에, 그리고 어슬픈 조언으로 인해 제 스스로 잘못을 저지른 것이었기에, 온전히 과태료를 낼 수 밖에 없었습니다. 하지만, 주머니 속의 돈 관리에 늘 미숙한 편이었던 저는, 그 과태료가 얼마나 큰 것인지 몰랐습니다.

그 때의 세무조사로 부과받은 누락 세금과 과태료를 납부하고 나니, 통장의 잔고가 거짓말 보태지 않고 '0'원이 되었습니다. 몇만 원 정도가 남았었는지도 모르겠습니다만, 이 통장의 잔고를 보게 된 것은 정말 충격이었습니다. 1993년 대학병원을 나와서 개원을 했고, 적지 않은 비용을 들여 좋은 시설을 마련함과 동시에 최선의 진료를 하려고 했었으며, 많은 후배들을 키우기 위해 연간 50주말을 희생하며 교육활동을 하였고, 스스로도 더 나은 진료를 할 수 있도록 최선을 다해 노력하였는데⋯ 돈이 전부는 아니라고는 하지만, 그 7~8년간의 수고들이 '완전히 빈 계좌'로서 돌아왔습니다. 물론, 굶주리지 않았고, 앞에서 이야기한 것처럼 다른 치과의사들에 비해 색다른 경험들을 많이 하긴 하였습니다. 그렇다고, 비싼 자가용이나 멋진 시계와 보석류들을 즐기는 사치를 했느냐 하면, 전혀 그렇지 않았습니다. 치과의사, 그 중에서도 수술을 주로 하다보니, 수술용 글러브를 낄 때마다 방해가 된다고 아무런 장식들을 하지 않음에 익숙한 탓에, 심지어 결혼 기념 시계와 반지 조차 어디에 두었는지도 모를 정도로 사치와는 거리를 두고 살았었는데…

　이 세무조사의 결과를 두고, 참 생각을 많이 하였습니다. 담당하였던 세무공무원의 조언들도 깊이 새겼습니다. 한두 번의 편법은 통할지 몰라도, 정도를 밟아가려면 결국은 국가가 정해둔 시스템에 '적당히' 복종할 수 밖에 없을 것이라고 하였습니다. 국세청에서 치과의원을 바라보는 시각도 충분히 느낄 수 있었습니다. 여러 날이 지난 뒤, 스스로 얻은 결론은 '돈을 모으지 말자!'였습니다. 어차피 치과업이라는 것이, 사회일반에 비해 적지않은 이윤을 가져다 주는 직업이긴 하지만, 7,8년간의 노력이 이처럼 한꺼번에 물거품이 되면서 '0'원의 계좌를 남길 바엔, 그 돈을 치과의 발전을 위해 온전히 재투자하는 것이 좋겠다고 생각하게 되었습니다. 계속 치과를 키우고, 더 좋은 장비를 사서 투입함으로써 환자분들께 더 나은 진료를 제공하며, 후배들에게 더 많은 기회를 주면서 '번 돈을 다 써버리면 세금도 덜 내겠다'는 엉뚱한 생각을 하게 되었습니다. 그렇게 마음을 먹었지만, 이것이 온전히 뿌리내리게 하는 것도 쉽지 않았습니다. '다 그런거 아니냐'고 하면서, 편법과 관행을 주장하시는 환자분들, 세금계산서 없이 현금거래를 원하는 거래처들, 세금과 관계없이 자신들이 받는 급여의 순액에만 신경을 쓰는 직원들, 세금에 대한 대중의 인식이 아직 충분히 성숙되지 않은 시대이기도 하였지만… 관행이란 참 쉽게 고쳐지지 않는 습관이었습니다. (세무에 대한 지식은 정말 중요합니다. 세무에 대한 또 다른 에피소드는 뒤에 다시 이어집니다)

미국까지 찾아오신 두 분의 동방박사

이런 저런 일들로 미국에서의 유학 생활이 막바지로 다가가고 있을 때, 한국에서 두 분이 미국으로 저를 찾아오셨습니다. 1998년 개인 교육 센터를 해산하면서, 언젠가 기회가 되면 임플란트 회사를 만들고, 우리가 생각하는 이상적인 임플란트 시스템을 만들어보자고 했었는데, 이 소문을 들었다면서, 아직도 그 생각을 가지고 있는지 확인하고자 미국까지 찾아왔다고 했습니다. 정말 생각조차 하지 못하였던 방문이었지만, 그 먼 길을 마다않고 기꺼이 찾아주심에 고맙기 그지 없었습니다. 우리 스터디 그룹의 멤버들이 모두 치과의사들로 이루어져서 임상적인 면에서 대단히 뛰어났지만, 이상적이라고 생각했던 디자인의 임플란트를 어떻게 만들 수 있는지 엔지니어적인 능력이 없었고, 또 이런 생산을 위해서 어떤 조직과 운영체계가 필요한지 전혀 알지 못하였습니다. 그런데 미국까지 찾아오신 두 분 중, 김 해용 이사님은 임플란트 생산을 위한 주요장비인 CNC를 다룰 수 있는 엔지니어였고, 김 길암 사장님은 영업출신이라 회사를 운영해 줄 수 있다고 하였습니다.

깊이 생각할 필요도 없이 **OK** 사인을 보냈습니다. 초기 세팅과 인허가를 얻기까지 어느 정도의 자금이 있어야 하는지를 확인한 다음, 한국의 친구들과 후배들에게 들뜬 목소리로 전화를 하기 시작했습니다. '드디어 우리가 원하던 임플란트를 만들 수 있게 되었다! 회사를 설립하고,

장비를 사야하니, 무리하지 않는 범위내에서 각자가 제공할 수 있는 만큼 도와주면 좋겠다! 어쩌면 그 돈을 돌려주지 못할 수도 있을 것이라는 것을 미리 알려준다!'. 사실 임플란트 회사를 만들자는 이야기를 하고나서 상당한 시간이 흘러버려, 저의 전화를 받고는 '이게 뭣 하자는 소리인가'하고 어리둥절해 하는 친구들도 있었지만, 결과적으로 일주일 만에 초기 세팅에 필요하다고 전해 들은 금액보다 30%나 더 많은 자금이 모아졌습니다.

2001년 여름, 귀국과 함께 임플란트 회사를 위한 준비를 시작하여, 2002년 1월 3일 마침내 주식회사 메가젠(MegaGen)을 설립하게 되었습니다. 회사의 이름이 왜 메가젠이 되었느냐고 궁금해 하시는 분이 많은데^^, 공식적으로는 '크다'는 의미의 Mega와 Genuine (진정, 진품, 진실, 진심어린 이라는 뜻)에서 가져온 Gen을 합해서 만들었다고 이야기합니다. 하지만 이 이름의 배경이 된 '메가'라는 이름은, 류 경호 원장님이 운영하고 있던 '메트로(Metro) 치과병원'과 제가 운영하고 있던 '가우정(Gawoojeong) 치과병원의 첫 글자를 따서 만든 것입니다. 언젠가 우리가 치과병원 이외의 일을 도모하게 된다면, 이 '메가(Mega)'라는 단어를 사용하자고 농담처럼 이야기했던 게 현실이 되었습니다. 그런데 회사 이름을 정해야 하는 마지막 순간에 '메가(Mega)'는 상표로 등록되기도 어렵고, 치과용 임플란트를 생산하는 회사인 만큼 '진실된 마음'을 뜻하는 Genuine에서 Gen을 따와 붙여서 메가젠(MegaGen)으로 결정이 되었습니다.

다음으로 누가 회사의 대표가 될 것인가가 문제였습니다. 회사를 설립하기 위해서는 대표이사를 포함해서 세 명의 이사와 한 명의 감사가 필요하다는 것도 그때 처음 알았을 만큼, 지식이 부족하였습니다. 우리의 꿈을 이루어 줄 임플란트 회사를 만들자고 제안은 했지만, 제가 회사의 대표가 되어야 한다거나 하는 생각은 전혀 하지 않았습니다. 주요 투자자들을 모아 누구를 우리의 대표로 추대해야 하는지 미팅을 하였는데, '제일 연장자가 대표를 맡도록 하자'는 쪽으로 의견이 모아졌습니다. 겨우 몇 달 차이로 제가 그렇게 대표이사의 자리에 오르게 되었습니다. 대표이사의 일이 무엇인지 물었더니, 그저 일주일에 한 번 정도 회사에 나와서 직원들을 격려해주고, 회사에서 필요로 하는 정보와 임플란트 시스템에 대한 의견들을 제시해 주면 된다고 하였습니다. 뭐… 그런 정도야 할 수 있지… 한국인에 맞는 최상의 임플란트 시스템을 만들겠다는 의지로만 충만했을 뿐, 사실 회사라는 것이 어떤 것인지, 대표이사가 얼마나 중요한 위치인지도 전혀 알지 못한 채, 한국에서 세 번째 임플란트 회사로써 '메가젠 호'가 경상북도 경산시 자인면에서 출발하게 되었습니다. 대표이사인 저를 포함해서 직원이 모두 7명밖에 되지 않았던 미니 회사였지만, 열의는 장난이 아니었습니다!^^

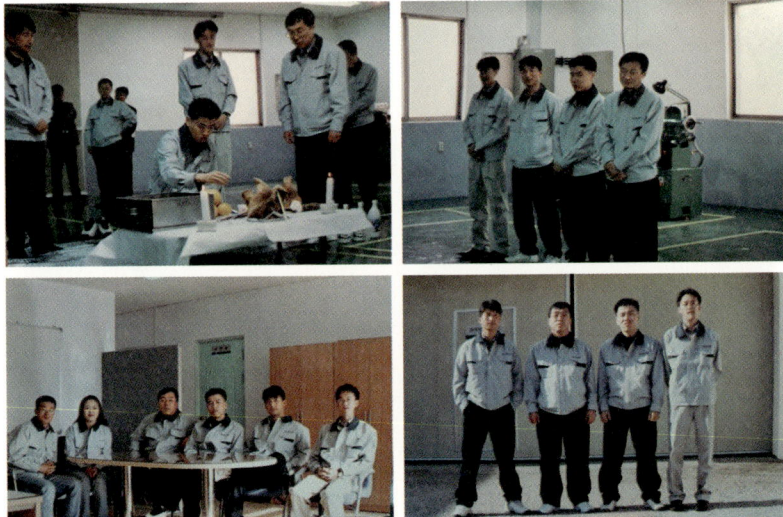

2002년 회사 창립후 장비들을 들이면서 올린 고사 때의 사진, 그리고 초창기 멤버들 (왼쪽 아래 사진: 왼쪽부터 양 동준, 이 성림, 김 해용, 손 규석, 김 형렬, 하 동국, 존칭생략) (2002년 3월 18일) 지금의 관점에서보면 시설도 엄청 열악하였고, 인원도 절대 부족하였습니다.

대구미르치과병원의 시작

2001년 여름 한국으로 돌아온 뒤로 다시 바쁜 생활이 이어졌습니다. 메가젠 임플란트라는 회사의 설립도 그 주된 일 중의 하나였지만, 워낙에 무지했던 탓에 그저 이야기를 듣고 시키는 대로 따라가는 수준이어서, 그 쪽의 일은 큰 부담이 되지는 않았습니다.

미국에 머무르던 중 받게 되었던 세무조사의 결과로써 얻었던 교훈, 즉 '돈을 벌지 말자'를 실천하기로 했습니다. 마침 가우정 치과병원에서 함께 진료를 해오던 후배들도 새 병원에서의 지분 참여를 요청해 오던 참이었기에, 생각을 펼치는데 큰 도움이 되었습니다. 당시 가우정 치과병원이 들어있던 건물은 층당 실평수가 60평의 5층 건물이었는데, 대략 5명 정도의 파트너가 있으면 충분히 잘 운영을 할 수 있겠다고 생각을 하였습니다. 그런데 전문화와 최상의 서비스를 제공함을 목표로 한 상상의 날개가 점점 커지고, 참여를 원하는 파트너의 숫자도 10명에 이르게 되었습니다. 주어진 공간을 아무리 쪼개고 활용도를 높여도, 도저히 이 개념과 인원을 수용할 수 없다는 결론이 내려졌습니다. 결국은 다른 곳으로 이사를 가거나, 추가 건축 공사를 통해 더 넓은 공간을 확보하는 수 밖에 없었습니다. 수 차례의 회의 끝에 건물과 인접해 있던 주택을 매입하여 새로운 건물을 짓고, 그것을 현재의 건물과 연결하기로 했습니다. 40평 규모의 주택 4채를 시세보다 30~40% 더 비싸게 구입하고, 설계를 완성한 다음, 본격적인 공사에 들어갔습니다. 5층 규모의 그다지 크지 않은 건축이라, 설계와 건축허가가 비교적 쉽게 진행되었습니다. 주택을 모두 허물고, 기초공사가 시작되고 있었지만, 솔직히 이 건축이 다 완성된다고 하여도 우리가 원하던 디자인이 나올 수 있을까 반신반의하고 있었습니다. 두 개의 작은 건물을 붙이는 것도 진료 동선의 효율성에 의문을 던지고 있었습니다.

그러던 10월의 어느 날 저녁, 대구시 중심가에 있는 치과를 방문해서, 그 원장님께 임플란트 치료에 대한 상담을 해 드리고 집으로 돌아가는 길이었습니다. 이미 교육코스를 중단한 지가 꽤 오래되었지만, 함께 공부하였던 많은 원장님들이 힘든 케이스가 생기면 제게 도움을 청하였고, 저 또한 시간이 허락하는 한 최대한 상담과 수술과정에 동참하고 있었습니다.

그 날도 그런 일과를 소화하던 중이었습니다. 어느덧 늦가을의 저녁시간이 되어 해는 졌고, 건물에 조명들이 들어오기 시작하던 시간이었습니다. 혼자서 택시를 타고 집으로 가고 있었는데, 그날따라 어찌된 영문인지 기사분의 운전석 바로 뒷자리에 앉아 있었습니다. 신호등에 걸려 무심코 창밖을 바라보고 있었는데, 한 건물이 눈에 띄었습니다. 건축으로 늘 고심하고 있던 때이었기에, '아, 저런 건물이 있으면 참 좋을텐데… 그러면 우리의 꿈을 활짝 펼치기에 부족함이 없을텐데…' 라는 생각을 하면서 부러운 눈초리를 던지고 있었습니다. 퇴근시간 러쉬아워이다 보니, 교통신호가 두 번이나 바뀌어도 여전히 통과를 못하고 있었습니다. 몇 분이나 지났을까… 갑자기 이 건물이 주변의 건물과는 좀 다르다는 것을 느끼게 되었습니다. 주변의 건물과 상가들에는 모두 불이 켜져 있었는데도, 이 건물은 10층이나 되었지만, 어느 층에도 불이 켜져있지 않았습니다. 순간 직감적으로 이 건물이 파산상태이거나, 상당한 문제를 가지고 있을 것이라는 것이 느껴졌습니다. 1998년 IMF 금융위기의 여파로 많은 회사들이 파산을 했으며, 그런 회사들 소유의 큰 건물들이 아직도 새 주인을 찾지 못하고 빈 채로 남아있다는 소식을 뉴스로 듣고 있었는데, 이 건물이 그 중 하나일지도 모른다는 생각이 들었습니다. 바로 전화기(지금의 스마트폰이 아닌 폴더 폰이었습니다^^)를 켜서, 이런 분야에 발이 넓은 분께 이 건물의 현황에 대한 문의를 하였습니다. 2001년 10월 어느 목요일 밤이었습니다.

다음 날 오전에 의뢰에 대한 답신을 받았습니다. '그 건물은 이미 3~4년 전에 파산 상태가 되어, 자산공사가 소유하고 있는 중이고, 다음 주 월요일 아침에 경매에 붙여질 예정'이라고 했습니다. 지금이 금요일 오전인데, 다음 주 월요일에 경매라고? 경매가 무엇인지, 어떻게 이루어지는지, 전혀 알지는 못했지만, 우리가 이 건물의 주인이 될 수도 있겠다는 어렴풋한 희망이 생겼습니다. 즉시 모든 파트너 원장들에게 긴급회동을 해야한다는 연락을 하고 그날 저녁 미팅을 소집하였습니다. 건물 신축과 새로 만들 병원 시스템 등으로 인해 자주 미팅을 하고는 있었지만, '긴급'이라는 소식에 다들 무슨 일인가 궁금한 얼굴로 모였습니다. 어제 저녁 보았던 그 건물 앞에 서서, '우리 이 건물의 경매에 참여해보자!'라고 제안을 했더니, 모든 파트너들이 어이 없다는 얼굴을 하였습니다. 경매 금액 만으로도 우리가 생각했던 예산을 훨씬 초과하였지만, 건물을 경매받는다 하여도 이 큰 건물을 어떻게 리모델링해서 치과병원으로 만들겠냐는 걱정들이 지배적이었습니다. 모두들 '드디어 박광범이가 우리를 모두 죽이려고 작정을 했구나…'라는 표정들이었습니다. 도로 건너편에 쪼그려앉아, 다들 몇 시간 동안이나 줄담배를 피우며 한숨과 함께 물끄러미 건물만 쳐다볼 뿐 별다른 말 조차 없었습니다.

다음 날인 토요일에도 진료 약속들이 잡혀 있었지만, 모든 약속을 연기하고, 아침부터 건물을 살펴보기 시작했습니다. 건물관리를 맡고 있던 분이 상세하고도 친절하게 이 건물의 이력에 대해 설명을 해 주었습니다. '이게 벌써 지어진 지가 20년 정도가 되었지만, 워낙 튼튼하게 지어져서 건물의 구조에 대해서는 전혀 문제가 되지 않는다. 완공 이후 여러 은행들과 보험회사들이 입점을 했지만, 모두 망했고, 결국 IMF때 마지막 주인이 파산을 해서, 현재 자산공사가 소유하고 있다. 몇 년동안에 걸쳐 자산공사가 이 건물의 채권채무관계를 모두 해결해서, 지금은 장부가 깨끗한 상태이다!'. 이런 설명을 들으면서, 지하 2층의 기계실부터 지상 10층까지 엘리베이터가 작동하지 않는 건물 전체를 한층 한층 모두 둘러보았습니다. 건축업을 하시던 가까운 분이 오셔서, 건물의 건축구조로 볼때 상당히 견고하게 지어졌다는 사실을 다시 확인해 주셨습니다.

다시 밤이 되어 파트너들이 다 모였습니다. 30~50평의 면적에 3~4대의 치과진료 유닛 체어들과 부속시설을 갖추고 개원을 하는 것이 당시의 보편 타당한 치과의원이었는데, 아무리 10명의 파트너들이 함께 진료한다고 하여도 2500평짜리 건물 전체를 치과병원으로 만들자는 제안에는 상당히 부정적인 인상이었습니다. 금요일 밤에 이어, 죄없는 담배들만 축내면서 몇 시간이나 길거리에서 시간을 보냈습니다. 과연 치과에서 버는 수입으로, 이렇게 큰 건물과, 함께 해야 할 많은 인원들을 유지할 수 있을 것인가…

이런 고민들을 하는 동안, 저는 혼자서 나름대로 가능한 수입과 지출의 규모를 계산해보고 있었습니다. '가우정 치과병원'에서 진료하고 있던 환자분들이 이탈없이 모두 새 병원으로 따라와 주신다면, 그리고 같은 규모의 수입이 지속적으로 발생한다면, 새 치과병원 총 지출(60대의 치과유닛과 약 60명의 진료관련 직원들로 계획하였습니다)의 약 70%를 커버할 수 있다는 계산이 나왔습니다. 아홉 명의 파트너들이 아직 새로운 개념의 치과진료에 익숙하지 않았지만, 최소한 그 나머지 30%의 지출을 채워줄 수 있을 것이라는 것에 별다른 의심이 들지 않았습니다. 비록 어느 정도의 성공을 목표로 할지 아무도 이야기할 수 없었지만, 적어도 먹고사는 정도의 수입은 될 것 같으니, 우리 한번 저질러보자고 설득한 끝에, 일요일 밤 늦은 시간에 드디어 경매에 도전해 보자는 합의를 얻어낼 수 있었습니다.

월요일 아침, 평생 처음으로 '법원 경매장'이라는 곳에 들어가 보았습니다. 와우~~! 꽤 큰 홀에 수백 명의 사람들이 참석하고 있었습니다. 경매 시스템을 알지 못해서, 주변의 도움을 받아 서류를 작성하였습니다만, 그 광경을 보고는 '에구, 지난 며칠동안 우리끼리 김치국만 열심히 마셨구나… 이렇게 많은 사람들이 그 건물에 관심을 가지는 걸 보니, 우리에게 돌아올 가능성이 없다고 봐야겠네…'라고 생각하였습니다. 함께 간 사람들도 다소 긴장하는 듯, 안된다고 너무 실망하지 말라는 조언 아닌 조언을 해 주었습니다. 어차피 여기까지 온 건데, 최저입찰금액에서 100만 원만 더 추가해서 넣어보자고 뜻을 모으고, 입찰서류함에 투입을 했습니다. 얼마 지나지 않아 입찰 결과가 발표되었는데, 놀랍게도 우리가 그 건물에 대한 유일한 응찰자였으며, 우리에게 낙찰이 되었습니다. 나중에 알고 보니, 법원 경매는 하나 하나의 물건들을 순서대로 경매하는 것이 아니라, 수 십 건의 경매물건을 동시에 진행하였습니다. 그러니 다른 수 백 명의 입찰자들은 다른 물건에 대한 관심으로 같은 장소에 있었던 것이었습니다. 치과대학을 졸업하고 나서 사회인이 된 지 벌써 16년째를 맞고 있었지만, 사회와 경제에 대한 기초적인 지식조차 거의 백지상태였던 것이 한편으로 당황스럽기도 하였고, 부끄럽기도 하였습니다.

낙찰 소식을 들었던 순간은 참 기뻤습니다만, 돌아오는 길에서부터 다시 걱정이 되었습니다. 입찰가의 10%는 어떻게 마련해서 응하였지만,

이제 전체 금액을 납부해야 등기가 이루어지도록 되어 있었습니다. 그 금액이 상당하였기에, 바로 저희 주 거래은행의 담당자와 의논을 시작했습니다. 다행스럽게도, 당시에는 IMF 후유증을 극복하려는 당국의 의지가 작용하였던지, 지금과 같이 '낙찰 금액의 몇 십 퍼센트'가 아니라, '감정가격의 80%'까지 대출을 해 주었습니다. 두 차례의 유찰로 인해 감정가에 비해 입찰 가격이 크게 떨어져 있었는데, 은행으로부터의 최대 대출 가능 금액이 경매 매입 가격보다 무려 10억 여원이나 높았습니다. 10명의 파트너들이 그다지 크지 않은 자금을 투자하여 형성하였던 자본금으로 인해 걱정스러운 상태였는데, 이 큰 건물에 대한 경매가 오히려 자금 운용에 큰 도움이 되었습니다.

　　이미 진행하고 있던 신축공사를 중단시키고, 그로 인한 비용적 손실을 감수하는 것도 쉽지 않았습니다. 기존의 건물에 붙여서 신축하겠다고, 시가보다 비싸게 주고 사서 철거해 버린 상태에서, 이를 되팔수도 없었습니다. 여기에 투입된 자금들도 회수해야 경매 구입한 건물의 리모델링 등 공사를 할 수 있었기에, 그나마 신용등급이 높아 다른 파트너들에 비해 대출이 비교적 수월하였던 제가 그것을 떠안기로 하였습니다. 파트너들이 배려해 준 덕분에 우리가 샀던 구매금액보다는 조금 싼 가격으로 인수를 하였지만, 그래도 주변시세에 비해서는 상당히 비싸게…

　　이런 저런 문제점들이 있었지만, 일단 하고 싶은대로 마음껏 펼칠 수 있는 충분한 공간을 확보한 것에 대해 저는 상당히 만족하였습니다. 그런데, 이제 리모델링과 인테리어 공사에서 또 다른 문제가 발생하였습니다. 50평에서 100평정도의 치과 인테리어를 해 본 업체들은 대구에도 많이 있었지만, 2500평의 건물 전체를 리모델링하고 진료공간으로써 디자인을 해 낼 수 있는 업체는 정말 찾기 어려웠습니다. 수소문 끝에 서울에서 이름을 떨치던 한 분을 찾을 수 있었습니다. 이다스(Idas) 건축 인테리어 회사의 이 동원 대표! 이 대표는 치과인테리어 뿐만 아니라, 다양한 형태의 매장과 대규모 쇼핑몰들도 성공적으로 디자인한 경력을 가지고 계셨던 유능한 분이었는데, 10층짜리 건물을 통째 치과병원으로 디자인 해달라는 요청에는 상당히 망설였습니다. 파트너의 한 사람이었던 전 민효 원장이 나서서, '내가 함께 할테니, 어떻게든 함께 만들어 봅시다!'라고 호기 있게 밀어붙이니, 그제서야 이 대표도 용기를 내었습니다. 두 사

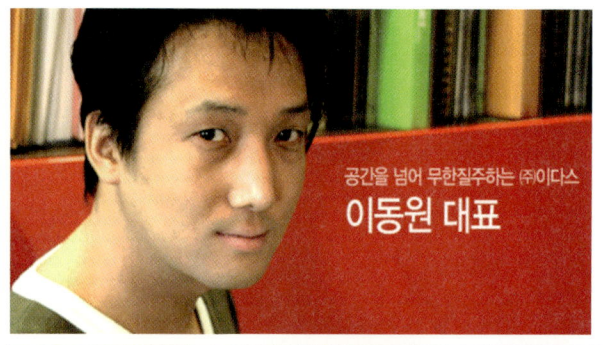

대구미르치과병원의 탄생에 지대한 역할을 해 주신 이다스 건축 인테리어 회사의 이동원 대표와 그 작품 일부 (웹사이트와 블로그에서 캡쳐)

람이 의기투합해서 공사를 잘 진행해 나갔기에, 저는 그다지 신경도 쓰지 않았습니다. 나중에 공사가 다 끝나갈 무렵 우리들에게 보여준 디자인 스케치북을 쌓아놓으니, 어른 키 높이가 될 만큼 엄청난 분량이었습니다. 이 동원 대표의 작업은 '답습'이 아니라 '창조' 그 자체 였습니다. 대구 미르치과병원이 완공된 후, 많은 치과의사들이 이 대표의 도움을 받아 멋진 인테리어를 가진 치과병의원들을 만들어 나갔습니다. 뒤에 이어지는 경산 미르치과병원도 역시 이 대표의 작품이 되었습니다.

드디어 개원!

법원 낙찰로부터 약 8개월 여가 지난, 2002년 6월 22일, 드디어 첫 번째 '미르치과병원'이 그 위용을 드러내었습니다. 80여 개의 치료실, 다양한 전공을 가진 십수 명의 치과의사와 80여 명의 직원을 가진, 단일 치과로서 가장 큰 사립치과병원의 개원소식이 알려지자, 정말 많은 분들이 개원행사에 동참해 주셨습니다. 마침 그날은 한일 월드컵 경기에서 우리나라와 스페인의 8강전 경기가 열리는 날이었습니다. 오전의 개원축하 세리모니를 비교적 간단히 치른 후에, 10층의 대강당으로 모든 손님들을 초대해서 커다란 스크린을 통해 다 함께 응원전을 펼쳤습니다. 심지어 길 가던 행인들까지도 우리가 마련한 응원전에 동참하여 모여들었고, 그야말로 뜨거운 열정의 도가니였습니다. 아마도 많은 분들이 그 날의 경기를 기억하고 계실 것입니다만, 스페인과의 전후반을 0 대 0으로 마무리하고, 승부차기까지 피말리는 순간들이 계속되었습니다. 홍명보의 마지막 슈팅은 그야말로 감동 그 자체였습니다. 수백 명이 10층의 강당에서 함께 하였던 그 엄청난 응원의 열기 속에서, 질러대는 함성과 발구름으로 인해 솔직히 건물이 무너지는게 아닌가 걱정이 될 정도였습니다. 이 건물이 준공되고 나서 20여 년동안 어떤 비즈니스도 이 건물에서 성공하지 못한 이유들 중의 하나가, 혹시라도 귀신이 씌인 흉지일지도 모른다는 이야기도 있었는데, 이날의 지신밟기?로써 확실한 액막이를 했

2002년 대구미르치과병원을 개원할 당시의 파트너들. 불가능을 가능으로, 걱정을 긍정으로 만들어 준 이들의 동참과 헌신에 감사드리고 있습니다. (왼쪽부터 한 상봉, 박 상준, 박 준홍, 박 광범, 김 경환, 강 경수, 권 순호, 박 찬우, 채 종성, 권 태경, 조 창식, 전 민효 원장)

2002년 6월 22일 대구미르치과병원의 개원식. 지하 2층 지상 10층, 연건평 3000여평의 매머드급 치과병원이 탄생하는 순간이었습니다.

2018년 초 함께 한 대구미르치과병원의 단체사진. 1400여명의 대식구가 되었습니다.

을 것이라고 다들 이야기할 정도로, 엄청난, 그리고 대단히 만족스러운 개원식이 되었습니다.

　대구미르치과병원의 위용을 보신 분들로 부터 두 가지 다른 반응들이 있었습니다. '이건 치과의료분야에 있어서 혁명이다!', '크고 작은 병원들이 조화를 이루는 메디컬에 비해 치과는 상대적으로 열세였는데, 대구미르를 보니 가슴이 뻥 뚫리는 듯 시원하다!', '치과를 이렇게 할 수도 있구나! 정말 기분좋다!', '치과의 위상을 이렇게 높여주어서 고맙다!' 이런 긍정적인 반응들이 주류를 이루었지만, 한편으로는 부정적인 말씀을 하시는 분들도 많았습니다. 서울에서 오셨던 모 교수님은 '경북대학교 치과대학 병원이 코앞인데, 여기에 대학병원보다 더 큰 치과병원을 만들면 대학의 위상이 뭐가되냐!'고 대놓고 꾸중 아닌 꾸중을 하셨습니다.

대구미르치과병원의 개원이 가능할 수 있도록 큰 도움을 주신 토마스 한 선생님께, 당시 10층에 위치하던 미르 문화센터를 헌정하였습니다.

대구 시내에서 개원하고 있던 선후배 치과의사들 중에는 '아니, 우리를 다 죽이려고 이렇게 큰 치과를 만들었나! 도대체 뭘 원하는가!'라고 따지듯이 이야기하는 분들도 있었습니다.

'우리는 대학병원과 소규모 치과의원들의 중간적인 위치에서 대학병원 수준의 의료서비스를 제공할 것이며, 소규모 개인 치과의원들과 공생관계에 있기를 원한다'라고 설명을 했지만, 이런 분들의 우려를 잠재우는 데에는 상당한 시간이 걸렸습니다. (20년이 다 되어가는 현재, 미르치과병원 주변은 가히 '덴탈 스트리트(Dental Street)'라고 불릴 만큼 많은 치과병의원들이 모여 있습니다^^)

저와 가까운 친구들은, 과연 대구미르치과병원이 '먹고 살 수'는 있을 것인가, 걱정해 주었습니다. 치과에서 버는 수입으로는 이렇게 큰 건물과 이렇게 많은 인원들을 유지하기 어려울 것이라는 것이 중론이었고, 어떤 친구는 '일 년 안에 망할 것!'이라고 단언하기도 했습니다. 어차피 '돈을 벌기'보다 '돈을 쓰기' 위해 만든 병원이었기 때문에, 후배들이 원하는 적당한 급여성 분배를 해 줄 수 있으면 만족한다는 생각이어서, 이런 말에도 그다지 걱정되는 바는 없었습니다.

배짱이 통했을까요? 대구미르치과병원은 첫 달부터 '대박'을 터트렸습니다. 신문이든 방송이든 아무런 홍보도 하지 않았지만, 대구에 엄청난 크기의 치과병원이 생겨났다는 소문은 금방 퍼져나갔고, '다소 비싸지만 치료는 확실히 한다'는 루머?들로 인해, 대구 시내의 귀빈들 뿐만 아니라, 인근 도시에서 '제대로' 치료를 받고자 하는 분들이 몰려왔습니다. 주차장이 협소한 탓에 주차타워를 이용할 수 밖에 없어서 어쩔 수 없이 도입한 발렛파킹 (Valet Parking) 시스템은, 자가용을 운전하고 오신 분들에게 입구에서부터 색다른 감동을 주었습니다. '치과에서 발렛파킹을 해 주다니!' 당시 고급백화점이나 호텔에서나 있을 법한 서비스를 치과에서 제공하니, 이 서비스 하나만으로도 미르의 품격이 크게 올라갔습니다. 파트너들과 모든 직원들도 최상의 서비스를 제공했습니다. 진료의 퀄리티는 당연히 최상으로 유지하려고 노력하였고, 이 뿐만 아니라 입구에 도착하시는 순간에서부터 병원을 떠나시는 순간까지 최상의 친절함으로 고객분들을 모시기 위해 노력하였습니다. 외부강사들을 초빙해서 '미르치과병원 서비스 매뉴얼'을 만들고, 매주 실천여부를 확인하면서, 치과의사들과 직원들에 대한 교육을 이어나갔습니다.

대개 치과의원을 개원하면, 6~7개월은 지나야 순이익으로 돌아서는 것이 불문율이었지만, 대구미르치과병원은 개원 첫 달부터 흑자를 기록했습니다. 발렛파킹에만 3~4명의 직원을 고용했고, 당시로서는 흔치 않았던 고가의 CT를 도입해서 진단과 치료계획을 더 정확히 하려고 노력하였고, 고객분들의 편안한 휴식을 위해 상당히 럭셔리한 대기 공간과 함께 연세가 높으신 분들을 위한 안마의자까지 마련했으며, 최고급 레벨의 진료장비들과 재료들을 아낌없이 쓸 수 있도록 함으로써, '돈을 쓰기 위해' 노력했는데, 역설적으로 더 많은 수입이 만들어졌습니다. 의도한 바는 아니었지만, '비우면 다시 채워진다'라는 교훈이 가슴으로 느껴졌습니다.

개원 후 일 년이 지나가도 대구미르치과에서는 좋은 소식만 들리고, 파산한다는 소리는 들리지 않자, 많은 후배들이 그 운영의 노하우를 가르쳐달라고 했습니다. 노하우? 그저 최선을 다해 진료를 하고, '환자'가 아닌 '고객'으로 서비스에 만전을 기하면 되는거지…라고 이야기하면, 그럴 리가 없을 거라며 무엇이든 전부 다 공개를 해서 가르쳐달라고 했습니다. '최상의 서비스와 함께 최고의 진료를 한다'라는 슬로건은 간단하게 보이지만, 이를 수 십 명의 의료진과 함께 실천해 나간다는 것은 사실 그리 쉽지가 않았습니다. 그렇기에 매주 몇 번씩 병원내 다양한 그룹들과 미팅을 하며, 한 줄 두 줄 원칙들과 행동규칙들을 적어나가며, 실천 여부를 항상 체크하기 위해 노력하였습니다. 이런 일들을 도모하고 추진해 나가는데 있어서, 파트너 원장들의 노력도 적지 않았지만, 치위생사들을 중심으로 한 스텝진들의 수고가 정말 컸습니다. 큰 병원은 나름대로의 장점이 있었지만, 전체가 하나의 팀으로 움직일 수 있도록 하기 위해서는 '소통'이 무엇보다 중요했습니다. 누구에게서도 배우지 않은 상태에서, 아무도 가보지 않은 길을 더듬어 간다는 것이 쉽지 않았습니다만, 전 직원이 하나의 마음으로 함께 했기에 그만큼 보람된 일이기도 하였습니다.

이제 이 치과병원의 이름이 왜 '미르'가 되었는지, 어떻게 전국에 20여 개의 미르치과병의원이 만들어지게 되었는지 설명을 드려야 할 때가 된 것 같습니다.

미르치과네트워크, 그 원점과 발전

　　미르치과병원이 대구에서 처음 문을 열었기 때문에, 또 이어서 20여 개의 미르치과병의원들이 전국에 개원하였기 때문에, 많은 분들이 '전국의 미르치과는 모두 박 광범의 소유'라고 생각했습니다.^^ 아니면, 프렌차이저 사업으로 상당한 현금 수입을 챙기고 있을 것으로 상상하기도 했구요. 하지만 미르의 기원은, 그로부터 훨씬 전에 시작된 '치과에서의 고민들을 함께 나누는 모임'이라고 할 수 있습니다. 사실 이런 이름 조차 없이, 같은 고민을 하던 원장들이 한 달에 한 번씩 모여서 서로의 노하우를 나누던 것에서 시작되었습니다.

　　1998년 가우정 치과병원을 오픈하고 나니, 전체 직원의 숫자가 30여 명에 이르게 되었고, 병원의 구석구석이 눈에 들어오지 않게 되었습니다. 그저 열심히 진료와 강의만 하던 시절이라 후배 치과의사들과 직원들을 어떻게 통솔할 지 상당히 고민이 되었습니다. 큰 일은 아니었지만, 사소한 일을 두고 의견대립이 생기기도 했고, 이것이 감정의 골로 이어져 고객들에 대한 서비스에 문제를 일으키기도 했습니다. 한편으로는 커진 규모로 인해 불필요한 부분에서 눈에 띄지 않게 새어나가는 지출들도 늘어났습니다. 하지만 이 또한 처음 경험하다보니, 어떻게 해결을 해야 할지 감이 오지 않았습니다.

　　비슷한 시절, 광주의 류 경호원장도 '류 치과의원'을 상당히 크게 운영하고 있어서 비슷한 고민들을 가지고 있었습니다. 순천의 해바라기 치과병원은 이 영진, 이 재순, 이 상택 세 분의 원장들이 이미 수 년전부터 공동 개원을 해서 상당한 수준의 스탠다드 매뉴얼을 보유하고 있었기에, 이 분들께 많은 가르침을 받았습니다. 창원의 박욱 치과의원, 부산 조 의성 원장의 신천치과의원도 기꺼이 이 모임에 동참하여, 자신들이 가진 임상적, 경영적 시도들에 대한 성공과 실패의 모든 노하우를 공유해 주었습니다. 원장들이 갖추어야 하는 인문학적 소양에서부터, 직원들에 대한 동기부여 방법, 다른 직원들과 조화를 이루지 못하는 직원들을 어떻게 배려해야 하는가 등등, 주제도 언제나 자유로웠고, 가식없이 솔직하게 경험담을 나누어 주었기에 하루가 어떻게 지나가는지 모를 정도로 흥미 진진한 시간들이 되었습니다.

　몇 년간 이 모임을 이어가던 중, 광주의 류 치과의원은 10여명의 파트너들과 함께 '메트로 치과병원'으로 이름을 바꾸고 크게 확장하게 되었습니다. 사실 대구의 가우정 치과병원과 광주의 메트로 치과병원은 지속적인 교류를 통해 서로가 서로에게서 가르침을 받아가면서, 앞서거니 뒤따르면서 병원의 사이즈를 키워나가고 있던 중이었습니다. 그러다가 치과 치료에 대한 우리의 개념을 충분히 살릴 수 있는 치과병원을 만들기 위해, 그러한 컨셉의 건물을 지어보자는 이야기가 진행되고 있었습니다. 두 병원 모두 거의 동시에 건축을 시작하였는데, 가우정 치과병원측이 새 건물을 건축하던 중, 앞에서 설명한 대로 경매를 통해 건물을 매입하고 이를 리모델링 함으로써, 조금 빨리 다음 레벨의 치과병원을 오픈할 수 있게 되었습니다. 이 원대한 프로젝트에 대해 의논을 하면서, 다음 단계에서는 우리가 '같은 이름'을 사용해서, 구성원들 사이에 한 식구라는 동질감을 키우고, 더 큰 협조를 얻어내도록 하자고 약속을 한 터였습니다. 가우정 치과병원이 새로 추진한 병원의 공사가 거의 마무리되어가고 있던 가운데, 새 병원의 이름을 정해야 할 순간이 다가왔습니다. 양쪽 병원의 파트너 원장들과, 오랫동안 함께 아름다운 경영을 논의하여왔던 원장들이 모두 모여서, 다음 병원의 이름을 결정하는 토론을 하였습니다. 오랜 토의 끝에 광주에서 사용하고 있던 '메트로 치과병원'이라는 이름을 우리 그룹의 새로운 이름으로 채택하였습니다. 이것을 대구시 치과의사회에 등록하려고 하자, 당시 대구시 치과의사회의 내규상 외국어 상호표기를 불허한다는 통지가 왔습니다. 2002년, 올림픽도, 월드컵도 모두 치른 나라에서 외국어 치과이름이 불허되다니!!! '메트로'라는 단어가 영어에서 유래되었다고는 하나, 이미 모든 사람이 사용하는 통상어가 되었는데, 이것을 사용할 수 없게 하다니… 서울이든 부산이든 모든 대도시에서는 그보다도 훨씬 직설적인 외국어들이 치과병의원의 이름으로 사용되고 있다는 점을 말씀드리고 읍소하였지만, 완고한 대구시 치과의사회 회장님은 전혀 고려할 수 없다고 못 박았습니다. 지금 생각하면 참으로 웃기는, 말도 안되는 일이었지만, 그런 시절도 있었습니다.

어쩔 수 없이 다시 회의를 소집하였습니다. 첫 번째 회의에서 거론되었던 몇 가지 후보들 중에서 마침내 '미르'라는 이름이 선택되었습니다. 참고로 '미르'는 순 우리말로써, '승천하는 용'을 뜻합니다. 이런 우여곡절 끝에, 개원일을 불과 몇 주일 앞두고, '미르치과병원'이라는 간판과 각종 인쇄물의 제작이 시작되었습니다.

대구 미르치과병원의 개원으로부터 약 1년 후, 광주의 새 건축 프로젝트가 완성되었고, '미르'라는 이름을 단, 두 번째 치과병원인 '상무 미르치과병원'이 탄생하였습니다. 금방 망할 것 같았던 대구미르치과병원이 승승장구하고, 광주에 같은 크기의 또 다른 미르치과병원이 생겨나자, 이 그룹에 동참하고자 문의하는 분들이 점점 늘어나기 시작하였습니다. 대부분 가까운 동료, 후배 치과의사였지만, 치과계의 발전을 위한 우

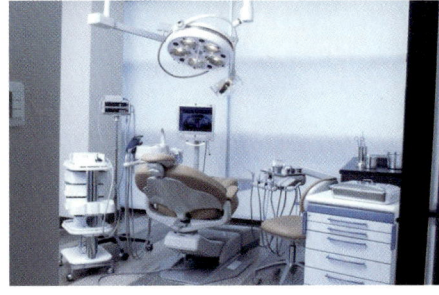

2003년 가을, 광주에서 두 번째 미르치과병원이 탄생하였습니다. 치과병원 용도로 처음부터 철저한 계획속에서 신축되었을 뿐만 아니라, 대구미르에서의 실수들을 반영하고, 광주 특유의 문화적 감성이 잘 조화되어, 정말 기념비적인 멋진 치과병원이 만들어졌습니다.

리의 의지를 알아주니, 고맙기 그지 없었습니다.

하지만, 이제 어떤 사람은 가입을 시켜주고, 어떤 이들은 배제시켜야 하는 문제가 대두되었습니다. 미르치과병원이 추구하는 가치관을 잘 지켜나갈 사람인지 아닌지를 어떻게 판단해야 하는가… 그동안의 많은 미팅을 통해, 기본적인 공감대는 형성되어 있었지만, 이를 문장화시켜 서류로 만든다는 것은 또 다른 일이었습니다. 마치 입사 면접을 보듯이 두어 번의 미팅으로써 그 가부를 결정지어주어야 했으니, 참 쉽지 않은 일이 되었습니다. 좋은 분들을 함께 모신다는 것은 언제나 즐겁고 기쁜 일이지만, 때로 잘못된 선택으로 인해 전체 회원치과에 누가 되는 일이 생긴다면…

이런 생각으로 미르네트워크에 가입하기 위한 조건들을 하나씩 만들기 시작하였습니다. 무엇보다도 먼저 우리가 함께 추구하여야 할 가치관부터 정리되어야 했습니다. 저희들이 함께 모여 공부하던 시절에, 전국적으로 유명한 두 개의 대표적인 치과네트워크가 있었습니다. 하나는 '예치과 네트워크'였고, 다른 하나는 '모아치과 네트워크'였습니다.

 예치과 네트워크는, 박 인출 원장님을 중심으로 서울치대 31기의 원장님들이 함께 리드하고 있던 그룹이었는데, 대한민국의 의료계에 '서비스'의 개념을 최초로 도입하였다고 해도 과언이 아닐 것입니다. 20여 년 전의 병원이나 의원에 가면, 환자는 완전히 '을'이 되었고, 의사든 간호사든, 혹은 직원이든, 퉁명스럽기 짝이 없었으며, 환자들은 그저 묵묵히 시키는대로 따라할 수 밖에 없는 경우가 대부분이었습니다. 박 인출 원장님의 예치과에서는 호텔이나 항공사에서나 볼 수 있음직한 최고의 서비스를 도입하고 전파하고 있었습니다. 당시 많은 치과의사들은 '우리가 장사꾼인가? 환자는 환자일 뿐이고, 우리는 그들을 치료하는 의사들이 아닌가! 어떻게 환자들에게 굽신거리면서 치료를 할 수 있는가…' 라는 생각이 지배적이었으니, 예치과의 개념 자체가 주변으로부터 얼마나 거부감을 받는지 짐작할 수 있을 것입니다. 이 책을 읽는 여러분들 중에, 일반의원에 비해 치과의원들이 상대적으로 더 친절한 것을 경험하신 분이 있다면, 그것의 상당부분은 박 인출 원장님과 예치과 그룹의 덕분이라고 생각하셔도 틀린 말이 아닐 것입니다.

 이렇게 엄청난 장점을 가지고 있었지만, 정말 죄송하게도, 우리 눈에는 그 우수한 서비스에 비해 진료의 '질'이 그만큼 높지 않아 보였습니다. 치과의료의 본질은 무엇보다도 옳고 바른 진료가 중요하다고 믿고 있었기에, 이 기본이 뒷받침되지 않은 서비스는 과장된 가식처럼 여겨졌습니다. 실제로 이 분들의 임상적 수준도 높은 편이었고, 멤버들 중에는 한국 최고라고 할 만큼 유명하신 분들도 있었지만, 임상적인 면을 강조하기에 앞서, 서비스의 중요성을 너무 과도하게 내세웠기에 그렇게 느껴진 것일 수도 있습니다. 예치과네트워크로부터 또 한 가지 우리가 불편하게 여겼던 점은 '프랜챠이져' 비용이었습니다. 예치과네트워크에 가입하는 댓가로, 가입비 뿐만 아니라, 매월 일정 비용을 지불해야 했는데, '나눔과 공유'를 주된 덕목으로 생각하던 우리 그룹에서는 단순히 이름을 공유한다는 이유로 비용을 지불한다는 것이 다소 불합리하게 생각되었습니다.

    모아치과 네트워크는 예치과에 비해 상대적으로 작은 치과들이 모여, 임상과 경영의 노하우를 공유하고 있었는데, 그 당시에 이미 수십 개의 회원치과들을 보유하고 있었습니다. 리더들의 열정은 물론, 임상적 수준도 어느 그룹보다 뛰어났다고 생각되었지만, 대부분 혼자서 운영하는 개인치과 의원들을 중심으로 하고 있어서, 여러 분야의 전문적인 진료를 필요로 하는 환자의 경우 다소 역부족일 것이라고 생각되었습니다.

    미르치과네트워크는 이들 앞선 그룹들의 장점은 배우고, 부족한 점은 채울 수 있도록 설계하였습니다. 어떤 선택이든, 그에 따른 장점과 함께 단점이 있기 마련이지만, 위의 두 그룹이 가지지 못한 새로운 개념의 치과병원을 만들어보기로 했습니다. 가급적 많은 전문파트가 함께 진료함으로써, 최선이자 최고의 진료수준을 만들기 위해 노력한다는 것을 첫 번째 미션으로 삼았습니다. 이름과 노하우를 공유하지만, 어느 한쪽에서 일방적으로 가르쳐주는 것이 아니었고, '모두가 서로를 도와주고, 함께 노력함으로써 더 큰 세상으로 나아간다'는 이상을 두 번째 미션으로 삼았기에, 프렌챠이져 시스템처럼 입회비나 월회비와 같은 수익을 창출하지 말자는 것이 두 번째 약속이 되었습니다.

    미르치과의 태동이 되었던 '치과에서의 고민들을 함께 나누는 모임'을 가져왔던 5개 치과병의원, 즉, 광주 메트로, 순천 해바라기, 창원 박욱, 부산 신천, 대구 가우정 치과들 중에서, 대구와 광주는 과감히 기존의 이름을 버리고, 미르치과병원이라는 새로운 상호를 사용하게 되었습니다만, 이미 오랫동안 지역사회에서 브랜드 네임을 잘 유지하고 있었던 순천 해바라기, 창원 박욱, 부산 신천은, 그 이름의 전환이 쉽지가 않았습니다. 상당히 오랫동안 조정기간을 거친 다음에, 순천 해바라기 치과병원이 순천 미르치과병원으로, 창원 박욱 치과가 창원 미르치과로 개칭을 하게 되었습니다. 혼자서 다양한 학술활동을 이어나가던 부산 신천 치과의 조 의성 원장은, 너무 잦은 미팅과 이런 저런 규칙이 생겨나던 미르를 감당하기 어려움을 이유로, 그룹에서 탈퇴하게 되었습니다.

한편, 예전부터 함께 강의활동을 해 오던 동료와 후배들의 미르네트워크 가입문의도 이어졌습니다. 기존에 운영하던 치과를 새로운 모습으로 바꾸면서, 미르치과로 개칭하고자 하는 분들도 있었고, 아예 동료들과 더 크고 새로운 치과로 확장 이전하면서 미르와 함께 하고자 하시는 분들도 있었습니다. 지면의 한계로 그 사연들을 하나 하나 다 적어 나가지 못함에 이해를 부탁드립니다만, 모든 미르치과 병의원들에는 고유한 특장점들이 있었습니다. 미르가 추구하는 고품질의 진료원칙을 지켜나가는 동시에, 각 지방의 문화를 머금은 고유한 전통은 최대한 존중하는 방식으로 전국에 하나 하나 미르치과병원들이 늘어났습니다.

미르의 숫자가 많아지자, 또 하나의 큰 문제가 생겼습니다. 이들 미르네트워크 회원사들의 공통 관심사를 발굴하고, 각 미르치과 병의원들의 필요를 지원하는 일이 점점 커져서, 별도의 조직이 필요하게 되었습니다. 또한 수백 명에 달하는 직원들과 원장들에 대한 교육과 각종 행사를 위해서 상당한 금액의 예산을 갹출하고, 집행하며, 감독할 수 있는 조직의 필요성도 제기되었습니다. 어떤 용도이든, 금전의 흐름이 포함되는 순간, 세무적인 문제가 발생하고, 이를 무시할 경우 추후에 더 큰 문제가 발생할 수 있다는 자문을 받아들여, (주)미르치과네트워크라는 법인 회사가 탄생하였습니다.

　이 법인의 정체성을 두고도 한동안 토론이 이어졌습니다. 왜냐하면 일반적으로 법인이라고 하면, 영업을 통해 이익을 추구하는 것으로 인식되고 있었기 때문입니다. 우리는 이 법인에 새로운 정의를 부여하였습니다. 즉, (주)미르치과네트워크는 이익을 추구하지 않으며, 회원들의 필요성을 충족시킬 프로젝트에 반드시 필요한 경비들만 산출한 다음, 합리적으로 지출하여, 회기말에는 통장의 잔고를 '0'으로 만든다! 주식회사의 형태이긴 하지만, '돈을 버는 것이 아니라, 어떻게 돈을 쓰는가'에 집중하는 회사가 됨으로써, 모든 회원들에게 떳떳하고, 공정한 운영을 할 수 있도록 노력하였습니다.

　서대구, 수원, 안산, 부천, 분당, 광양, 목포, 경산, 부산, 포항, 구미, 통영, 거제, 옥포, 밀양, 전주, 진주, 광주 첨단, 서울, 거창등으로 확장된 미르치과네트워크의 회원병원은 한때 26곳까지 증가하였습니다. 모두 훌륭한 실력과 인품을 가진 동료들로서, 지역사회의 치과문화를 향상시키는데 기여하였다고 자부합니다. 하지만 항상 발전 일변도로 내달을 수는 없었습니다. 일부 미르치과들은, 파트너들 간의 갈등, 임대한 건물의 오너들과의 문제 등으로 어쩔 수 없이 탈퇴하는 경우도 있었고, 미르치과네트워크가 추구하던 방향성에 대한 공감대를 형성하기 어려워 탈퇴하는 경우도 생겨났습니다.

더 나은 미래를 위한 준비

다시 대구미르치과병원이 오픈한 2002년으로 돌아가서 이야기를 이어나가도록 하겠습니다. 2002년 6월, 앞에서 언급한 것 처럼 우여곡절 끝에 대구미르치과병원을 개원하였고, 모든 파트너들이 열정적으로 진료에 임하고 있었습니다. 자체 회의 때 나 대외적인 인터뷰에서 항상 '최고 수준의 진료, 최고의 서비스'를 외치고 있었지만, 대구와 주변의 소도시에서 자랐고, 대구에서 치과대학을 마친 사람들로서 과연 어떤 것이 정말 최고의 서비스인지 알기는 어려웠습니다. 어느 날 원장회의에서, 우리나라 최고의 서비스를 제공하고 있는 곳을 찾아 견학하고, 우리 병원의 시스템에 적용시켜보자는 의견이 나왔고 즉시 실행에 옮겨보기로 했습니다.

호텔로는 신라호텔, 식당으로는 서울에서 최고라고 이름이 나있는 프랑스요리 전문점과 한식요리 전문점, 친절로서 대표되던 아시아나 승무원 교육센타 등을 예약하고, 일주일 여정으로 모든 원장들이 참여하기로 했습니다. 신라호텔에서는 객실담당 임원이 직접 우리를 안내하면서, 호텔내 모든 형태의 객실과 그 의미, 고객 서비스에 대한 신라호텔의 철학에 대해 설명을 해 주었습니다. 치과의사들이라고는 하지만, 지방에서 올라온 젊은이들에게 그렇게 열정을 가지고 설명을 해 주시는 것 그 자체로부터 감동이 느껴졌습니다. 신라호텔 꼭대기의 양식당에는, 그 레스토랑이 제공하는 최고급 풀코스 요리를 주문하는 대신, 각 코스에 제공되는 음식의 의미와 순서, 매칭되는 와인 등등에 대한 특별한 설명을 부탁했습니다. 지금까지도 그렇게 많은 포크와 나이프, 그리고 다양한 와인잔과 함께 한 저녁은 없을 정도로 화려한 디너파티였습니다. 아시아나 승무원 교육센타에서는 당시 다양한 회사들로부터 의뢰를 받아, 며칠 혹은 몇 주일 과정의 서비스 교육을 해주고 있었는데, 우리는 겨우 한 나절로 만족해야 했습니다. 치과의사라는, 당시로서는 상대적으로 우월적 지위를 가지고 있다고 생각했던 우리들은, 기본적인 예절과정에서 등장하는 인사태도와 눈맞춤 하나도 제대로 소화하지 못했지만, 서비스의 제공자라면 가져야 할 기본태도에 대한 느낌을 가질 수 있었습니다. 교육을 마친 다음, 비록 비행훈련을 위한 시뮤레이션 장비이었지만, 조종석에서 단체사진을 찍는 영광도 누릴 수 있었습니다.

어쩌다 학회등으로 서울을 방문할 때에도 경비를 아끼느라 싸구려 모텔을 기웃거리고, 해장 국밥집에서 식사를 해결했던 우리에게는 참으로 딴 세상 같은 일주일이었습니다. 이런 최고의 서비스를 어떻게 우리 치과병원에 도입할 수 있을 것인지 확실히 알지 못하였지만, 뒤돌아보면 '대한민국 최고'를 찾아 돌아다녔던 그 일주일 동안의 여행이 우리들의 생각과 행동을 크게 바꾸어 주었던 것 같습니다.

2002년 6월, 대구미르치과병원을 오픈한 다음, 파트너 원장들과 함께 서비스 마인드 향상을 위해 '아시아나 승무원 교육센터'에서 교육을 받았습니다. 짧은 시간이었지만, 고객응대를 위한 대화법, 행동자세, 눈맞춤 등에 대한 유익한 강의를 들을 수 있었습니다. 교육후 비행시뮤레이션 장치의 조종실에서 기념촬영 (오른쪽)

모든 파트너 원장에게 유학의 기회를 제공하기로 결정하다

　서비스와 함께 매우 중요한 부분이 진료의 질입니다. 우리 파트너들 중 일부는 졸업 후 전문과목을 수련하였지만, 일부는 그저 제가 운영하던 페리오라인과 같은 사설 교육기관에서 공부를 하고, 수년간 개원을 한 뒤, 대구미르 프로젝트에 동참하였던 상태였습니다. 진료에 필요한 기술적인 면에 있어서는 그리 부족한 점이 없을 만큼 우수하였지만, 자신들의 기본이 약하다는 것을 느끼고 있었고, 더 큰 미래를 위해 좀 더 준비되어야 한다는 것도 알고 있었습니다. 이에 모든 파트너들에 대해 교대로 해외유학의 기회를 제공하기로 하였습니다.

　개원의로서 유학의 기회를 가지는 것도 쉽지 않지만, 미국 대학의 수업료 또한 수 천만 원씩이나 되어서 선뜻 어느 대학, 어느 과를 선택해서 보내는 것도 상당히 고민스러웠습니다. 첫 번째 고민은 역시 '영어'였습니다. 대부분의 대학에서는 기본적으로 상당한 수준의 토플 점수를 요구하고 있었는데, 영어 대화는 가능하였지만 그 점수가 준비되어 있는 파트너는 드물었습니다. 그 영어시험을 새로 준비한다는 것도 만만치가 않았습니다.

　여기에서 다시 UCLA 치주과에 계시던 토마스 한 선생님의 도움이 절실해졌습니다. 대구미르에 다양한 전문 진료과목이 있었지만, 임플란트와 치주치료를 주 특기로 생각하고 있었기에, UCLA 치주과에 갈 수만 있다면 큰 도움이 될 것으로 생각하였습니다. 저도 UCLA를 다녀온 이후로 UCLA 치과대학의 평생교육센타(Continuing Education Center)와 함께, 국내외에서 임플란트-치주 임상교육과정을 개설하고 있었는데, 이를 연계시키면 우리 파트너들을 UCLA로 보내는데 도움이 될 것이라 생각하였습니다.

상당기간 동안 저희들이 가지고 있던 교육 자료들을 UCLA의 기준에 맞추어 개편하고, 마침내 그 쪽 평생교육원에서 요구하는 커리규럼에 만족되는 교육프로그램이 만들어졌습니다. 이 모든 것이 토마스 한 선생님의 도움으로 가능하였습니다. 그 노력들의 결과로서, 2004년 하와이의 라나이 섬에서, UCLA 치과대학 평생교육원과, 저희들이 운영하던 미넥교육센타가 협약식을 갖게 되었습니다. 하와이제도의 여러 섬들 중 라나이 섬에 대한 방문은 처음이었는데, 당시 우리 두 사람 다 매우 바쁘고 힘든 날들로 인해 한껏 지쳐있어서, 도착 후 이틀동안 먹고 마시는 시간을 제외하고는 밤낮없이 잠에 빠져 있었던게 지금도 기억이 납니다^^;

이 협약의 조건들 중 하나가, 우리 파트너 원장들을 위한 것이었는데, 류 경호 원장과 제가 UCLA 치과대학 평생교육원의 이름으로 한국과 아시아의 국가들에서 성심성의껏 열심히 교육을 하는 대신, UCLA 평생교육원에서는 매년 '미넥'에서 지명하는 한국 치과의사 2명에 대해 영어시험 점수와 무관하게 받아주며, 이들의 수업료 또한 면제해 준다는 것이었습니다. 물론 이들이 면제받은 수업료에 대해서는 미넥의 활동을 통해 그 이상으로 기여한다는 약속이 포함되어 있었습니다. 토마스 한 선생님의 개인적인 '보증'과 평생교육원의 윌리엄 옌시 교수님(Prof. William Yancey)의 '믿음'으로 이루어진 아주 특별한 협약이었는데, 아마도 이것은 UCLA 치과대학 역사상 전무후무한 혜택이었을 것입니다. 이로써 대구미르치과병원 뿐만 아니라, 우리 미르네트워크 회원병원의 파

2004년 4월, 하와이의 라나이 섬에서 미넥-UCLA 협력조인식 사진. 이 조인식을 통해 미르네트워크의 파트너 원장들이 대거 미국으로의 유학기회를 얻을 수 있었습니다. 아울러 한국과 기타 아시아국가들에 대한 교육시 UCLA에서 발급하는 교육증명서를 수여할 수 있어서, 미르치과병원과 미넥의 발전에 크게 기여할 수 있었습니다.

트너 원장들이 쉽게 미국으로의 관문을 열 수 있게 되었습니다. 토플이나 토익 점수에 신경 쓰지 않아도 되고, 공부하겠다는 의지만 있다면 순서에 의해 UCLA 치과대학에서 유학할 수 있게 되었습니다. 대부분의 미르치과네트워크의 병원들이 여러 파트너 원장들과 함께 하는 공동으로 운영되고 있었는데, 일 년 동안의 유학기간 동안, 그 공백을 서로가 도와서 메꾸어줄 뿐 아니라, 이들이 미국에서 공부하는 동안의 생활비까지 지원을 해 줄 수 있었으니… 정말 최고의 환경이라고 생각하였습니다. 물론 미국내 다른 대학, 다른 전공과로의 유학 또한 장려되었고, 대구 미르치과병원의 파트너들 중에는 로마린다 치과대학, 뉴욕 치과대학, 펜실베니아 치과대학, 텍사스의 베일러 치과대학 등에서 짧게는 1년, 길게는 2년까지 공부할 수 있었고, 세상에 대한 눈을 키울 수 있게 되었습니다. (참으로 안타깝게도 UCLA 치과 대학과의 건강하고 협조적인 관계는, 국내의 모 임플란트 회사가 UCLA의 가짜 수료증을 발급하던 것이 적발되면서 대학 측의 원칙이 바뀌는 바람에 2010년경 중단되어 버렸습니다.)

원장단들에 대한 서비스 및 임상교육과 함께, 병원내 실무를 담당하는 스텝들에 대해서도 각 직능별 수행능력을 향상시키기 위한 노력을 게을리하지 않았습니다. 재무와 회계는 물론, 인사와 구매, 고객들과의 접점을 담당하는 코디네이터와 상담전문가에 이르기까지, 지속적인 컨설팅과 반복 교육을 통해 병원의 운영에 직접 접목되도록 노력하였습니다. 이 과정에서 (주)미르네트워크의 임직원들과 각 미르치과병원의 수석팀장들이 큰 수고를 하였고, 지금도 그 전통이 이어지고 있습니다.

매달 열리는 미르치과네트워크 대표원장들의 모임에서는 항상 신선한 아이디어들이 만들어졌고, 이를 실천에 옮길 수 있었습니다. 짧다면 짧고, 길다면 긴 시간이었습니다만, 제 개인적으로는 미르치과네트워크는 그 기간동안 참 많은 일을 하였다고 생각합니다. 어떤 프로젝트는 사회적인 이해와 요구도에 힘입어 상당히 오랫동안 지속되었지만, 또 어떤 프로젝트는 회원들의 공감도가 약해서 금방 열의가 식어버리기도 했습니다. 하지만, 한가지 분명하게 이야기할 수 있는 점은, 참 순수하고 열의에 찬 토론과 그 결론에 따른 실행에 있어서 내부적인 공감대가 강하게 형성되어 있었다는 것입니다. 지금까지도 참 감사하였고, 앞으로도 이러한 전통이 이어질 수 있기를 소원합니다. 아래에 저희들이 함께 하였던 몇 가지 대표적인 행사들을 정리해 보았습니다. 참 행복했던 기억들 입니다.

각 지역의 마르치과병원들은 각자 지역사회에서 다양한 봉사활동과 사회로부터 저희들이 받은 혜택들을 되돌려 드리기 위한 활동들을 충실히 하고 있습니다. 이러한 일들은 매월 개최되는 미르 네트워크 이사회에서 논의되고, 사무국을 통해 실행되고 있습니다. 2015년 통합이사회때의 단체사진.

미르치과 네트워크는 생각보다 많은 일을 하고 있습니다!
(1-국내 교육과 팀웍 훈련)

Plaza 덴탈브리프 2003년 8월 25일 제 13호 33

|인터뷰| 첫 심포지엄 여는 미르네트워크 박광범 대표

'내부 연자 중심으로 매년 한 차례씩 심포지엄 열 계획'

대구 미르치과병원이 그 거대한 몸집을 드러낼 때 치과계는 찬탄보다는 우려의 시선으로 미르를 대했다. 치과로서는 운영이 곤란한 규모라는 이유에서였다. 하지만 대구 미르는 첫달부터 흑자행진을 계속했고, 올 4월에는 7개 치과가 참여하는 네트워크까지 출범시켰다.

"일단 상승곡선을 그리고 있어요. 지금으로선 아주 만족스런 상태지요. 불경기라고 하지만 미르의 경우 선택해서 찾는 환자들이 많아 피해가 덜 합니다. 다른 회원 치과들도 사정은 비슷하다고 봐요."

박광범대표는 미르 네트워크의 목표는 결국 표준치과에 있다고 설명했다. 각 자가 갖고 있는 생각들을 나누어 경영과 임상에서 일정한 틀을 짜나가는 것이 결국 시행착오를 줄이는 길이라는 것. 그래서 미르는 네트워크 가입비도 회비도 없다. 비용은 각 회원 치과가 분담하는 방식인데, 그 이유가 또한 그럴 듯 하다.

"누가 누구에게 무업 준다기 보다 각자가 가진 걸 함께 나누자는 취지에서 출범했으니 회비가 없는 것이 당연하지요. 행사 하나를 하더라도 경비를 회원 치과들이 똑같이 나눠 부담합니다. 그러니 적어도 네트워크 재정에 관한 불만은 없는 셈이죠."

'자랑하자는 행사는 아니에요'

미트 네트워크는 일년에 2차례 큰 행사를 갖는다. 4월 네트워크 출범 기념일을 전후해 치과가족끼리 갖는 단합대회를 겸한 자축행사와 8월말에 갖는 미르 심포지엄이 그것이다. 오는 31일 그랜드 인터콘 티넨탈 볼룸에서 가질 심포지엄은 그러므로 미르네트워크로선 매우 중요한 행사 중 하나이다. 하지만 이 부분에 있어서도 박광범 대표는 우선 겸손부터 앞세운다.

"자랑하자는 행사가 아닙니다. 내부 연자들을 중심으로 일년에 한번씩 미르가 하고 있는 일들을 다른 분들에게 보여드리겠다는 거지요. 행사도 그래서 조촐하게 치를 예정입니다. 3개 섹션에 우리 식구들 포함해 80여명 정도가 참가할 수 있는 수준이지요."

박 대표는 오히려 이번 심포지엄은 경험을 쌓는데 주안점을 두고 있다며, 소화할 수 있는 연제는 모두 내부에서 맡고 할 수 없는 분야에서만 외부 연자를 초빙했다고 설명했다.

그럼에도 이번 심포지엄엔 토마스 한 박사의 'Implant esthetics', 김영진 경북치대 교수의 '소아치과노 메인'이 될 수 있다. 김일봉 치과경영정보협의회 이사장의 '21C의 치과인' 등 재미있고 유익한 강의가 많이 눈에 띈다.

미르는 심포지엄이 끝난 뒤 토마스 한 박사의 한국활동 20주년을 기념하는 디너파티도 가질 예정이다.

2003년 첫 미르 심포지엄을 앞두고, 덴탈브리프와 인터뷰했던 기사입니다. 초심을 잊지말자는 생각에서 책상 유리아래에 끼워둔 덕분에 지금까지도 보관할 수 있었습니다.^^

2003년 첫 번째 미르네트워크 심포지엄에서 김 일봉 선생님께서 좋은 강의를 해 주셨습니다. 아쉽게도 갑자기 유명을 달리하셨지만, 한국의 치과를 전 세계에 알리기 위해 노력하셨던 김 일봉 선생님으로부터 많은 것들을 배웠습니다. 그리고 그 정신의 일부나마 미르와 메가젠이 이어나갈 수 있도록 하기 위해 노력해 왔습니다.

2003년 서울에서 열린 제 1회 미르네트워크 심포지엄에서 토마스 한 선생님과 함께. 이 심포지엄은 메가젠과 공동 개최하였는데, 마침 토마스 한 선생님의 50세 생신이 겹쳐, 참석자들과 함께 축하파티를 즐길 수 있었습니다.

Second MIR symposium in 2004, Gwangju.

2004년 광주에서 열린 제 2회 미르치과네트워크 심포지엄의 모습.

2006년 경기도 일산에서 열렸던 제 4회 미르네트워크 심포지엄의 개회식 모습. 이때에는 벌써 600명이 넘는 대식구로 발전하였습니다. 치과의사들 뿐만 아니라, 진료의 핵심을 이루는 치과 스텝들에 의한 강의들도 활발하게 펼쳐져서, 진료와 경영의 노하우를 서로 공유하는 자리가 되었습니다.

2011년 대전 컨벤션 센터에서 열린 제 8회 심포지엄의 개회식 모습.

잘 놀아야 일도 잘 한다! 2015년 미르네트워크 임직원들을 위한 PEER FESTA에서의 단체사진.

미르치과 네트워크는 생각보다 많은 일을 하고 있습니다!
(2-대한민국 여자검도단 후원)

2004년 제 2회 미르치과네트워크 심포지엄때 국내 최초의 여자실업검도팀을 창단되었습니다. 대학을 졸업한 여성 검도인들의 진로가 없음을 걱정하신 순천미르치과병원 이 상택 원장님(검도 공인 4단)의 제안과 네트워크 이사회의 승인으로 만들어졌습니다. 국가대표선수를 겸하고 있었던 미르치과 실업검도팀의 멤버들은 대만에서 열린 제 14회 세계 검도선수권대회에서 종합 2위의 성적을 거두는 등, 혁혁한 성과를 만들어 내었습니다. 이후 여러가지 사정으로 인해, 미르치과 실업검도팀은 해체되었지만, 여성검도인의 저변활성화를 위해 매년 전국 여자 검도선수권대회를 개최하고 지원하고 있습니다.

2018년 제 11회 미르치과기 전국 여자 검도선수권대회의 모습.

미르치과 네트워크는 생각보다 많은 일을 하고 있습니다!
(3-해외동포 의료봉사활동)

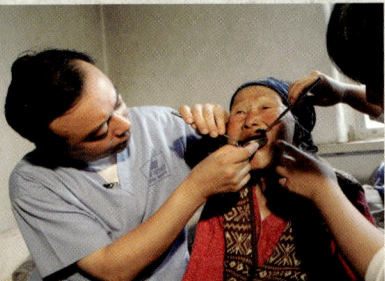

미르치과네트워크에는 참 좋은 분들이 많습니다. 광주미르치과병원의 박 석인 원장님도 그 중의 한 분이십니다. 키르키즈스탄으로 강제이주되었던 고려인들의 후손들을 찾아, 치과의료봉사활동을 제안하셨고, 그 뜻을 존중하여 미르네트워크에서는 지금까지도 계속 그 전통을 이어가고 있습니다. 사진들은 2007년 봉사활동때의 모습.

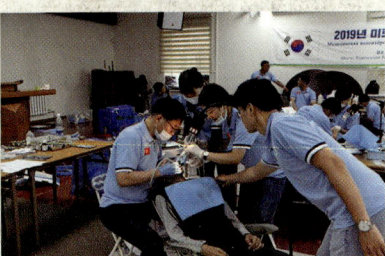

2019년에도 어김없이 미르치과네트워크 의료봉사단은 키르키즈스탄을 방문하였습니다. 자발적으로 참여해 주신 원장님들과 치위생사, 그리고 기술지원팀에 다시 한번 감사를 드립니다.

미르치과 네트워크는 생각보다 많은 일을 하고 있습니다!
(4-해외 치과의사 교육)

미르치과 네트워크의 근간을 이루었던 학술단체 MINEC의 여러 활동들 중 하나인 Faculty Meeting. 2008년에는 남태평양에 위치한 보라보라를 찾았습니다. 이 환상의 섬에서도 오전 중에는 모두 모여 자신이 갈고 닦은 임상의 발전내용을 보여주며, 토론을 이어나갔습니다. MINEC은 현재 전세계 100여명이 넘는 유명 연자진, 5000명이 넘는 회원을 가지고 있으며, 약 30개국에 branch를 가지는 치과 임플란트 전문 교육 단체로 성장하였고, 현재도 빠른 발전을 이어가고 있습니다. 이 그룹이 건강하게 성장할 수 있도록 기초를 다져주신 Thomas Han 교수님과 William Yancey 교수님께 무한한 감사를 드립니다.

Serengeti, Tanzania, 2010

2010년 MINEC-UCLA의 Faculty member들은 탄자니아의 세렝게티에서 다시 모였습니다. 낮에는 사파리를 즐기며 아프리카의 자연을 만끽하였지만, 저녁식사를 마친 후에는 거의 자정까지 임상 토론이 이어졌습니다. 아래 사진의 가운데 손을 들고 계시는 분이 윌리엄 옌시 교수님이십니다.

미르치과 네트워크는 생각보다 많은 일을 하고 있습니다!
(5-한국문화재 보존·복원 지원)

국외소장 한국문화재 보존·복원 지원 사업 협약 조인식에서 기념촬영을 하고있는 류 경호 미르치과 네트워크 대표

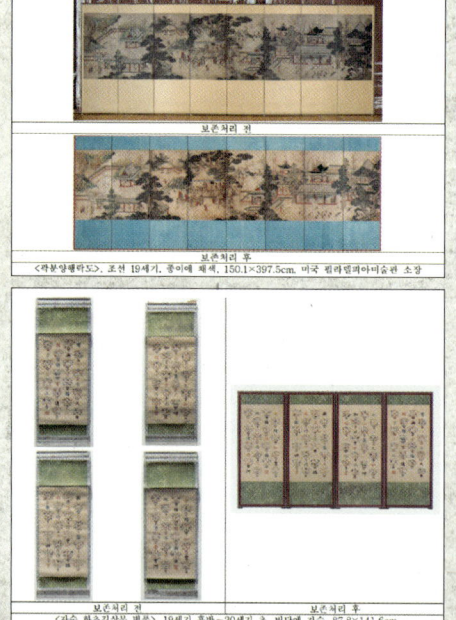

미르치과 네트워크의 후원으로 복원된 국외소장 한국문화재들의 일부 예시. 미국 필라델피아미술관에 소장되어 있는 〈곽분양행락도〉, 영국 빅토리아앨버트 박물관에 소장되어 있는 〈자수 화초길상문 병풍〉, 독일 상트 오틸리엔 수도원에 보관되어있다가 보존처리되어 공개된 20세기 초 한국 신랑의 혼례복(단령).

메가젠의 첫 번째 위기, 그리고 도약

다시 시계를 2004년으로 돌려서 메가젠의 이야기를 이어나가도록 하겠습니다. 2002년 1월, 7명의 직원들과 함께 메가젠이라는 임플란트 제조 회사를 등록하기는 하였지만, 개인적으로 제조기술을 알지 못하였고, 회사의 운영에 대한 기본 지식조차 가지고 있지 못하였습니다. 대표이사라는 직함을 가지고 있기는 했지만, 일주일에 한번 정도 회사를 방문해서, 별일 없이 잘 진행되고 있는지 형식적인 질문을 하는 것이 고작이었습니다.

회사를 만들고, 첫 번째 임플란트에 대한 인허가를 받아서 출시함으로써, 수익이 발생할 때까지 필요한 경비를 물었고, 그 소요금액보다 30% 더 많은 자금을 모아 전달하였는데도, 그 자금은 불과 1년도 되지 못해 모두 소진되어 버렸습니다. 하는 수 없이 기존의 주주들에게 다시 연락을 해서 증자를 요청하였습니다. 대부분의 주주들이 증자의 필요성에 동의해 줌으로써 수 억원의 자금을 공급할 수 있었지만, 이 또한 다음 몇 달을 버티지 못하고 통장이 바닥을 보였습니다. 세 번째 자금 요청을 할 때부터는 많은 주주들이 상당히 불편한 반응을 보였고, 증자에 참여하는 숫자도, 그 금액도 현저히 줄어들었습니다. 나름대로 긴축재정을 한다고는 했지만, 수입이 전혀 없는 상태에서, 인허가 등에 들어가는 비용을 어찌해 볼 방법이 없었습니다. 얼마되지 않았던 마지막 증자 이후에는 류 경호 원장과 제가 여기에 들어가는 모든 자금을 댈 수 밖에 없었습니다. 미르치과로부터 어느 정도의 급여와 배당을 받기는 하였지만, 우리들 형편에 비해 거대투자를 한 지 얼마되지 않았고, 돈을 벌기보다는 잘 쓰는 쪽으로 패러다임이 잡혀있었기에, 가족을 부양하기에 적당한 수입이 전부였습니다. 다행히도 아내가 계속 별도의 치과의원을 운영하고 있어, 제가 미르치과에서 받은 급여들은 가수금의 형식으로 회사에 제공해 줄 수 있었지만, 그것으로 지출이 감당될 정도가 아니었습니다. 아내에게 두어 번 필요한 자금을 부탁해서 공급하기도 했고, 아내 몰래 살고 있던 아파트를 담보로 대출을 받아서 부족한 긴급자금을 막아나가기도 하였습니다. 2004년 9월이 되어 회사가 설립된 지 이미 2년 반을 넘기고 있었지만, 언제쯤에나 첫 번째 제품에 대한 인허가가 날 지 모르는 깜깜이 미래가 이어지고 있었습니다.

개인적으로 동원 가능한 자금들은 모두 소진한 상태였고, 통장의 잔고는 겨우 다음 달 직원들 월급이나 줄 수 있을 정도 밖에 없었습니다. 아! 이것이 사람들이 이야기하던 '파산'이라는 것이구나! 가슴 속이 서늘해 짐을 느꼈지만, 누구에게 이야기할 수 있는 일도 아니었습니다. 어느 날인가 약속이 있어서 옷을 갈아입고 주머니 속을 뒤져보았는데, 돈이 한 푼도 없었습니다. 평소에도 주머니에 얼마나 돈이 있는지 모르고 살고 있었지만, 회사의 형편이 그러한 상태에서 텅 빈 주머니를 확인하자, 비참한 생각까지 들었습니다. 약속에 나가려면 약간의 돈이라도 있어야 했기에, 아이들의 돼지 저금통을 갈랐습니다. 고맙게도 20만 원 정도가 들어있었습니다…

한번도 성공해 보지 못한 회사의 마지막을 카운트 다운하며 지나는 사이에, 그 최후의 달이 다가왔습니다. 그런데 하늘이 도우신 것인지, 우리가 신청한 첫 번째 임플란트 시스템에 대한 식약청 인허가가 떨어졌다는 연락이 왔습니다. 기사회생! 무슨 말로도 표현할 수 없는 감동이 몰려왔습니다. 하느님, 부처님, 공자님… 모든 신들께 감사드렸습니다.

우리 주주들을 중심으로 많은 선후배 치과의사들이 다시 도움을 주었습니다. 금방 출시되어 장기간의 임상적 관찰 자료가 없었지만, 저와 류 경호 원장이라면 믿을 수 있다고 기꺼이 구매해 주었고, 결재 또한 편의를 봐 주어서 현금유동성이 안정화되었습니다. 드디어 제대로 돌아가는 회사의 모습이 갖추어졌습니다.

첫 출시된 임플란트 시스템에는 엑스필(ExFeel, 느낌이 우수하다는 뜻)이라는 이름이 붙여졌는데, 당시 전세계적으로 가장 보편적으로 쓰이고 있던 형태로서, 미국과 유럽의 메이져 임플란트 회사 제품의 복제품이라고 하는 것이 옳을 것입니다. 거기에 약간의 변화를 주었을 뿐이었는데, 이는 유명제품들과의 동질성을 중요시하는 인허가 과정을 쉽게 하기 위함이었습니다. 또한 임플란트를 식립하는 치과의사들에게도 새로운 형태의 임플란트가 가져다 줄 수 있는 거부감을 최소화할 수 있었습니다. 하지만 우리가 메가젠 임플란트라는 회사를 만든 주된 이유가 한국인에 맞는 튼튼한 임플란트, 빠른 보철물의 제작이 가능하고 어떤 골질에서도 우수한 성능을 발휘하는 임플란트 시스템을 만들고자 한 것이었으므로, 첫 번째 시스템이 출시된 이후 바로 새로운 시스템의 설계를 시작하였습니다.

그때만 하여도 임플란트 치료의 성공률은 상당히 높은 수준이었는데, 가장 큰 불편함은 수술에서부터 보철물의 제작까지 걸리는 '치료기간'이었습니다. 1982년 토론토 학회에서 골내 식립 임플란트의 개발자인 스웨덴의 브로네막 교수 (Prof. Bränemark)가 15년간의 성공률을 발표함으로써 북미를 중심으로 임플란트 치료가 보편화되기 시작하였는데, 당시의 임플란트 생산 기술 수준은 현재에 비해 상당히 낮아서, 임플란트를 식립한 다음 골질이 좋은 경우에는 3개월, 그렇지 못한 경우에는 최소한 6개월 이상 골내에 묻어두기를 권고하였습니다. 즉, 낮은 수준의 기술력을 충분한 기간 골내에 식립하여 둠으로써 극복하였다고 할 수 있었습니다. 이 기간 동안 식사와 발음, 또 심미적인 문제점을 해결하는 것이 쉽지 않았기에, 이를 극복하기 위한 '임시 임플란트' 시스템의 개발에 집중하였는데, 그 결과로서 만들어진 것이 '인터메쪼(Intermezzo)' 임플란트 시스템이었습니다. 즉, 영구보철물을 지지하기 위한 주 임플란트들을 식립하고 나서, 그 사이사이에 인터메쪼 임플란트를 식립하여 임시 보철물을 만들어 드림으로써, 주 임플란트들이 뼈와 충분히 융합될 때까지의 기간동안 기능과 심미를 보장해 주는 것이었습니다. 이런 임시 임플란트 시스템이 외국에 없는 것은 아니었지만, 기능과 효과성을 획기적으로 높이고, 1.6mm로부터 2.0, 2.5, 3.1mm까지 다양한 굵기와 길이를 제공함으로써 임상의 다양성에 대응할 수 있게 하였습니다. 당연히 치과의사들과 환자들로부터 큰 호응을 얻을 수 있었습니다. 하악 전치부와 같이 작은 치아에 대해서는 심지어 영구치아용 임플란트로도 각광을 받으며, 메가젠의 대표 상품 중의 하나가 되었을 뿐만 아니라 당시 전세계에서 가장 가는(thin) 임플란트라는 기록을 가지게 되었습니다.

또 하나, 그때까지 세상에 없던 임플란트 시스템이 거의 동시에 만들어졌는데, 그것은 인터메쪼와는 완전히 반대되는 개념의 뚱뚱한 임플란트였습니다. 이것은 6mm에서 8mm까지 굵기로 만들어졌는데, 두 가지 사용 목적을 가지도록 만들어졌습니다. 그 첫 번째는 아무리 센 저작력으로 씹어도 절대 부러지지 않는 임플란트가 되도록 하는 목적이었습니다. 한국인의 음식과 저작 패턴(씹는 방법)은 미국이나 유럽의 서구인들과는 꽤 차이가 있어서, 그들 나라에서 만든 임플란트들이 한국인의 구강에 식립되었을 때 상당수의 임플란트가 파절되었습니다. 이 '굵은'

임플란트는 이런 우려를 확실히 제거해 주었습니다.

두 번째 목적은, 어금니를 발치한 뒤에 즉시 임플란트를 식립할 수 있도록 하는 것이었습니다. 당시 앞니나 작은 어금니 부위에 대해서 발치와 동시에 임플란트를 식립해서, 치료기간도 줄이고, 잇몸의 퇴축도 최소화하는 시술이, 많은 연구들의 뒷받침과 함께 보편화되어 있었습니다. 그러나 어금니는 그 발치와(Extraction socket)가 너무 커서, 일반적인 임플란트로는 그 골결손부를 감당하기 어려웠고, 임플란트 치료에 있어서 가장 중요한 요소들 중 하나인 초기고정을 얻기도 어려웠습니다. 이 때문에 어금니를 상실하는 환자가 임플란트로 치료를 받기 위해서는, 발치후 약 4~6개월을 기다려야 했고, 이후 임플란트를 식립하고, 다시 3~6개월을 기다린 다음 보철물을 제작하는 과정을 거치게 됨으로써, 9~12개월의 치료기간이 소요되었습니다. 여러 번의 수술과정을 거치는 것도 꺼려졌지만, 역시 긴 치료기간이 문제가 되었습니다. 전세계적으로 유명한 임플란트 회사에서 만들어지던 가장 굵은 사이즈는 6mm였는데, 이것으로는 어금니 발치와가 가지는 문제점을 해결하는데 있어서 절대 부족하였습니다. 어금니 발치와의 평균적인 크기를 계산하고, 뼈가 잘 채워질 수 있는 공간을 적절히 제공할 수 있도록 디자인한 결과, 6.0, 6.5, 7.0, 7.5, 8.0mm까지의 굵기가 얻어졌습니다. 이렇게 디자인된 임플란트 시스템에는 '레스큐(Rescue)'라는 이름이 붙여졌는데, 어떤 어려운 케이스에서도 구원의 손길이 될 수 있다는 의미였습니다. 이 레스큐 임플란트가 등장함으로써, 어금니도 발치와 동시에 임플란트의 식립이 가능해졌고, 골형성도 원활하게 이루어졌으므로, 3개월이면 저작기능을 회복할 수 있게 되었습니다. 작은 생각의 전환이었지만, 그야말로 '혁신'적인 발전을 이루어낸 셈이었습니다.

임플란트의 굵기를 증가시키다보니, 짧은 길이의 임플란트에서도 충분한 표면적을 확보할 수 있게 되었습니다. 당시 대부분의 연자들이 최소한 10mm 길이의 임플란트를 식립하기를 권하고 있었지만, 상당히 많은 환자들이 이 정도 높이의 이용가능한 치조골을 가지고 있지 않아 임플란트 치료를 포기하거나 거부당하는 일이 많았습니다. 레스큐 임플란트는 5mm 길이의 짧은 임플란트에서도 확실한 성공률을 보여주는 또 하나의 혁신을 가져다 주었습니다. 이로써 레스큐 임플란트는 당시 전세계에서 '가장 굵은' 임플란트라는 기록과 함께 '가장 짧은' 임플란트라는 두 개의 기록을 거머쥐는 영광을 누리게 되었습니다.

    이 두 임플란트 시스템이 한국을 비롯한 세계 시장에서 상당한 주목을 받고, 상업적으로도 성공을 거두었다는 것을 쉽게 짐작하실 수 있을 것입니다. 2002년 1월 창업후 2004년 10월 거의 파산 직전까지 내몰렸지만, 절묘한 타이밍에 인허가를 받고 기사회생하였고, 이후 새로운 임플란트 시스템들을 연이어 출시하면서 2006년 말까지 성장과 발전을 거듭하였습니다.

(주)메가젠 글로벌의 시작과 실패

2006년 말 경, 메가젠 임플란트가 안정을 찾아가고, 해외인증들이 하나씩 둘씩 얻어지면서, 대한민국 바깥으로 돌아다니게 되는 일들이 많아지게 되었습니다. 그 당시에 메가젠 임플란트의 딜러계약을 맺게 된 대만의 썬라이즈라는 업체가 있었는데, 이 회사의 오너 부부인 행크 (Mr. Hank Lin)과 캐리 (Ms. Carrie Kuo)의 요청으로 대만에서의 임상연수회가 거의 매달 열리고 있었습니다. 이런 기회를 통해서 대만의 치과 환경과 임플란트 비즈니스 현황에 좀 더 관심을 갖고 들여다 볼 수 있게 되었습니다.

대만은 국토의 크기나 인구 수적인 면에서, 대한민국의 꼭 절반 수준입니다. 하지만, 높은 교육 수준과 많은 중소기업의 발전으로 인해, 한국보다 더 높은 GDP를 유지하고 있었고, 치과의사들의 수준도 상당히 높았습니다. 그렇지만, 어떤 이유에서인지, 대만에는 자체적으로 임플란트를 생산하는 회사가 하나도 없었고, 100% 해외로부터의 수입에 의존하고 있었습니다. 미르네트워크의 멤버들과 이점에 대해 이야기를 하게 된 기회가 있었는데, 그렇게 높은 기술 수준과 경제 수준을 가진 나라라면, 가까운 미래에 반드시 치과용 임플란트의 수요가 크게 증가할 것이니, 우리가 직접 임플란트 회사를 한번 만들어보면 어떻겠냐고 제안을 했습니다.

일본의 상황도 점검할 기회가 있었는데, 세계의 경제대국임에도 불구하고, 역시 치과용 임플란트 분야의 산업은 한국보다 약한 것으로 판단되었습니다. 일본의 경우는 1970~80년대에 치과임플란트 분야에 이미 큰 붐이 일어났었고, 쿄세라라고 하는 굴지의 회사가 '사파이어 임플란트'를 대대적으로 생산 판매한 이력이 있었습니다. 하지만 임플란트 재료로 선택한 사파이어가 문제를 일으켰고, 구강내에 식립되었던 수많은 임플란트들이 파절되는 '사건'이 생겼다고 했습니다. 결국 이런 문제로 인해 치과용 임플란트에 대한 국민적인 불신이 생겨나서, 임플란트 산업이 활성화되지 못하고 있었습니다. 경제적인 면과 인구적인 면에서 보면, 한국보다 거의 3~4배는 더 수요가 있을 것임에도 불구하고, 당시 한국 국내에서의 소요량 대비 3~40% 정도에 불과하였습니다.

이런 점들을 참고로, 대만과 일본에 동시에 임플란트 생산 공장을 만들어보자는 생각이 만들어졌습니다. 이미 한국에서 한번 만들어 본 경험이 있으니, 그동안의 경험을 바탕으로 실수를 줄인다면, 성공하지 못할 이유가 없다고 판단하였습니다. (주)메가젠임플란트에서 직접 투자해서 해외생산기지를 만들기에는 아직 재정적으로 취약한 면이 있어, 새로운 회사, 즉 (주)메가젠 글로벌 이라는 회사를 별도로 설립하였습니다. 이 회사의 대표이사도 제가 맡게 되었는데, 이는 오로지 별도의 조직으로 인해 발생하는 지출을 최소화하기 위함이었습니다. 정말 최소한의 인적 구성으로 만들어진 (주)메가젠 글로벌이 더 큰 꿈을 가지고, 새로운 주주들을 모집하게 되었습니다. 다소 긴 준비기간이 소요되긴 하였지만, 당시 비교적 순탄한 발전을 이어가던 메가젠 임플란트를 보고 있던 많은 동료들과 후배들이, (주)메가젠 글로벌의 투자에도 기꺼이 동참해 주었습니다.

매달 한두 번씩 대만을 오가면서, 현지의 상황을 점검하고, 도움을 줄 수 있는 교수님들과 관계 공무원들도 만났습니다. 치과용 임플란트는 하이테크 헬스케어 산업으로 여겨지고 있었기에, 모든 분들이 친절하게 안내해 주었고, 이곳 저곳에서 자신들의 공간으로 들어오기를 추천하였습니다. 여러가지 고려사항들을 점검한 끝에, 신대만시의 우구지역에 있던 공장을 임대하여 리모델링하기로 결정이 내려졌습니다. 대만의 현지 인력과 한국의 직원들이 교감하면서, 공사를 진행하고, 인허가등의 과정을 체크해 나가야 할 총괄관리자가 있어야 했는데, 평소 가까이 지내던 고교동기였던 전 해원이라는 친구가 기꺼이 일을 맡아 주었습니다. 몸에 맞지 않는 기후와 음식때문에 정말 고생을 많이 하였는데, 그 덕분에 드디어 2009년 (주)메가젠 글로벌의 첫 해외 생산공장이 오픈하게 되었습니다.

대만과 동시에 고려하였던 일본은, 매우 엄격한 통제 시스템과 함께, 공장의 인허가 과정에서부터 상당한 숫자의 고임금 경력직이 고용되

2009년 5월 대만 메가젠 임플란트 생산 공장이 준공식을 가졌습니다. 정확한 공식 기록을 확인해 보지는 않았습니다만, 대만에서의 첫번째 임플란트 회사가 아니었나 생각합니다.

대만의 파트너인 Hank Lin과 토마스 한 선생님, 그리고 제가 함께 샴페인 잔을 채우고 있습니다. 이 회사를 통해 중국 본토로의 영역 확장을 꿈꾸며, 즐거운 시간을 가졌습니다.

어 있어야 한다는 조건이 있었습니다. 일본의 인허가과정은 한국보다 더 까다로워 확실한 기간과 예산을 예측할 수 없는 상황에서, 그 첫 번째 관문인 공장의 설립허가 단계에 많은 숫자의 직원을 고용할 수 있을 만큼 자금 여력이 없었기에, 결국 포기하기로 하였습니다.

　이렇게 야심차게 도전하였던 프로젝트였지만, 실상은 참 만만한 것이 아니었습니다. 거의 10년 동안 노력을 다하였지만, 스스로 한계를 인정할 수 밖에 없었습니다. 이 책에서 그 과정을 모두 이야기하는 것은 지면의 낭비라고 생각합니다. 한마디로, 메가젠 글로벌의 사업들은 '실패' 하였습니다. 그 실패를 만회하기 위해 이런 저런 도전들을 해보았지만, 결과는 허망하였습니다. 그저 실패를 인정하고, 이곳으로 투자해 주신 분들께 투자금을 반환하면서 죄송한 말씀을 올리는 것이 최선이라고 생각하게 되었습니다. 그러나 그 투자금의 크기가 생각보다 커서 놀랄 정도였습니다. 새로운 사업을 해 보겠다고, 많은 동료들로부터 투자를 받을 때는 좋았지만, 실패한 사업으로 인해 이를 되돌린다는 것은 정말 어려운 일이었습니다.

　사업의 실패라는 것은 언제나 일어날 수 있는 일입니다. 게다가 대표이사가 최선을 다해 업무를 수행하였고, 비위를 저지르지 않았다면, 그 실패를 책임질 필요는 없다는 것이 사회 통념입니다. 투자란, 미래 수익을 기대하면서 그에 따르는 위험을 감수하는 행위입니다. 메가젠 글로벌을 시작해서 종료하기까지 거의 10년 동안, 저는 단 한푼의 월급이나 보상금을 받지 않았습니다. 받으려고 생각하지도 않았지만, 사업들이 성공적으로 영위되어 이익이 돌아오기 전까지 그렇게 해서는 안된다고 생각하였습니다. 그럼에도 불구하고, 이 사업은 실패로 판정되고 말았습니다. 실패에 대해 '어쩔 수 없었다. 최선을 다했다'라고 선언하고 투자자들의 손실을 모르쇠할 수도 있었지만, 저의 양심이 허락하지 않았습니다. 결국 여기에 투자하셨던 분들께 원금이나마 돌려드리자고 생각하였습니다. 가지고 있던 작은 건물도 매각하고, 동원할 수 있는 자금을 최대한 동원해서 조금씩 조금씩 원금을 상환해 나갔습니다. 투자를 받을 때는 그리 커보이지 않던 금액들이, 돌려드리고자 하니 그렇게 커 보일 수가 없었습니다. 일부 주주들은 자기의 투자금을 먼저 상환해 줄 것을 요구하기도 하였지만, 다행히 대부분의 투자자들이 제가 반환자금을 마련할 수 있을 때까지 조용히 순서를 기다려 주셨습니다. 3년도 더 걸린 기간동안 저의 경제활동에서 얻어졌던 거의 대부분의 수입들이 메가젠 글로벌의 상환에 사용되었습니다. 마침내 마지막 상환금을 입금했을 때, 그 느낌은 뭐라 형언하기 어려울 정도였습니다. 정말 긴 터널을 지나 밝은 햇살과 맑은 공기가 기다리는 출구에 도착한 기분이었습니다.

대구미르치과병원 파트너들의 새로운 도전 - 경산미르치과병원의 건설

　미르와 메가젠을 위한 수많은 시도와 도전들을 이어가는 동안에도, 대구미르치과를 신뢰하고 찾아주시는 고객의 숫자는 꾸준히 증가하였고, 우리 파트너 원장들의 임상적, 경영적 능력 또한 초창기와는 비교하기 어려울 정도로 성장하였습니다. 대구미르치과병원을 오픈한 2002년 당시에는, 임플란트 치료를 통해 제가 만들어내는 수입이 병원전체 수입의 거의 70%에 달하였지만, 3년 여가 지난 시점에서는 임상적 노하우가 전수되었을 뿐만 아니라, 모두가 열심히 노력한 덕분에 제가 감당하는 부분이 50% 수준으로 떨어지게 되었습니다. 저의 기여도가 감소하였다기 보다 파트너 원장들의 능력이 증가하여, 전체적인 수입에서 차지하는 부분이 상대적으로 줄어들었다고 보는 것이 옳을 것입니다.
　이렇게 되자 새로운 문제점이 발생하였습니다. 그렇게 큰 병원을 오픈하였음에도 불구하고, 각 파트너 원장들이 필요로 하는 공간과 인력들이 더 커지게 되다보니, 주요 진료 영역에서 부딪히는 일이 많아졌습니다. 여러모로 해결책을 고민하였지만, 최선의 방법은 12명의 파트너 원장들을 분산시킬 수 있도록, 새로운 미르를 만드는 것이라는데 의견이 모아졌습니다.
　그 첫 번째 후보지가 경산이었습니다. 많은 대학을 끼고 있는 교육

도시이면서, 한편으로는 대구보다 저렴한 주거지로서 대형 아파트 단지들이 들어서고 있던 중이었습니다. 이곳에서도 기존 상가를 임대해서 치과를 만들기 보다, 미래 발전 가능성이 있는 토지를 구입하고, 여기에 '미르'의 위상에 걸맞는 치과병원 용도의 건축을 하자는데 의견이 모아졌습니다.

2006년 겨울, 함박눈이 오는 가운데, 경산미르치과병원의 무사 건축을 위한 고사를 지냈습니다. 경산네거리의 한 모퉁이를 차지하는 600여 평의 땅에 널찍한 주차장을 가진 2층짜리 경산미르치과병원의 설계도가 완성되자마자 시공에 들어갔습니다. 이때에도 많은 사람들이 우리들에게 '참 이상한 친구들!'이라는 이야기를 했습니다. 왜냐하면, 그 주변에 아무런 아파트도, 상가도 없는 허허벌판에다 치과병원을 공사한다고 한 겨울에 그 난리를 시작했으니까요!^^ 이미 형성된 대형 아파트 타운으로부터는 두세 정거장 이상 떨어져 있었고, 사거리이긴 했지만 주변은 온통 농지이거나, 빈터들밖에 없었습니다.

2006년 겨울, 함박눈이 오는 가운데, 경산미르치과병원 신축공사의 무사함을 기원하는 고사를 올렸습니다.

여기에 이런 스타일의 치과병원을 짓겠다고 생각한 배경에는, 유학시절 미국에서 보았던 병원들의 형태가 매우 인상적이었기 때문이었습니다. 그때만 하여도 자가용의 보급률이 상당하였지만, 우리들의 생각으로는 미래에는 거의 대부분의 환자분들이 대중교통보다는 자가용을 이용할 것이라고 확신하였습니다. 그러므로 버스 정류장이 가까운 곳, 혹은 지하철 역이 가까운 곳도 좋지만, 주차장이 넓게 확보되어 있는 것이 더 중요할 것이라고 생각하였습니다.

대구미르치과병원의 공사를 책임졌던 전 민효 원장이 중심이 되어, 약 1년여의 공사 끝에, 20개의 유닛체어와 40여 명의 직원들이 함께 하는 경산미르치과병원이 오픈하게 되었습니다. 규모에 있어서 대구미르에 비할 수는 없지만, 소아치과, 교정과, 보존과, 임플란트와 보철과등 나름 전문화된 진료를 제공할 수 있도록 시스템화 하였습니다. 환자분들이 치료를 받기 위해 움직이는 동선도 무리함이 없도록 구성하였고, 대구미르의 경험을 바탕으로 좀 더 효율적이면서도 내실있는 치과병원이 만들어졌습니다.

모든 면에서 수고를 아끼지 않았던 전 민효 원장이 대표원장으로 취임하고, 상당수의 진료인력들이 대구미르로부터 분리되어 이전됨으로써, 독립적인 경영이 시작되었습니다. 이때 다시 한번 강조하였던 대원칙은 '투명경영'이었습니다. 모든 수입과 지출을 공개적으로 투명하게 운영함으로써, 대내외적으로 그야말로 '떳떳한' 치과병원이 되기로 선언하였습니다. 사실 앞에서도 기록하였던 바와 같이, 대구미르에서도 100% 투명경영을 준비하여 실시하였지만, 완벽하게 적용한다는 것이 쉽지 않았습니다. '관례'와 '관행', 그리고 '좋은게 좋다'는 식의 고객관리법으로 인해, 95%정도의 투명도, 거꾸로 이야기하면 약 5%정도의 '올바르지 않음'이 그 당시에는 존재하였습니다. (현재는 100% 투명경영을 실

2007년 오픈한 경산미르치과병원의 야간전경

시하고 있습니다!) 이 정도의 숫자로도 주변 병원들에서 실제로 이루어지는 관행에 비해서 훨씬 우수하였지만, 새로 만들어진 경산미르에서는 '100%' 투명경영을 주장하였고, 모든 원장들과 스텝들도 환영하고 공감하여, 진료 개시일부터 철저히 실시해 나갔습니다. 이렇게 됨으로써, 진료비의 현금수납을 둘러싸고 벌어지기 일쑤였던 환자분들과 진료실장 사이의 '밀실 밀땅'도 없어지게 되었고, 불법적인 부분으로 인해 병원의 스텝들에게 면목이 서지 않던 일들도 사라지게 되었습니다.

사실 수입의 상당부분을 숨기던 관행으로 인해, 병원들이 가장 두려워했던 대상들 중 으뜸이 '세무조사'였습니다. 조사를 담당하는 세무공무원들의 입장에서보면, 탈세한 부분을 찾아내고, 공정한 세무원칙을 적용하는 것이 당연한 일이었으니, 세무조사가 나오게 되면 두어 달 엄청난 스트레스를 받게 됩니다. 축소신고한 부분에 대한 추징은 물론이고, 벌과금까지 납부하게 되면, 실제로 '남는 것 없이' 스트레스만 잔뜩 받을 수 밖에 없습니다. 이것이 너무 싫어서 '번 돈을 몽땅 쓰자'라는 생각으로 대구미르를 만들었고, 다시 그 경험을 바탕으로 훨씬 더 투명한 경산미르를 운영하고자 하였습니다.

하지만, 우리가 투명하기 위해 노력한다고, 사회 일반이 우리를 깨끗하게 봐주는 것은 아니었습니다. 경산미르가 개원하고 나서 약 3년 정도가 경과한 때에, 예상한 대로 세무조사가 나왔습니다. '예상한 대로'라고 한 것은, 그 당시의 관행과 같은 것이, 대략 잘 되는 병원의 경우 거의 3~4년 후에는 세무조사를 받는 것을 당연한 것으로 여겼기 때문입니다. 제가 그 곳의 대표원장도 아니고, 진료를 하는 것도 아니었지만, 처음 '미르'치과를 만든 장본인이다 보니, 세무공무원분들도 제가 이 병원들을 다 경영하고 있다고 생각하셨던 것 같습니다. 신체적인 부분이 관여되어 있지는 않았지만, 경영지도 및 임상적인 교육부분은 상당부분 관여하고 있었기에, 모르쇠로 대처할 수는 없는 처지였습니다. 우리가 개원 첫날부터 3년 동안 모든 수입과 지출을 합법적으로 처리하여왔다고 자신하고 있었기 때문에, 세무공무원들이 조사를 위해 방문하였을 때, 경산미르의 원장들과 스텝들이 다소 거만하게, 조사해 볼 만큼 해 보시라는 식으로 대하였나 봅니다. 보통은 세무공무원들이 세무조사를 하러 병원에 나타나면, 모두가 당황해서 어쩔 줄을 모르고, 최고의 귀빈으로 대하면서, 머리를 조아리는 것이 정상적인 반응이었는데, 경산미르에서는 완전히 뜻밖의 냉담한 대접을 받았으니, 그때 출동하셨던 공무원들께서도 상당히 당황하셨고, 불쾌하셨을 것이라고 생각되었습니다.

성함을 기억하지는 못하지만, 그때 경산미르의 세무조사를 담당하셨던 분은 젊고, 매우 철두철미한 분이었습니다. 모든 치과병원들은 상당액의 미신고 수입금이 '당연히' 있을 것이고, 이를 찾아내는 것이 자신의 임무라고 굳게 믿고 조사에 착수했을 것입니다. 이런 관행들로 인해, 세무조사가 떴다고 하면 원장들을 포함해 모든 직원들이 '알아서' 행동하였었는데, 경산미르치과에서는 '마음껏 조사해 보시라'는 다소 건방진 태도를 취했으니, 이 분들도 상당히 불쾌하셨을 것입니다. 우리가 아는 한 최선을 다해 세무신고를 하였으니, 떳떳하다고 생각하였고, 이런 마음가짐이 다른 병원에서 느끼지 못하던 불편함을 드렸던 것 같습니다. 공손히 모시지 못한 괘씸죄가 시작된 순간이었습니다.

시작때 예고되었던 45일 동안, 모든 장부와 챠트를 다 뒤졌지만, 추징목표 금액을 달성할만한 어떤 탈세의 증거들도 나오지 않았습니다. 아무것도 숨기지 않았으니, 저희들에게는 당연한 일이었습니다. 제 개인적으로는, 이쯤되면 "와~~ 이렇게 성실하게 세무신고를 잘한 치과병원이 있다는 것이 놀랍습니다"라고 칭찬을 해 주실 것으로 기대를 했습니다. 물론 세무 전문가들이 아닌 탓에, 무지로 인한 실수는 있었을지언정, 진심으로 정직한 세무신고를 하려고 노력하였던 점이 분명히 느껴지셨을 것입니다. 하지만, 돌아온 답은 '조사 연장'이었습니다. 그리곤 많은 환자분들께 직접 전화를 걸거나 편지를 보내서, 경산미르치과의 세무조사를 하고 있는 중인데, 혹시 병원측에서 현금수납을 제안한 적은 없느냐, 언제 무슨 치료비로 얼마를 수납한 것이 맞느냐고 일일이 확인을 했습니다. 물론 여기서도 아무것도 얻을 것이 없었습니다. 왜냐하면, 그렇게 한 적이 없었으니까요… 도리어 이런 조사로 인해, 경산미르치과는 탈세를 일삼는 치과일지도 모른다는 의심을 환자분들에게 심어줄 것이 분명하였습니다. ㅠ.ㅠ

이 뿐만 아니라, 경비지출 또한 정말 꼼꼼히 살펴보았습니다. 직원들과 함께 했던 중국집의 자장면 값도 문제가 되었습니다. 즉, 경산미르에서 반경 몇 km를 벗어난 곳에서 먹은 자장면 값은 경비로 인정할 수 없다는 논리였습니다. 근무일 점심시간에 그곳까지 가서 자장면을 먹을 수는 없으니, 이것은 분명히 엉뚱한 사람이 먹은 것을 치과경비로 엉터리로 올려놓았다는 지적이었습니다…. 아무 말도 할 수 없었습니다.

이쯤 되니, 저희들도 백방으로 구원의 손길을 찾아 헤맬 수 밖에 없었습니다. 소위 연줄이라고 할 수 있는 인맥들을 찾아 하소연도 하고, 해결 방법에 대한 자문을 구하기도 하였습니다. 자초지정을 듣고 나서 대부분의 세무전문가들이 하시는 말씀은, '왜 그렇게 괘씸죄를 자초하였나…'였습니다. 처음부터 잘 모시고, 적당히 타협을 해서 그 분들이 원하는 정도의 세금을 추징해 갈 수 있도록 했었어야 한다는 요지였습니다. 어느 작은 도시의 세무서장을 찾아 뵈었을 때에는, '세무공무원으로써 수십 년을 살아온 우리도 세법을 다 알지 못한다. 즉, 마음만 먹으면 어떤 방법으로건 세금을 추징할 수 있으니, 적당히 알아서 하시라'라는 답변을 들었습니다.

대구미르치과병원 때부터 시작해서, 경산미르의 단계에 이르러서는 '모든 수입과 지출을 정확하게 신고함으로써 다소 우리의 수입이 줄어들더라도, 정말 우리 투명한 경영을 해서, 떳떳하고도 미래지향적인 치과를 만들어보자! 아마도 세무당국도 우리의 이런 의지를 존중해줄 것이다!'라고 파트너 원장들을 설득하였었는데, 막상 경산미르의 첫 번째 세무조사에서 이런 곤경에 처하니, 뭐라고 할 말을 찾을 수가 없었습니다. 그저 적당히 수입신고를 누락하고, 세무조사가 나오면 그때 적당히 '네고'해서 추징을 당하더라도, 그게 더 이익이다!라고 주장한 일부 파트너들의 주장을 강력히 누르고, 올바른 길을 택하기로 했었는데…

지출 항목에서 일부 지적사항이 나오긴 했지만, 이 역시 그 분들의 목표치에는 절대 미치지 못하였나 봅니다. 그러더니 그 다음 타겟으로

건축비와 인테리어 비용을 조사하기 시작하였습니다. 10년 이상 감가상
각을 하게 되는 건축비를 축소하고, 그 상당 부분을 5년 이내 감가상각하
도록 되어 있는 인테리어쪽으로 확대 계상함으로써, 지출을 늘여서 세
금을 탈루하였다… 라는 죄목이 만들어졌습니다. 거기에 연계해서 이런
저런 경비들을 인정할 수 없으니, 7억 수천만 원의 세금을 내야 한다는
통보와 함께, 긴 세무조사가 끝났습니다.

정말 미칠 것 같았습니다. 마음만 먹으면 얼마든지 추징이 가능하다
고 했던 세무서장님의 말이 진실이 되었습니다. 남들이 5~60점짜리 세
무신고를 할 때, 우리는 95점도 넘을 정도로 성실신고를 하였는데, 칭찬
은 커녕, 당신들이 원하는 내용이 나오지 않았다는 이유로, 엉뚱한 곳을
뒤져서, 말도 안되는 세금을 추징하겠다고 하고는 떠나 버렸습니다. 억
울하면 '조세심판원'에 이의를 제기하라고…

물론 받아들일 수가 없었습니다. 그 분의 조언대로 조세심판원에 이
의를 제기하였지만, 일단 부과된 모든 세금을 다 납부한 다음 쟁의조정
에 들어가야지, 그렇지 않으면 몇 년이 걸릴지 모르는 쟁의 기간동안, 시
간에 따라 계속 과태료가 추가될 것이라는 설명을 듣고, 다시 한번 좌절
했습니다. 추가로 대출을 받아 납부를 한 다음, 변호사와 함께 투쟁을 시
작하였습니다. 2년이 넘게 걸린 이 과정에서, 이런 저런 경비가 추가로
또 들었습니다. 마지막 판결은 '일부조정'이었습니다. 부과된 추징세액
중 30%정도는 줄여주겠다는 조정이었는데, 결국은 5억이 넘는 세금을
낸 꼴이 되어버렸습니다. '우리가 마음만 먹으면, 얼마든지 추징할 수 있
다!'는 그 분의 말씀이 최종적으로 다시 한번 증명되었습니다. 물론, '모
든 것을 다 정확하게 하였느냐?'라고 물으시면, '그렇습니다!'라고 말씀
드리기는 어렵습니다. 한가지 확실히 자신할 수 있는 말은, 세법을 공부
하지 않은 저희들이 세무사와 회계사의 조언을 받았었고, 이 지식들을

기초로 '아는 한 최선을 다했다!'라는 것입니다.

이 사건이 있은 뒤로, 파트너 원장들로 부터 상당한 질책성 눈초리를 느낄 수 있었습니다. '마, 인자 우리도 적당~~히 하면서 쉽게 삽시더!'라는 요구들이 있었지만, 묵살하였습니다. 우리가 세상을 너무 앞질러 사는 바람에, 여러 사회적인 요청기준을 맞추지 못하고 있다고 하더라도, 언젠가는 우리의 이런 태도를 인정해 줄 때가 있을 것이다 라고 설득했습니다.

이 일이 있은 다음, 국세청이나 세무 당국에서는 저를 블랙리스트 중 하나로 올려놓은 듯 했습니다. 대구미르치과나 경산미르치과는 별도의 조직을 가지고 독립적인 경영을 하고 있었지만, 미르의 창립자가 박광범이라고 다들 인식하고 있었고, 모든 것을 제가 뒤에서 조정하고 있을 터이니, '모든 문제의 발단은 박광범이다'라고 생각하는 것 같았습니다. 그 뒤로도 몇 번의 세무조사가 있었고, 제가 병원경영의 일선을 떠나 있었음에도, 그때마다 저를 불러서 이야기하기를 원하였기에 이런 분위기를 느낄 수 있었습니다.

벌써 십수 년이 지났고, 그동안 우리 병원의 후배 파트너들이 꾸준히 국세청과 세무담당자들의 충고를 받아들여 실천해왔기에, 지금은 서로가 서로를 이해하는 상태에 이르렀다고 봅니다. 거의 매년 새롭게 바뀌는 세법과 시행규칙들에 대한 내용을 치과의사 집단이 모두 이해할 수가 없기에, 그래서 이런 교육에 적지않은 시간과 노력을 후배 경영자들이 기울이고 있긴 하지만, 항상 뒷북이 될 수 밖에 없는 실정이 '지금도' 많이 아쉽습니다. 뒷 페이지들에서 한번 더 세무행정에 대한 지식의 중요성에 대해 강조하겠지만, 우리 후배님들은 개원의 첫 걸음에서부터 올바른 세무지식을 치과경영의 필수 항목으로 숙지할 수 있기를 기대합니다. 치과대학에서도 좋은 진료를 할 수 있는 임상적 교육에만 치중할 것이 아니라, 졸업생의 90%이상이 당면할 경영적인 문제점들과 노하우를 충분히 알려줌으로써, 많은 치과의사들이 '무지함으로 인해 어쩔 수 없이 감내해야 하는' 어려움들을 미리 해소할 수 있도록 하는 것이 좋겠습니다. 진심으로 바라는 바입니다.

2016년 당시 미르치과병의원의 전경 및 임직원 단체사진들
(페이지의 한계로 인해 더 많은 사진을 싣지 못해 유감입니다. 사진의 순서는 무순입니다.)

전국의 미르치과병의원들은 그 크기나 구성원들의 숫자는 모두 다르지만, 올바른 진료에 대한 이들의 고집은 거의 비슷하다고 생각합니다. 늘 일부 직원들과 치과의사들은 미르를 떠나지만, 새로운 치과의사들과 직원들을 영입함으로써, 최고 수준의 임상과 선순환의 미르를 창조, 유지하기 위해 모두 함께 노력하고 있습니다.

■ 광주 첨단 미르치과병원

■ 포항 미르치과병원

■ 목포 미르치과병원

■ 서울 미르치과의원   ■ 순천 미르치과병원

■ 창원 미르치과의원

나의 치과인생 이야기

■ 수원 미르치과병원

■ 구미 뉴욕 미르치과의원

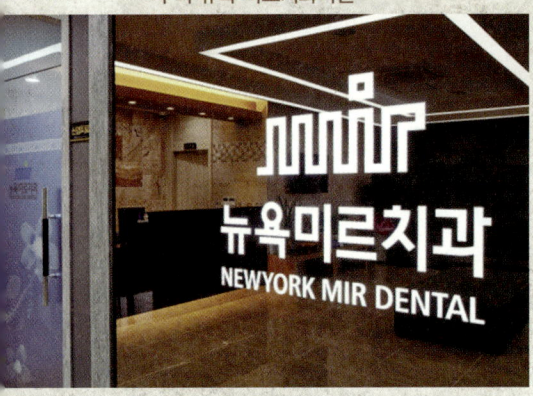

■ 밀양 미르치과병원

■ 거창 미르치과의원

■ 부천 미르치과병원

■ 거제 미르치과병원

나의 치과인생 이야기

■ 광주 상무 미르치과병원

■ 진주 미르치과병원

■ 구미 미르치과병원

■ 전주 미르치과병원

■ 대구 미르치과병원

■ 경산 미르치과병원

미국으로의 도전

2005년, 메가젠 임플란트의 주요 임플란트 시스템들이 미국과 유럽 인증을 받게 되었습니다만, 지식도 경험도 없는 상태에서 임플란트의 강국들에 대한 전략을 짤 수가 없었습니다. 사실 전략이라기보다는 뭐든 시작을 할 수 있는 작은 기틀이라도 만들어야겠다는 절박함, 그 뿐이었습니다.

미국은 단일 시장으로서는 가장 큰 시장이었고, 또 짧은 기간이었지만 일 년간 살아보았던 경험도 있었고, 토마스 한 선생님을 비롯하여 살갑게 대해주시는 몇 분이 있어서, 그나마 유럽보다는 다소 친근감이 있었습니다. 게다가 메가젠 임플란트를 시작하기 전부터 우리가 미국 동부를 방문할 때면 친형제처럼 아껴주셨던, 이 성윤 사장님께서 뉴저지에 살고 계셨습니다. 이 분은 류 경호 원장님의 가족이셨는데, 미국에서 유학중 정착하셔서, 상당히 큰 비즈니스를 성공적으로 하셨던 경험을 가지고 있었습니다. 때마침 예전의 사업을 접고, 잠시 휴식을 취하시면서 새로운 사업을 구상하고 있던 상황이어서, 메가젠 임플란트의 미국 영업을 맡아주실 수 없을까 여쭈어보게 되었습니다. 가족의 일원으로써 사업에 동참하는 것은 사실 상당히 부담스러운 일이었음에도, 우리를 위해서 어느 정도까지는 도와주겠다는 말씀을 하셨습니다. 형님의 헌신적인 도움으로, 드디어 미국내에 메가젠 임플란트의 현지법인인 **MegaGen USA**가

설립되게 되었습니다. 하지만 한국의 본사도 위기에서 겨우 벗어나서 발전을 시작하고 있던 터였기에, 미국에 상징적인 지사를 설립하였다고는 하여도, 능력있고 경험이 많은 세일즈팀을 구성한다는 것은 꿈도 꾸지 못하였습니다. 그만큼 가난하였습니다. 형님께서는 불과 십수 평 정도의 작은 오피스를 임대하여, 사무실 겸 재고 창고로 사용하면서, 지사장 겸 관리원 겸 판매원까지 모두 커버하는 원맨 비즈니스를 다 소화해 주셨습니다. 한국의 알려지지 않은 임플란트를 들고, 미국의 치과의원들을 찾아다니며 설득을 한다는 것은, 지금 생각하여도 참 무모한 도전이었습니다. 형님의 헌신적인 도전으로 하나씩 둘씩 거래처가 생겨 나기는 하였지만, 이런 시스템으로서는 성장을 기대할 수가 없다고 판단하였습니다. 그렇다고 연봉만 십수만 불에 달하는 능력있고 비싼 세일즈랩들을 고용하기에는 부담이 컸습니다. 그렇게 일 년 정도가 지날 무렵, 제 스스로 미국으로 가서 도움을 드려야겠다고 결정을 내렸습니다. 예상 출발일자를 불과 3개월 남기고, 아내에게 다시 한번 미국으로 가야겠다고 이야기하였습니다. 그때의 어이없어하던 아내의 얼굴이 아직도 눈에 선합니다. 우리 딸이 중학교 일학년에 입학한 상태였는데, 지금 다시 미국으로 가서 일 년이든 이 년이든 있다가 오게 되면, 어떻게 학업을 이어가고, 대학을 준비할 수 있을 것인지… 그 밖의 현실적인 문제들이 많이 이야기되었습니다. 저도 면목이 없었지만, 그때 이미 미국 뉴햄프셔 주의 한 고등학교로 진학해 있던 아들에 대한 돌봄이 필요하지 않겠느냐, 그리고 미국에서의 비즈니스도 현재로서는 내가 가지 않으면 힘들 것 같다… 등등 이유를 들어 설득을 하였습니다. 딸아이도 막 중학교에 진학해서 친구들을 사귀고 학교생활을 즐기고 있던 때였는데, 미국으로 가자고 하니, 많이 힘들어 하였습니다. '꼭 일 년만 있다가 돌아온다는 각서를 써달라'고 했고, 분명히 일 년뒤에는 우리가 다시 한국으로 돌아올 것이다 약속을 했습니다. 정말 그렇게 하려고 했습니다.

두 번째 미국행은 치과의사의 신분이 아니라 비즈니스맨의 신분으로 이루어졌습니다. 그럼에도 LA에서 교환교수 비자로 받았던 SS number(Social Security number, 한국의 주민등록번호와 같은 기능)가 유지되고 있어서, 은행계좌를 열고, 뉴저지의 운전면허증을 재발급받는 등 공식적인 대관업무에 큰 도움이 되었습니다. 토마스 한 선생님과 UCLA 교수님들에 대해 감사의 마음이 다시 생겨났습니다. 형님과 누님의 도움으로, 이미 도착하기 전에 집도 구해져 있었기에, 이번에는 2000년 LA에서와 같은 실수를 반복하지 않을 수 있었습니다. 메가젠 USA의 사무실도 코트라(KOTRA)에서 운영하는 '미국 진출 한국 기업들을 지원하는 임대 오피스'로 옮겼습니다.

예전 뉴저지 남부의 오피스에 비해 훨씬 컸을 뿐만 아니라, 코트라에서 제공하는 다양한 지원들도 누릴 수 있어서 아주 큰 도움이 되었습니다. 맨하탄까지 20분이면 갈 수 있는 위치에 있어서, 이 지역의 한인 치과의사들과 교류하기에도 아주 좋았습니다. 다만, 형님께서는 자택으로부터의 출퇴근에 편도 한 시간 반씩, 하루 세 시간 운전을 하셔야 했습니다 ㅠ.ㅠ

우리 딸을 집 근처의 공립학교에 입학시키고, 뉴햄프셔에 있는 아들의 학교를 방문해서 격려해 주면서, 미국에서의 생활에 필요한 기본 준비를 마쳤습니다. 그리곤 형님과 함께 뉴욕과 뉴저지에 위치한 여러 치과들을 찾아다니기 시작하였습니다. 임플란트의 종주국이라고는 해도, 대개 구강외과나 치주과등의 전문의들에 의해 임플란트가 진행되고 있었으므로, 일반 치과의사들은 그다지 임플란트 시술을 하고 있지 않았습니다. 한국과는 비교가 되지 않을 정도로 많은 의료소송들을 겪고 있었기에, 상당한 위험을 감수해야 하는 임플란트 수술을 새로 시도하려고 하는 분들도 많지 않았습니다. 게다가 짧은 영어 실력으로는 미국의 주류사회를 이루는 백인 전문의들에게 접근하는 것 자체가 두려움이었고, 그 분들도 전혀 인정해주지 않는 눈치였습니다. 이런 상태에서 제가 할 수 있는 일은, 미국내 한인 치과의사들, 그리고 중국 치과의사들을 대상으로 소수 인원들을 위한 세미나를 개최하고, 그 치과에서 가지고 있던 환자들 중 비교적 안전하고 쉽게 임플란트 시술을 할 수 있는 케이스들을 선별해서 직접 도와주는 것 뿐이었습니다.

회사 소속의 작은 밴을 하나 구입하고, 여기에 임플란트 시술에 필요한 모든 기구와 장비들을 싣고 다녔습니다. 필요한 임플란트 부품들도 거의 모두 챙겼습니다. 밤에는 세미나를 열어서 원장님들의 생각을 바꿀 수 있도록 도와드렸고, 낮에는 수술 도움을 요청하는 치과들을 방문해서 함께 수술을 했습니다. 상당한 실력을 가지고 있는 분들도 있었지만, 정말 '한번도 임플란트를 해 본 적이 없는' 초보들도 많았습니다. 이런 분들은 종이에 그림을 그려서 어떻게 잇몸을 절개하고, 어떻게 임플란트 식립을 위한 준비를 하며, 무엇을 조심해야 하는지 설명을 해도 많은 부분을 이해하지 못하였습니다.

결국은 이 분들이 운영하는 치과를 방문해서, 수술동안 그 치과의사의 뒤에 서서, 동작 하나하나를 코칭할 수 밖에 없었습니다. 그럼에도 불구하고, 지성이면 감천이라고, 모든 케이스들이 안전하게 시술되었고, 좋은 결과들을 나타내었습니다. 시간이 지나면서 임플란트 시술이 가지는 매력을 느끼시는 분들이 점점 많아졌고, 뉴욕의 한 중국인 치과의사는 거의 매주, 동반 수술을 요청할 정도가 되었습니다. 일흔을 넘긴 한 한인 치과선생님은 당신이 평생동안 수천 명의 의치(틀니)환자들을 진료해 왔는데, 이들 중에 임플란트 치료를 원하는 분들이 많다며, 도움을 요청하셨습니다. 수술을 도와주는 별도의 치과위생사나 치과조무사도 없이, 그 원장님과 둘이서 많은 수술을 했었습니다. 뒤에 한국으로 돌아오게 되었을 때, 이 분께서 말씀하시길, '내가 치과에서 은퇴하려고 했는데, 닥터 박이 새로운 재미를 느끼게 해 주어서 너무 기쁘다. 치과의사의 보람을 느껴주게 해줘서 고맙고, 앞으로 한 십 년 정도는 치과를 더 해야겠다'라고 칭찬해 주셨습니다. 실제로 제가 돌아온 이후에도 이 원장님께서는 상당히 오랫동안 활동적으로 진료를 계속하셨다고 전해 들었습니다.

제 세미나에 대한 소문들이 나면서, 뉴저지와 뉴욕 이외의 곳으로부터도 강의요청이 점점 많아졌습니다. 필라델피아, 워싱턴 등으로 짧은 강의를 다니기도 하였지만, 가장 열렬히 환영해 주신 곳은 시카고와 보스톤의 한인 치과의사회였습니다. 강의만 하는 경우에는 이동거리에 큰 문제가 없었지만, 실습이 함께 동반되는 경우에는 정말 어려움이 컸습니다. 도와주는 다른 사람을 찾을 수가 없었기에, 혼자서 모든 실습 장비와 재료를 챙기고, 이동해서 세팅을 해야 했습니다. 보스톤은 그나마 자동차에 잔뜩 싣고, 대여섯 시간 운전해서 이동할 수 있었지만, 시카고는 커다란 여행가방을 몇 개씩 준비해서 비행기로 함께 이동하여야 했습니다. 새벽에 아내가 뉴왁 공항까지 태워주면, 그것을 들고 시카고로 이동했고, 혼자서 준비를 마치면 이미 점심때가 되었습니다.

오후 내내 강의와 실습을 마치고 나면, 사용했던 기구들을 모두 다시 청소해서 챙기고, 밤비행기를 타고 돌아왔습니다. 다시 새벽에 아내가 뉴왁으로 나와 나를 맞이해주는, 그런 여행이 몇 달 동안 이어졌습니다. 개인적으로 회사를 위해 나름 분투하였지만, 현지에서 큰 도움을 주신 치과원장님들이 없었다면 절대로 이룰 수 없었던 행보들이었습니다. 뉴저지의 조나단 강 선생님, 보스톤의 캐롤 윤 선생님, 시카고의 데이빗 김, 권 주한, 유니스 박 선생님과 같은 분들의 응원과 격려가 있었기에 짧은 기간 나름 성과를 거둘 수 있었습니다. 이렇게 일 년을 바쁘게 산 덕분에, 또 많은 분들이 성원해 주신 덕분에, 미국으로의 매출이 100만 달러를 돌파하게 되었습니다. 미국에 가야겠다고 생각했을 때의 매출이 연간 10만 불이었으니, 일 년 사이에 거의 10배나 증가한 셈이었습니다. 하지만 매우 큰 미국시장에 비하면 이것도 시작에 불과한 숫자였습니다. 하지만 더 이상 회사를 비울 수도 없어서, 제 후임으로 류 경호 원장님께 부탁을 드렸습니다. 류 원장님도 일년동안 한국과 미국을 오가면서, 교육과 홍보를 계속해 주신 덕분에, 그 이듬해에는 미국 수출 200만 불을 달성할 수 있었습니다.

   2006년부터 미국에 있으면서 성취한 또 한 가지 결실은, 아직까지도 메가젠과 함께 하고 있는 스티븐 페퍼 (Mr. Steven Pfefer)를 영입한 일이라고 생각합니다. 그는 젊은 시절부터 임플란트 업계에서 잔뼈가 굵은 백인 영업맨이었는데, 당시 정말 작고 이름도 없는 메가젠으로 옮기겠다는 의지를 보였습니다. 그 후 이분의 인맥을 통해 많은 유능한 영업사원들이 메가젠에 동참하게 되면서, 미국시장에서의 판매가 증가하는 계기가 되었습니다.

유럽으로의 첫발, 리투아니아

 2005년 말, 해외영업을 겨냥한 영문 웹사이트가 처음 선을 보였을 때, 유럽의 어느 의사로부터 한 통의 이메일이 왔습니다. 메가젠 임플란트에 대해 관심이 있으니, 자기들에게 '리투아니아' 딜러쉽을 줄 수 있겠느냐는 내용이었습니다. 웹사이트를 통해서 연락이 왔다는 것 자체도 신기하였지만, 그때까지 전혀 들어보지도 못하였던 리투아니아라는 곳에서 접촉이 왔다는 것도 흥미를 더해주었습니다.

 그때까지만 해도, 유럽은 그저 선망의 대상일 뿐, 미국보다도 낯선 곳이어서, 감히 어떻게 도전을 해 보겠다는 생각을 하지 못하고 있었습니다. 일 년에 한번, 유럽에서 열리는 임플란트 학회에 참석해서 분위기나 파악하고 있는 중이었습니다. 사실 우리가 현재 사용하고 있는 임플란트 시스템은 스웨덴의 요테보리에서 시작되었다고 할 수 있습니다. 그 뒤 스위스와 독일, 이탈리아 등지에서도 임플란트 산업이 활발하게 일어나서, 미국과 함께 전세계 임플란트 시장의 대부분을 차지하고 있었습니다. 우리 스터디 그룹이 90년대 초반부터 말까지 사용하였던 임플란트도 거의 대부분 미국과 유럽산이었습니다. 하지만 이들 시스템이 한국의 환자분들에게 잘 맞지 않는 문제점을 찾아내고는, 언젠가 우리가 기회를 갖게 된다면 한국인에 맞는 임플란트를 만들어보자고 해서, 메가젠 임플란트가 시작되었습니다. 이제 우리의 독자적인 임플란트 시스템들이 만들어졌으니, 이것을 유럽의 임플란트들과 한번 견주어보아야겠다고 생각을 했습니다. 하지만 아무도 아는 사람이 없었고, 다양한 언어적 환경으로 인해, 접근법을 찾아내지도 못하고 있었는데, 마침 리투아니아에서 연락이 온 것이었습니다.

2006년 초 이태리 로마에서 열린 유럽 임플란트 학회에 동료들과 함께 참석하기로 하였는데, 저는 혼자 일정을 조금 변경해서, 리투아니아를 방문해 보기로 했습니다. 지도에서 위치를 확인해 보니, 폴란드의 북쪽에 위치하면서, 발트 3국의 하나라고 소개되어 있었습니다. 러시아와 접한 전체 국경선을 따라 '인간띠'를 만들어 저항함으로써, 소비에트 연방에서 독립을 쟁취한 지 얼마 지나지 않은 신생독립국이었지만, 역사적으로는 한때 흑해까지 이르는 큰 국토를 가진 공국이기도 하였다고…

리투아니아의 수도인 빌리우스 공항에 비행기가 착륙하고, 터미널로 이동하는 동안 보여지는 풍경은 '참 조용하다'였습니다. 한 국가의 수도에 있는 공항이라고 하기엔 '아주' 작았습니다. 제가 사는 대구공항과 흡사한 정도였습니다. 하기사 리투아니아의 전체 인구가 300만명이 되지 않았으니, 대구시와 비교가 될 수 있었습니다.

짐을 찾고 로비로 나가니, 우리 딜러가 되고 싶다고 유럽에서 처음 연락을 했던 소헤일 베샤라(Dr. Soheil Bechara)와 모니카 가로리테 (Ms. Monika Garolite)가 반갑게 맞이해 주었습니다. 소헤일은 이제 막 구강외과 수련을 마친 젊은 치과의사였고, 모니카는 법대를 졸업한 변호사라고 소개를 받았습니다. 차를 타고 빌리우스 시내로 들어가면서 본 시가지의 모습은 건물의 모습이 다를 뿐, 한국의 작은 도시의 그것과 별 차이가 없었습니다. 유럽의 대부분의 도시들이 가지고 있는 구도심 (Old town)에는 고유의 아름답고도 유서깊은 건물들이 잘 조화를 이루고 있었습니다. 이런 건물보다 더 매력적이었던 것은 '사람들'이었습니다. 소헤일과 모니카도 선남선녀였지만, 만나는 사람들도 모두 순박하고 아름다운 미소를 가지고 있었습니다. 리투아니아의 자랑거리를 3B로 표시할 수 있는데, 그 첫 번째 B는 미국 농구대표팀을 무찌를 정도의 실력을 가진 농구팀 (Basketball team)이고, 그 다음 B는 아름다운 여성(Beautiful Ladies), 마지막 B는 정말 맛있는 맥주(Beer)라고 했습니다. 농구경기를 볼 기회는 없었지만, 과연 여인들은 무척 아름다웠고, 슈비츄리스라고 하는 맥주는 잊지 못할 신선함과 독특한 맛을 선사해 주었습니다. 짧은 방문이었지만, 정말 기억에 남는 많은 것들을 경험한 여행이었습니다. 로마에서 일행과 다시 합류해서, '이런 신기한 곳이 있더라'고 자랑을 했더니, 모두들 대단히 궁금해했고, 다음 해에는 꼭 리투아니아로 함께 강의여행을 가보자고 결정을 했습니다.

2007년 봄에 다시 리투아니아를 찾았을 때에는, 약 20명의 동료치과의사들과 가족들이 함께 하였습니다. 대부분 한국에서 왕성하게 활동하던 임플란트의 대가들이었기에, 빌리우스와 카우나스 두 도시에서 임플란트 세미나를 가졌고, 이후 모니카와 소혜일이 정성껏 준비한 대로 리투아니아의 명소들을 관광하였습니다. 지금은 많은 TV 쇼에서 발틱 3국에 대한 소개를 해서, 한국인 관광객들이 크게 증가하였지만, 당시만 하여도 일부 상사의 소수 주재원들만 이들 국가에 머무르고 있어, 한국에는 거의 알려져 있지 않았습니다. 당연히 함께 하였던 우리 동료들도 모두 좋아하였습니다. 친절 다정한 사람들, 상당히 생소하지만 즐길만한 전통음식들, 아름다운 자연과 마을들… 그 중 압권은 한밤중의 사우나 경험이었습니다. 겨울엔 영하 30도까지 내려가는 추운 나라이다 보니, 사우나 문화가 잘 발달되어 있었습니다. 핀란드식 습식사우나랑 비슷한데, 그냥 사우나안에서 땀만 흘리는게 아니라, 잔뜩 몸을 데운 다음, 바깥에 있는 물웅덩이에 뛰어드는 겁니다. 소혜일과 모니카가 우리를 위해 시골에 있는 전통 가옥을 하나 통채로 빌려주었는데, 이 집에 가족들이 사용하는 사우나가 있었습니다. 봄이라고는 해도 밤에는 꽤 쌀쌀했는데, 사우나의 열기와 바깥의 맑고 차가운 공기가 오묘하게 어울려서, 몸에 활력을 불어넣어 주었습니다. 리투아니아식 사우나의 진수를 맛보고, 그 유명한 리투아니아 맥주들을 마음껏 즐기는 사이 날이 밝는 일정이 이어졌습니다.

리투아니아 서쪽의 항구도시 클라이페다에 있는 슈비츄리스 맥주공장을 방문한 것도 참 기억에 남았습니다. 전통적인 방법으로 상대적으로 소량의 맥주를 생산하는 공장이었는데, 그 신선함과 독특한 맛은 잊혀지지가 않을 정도였습니다. 함께 하였던 모든 동료들도 감탄에 감탄을 했고, 어떻게 하든지 간에 한국에서도 이 맥주를 즐길 수 있게 해 달라고 하는 바람에, 이후에 주류 수입업 면허까지 취득하고, 슈비츄리스 맥주를 한국에 소개해보기도 했습니다. 하지만 고율의 관세로 인해 현지에서는 1 유로짜리 맥주 한 병이 한국에 도착하면 6~7 유로가 되어버려, 일반 맥주시장에는 감히 도전할 수 없었습니다. 그저 주변의 친구들과 특별히 나누어 즐기는 것으로 만족할 수 밖에 없었지만, 이 특별했던 리투아니아 여행이 가져다 준 '부작용'중 하나였습니다.^^

일정을 마치고 귀국을 위해 공항으로 가는 버스에서 새로운 제안이 시작되었습니다. 우리가 느낀 바, 리투아니아는 우리들의 컨셉과 잘 매칭이 되는 것 같고, 소헤일이나 모니카도 좋은 파트너가 될 수 있을테니, 빌리우스에 미르치과를 하나 만들면 어떻겠느냐 하는 이야기가 나왔습니다.

다들 리투아니아와 소헤일, 모니카가 만들어 준 기회에 감사하였고, 이들의 잠재력에 공감하였기에 리투아니아 미르치과병원 프로젝트가 시작되었습니다. 독립적인 건물을 가지는 상당한 규모의 미르치과를 검토하였지만, 현지의 법적 규제와 생각했던 것 보다 큰 투자금액에 대한 부담으로 인해, 빌리우스 시내 요지의 건물을 임대하여 시작하기로 하였습니다. 그리 오래된 과거도 아니지만, 당시의 빌리우스내 치과의원들은 구 소련 연방 때의 진료시스템을 가지고 있는 곳이 대부분이어서, 우리들의 시각에서 보았을 때 그다지 우수한 환경이라고 할 수가 없었습니다. 건물 전체를 꾸밀 수는 없었지만, 인테리어는 한국의 미르치과 스타일로 하자고 결정하였는데, 이런 디자인을 실현시켜 줄 인테리어 디자이너도, 여기에 사용될 건축자재들을 판매하는 곳도 없었습니다. 결국 그동안 미르의 인테리어를 도와주었던 이다스 건축디자인의 이 동원 대표에게 부탁하게 되었고, 그 팀의 일원이었던 디자이너를 파견해서 설계와 시공을 하기로 결정하였습니다. 리투아니아의 건축 인테리어 시장을 충분히 이해하지 못하여, 필요한 건축자재들 또한 거의 대부분 한국에서 보낼 수 밖에 없었습니다.

한국에서보다 훨씬 오랜 공사기간과 훨씬 높은 공사비를 투입하는 우여곡절이 있었지만, 2009년 가을 드디어 빌리우스 미르치과의원이 개원하게 되었습니다. 다섯 개의 유닛체어와 CT등의 장비를 갖춘, 당시로서는 리투아니아 최고의 치과의원 중 하나라고 자랑할만하였습니다. 이곳을 기반으로 메가젠 임플란트에 대한 교육과 진료가 이루어졌습니다. 치과 그 자체도 훌륭하였지만, 소혜일 베샤라를 비롯한 의료진도 열심히 진료에 임해주어, 짧은 시간에 안정을 찾았습니다. 임플란트 교육을 제공하던 교육기관도 그다지 많지 않았기에, 소혜일이 제공했던 임플란트 교육 프로그램도 큰 인기를 끌었고, 그 결과 리투아니아에서 메가젠 임플란트가 한때 시장 점유율 일위를 달성하기도 하였습니다.

2009년 5월, 첫 번째 해외 미르치과가 리투아니아의 수도 빌리우스에 개원하였습니다. 한국 치과의 느낌을 최대한 살리기위해 거의 모든 인테리어 지재들을 한국으로부터 공수했으며, 당시로서는 리투아니아 최고의 치과들 중 하나라고 큰 칭찬을 들었습니다.

오프닝 세리모니에서 소헤일 베샤라 (Dr. Soheil Bechara)가 가위 대신 건내준 수술용 나이프를 들고 기념촬영을 하였습니다.

리투아니아의 미녀들 속에서 흐뭇한 미소를 지으시는 저의 멘토 문 익상 교수님^^

메가젠의 성장과 두 번째 위기

2004년 말, 파산 일보직전에서 첫 국내 인허가가 획득되어 짐으로써 위기를 벗어났던 메가젠은, 이후 지속적인 성장을 이어나가고 있었습니다. 7명으로 시작하였지만, 불과 2년 만에 전체 직원의 숫자도 이미 40여 명으로 늘었습니다. 창업하였던 공간은 너무 좁아서 더 이상 여유공간이 없었고, 매일 매일의 작업이 고통스러울 만큼 복잡해졌습니다. 어쩔 수 없이 더 큰 공간을 찾아나설 수 밖에 없었고, 경산 산업단지내에 창고로 쓰이던 건물을 매입하게 되었습니다. 대지 1000평, 건평 1200평짜리 건물에 입주를 하니, 이 공간들을 어떻게 다 활용할 수 있을지 상상이 되지 않을 정도로 커 보였습니다. 몇 대 되지 않았던 CNC 장비들을 배치하고, 연구소와 관리 부서들에 충분한 공간을 할애하였음에도 생산부의 중심부는 덩그러니 비어있어, 직원들이 점심시간에 탁구나 베드민턴을 즐길 수 있을 정도였습니다.

이들 빈 공간들에 차례로 장비들이 들어오고, 생산능력이 증가해 나가면서 매출도 점차 증가하였습니다. 위기의 순간에서 2년 정도가 지난 2006년 말에는 연간 매출이 200억 원대로 올라섰고, 은행권의 대출도 최소화되었을 뿐 아니라, 통장에 50억 원 이상의 현금이 쌓였습니다. 순조로운 국내 영업에 덧붙여, 이때부터는 유럽과 미국 등 주요 해외인증들도 완료되어, 수출을 위한 준비도 착착 진행되고 있었습니다.

제조업의 상장요건이 거의 갖추어지게 되자, 상당수의 주주들과 주변의 사람들이 '코스닥 상장'을 이야기하였습니다. 믿고 투자해 준 동료, 후배들에게 보상을 해 주기 위해서, 또 성장하는 회사가 또 한번 도약의 모멘툼을 가지도록 하기 위해서는 상장이 가장 확실한 방법이라고 이야기해서, 그렇게 하자고 의견을 모았습니다. 하지만, 제 스스로 회계에 어두웠고, 상장을 위한 절차를 어떻게 밟아가야 하는지 전혀 아는 바가 없었습니다. 두어 번 컨설턴트들로부터 상장에 대한 조언을 듣기도 했지만, 그 분들이 하는 말과 단어들조차 이해하기가 어려웠습니다. 결국 전문경영인을 영입해서 이 미션을 의뢰하는 것이 좋겠다는 결론에 이르렀고, 수소문 끝에 한 분을 모시기로 하였습니다. 이미 중소기업을 상장시켜 중견기업으로 이끈 경험도 있었을 뿐만 아니라, 본인도 강한 의지를 보였기에, 절차를 거쳐 2007년 초에 대표이사로 모시게 되었습니다. 대신 저와 류 경호 원장은 연구소에서 제품의 개발과 교육에 집중하기로 하였습니다. 이때부터 코스닥 상장을 위한 체제로 회사의 시스템이 변경되기 시작하였습니다.

회계 시스템과 관리 체계에 대한 대대적인 수정이 시작되었고, 당시로서는 이해하기 어려웠지만 회사의 구조 또한 상당한 변화를 겪어야 했습니다. 회사의 핵심역량이 연구와 생산, 영업과 재무관리라고 생각하고 있었지만, 상장회사에게 필요하다고 하는 내용은 이런 상식적인 수준과 상당한 차이가 있었습니다. '그렇지… 그러니까 전문가가 필요한거야!' 새로 부임하신 전문경영인 대표이사가 하시는 일을 보면서, 치과의사인 제가 해오던 접근법과는 매우 달라서, 경외심과 감탄 섞인 칭찬을 할 수밖에 없었습니다. 회사의 모습이 가내 수공업같은 수준에서 제법 구조적인 체계를 갖추어가는 것이 대견하고, 자랑스러웠습니다. 전체 직원들에게도 우리사주를 배정해 주어서, 모든 직원들이 상장 후의 모습과 그로 인한 혜택에 대한 기대로 상당히 고무되어 있었습니다.

이러한 시스템의 변화에 의문이 생기기 시작한 것은 불과 몇 달 뒤였습니다. 회사의 형식은 상당히 멋진 모습을 갖추어가고 있었지만, 매달 수억 원씩의 적자를 보이기 시작하였습니다. 처음에는 이것이 성장통이라고 생각했습니다. 잘못되었던 형식을 바꾸어 나가려면 어느 정도의 희생은 필수적이라 여겼고, 이것이 상장을 통해서 모두 보상될 것이라고 생각했습니다. 하지만 일 년이 지나고, 다시 6개월이 더 지나도, 적자기조를 벗어나지 못하였고, 매출도 답보상태가 이어졌습니다. 조금씩 조급한 마음이 쌓여갔습니다. 임원미팅을 할 때마다 이 문제에 대해 언급을 하였지만, 조금만 지나면 다 괜찮아질 것이라는 답을 들을 수 있을 뿐이었습니다.

새 대표이사의 취임 후 약 20개월 정도가 지났을 때, 회사의 재정상태를 더 이상 방치해서는 힘들겠다는 생각이 들었습니다. 불과 2년도 채 되지 않는 동안, 수십억 원의 여유자금이 들어있던 통장이 완전히 비었고, 거꾸로 새로운 은행권 대출이 50여 억 원 생겨났습니다. 임시 경영회의를 소집하고, 대표이사였던 전문 경영인에게 이런 문제의 원인들과 해결책에 대해 물었습니다. 하지만 대표이사인 본인의 입장과 생각표명을 하는 대신, 함께 일하고 있던 임원들에게 거꾸로 그 대책을 묻고, 그들을 질책했습니다. 당연히 그 자리에서 어떤 임원들도 합당한 대답을 하지 못하였고, 모두가 우물쭈물하는 모습을 보였습니다. 아… 이런!!!

그 자리에서 '이제 그만 대표이사의 자리에서 물러나시는 것이 좋겠다'라고 이야기를 했습니다. 상장도 좋지만, 회사의 근본을 뒤흔드는 이런 변화는 '약이 아니라 독'이라고… 이분께서는 억울하다고 하셨습니다. 자신의 잘못이 아니라, 회사 자체에 문제가 있었기 때문이라고 했습니다. '어쨌거나 더 이상은 방치할 수 없으니, 물러나시고, 제가 다시 대표이사직을 맡도록 하겠습니다!'라고 통보를 했습니다. 그랬더니, 이 분께서는 '아직 계약기간이 남아있으니 그 기간 동안의 봉급을 모두 지급해 주고, 약속했던 스탁옵션도 행사할 수 있게 해주면 물러나겠다!'라고 했습니다. 멀쩡하게 잘 나가고 있던 회사를 부채의 수렁 속으로 밀어넣었고, 상장을 한다는 명분 속에 회사의 시스템도 이상하게 왜곡되어, '잘 연구하고, 멋지게 만들어, 좋은 가격에 판매해서 이익을 창조한다'는 회사의 기본구조가, 이런 기능과는 무관한 부서들이 회사를 장악해서 비효율을 만들어내는… 그런 상태가 되어있었는데도, 본인의 책임보다는 권리를 더 주장하는 모습에 큰 실망을 하였습니다. 실물 경제를 알지 못하고, 이상주의적 논리만을 펴나가면서, 민생을 파탄으로 몰아갔던, 그 옛날의 당파싸움과 정치논리가 이와 다를 바 없다고 생각되었습니다. 하지만 이것은 제 개인의 생각일 뿐, 법적으로는 그 분의 요구가 정당한 것이었습니다. 회사가 어려워졌다고 해도, 이미 약속한 것은 지켜야 했습니다.

지휘부의 갈등은 심화되었지만, 회사의 사정은 더 실랑이를 벌일 여유도 없었습니다. 이대로 두어 달만 더 지나가면, 회사는 회생불능의 단계로 접어들 것이라는 느낌이 들었기 때문입니다. 모든 요구들을 수용해 주는 조건으로, 이 전문경영인을 대표이사직에서 물러나게 하고, 제가 다시 대표이사가 되었습니다. 2009년 늦은 가을이었습니다. 다시 파악한 회사의 상태는 생각했던 것보다 더 심각했습니다. 어떻게 이런 지경이 되도록 회사를 경영했을까… 후회와 죄책감이 밀려왔습니다.

모든 임직원들을 불러모으고, 회사의 상태를 설명했습니다. '더 이상의 잔치는 없다! 회사가 책정한 급여와 기본적인 상여금 이외에는 아무런 복리후생은 없을 것이다. 회사가 다시 정상궤도에 오르기 전까지는 임금인상도 없을 것이다. 언제 정상화될 것이라는 약속도 할 수가 없다.

최대한 허리띠를 졸라매어야 한다. 이런 조치에 대해 동의하지 않는 사람은 회사에서 떠나는 것이 좋겠다!' 그 이후로부터 종이 한 장, 형광등불 하나도 아껴쓰고, 절약하는 초 긴축 운영에 돌입하였습니다. 휴식시간의 유일한 낙이었던 커피믹스도 각 부서장들이 자기 주머니를 갹출해서 구입하였습니다. 관리부서에 있던 소수의 인원들은 회사를 떠났지만, 거의 모든 직원들이 이 어려운 고비를 극복하는 행군을 함께 해주었습니다. 정말 눈물이 날 정도로 고마운 일이었습니다.

당연히 상장신청도 기각되었습니다. 상장에 대한 기대감으로 직원들이 구매하였던 우리사주들도 문제가 되기 시작하였습니다. 회사가 망할지도 모른다는 불안감에, 자기들이 가지고 있던 주식을 회사가 대신 사주기를 요구하였습니다. 그 중에는 빚을 내어서 투자하였던 직원들도 있었으므로, 어떻게든 방법을 찾아야 했습니다. 법무적인 조언을 해 주시던 분께 물어보니, 우리사주는 회사가 사서 보유할 수가 없고, 소각하여야 한다고 했습니다. 그렇지 않아도 위기 일발의 재정상태였는데, 이들 우리사주를 재매입할 여유자금이 전혀 없었습니다. 이런 불안한 상태의 주식을 사줄 사람도 없었지만, 투자한 금액대로 제가 책임지고 구매자를 찾아줄 것이고 조금도 손해보지 않도록 해 주겠다고 약속을 했습니다. 그리고 약 2년여에 걸쳐 그 약속을 지켰습니다.

한번 성장세가 꺾인 회사는 좀처럼 기력을 회복하지 못하였습니다. 2007년 돌파한 200억 원대의 매출은 2010년에도 그대로 답보상태였고, 2011년과 2012년에는 오히려 감소를 나타내었습니다. 5년 동안의 암흑기였습니다. 회사든 사회든, 또 국가이든, 방향성을 제대로 잡지 못하는 지도자로 인해 모두가 얼마나 큰 고통을 겪어야 하는지, 그것을 다시 회복해 나가는 것이 얼마나 힘든 일인지, 우리 회사의 모든 직원들이 몸소 느낀 시간이었습니다. 그 자체가 '교육'이었다고 생각하기로 했습니다.

비싼 수업료를 지불하였지만, 그만큼 더 크게 느꼈으니 되었다고 생각했습니다. 다행스럽게도, 아직 회사는 살아있었고, 함께 열심히 땀을 흘려주는 충성스러운 직원들도 있었습니다.

언제, 어떤 일이 일어나더라도, 백 퍼센트 나쁜 영향만 있는 것이 아니었습니다… 2007년 초부터 2009년 말까지 대표이사직을 내어주고, 연구소에서 연구원들과 함께 많은 시간을 함께 보내었습니다. 이 기회에 얻을 수 있었던 '생각의 시간들'이 회사를 위기에서 벗어나게 하는 계기를 마련해 주었습니다. 그동안 우리가 개발해서 출시하였던 여러 임플란트 시스템들을 돌아볼 시간도 가질 수 있었습니다. 그때까지 개발되었던 8개의 임플란트 시스템 하나하나가 각각 특별한 용도와 목적을 가지고 사용되었고, 충분한 성과를 거두고 있었지만, 사실 너무 복잡했습니다. 치과에서 임플란트 시술을 하시는 분들도, 이들 시스템을 모두 사용하기 위해서는 여러 개의 수술 세트와 별도의 재고들을 가지고 있어야 했기 때문에, 이를 부담스러워하였습니다.

'어떤 이유로 각각의 임플란트들이 개발되었고, 어떤 장점들이 있는지 이해하지만, 너무 종류가 많고, 복잡하다! 이런 특징들을 모두 가지는 하나의 임플란트 시스템을 만들 수는 없겠는가?' 2008년의 어느 여름날, 모든 연구원들을 데리고 청도 운문사 계곡의 물가에 앉아서 이런 이야기를 나누었습니다. '이제까지의 임플란트는 모두 잊어버리자! 임플란트를 필요로 하는 악골의 상태에 따라, 다양하게 적용될 수 있도록 디자인을 완전히 바꾸어보자. 골량이 부족한 곳이든, 골질이 불량한 곳이든, 어떤 환경에서도 훨씬 나은 초기고정력을 만들어낼 수 있게 하고, 이를 통해 임플란트의 식립후 보철까지 이르는 시간을 최소화시킬 수 있게 해보자! 궁극적으로 수술 즉시 보철이 가능한 원데이 임플란트를 구현해 보자!'

그동안의 연구들은, 임플란트가 갖추어야 하는 특징들을 먼저 구현하고, 이를 환자에게 적용시킬 때마다 필요한 조건들, 즉 뼈이식이나 연조직 이식을 하는 방법들을 재차 고민하였는데, 이때부터는 임플란트 그 자체가 아닌, 임플란트가 식립되어 기능하게 될 조직의 입장에서 수용가능한 가장 알맞는 임플란트를 개발하기로 했습니다. 기존 임플란트 치료법에 대한 흐름을 반대로 적용시킨, 역발상이었습니다. 치아를 잃어버린 치조골이 가장 좋아할 임플란트 디자인이 어떤 것일까, 그동안 수십 년 이어져 온 수백 편의 연구결과들을 바탕으로, 뼈와 잇몸의 입장에서 좋아할 조건들을 고려하여 구석구석, 하나하나 그려나갔습니다.

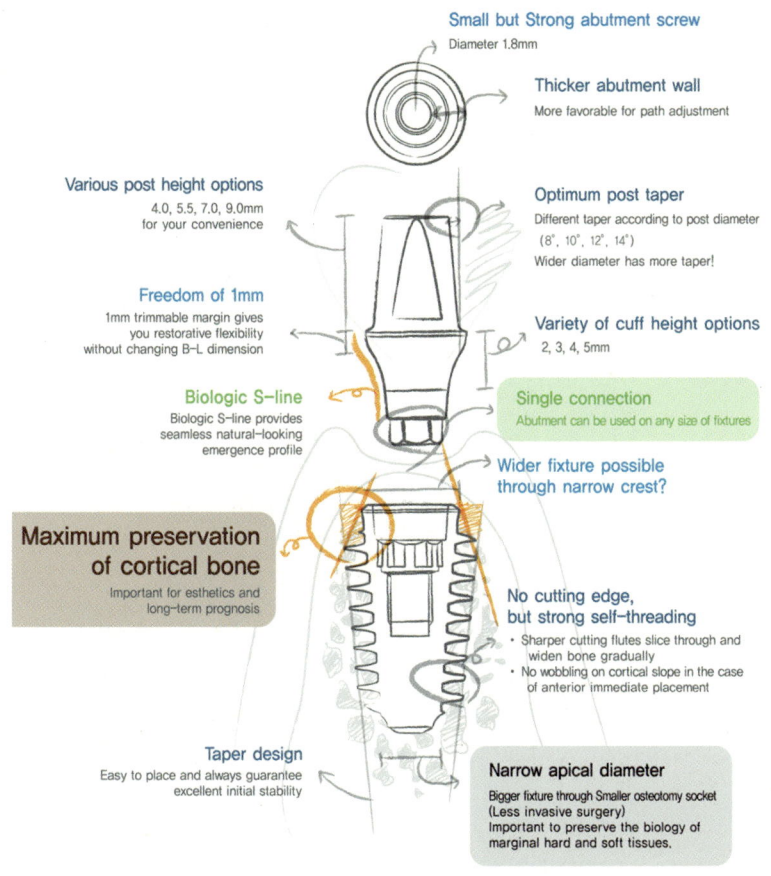

제한된 골폭을 가진 치조골에서도 이상적으로 유지되고 기능하는 임플란트를 만들기 위해 시도하였던 디자인 개념 (2008년)

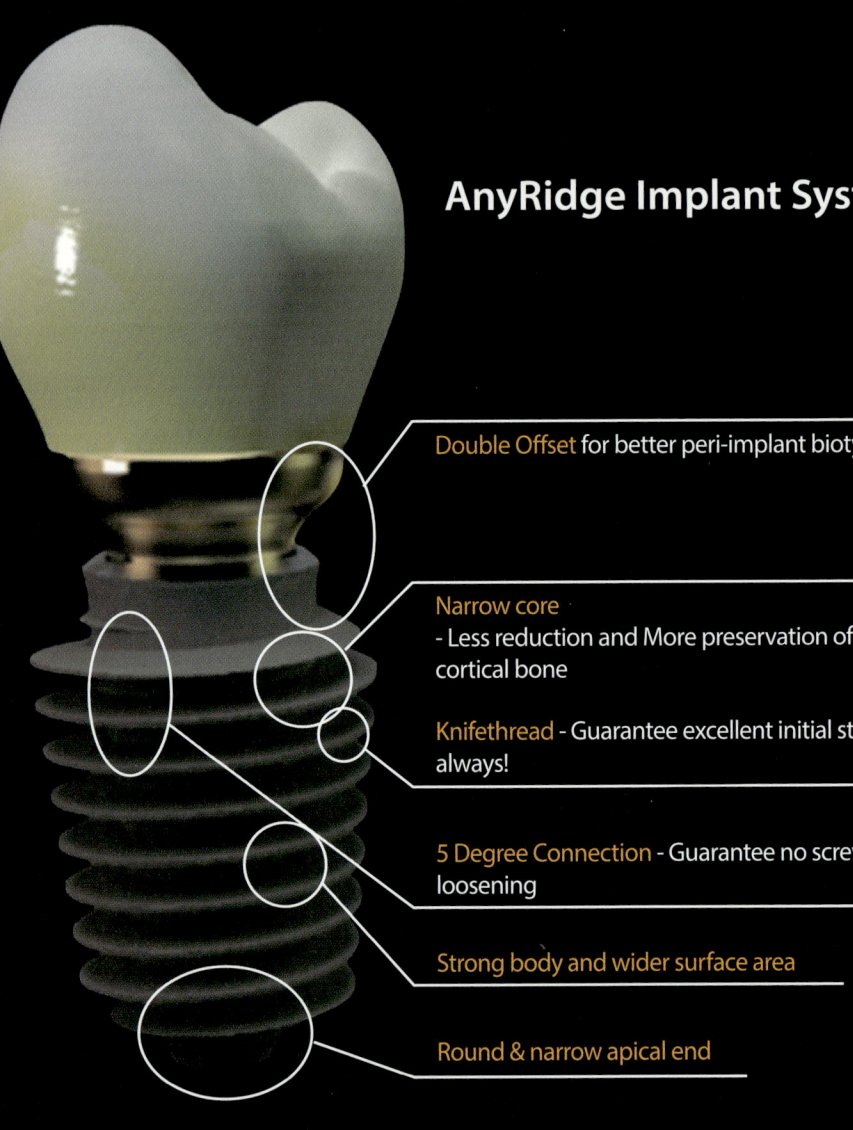

그 결과 만들어진 도면은, 기존의 임플란트와는 상당히 달랐습니다. 한마디로 '괴물'같았습니다. 분명히 수백 편의 논문들이 주장한 바를 적용한 이상적인 디자인이었는데, 어떻게 이런 모습이 나올 수 있을까… 이 세상 어디에도 없던 임플란트 시스템이 탄생하였습니다. 그 결과물을 동료치과의사들에게 보여주자, 모두가 한결같은 반응을 나타내었습니다. '이런 임플란트를 어떻게 사람에게 쓸 수 있을까! 차라리 소나 코끼리에게나 쓰는게 좋겠다!', '이게 과연 뼈속에 들어가기나 할 것인가?', '뼈가 엄청난 부담을 받아서 망가질 것이 분명하다!' 등등 누구하나 긍정적인 대응을 해 주지 않았습니다. 하지만, 이 새로운 임플란트의 구석 구석을 이루는 디자인 요소들은, 모두가 존경하는 대선배들의 연구결과를 바탕으로 하였고, 우리가 이를 구현해 낼 수만 있다면, 임플란트 치료를 받는 환자분들이나 시술을 맡은 치과의사분들 모두에게 큰 도움이 될 것이라 확신하고 밀어붙였습니다. 그것이 에니리지 임플란트 시스템(AnyRidge Implant System)이라는 이름으로 세상에 모습을 드러내었습니다. 어떤 상태의 치조골 (any kind of ridge)에서도 확실한 장점을 발휘할 임플란트 시스템이라는 뜻으로 그 이름이 붙여졌습니다. 2009년 말 한국에서의 인허가를 취득하고 세상에 모습을 드러내었지만, 누구도 이를 쉽게 받아들이지 못하였습니다. 그동안의 임플란트와는 매우 달랐기에, 뛰어난 성능을 보일 것이라고 저희들이 아무리 주장을 하여도, 손을 대려고 하지 않았습니다. 결국 스스로 증명을 해 보이는 수 밖에 없었습니다. 소수였지만, 뜻을 같이 하는 치과의사들과 함께, 이 시스템이 가질 수 있는 특징들을 부각시킬 수 있는 임상케이스를 찾고, 하나하나 적용시켜 나갔습니다. 그 결과가 기대 이상이어서, 개발자들조차 놀랄 정도였습니다. 사람의 생물학적 특성을 존중한다는 것이 임플란트 시술에 있어서 얼마나 중요한지 다시 한번 느끼게 되었습니다.

수백 케이스의 임상증례가 만들어지면서, 적극적인 강의활동을 시작하였습니다. 전국의 치과의사회 주최 강연회와 여러 임플란트 아카데미에서 주관하는 이벤트들에서 강의를 하였고, 차츰 이 괴물 임플란트의 특징을 이해하는 분들이 늘어났습니다.

2011년 제 8회 메가젠 국제 심포지엄. 처음으로 해외에서 연 국제심포지엄으로, 이탈리아의 밀라노에 위치한 매리어트 호텔에서 300여명의 치과의사들을 모시고 성황리에 진행되었습니다. 유럽에 에니러지 임플란트를 처음 선보인 자리이기도 해서, 메가젠임플란트의 역사중 중요한 부분이라고 여기고 있습니다.

2011년경 유럽과 미국인증이 나오면서, 해외로의 강의출장도 점점 늘어났습니다. 유럽에서 처음 에니리지를 소개하는 강의를 한 것은, 이탈리아 밀라노였는데, 메가젠이 첫 번째로 개최하였던 해외 심포지엄이었습니다. 스위스의 유리 그룬더(Dr. Uli Grunder), 스웨덴의 앤 베너버그(Prof. Ann Bennerberg), 이태리의 티지아노 테스토리(Prof. Tiziano Testori) 등등 세계적으로 쟁쟁한 연자들을 모시고 열었던 첫 번째 해외 심포지엄에서, 에니리지가 소개되었습니다. 역시 첫 반응은 시큰둥하였습니다. '메가젠은 항상 이상한 임플란트들만 만들어내고 있는 것 같다'는 이야기도 나왔습니다.

에니리지 임플란트의 성공으로 장영실상을 수상하였습니다. 개발에 함께 수고하였던 손 규석, 류 경호, 박 광범, 손 준익(왼쪽으로부터, 존칭생략)

하지만, 우리 그룹은 이미 수백 케이스의 임상케이스를 확보하고 있었으므로, 에니리지 임플란트가 세상에 가져올 변화에 대해 확신을 가지고 있었습니다. 유럽의 주요 국가들을 대상으로 몇 차례의 로드쇼와 수십 번의 강의를 진행한 끝에, 드디어 '당신의 논리가 말이 되는 것 같다. 나도 한번 시도해보겠다!'라고 도전의사를 밝히는 유럽의 치과의사들이 생겨나기 시작하였습니다.

이 에니리지 임플란트의 개발과 출시, 그리고 수출이 본격화되면서, 메가젠이 드디어 불황의 늪을 헤쳐나올 수 있게 되었습니다. 2013년이 되면서 오랫동안 발목을 잡고 있던 200억 대의 매출에서 벗어나 300억 이상의 매출을 달성할 수 있게 되었습니다. 이때부터 메가젠은 새로운 도약의 길을 걷게 되었습니다. 그 다음에 어떤 어려움이 기다리고 있는지를 알지 못하였지만…

글로벌 메가젠 패밀리들의 약진과 국제 심포지엄들

　이 책에서 지난 20여 년간 있었던 모든 일들을 다 기록한다는 것은 정말 어렵고, 불가능에 가까운 일이라고 생각하지만, 이탈리아, 네델란드, 루마니아 그리고 터키 딜러들과의 인연과 이들 국가에서의 성장에 대해서는 이야기하지 않을 수가 없습니다. 그렇다고 다른 국가들의 스토리가 시시하다거나, 메가젠의 딜러들의 역량이 부족하다고 말하는 것은 아닙니다. 현재 유럽의 임플란트 시장에서, 메가젠 임플란트가 한국 임플란트 업체들 중 부동의 일위 자리를 오랫동안 유지하고 있는 이유는, 유럽 전역의 우리 딜러들이 모두 한 팀처럼 합심 단결해서 교육과 서비스 시스템을 만들어나갔기 때문이고, 이 점에 대해서 정말 감사를 드리고 있습니다.

　이탈리아의 첫 번째 딜러는, 리투아니아의 경우처럼 유럽진출 초기부터 관계를 맺고 있었습니다. 하지만 이 업체는 우리 임플란트 이외에 많은 아이템들을 함께 영업하고 있었기에, 메가젠 임플란트에만 집중을 하지 못하고 있었습니다. 2006년 제가 미국에서의 교육과 영업활동을 하고 있을 때, 현재의 우리 딜러인 필리포 그라소(Mr. Filippo Grasso)와 페데리코 아노니 (Mr. Federico Anoni)가 뉴저지로 저를 찾아왔습니다. 당시 지지부진하던 이탈리아의 영업을 획기적으로 활성화할 수 있는 방법을 의논하였고, 다소 출혈을 감수하더라도 기존의 딜러를 교체하여야 한다는 결론에 이르렀습니다.

    필리포와 페데리코는, 마치 저와 류 경호 원장과 같이, 상당히 다른 성격을 가졌으나 참 좋은 하모니를 이루는 파트너였습니다. 페데리코가 전략 전문가라고 한다면, 필리포는 이를 실현해내는 행동가라고 할 수 있습니다. 두 사람이 함께 시작한 작은 회사가, 지금은 이탈리아 전역에 수십 명의 직원을 거느리고 수백만 유로의 매출을 달성하는 규모로 성장하였습니다. 전형적인 이탈리아인의 낭만과 유머로서 어떤 모임에서나

이태리 메가젠을 현재의 위치에 오를 수 있도록 만들어 준 Mr. Federico Anoni(왼쪽) 와 Mr. Filippo Glasso

Federico와 Sian

이태리 Lazzate에서의 강의를 마치고 Filippo와 Federico와 촬영

주변 사람들을 즐겁게 만들어줄 뿐만 아니라, 주변국의 딜러들에게도 자신들의 성공 노하우를 기꺼이 나누어주면서, 유럽 메가젠 페밀리의 큰형 노릇을 지금도 잘 해나가고 있습니다.

　이 두 사람의 이태리 친구들은 처음에 거의 영어를 말하지 못하였습니다. 저 또한 영어가 매우 약해서 겨우 의사소통이나 하고 있던 정도였지만, 필리포나 페데리코는 당시 인사조차 나누기 힘든 상황이었습니다. 이 사이에서 우리의 끈을 이어준 사람이 숀(Ms Sian Mattews)이었습니다. 숀은 영국 웨일즈 태생인데, 영국에서 대학을 졸업하고 이태리로 이주하여 영어교사로서 활동하였고, 그 당시에 치과용 소모품을 제조, 판매하는 술탄(Sultan)이라는 미국회사의 유럽담당 매니저였습니다. 필리포와 페데리코와는 가까운 친분을 유지하고 있었으므로, 제가 이태리 밀라노 북쪽의 아름다운 휴양지인 코모(Como)에 미팅차 방문하였을 때, 영어와 이태리어가 유창한 숀을 통역으로 데리고 왔습니다. 밝고 긍정적인, 영국인의 진중함과 이태리인의 쾌활함이 잘 조화를 이루는, 기분좋은 상대였던 것으로 기억하고 있습니다.

　이후 술탄(Sultan)이 덴스플라이(Dentsply)라는 회사로 인수가 되고, 그들의 운영시스템을 좋아하지 않았던 숀을 시카고의 미드윈터 전시회(Chicago Midwinter Meeting은 Chicago Dental Society에서 주관하는 세계적인 치과기자재 전시회인데, 매년 2월경에 열립니다. 5대호를 끼고 있는 시카고의 정말 매서운 추위가 생생하게 각인되는 그런 전시회입니다) 에서 다시 만나게 되었는데, 여기에서 자신이 메가젠으로 이직을 하고 싶다고 이야기했습니다. 거대 회사의 중역이 메가젠과 같은 작은 회사에 온다는 것이 상당히 부담이 되었고, 그에 합당한 급여도 지급할 수 없었습니다만, 숀은 급여와 무관하게, 뜻이 맞는 사람들과 함께 일하고 싶다고 했습니다.

그렇게 메가젠과 합류한 숀은 처음에는 유럽의 딜러들을 개척하고, 이들에게 메가젠의 제품들에 대한 컨셉을 전달하는 역할을 맡았는데, 곧 유럽의 모든 딜러들로부터 'Mommy'라는 애칭으로 불리게 되었습니다. 그만큼 모든 사람들을 포용해 주고, 때에 따라서는 따끔하게 꾸중도 해 주며, 그들의 비즈니스 뿐만 아니라 인생에 대해서도 따뜻한 조언을 해 주었기 때문입니다. 숀은 벌써 13년 이상 메가젠과 함께하고 있으며, 지금은 해외 전략 담당 부사장으로써 역할을 다 하고 있습니다. 그 열정과 메가젠에 대한 지대한 공헌에 감사드립니다.

필리포와 페데리코의 환상적인 조화, 그리고 숀의 적극적인 도움에 힘입어, 메가젠 임플란트의 이태리 마켓은 빠르게 성장하였습니다. 여기에는 닥터 롱고니(Dr. Longoni)를 위시한 많은 키닥터들의 도움도 크게 작용하였습니다. 이태리는 정말 많은 임플란트 회사를 가지고 있는 나라입니다. 지역적 특성이 강하고, 뜻이 있는 사람이라면 누구나 차고와 같은 공간에서 임플란트를 만들 수 있는 시스템 덕분에, 비공식적이긴 하지만 300여 개 이상의 임플란트 회사가 있다고 합니다. 이런 나라에서 메가젠이 유럽의 쟁쟁한 임플란트와 겨루고 있으며, 현재 4~5위의 랭킹을 유지하고 있다는 것이 자랑스럽고, 함께 해 주신 많은 키닥터들에게, 또 필리포와 페데리코에게 감사를 드립니다.

현재 루마니아(Romania) 임플란트 시장에서 메가젠 임플란트를 독보적인 1위 자리에 올려준 두 사람도 소개하지 않을 수 없습니다. 루마니아에서의 메가젠 임플란트는 2009년 1월에 시작되었습니다. 디마(Mr. Dima Corduneanu)와 칩(Mr. Ciprian Amarandei), 이 두 사람은 이태리의 필리포와 페데리코처럼 환상적인 조화를 이루는 팀이었습니다. 아직 서른이 되지 않은 젊은 나이였지만, 패기와 열정, 그리고 섬세함과 진중함이 절묘하게 조화된 이들 커플은, 어떻게 해야 치과의사 고객들을 만족시키고 이를 통해 사업을 성공적으로 일구어낼 수 있는지 확실한 감각을 지니고 있었습니다.

처음 메가젠 임플란트 시스템들을 루마니아 시장에 소개하였을 때에는, 당연히 호응이 크지 않았습니다. 2~3년간 가벼운 발걸음을 이어오던 디마와 칩이 한국을 방문해서 '이제 때가 되었으니, 부카레스트(Bucharest)에서 메가젠 주최로 큰 행사를 한번 열어주면 좋겠다고 요청해 왔습니다. 아직 마켓이 성숙되지 못하였고, 메가젠의 매출도 크지 않은 상황에서, 수백 명 규모의 학술행사를 기획한다는 것 자체가 다소 무리라고 판단하였습니다. 하지만 디마와 칩은 당위성과 필요성에 대해 지속적으로 주장하였고, 반드시 성공시킬 자신이 있음을 어필하였습니다. 그 결과 만들어진 합의점이 ESM(European Scientific Meeting)으로 탄생하였습니다.

2012년 6월 루마니아 부카레스트에서 열린 제 1회 ESM은 정말 큰 성공을 거두었습니다. 그때까지 루마니아에서 열렸던 치과행사들과 비교해서, 규모면에서나 질적으로나 최고였다는 찬사들이 이어졌습니다. 미국 하버드 치과대학 치주과의 나딤 카림벅스 교수(Prof Nadeem

메가젠 루마니아를 성공적으로 이끌어 온 두 사람. 디마(왼쪽)와 칩. 비즈니스를 시작한 초창기의 모습. 젊고 순수하였으며, 정말 열정이 넘쳤습니다.

초기 메가젠 루마니아의 작은 사무실을 찾은 손과 함께. 두어 사람이 겨우 함께 머무를 수 있을 정도였지만, 10여 년만에 루마니아 전역에 많은 사무실을 두고, 수십명의 직원을 거느린 회사로 성장하였습니다.

Karimbux), 독일의 베른하드 기젠하겐(Dr. Bernhard Gisenhargen) , 남아공의 하워드 글럭먼(Dr. Howard Gluckmann)을 위시하여, 루마니아와 해외 연자들의 강의가 훌륭하였고, 호텔의 수영장 주변에서 열렸던 '행사 뒤 파티'도 정말 인상적이었습니다. 성공적인 행사에 잔뜩 고무되었던 연자들과 루마니아 팀들이, 맛있는 와인들로 인해 취기가 오르자, 한둘씩 수영장으로 뛰어들었고, 급기야는 모든 사람들이 풀장으로 던져지는 사태에 이르렀습니다. 수영을 전혀 하지 못했던 아내 또한 예외가 될 수 없었습니다. 수영을 못한다는 외침에도 불구하고, 짓궂은 동료들에게 의해 수영장으로 던져진 아내는 물을 잔뜩 먹고는 극적으로(?) 구조되어 호텔방으로 응급후송되는 일이 벌어지기도 하였습니다.^^

이 행사를 기점으로 루마니아 메가젠은 급속 성장하였고, 2019년 현재 압도적인 시장 점유율을 가지고 있습니다. 물론 루마니아 내의 많은 치과의사 고객들을 위해, 그 뒤로도 디마와 칩은 끊임없이 노력을 기울여왔고, 매년 수십 회의 크고 작은 학술행사를 이어오고 있습니다. 우수한 제품이 기본이 되어야 하겠지만, 시장에서의 요구를 정확하게 파악하고, 치과의사 고객들과 환자들에게 필요한 조치들을 최대한 지원하려는, 순수하고 열정에 찬 그들의 노력이 현재의 성공으로 이어졌음에 의심의 여지가 없습니다.

루마니아에서 열렸던 첫 번째 메가젠 유러피안 사이언티픽 미팅(ESM, European Scientific Meeting)의 강의실 사진들. 루마니아의 시장 개척에 있어서 매우 중요한 순간이 되었습니다.

루마니아 ESM에 함께 참여하였던 한국팀 (김 광효, 한 웅택, 김 종철, 한 창훈 원장이 가족들과 함께 동참해 주었고, 즐겁고 의미있는 시간을 보냈습니다.

풀 사이드 파티(Pool side party)가 시작될 때 루마니아의 미인들과 함께^^

네델란드, 벨기에, 룩셈부르크를 아우르는 메가젠 베네룩스는, 현재 딜러를 맡고 있는 에드워드(Mr. Eduard Verschuuren)의 아버지인 시릴(Mr. Cyril Verschuuren)과의 인연으로 시작되었습니다. 네델란드 남부의 틸버그(Tilburg)에서 상당히 큰 치과기공회사를 운영하고 있던 시릴은 한눈에 '좋은 사람'이라고 느낄 수 있는 인상을 가지고 있는 분입니다. 네델란드는 전통적으로 독일과 깊은 관계를 가지고 있어서 임플란트 시장의 대부분이 유럽산이 차지하고 있었고, 치과의사들의 성향도 상당히 보수적이어서, 한국의 임플란트를 소개하기가 쉽지 않았습니다. 이런 한

메가젠 베네룩스를 맡고 있는 Eduard와 아내 Myrthe, 아들 Pepijn. 참 아름다운 가족입니다!

계를 극복하기 위해서는 우수한 논문을 만들고, 이를 통해 우리 임플란트의 차별성을 증명해 보이는 것이 최선의 방법이라고 생각했습니다. 마침 시릴과 에드워드의 기공회사가 로드바운드(Rodbound) 치과대학과 좋은 관계를 유지하고 있어서, 이곳의 치과재료학 팀과 함께 우리 임플란트의 우수성을 증명할 실험들을 시작할 수 있었습니다. 기본적인 기계적, 물리적인 테스트에서부터 시작하여, 양(sheep)을 이용한 동물실험까지 전체 시리즈의 실험들이 설계되고 시행되었는데, 유럽특유의 스타일로 상당히 많은 시간이 소요되었지만, 하나하나 좋은 결과들이 증명되어 나갔습니다.

 이런 연구들을 위해 방문할 때마다, 현지의 치과의사들을 대상으로 강의를 하는 기회를 만들 수 있도록 하는 노력도 게을리하지 않았습니다. 전세계에서 평균 신장이 가장 큰 네델란드 치과의사들에 둘러싸여, 이런 저런 토론을 할 때면 빽빽한 숲속에 들어와 있는 느낌이었습니다^^;; 먼 동아시아의 한국이라는 나라에서 온 임플란트에 대한 편견을 거의 보이지 않았고, 논리적인 비교들을 수용하는 자세를 가진 네델란드의 치과의사들에게 정말 고무되었습니다. 한번은 우리의 주력 제품인 에니리지 임플란트의 개발과정을 모두 솔직하게 이야기해 달라는 요청을 받았습니다. 사실 어떤 제품도 한 번 만에 최종 제품에 도달할 수는 없습니다. 수차례 혹은 수십 차례의 시행착오를 거치면서 조금씩 더 완성도를 늘여가는 것이 보편적인데, 이 부분을 강의에 요청한 것이었습니다. 이는 저희들이 가졌던 생각의 프로세스를 보고자 한 것이고, 그만큼 메가젠 임플란트의 기초적인 개발 체력을 확인해 보자는 뜻으로 이해하였습니다. 이런 합리적인 생각을 가진 치과의사들 덕분에, 또 시릴과 에드워드를 비롯한 모든 가족이 노력한 덕분에 이곳의 영업도 점차 자리를 잡아가게 되었습니다.

2013년에는 네델란드 남부의 아름다운 도시 마스트리흐트(Maastricht)에서 제 2회 ESM (European Scientific Meeting)을 개최하였는데, 우리가 함께 주최하였던 많은 행사들 중에서 손꼽히는 멋진 행사들 중 하나로 기억하고 있습니다. 아름다운 환경, 최고의 연자들, 그리고 멋진 치과의사 동료들이 함께 만들어낸 하모니는 그 자체가 작품이었고, 치과의사로서 즐길 수 있는 최고의 보답이라고 생각되었습니다.

마스트리흐트(Maastricht)에서의 두번째 ESM 강의에 집중하고 있는 청중들. 가운데 손을 올리고 있는 분이 시릴(Cyril)입니다.

네델란드 마스트리히트에서의 두번째 ESM (European Scientific Meeting) 전경

주요 연자들, 그리고 키닥터들과 함께

언제 어디서나 든든한 지원군이 되어주시는 토마스 한 선생님과 아내. 저녁 만찬 테이블에서.

초청인사들과 함께 마스트리히트의 오래된 와이너리를 방문하였을때, 참 영광스러운 일이 생겼습니다. 대개 와이너리의 저장고는 사암으로 되어있는데, 벽에 많은 오래된 낙서들이 있었습니다. 일부는 수백년이나 된 낙서였습니다. 갑자기 와이너리의 오너가 제게 낙서를 추가할 기회를 주었습니다. 누군가, 오랜 시간이 지난 후에, 저 벽의 한 곳에서 '메가젠 No.1'이라고 한글로 적힌 낙서를 발견할 수 있기를 기대합니다.^^

여러가지 면에서 한국과 유사한 문화를 가진 터키는 정말 매력이 넘치는 나라입니다. 예로부터 유럽과 아시아를 연결하는 관문의 역할을 하면서, 많은 문화들이 융합된 이스탄불을 방문해 보신 분들은 이를 십분 이해하실 것입니다.

메가젠 터키는, 이미 수년 전부터 솔리덴트(Solident)라는 회사를 운영해왔던 더긴(Dergin) 형제에 의해 시작되었습니다. 젊은 시절부터 컴퓨터 엔지니어링과 그래픽에 빼어난 솜씨를 보여주었던 젬 더긴(Cem Dergin)은 보철과를 전공한 우수한 치과의사였습니다. 메가젠과 합류하기 전부터 많은 임플란트 회사들의 연자로써 활약을 하였고, 공동연구에도 다수 참여하였습니다. 그의 사촌 뉴레틴 더긴(Nurettin Dergin)은 영어교사 출신이면서, 치과관련 잡지의 출판을 오랫동안 진행해 온 이유로, 터키내 많은 치과의사들과 좋은 관계를 유지하고 있었습니다. 2009년 독일의 쾰른에서 열린 IDS 전시회를 기점으로 메가젠의 가족이 된 Cem과 Nurettin은 모든 면에서 모범이었습니다. 큰 모험을 하기 보다는 치과의사들의 필요를 중심으로 교육을 이어가는 한편, 때로 깜짝 놀라게 하는 재미있고 기발한 아이디어들로 동료들을 즐겁게 해 주는 방식의 상당히 정공법을 택하였습니다. 터키는 솔직히 매우 경쟁이 심한 시장입니다. 다른 분야들도 그러하겠지만, 임플란트 부분에 있어서는 터키 국내 브랜드들의 공세와 함께, 유럽산 임플란트들이 뒤섞여 전쟁을 벌이고 있다고 해도 과언이 아닙니다. 그 혼돈 속에서 젬과 뉴레틴은 메가젠의 가치를 꾸준히 지켜나가서, 지금은 유럽의 유명브랜드에 비해 조금도 뒤처지지 않는 브랜드 네임과 가격수준을 유지하고 있습니다. 2009년 이지플러스 임플란트 픽스쳐 100개를 주문하였던 메가젠 터키는, 10년이 지난 2019년, 경기침체와 환율대란 속에서도 초기에 비해 1,000배 이상의 임플란트를 소화해내는 성장세를 보이고 있습니다.

2009년 독일 IDS 전시회를 기점으로 메가젠 터키가 시작되었습니다. 뒷줄 왼쪽부터 뉴레틴, 숀, 젬.

2017년 도쿄 심포지엄에서 사무라이로 변신한 채 연회장에 나타나서 모든 사람들에게 즐거움을 선사해 주었습니다.

2018년 라스베거스 심포지엄에 참여한 터키 닥터들과 함께

　　글로벌 메가젠 가족들을 위한 젬과 뉴레틴의 기여도 점점 커지고 있어서, 한국 본사 뿐만 아니라, 전 세계의 딜러들이 이들의 그래픽 작품들로 큰 도움을 받고 있습니다. 에니리지 임플란트의 임상적 적용방법을 생생한 그림으로 표현한 설명집은, 어떤 임상작품보다도 뛰어나서 큰 호

평을 받았습니다. 2019년 다시 열린 독일의 IDS 전시회를 위해 새로 만들어준 에니리지 에니메이션은, 보는 사람들로 하여금 저절로 감탄사가 흘러나오도록 하였습니다. 메가젠의 가족임을 자랑스럽게 생각하며, 자발적으로 이런 작품들을 기꺼이 만들어 공유하는 젬과 뉴레틴에게 늘 감사하고 있습니다.

2019년 메가젠터키 10주년을 기념하는 성대한 강연회가 개외되었습니다.

카파도키아는 언제 보아도 참 감동적입니다. 아름다운 경치와 좋은 사람들이 어울리면 무엇이 부러울까요! 2019년 로드쑈 중 카파도키아에서의 여유로운 하루를 보냈습니다. 작지만 멋진 호텔. 그 지하에 있는 로마식 수영장. 투어중 찍은 사진들 중 하나가 미어캣과 닮았다고 하니, 금방 이런 합성사진을 만들어 보내 주었습니다.^^ (가운데 사진 왼쪽부터 도한(Dogan), 젬(Cem), 저, 규한(Guhan), 셀피 주인공 뉴레틴(Nurettin))

나의 치과인생 이야기

2019년은 메가젠 터키에 있어서 새로운 전기가 된 해 였습니다. 메가젠 터키 10년을 축하하는 큰 행사를 이스탄불에서 열었을 뿐만 아니라, 이 행사에 이어 주요 7개 도시를 연속 방문하는 대대적인 로드쇼를 개최하여 각 도시에서 큰 환영을 받았습니다.

한 나라 혹은 한 대륙의 여러 도시를 연속 방문하는 로드쇼는 많은 치과의사들을 접할 수 있는 최선의 방법이지만, 짧은 준비기간으로 인해 제대로 된 전시실을 꾸밀 수 없다는 것이 늘 아쉬웠습니다. 2015년 첫 번째 로드쇼에서의 경험을 토대로 젬과 뉴레틴은 기발한 아이디어를 실현해 내었습니다. 컨테이너 박스를 수정해서, 그 안에 우리의 모든 제품을 표현할 수 있는 전시실을 만들었습니다. 비록 일반적인 전시회에서 만들어왔던 전시부스에 미치지는 못하였지만, 우리의 제품과 개념을 설명하기에 부족함이 없었습니다. 젬과 뉴레틴은 이렇게 새로운 생각을 실천으로 옮기는데 탁월한 재능을 가진 사람들입니다. 비즈니스에 어려움이 없을 수 없지만, 이런 사람들과 함께 만들어가는 세상이 어찌 즐겁지 않을까요!^^

젬과 뉴레틴이 개발한 메가젠 트럭과 그 내부. 로드쇼를 가졌던 열흘 동안, 이 '메가젠 트럭'이 매일 우리를 쫓아 다른 도시에 도착했습니다. 한 도시에서 전시를 한 다음, 모든 장비들을 갈무리하고, 다시 다른 도시로 오랜 드라이브를 하면서도, 늘 즐거운 미소를 달고다녔던 쟈넬(Caner)가 정말 고마웠습니다.

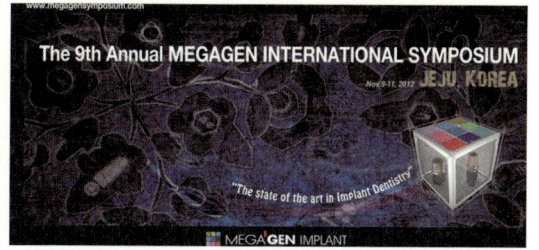

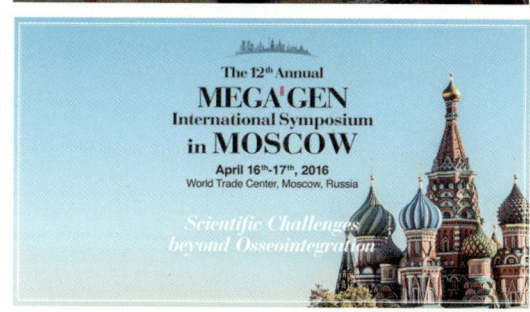

메가젠 임플란트는 매년 전세계 유명 도시에서 국제 심포지엄을 개최하고 있습니다. 제 8회 심포지엄을 밀라노에서 개최하였고, 9회째는 제주도, 10회는 방콕에서 가졌습니다. 11회는 뉴욕, 12회는 모스크바, 13회는 도쿄, 작년인 2018년 14회째는 라스베이거스에서 멋진 학회가 열렸습니다.

디지털 덴티스트리의 시작

2010년 초, 우연한 기회에 엄청난 일이 벌어지게 되었습니다. 당시 목포미르치과병원의 파트너로서 활동하고 있던 김 종철 원장이 다른 파트너분들과 상당한 갈등을 가지고 있다는 이야기를 듣게 되었습니다. 전체 미르치과네트워크에서 가장 뛰어난 팀웍을 자랑하던 목포미르치과병원에서 이런 불협화음이 들리는 것이 다소 걱정되었지만, 그렇다고 직접 개입을 한다는 것도 어려운 일이었습니다. 문제의 발단은, 김 종철 원장은 본인이 관심을 가지고 개발하고자 하는 것에 집중하고 싶은데, 병원의 입장에서는 한 사람의 파트너로서 진료에 집중해 주기를 원하였기 때문에 벌어진 일이었습니다. 마침 메가젠에서 하고자 하던 일이 김 원장의 개발 방향과 일치하기도 했고, 최고의 팀웍을 가진 목포미르에 문제가 생기는 것도 원하지 않았기에, 목포미르의 원장님들과 미팅을 가졌습니다. 다행스럽게도, 모든 분들이 이해를 해 주셔서 김 종철 원장을 메가젠 임플란트의 본사가 위치한 대구로 초대할 수 있었습니다.

일 년간 오직 연구에만 몰두할 수 있도록 해 달라는 요청을 받아들여, 김 종철 원장은 그때부터 서울과 대구를 바쁘게 오가며 뭔가 새로운 개발을 시작하였습니다. 우리가 바라던 디지털 덴티스트리는 모든 작업들을 마치 게임하듯 재미있고, 또 쉽게 할 수 있어야 한다는 생각을 바탕으로 하였습니다. 정통 의료용 소프트웨어의 원칙을 따르기보다, 소비자들이 즐겁게 다가설 수 있도록 해야 하였기에, 컴퓨터 게임을 만들었던 경험을 가진 엔지니어들이 이 프로젝트에 동참하게 되었고, 이 분들은 치과의사인 우리가 어렵다고 생각하였던 문제들을 '정말 게임하듯' 쉽게 풀어주었습니다. 물론 항상 밤낮을 바꿔가며 끊임없이 노력을 기울인 결과였음은 말할 필요조차 없었습니다.

이렇게 메가젠의 디지털 덴티스트리가 시작되었습니다. 김 종철 원장과 팀원들은 우리가 하고자 하는 디지털 덴티스트리에 '유레카 알투(Eureka R2)'라는 명칭을 부여했습니다. '유레카'라는 말은 아르키메데스라는 분이 중력의 원리를 발견한 나머지 기쁨에 겨워 '드디어 알아내었다!'라는 뜻으로 외쳤다는 감탄사라고 합니다.

R2의 R은 Revolution(혁명) 또는 Renaissance(르네상스)라는 뜻이고, 숫자 2는 두 번째라는 뜻으로 붙였습니다. 즉, 브로네막 교수님께서 현재의 치근형 임플란트를 만드신 것이 첫 번째 혁명이었다면, 우리는 디지털 기술을 혁신해서 임플란트 치료법에 두 번째 혁명을 가져오겠다는 각오로 붙인 이름이었습니다.

이 프로젝트안에 다시 3가지 주요 개발 목표를 설정하였습니다. 그 첫 번째 목표는 임플란트를 위한 진단과 치료계획을 세우는데 적합한 프로그램을 개발하는 것이었고, 두 번째 목표는 이를 바탕으로 하루만에 수술에서 부터 보철물의 장착에 이르는 모든 술식이 이루어질 수 있도록 하는 원데이 임플란트 (One-Day Implant) 술식을 완성하는 것이었으며, 세 번째는 뼈가 부족한 환자들을 위한 맞춤형 골이식재를 만들어 냄으로써 오랜 시간이 걸려도 원하는 형태와 볼륨을 가진 골재생이 제대로 이루어지지 않았던 단점을 극복해 내고자 하였습니다.

임플란트 치료를 위한 디지털 기술은 이미 많은 분들에 의해 오래 전부터 사용되고 있었지만, 정확도, 제작을 위한 시간, 비용 등 한계가 많

있습니다. 우리는 당시 전 세계에서 가장 많이 사용되고 있던 노벨가이드(Nobel Guide)시스템에 비해, 서비스의 기간은 삼 분의 일로 줄이고, 비용은 십 분의 일로 줄일 수 있도록 하는 혁신을 만들고자 했습니다. 또한 전문가가 아니더라도 누구나 쉽게, 마치 게임을 하는 것처럼, 임플란트 치료계획을 세우고, 이를 바탕으로 수술과 보철진료를 재미있게, 또 쉽고 정확하게 만들어보고자 노력하였습니다.

　김 종철 원장의 지휘 아래, 모든 팀원들과 연구원들이 밤낮없이 연구와 개발을 이어나간 끝에, 2011년 초, 그러니까 개발이 시작된 지 불과 1년여만에, 독자적인 프로그램 엔진을 가진 소프트웨어가 만들어졌습니다. 우리는 여기에 알투게이트(R2Gate)라는 이름을 붙였습니다. '임플란트의 두 번째 르네상스' 혹은 '임플란트 두 번째 혁명'으로 이어지는 '문'이라는 의미였습니다. 건당 수수료가 수 천 달러에 육박하였고, 제작 기간도 한 달 이상 걸리던 노벨가이드에 비해, 처음 개발단계에서 목표한 대로, 십 분의 일 가격, 일주일 내 서비스가 가능한 알투 가이드(R2Guide) 시스템이 만들어졌습니다.

　이 알투가이드가 시장에 출시되면서 당면한 첫 번째 문제점은, 아직 우리나라의 임플란트 시술자들이 가이드 수술을 받아들이기 쉽지 않은 단계에 있다는 것이었습니다. 많은 학술 강의들에서 디지털을 언급하고 있었지만, 실제로 사용되는 빈도는 매우 저조한 상황이었고, 이를 활성화시키기 위한 구체적이고도 실질적인 교육시스템도 마련되어 있지 않았습니다. 그러다 보니, 우리가 독자적으로 만든 소프트웨어를 이용하여 가이드 서저리용 스텐트를 제작해서 공급하는 서비스보다, 그 내용과 의미를 설명하고 교육하는데 더 많은 시간과 노력이 필요했습니다. 항상 시간에 쫓기며 진료에 바쁜 치과의사들을 지원하면서도, 그 분들의 수술 개념을 반영할 수 있도록 알투게이트의 모바일 버전인 알투게이트 라이트 (R2Gate Lite)도 별도로 개발하였습니다. 주간에 진료하는 치과의사들과 달리, 디자인 업무를 담당하는 치과기공사들은 밤늦게까지 근무하는 경우가 많았으므로, 이 두 그룹이 함께 일하게 하도록 하기 위해서는 아이펫 등 모바일기기들을 사용할 수 있도록 해서, 언제 어디서든 디자이너들이 제공해주는 서비스 위에, 치과의사들 개개인의 선호도를 입힐 수 있도록 했습니다. 언뜻 보기엔 간단해 보이지만, 완전히 새로운 프로그램을 하나 더 만드는 것과 같은 시간과 노력이 들었습니다.

점점 더 편리하고도 정확한 알투게이트 서비스가 안착되어가자, 이번에는 경쟁사들이 등장하였습니다. 비즈니스의 세계에서 경쟁사의 등장은 당연한 것이고, 이것을 통해 더 완성도 높은 상품이 개발되어야 하는 것이 선순환이라고 믿고 있습니다. 그런데 우리의 국내 경쟁사들은 외국의 프로그램 전문 회사들로부터 기존의 프로그램을 빌려와서는, 그 기반위에 표지만 바꾸는 방법을 사용하였습니다. 당연히 개발비용이 거의 필요치 않았을 것이고, 이것 때문인지는 확실하지 않지만, 기록적으로 낮추어 둔 우리의 서비스 비용 대비, 다시 거의 절반에 가까운 가격을 제시하고 나왔습니다. 소비자들의 입장에서는 이런 경쟁을 통해 더 나은 서비스를 더 좋은 가격에 활용할 수 있어서 무조건 환영하겠지만, 개발자의 측면에서는 참으로 큰 고통이었습니다. 하지만 어떠한 어려움이 있다하더라도, 시장과 소비자들이 원하는 상품을 만들어내고, 또 그들로부터 환영을 받아야 하는 것이 제조사들의 숙명인 것을… 보다 높은 차원의 성능을 가진 소프트웨어를 개발함과 동시에, 더 넓은 범위의 임상에 편리하게 적용할 수 있도록 지속적으로 업그레이드 작업을 수행하였습니다.

2011년 알투게이트가 완성된 후 첫 번째 원데이 임플란트 수술

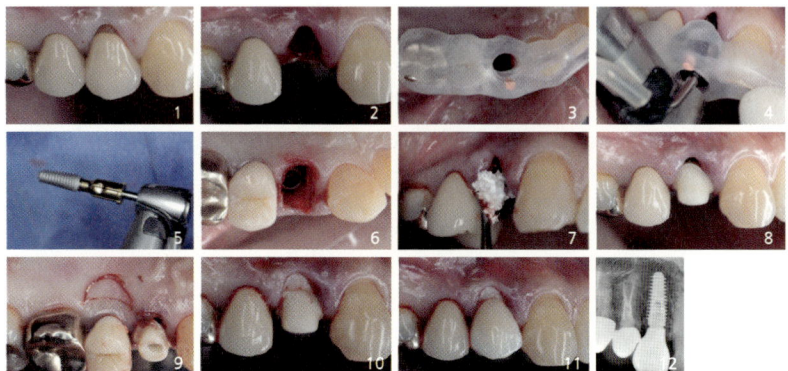

1. 치아뿌리 파절로 인해 작은 어금니를 발거해야 하는 증례였습니다.
2. 치아를 발거하였습니다.
3과 4. 알투게이트 네비게이션 수술로 임플란트 식립을 위한 준비가 이루어졌습니다.
5. 에니리지 임플란트
6. 발치와에 임플란트가 식립된 모습
7. 발치와의 빈공간에 뼈이식을 실시하였습니다.
8. 미리 제작된 보철지대주가 연결되었습니다.
9와 10. 잇몸의 퇴축을 보상하기 위해 잇몸이식을 실시하였습니다.
11. 수술전에 미리 제작하였던 최종보철물을 장착하였습니다.
12. 시술 직후의 구내 방사선 사진. 마치 오래전에 식립되어 관리되어 온 임플란트처럼 좋은 이미지를 나타내었습니다.

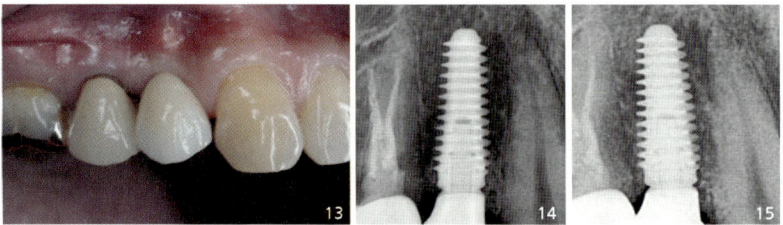

13과 14. 원데이 임플란트 시술 5개월뒤의 구내 사진과 방사선 사진. 이식된 잇몸도 완전히 안착되었고, 방사선 사진상으로도 매우 양호한 상태를 보여주었습니다.
15. 시술 후 4년 경과한 때의 방사선 사진. 시술 당일부터 이때까지 조금도 변함이 없는 안정된 상태를 보여주고 있었습니다.

디지털 기술의 중요성에 대해서는 일찍부터 생각하고 있었지만, 사실 제 자신이 디지털에 대한 기술적인 부분에서는 문외한이었습니다. 김 종철 원장이라는 창조적인 인물이 있었고, 또 그 생각을 실제 구현해 준 연구팀들이 있었기에 가능한 일이었습니다. 그래서 김 종철 원장께, 자신이 가지고 있었고, 앞으로 더 진행하고자 하는 디지털 치과치료에 대한 기고를 부탁하였습니다. 다음의 페이지들에는 김 종철 원장이 직접 생각들을 글로 옮겼습니다.

나의 디지털 덴티스트리 이야기

치의학 박사, 김 종철

<R2GATE 개발에 영감을 준 이미지>

2009년 캐드캠(CAD/CAM)을 처음 접하고 임플란트 보철을 처음 시도하며 컴퓨터 모니터를 통해 보았던 이 이미지와 그 사용 원리는, 저에게 신선한 충격이자 아이디어의 증폭을 가져왔습니다. 소위 라이브러리 매칭(Library matching)이라 불리는 방식은, 약속된 기준형태의 스캔 파일이 리셉터(receptor)로 작용하여 디지털 정보를 활성화시키는 덴탈캐드(Dental CAD)의 원리를 말하며, 흡사 세포의 리셉터 기전(receptor mechanism)의 작동원리와 같다고 생각했습니다.

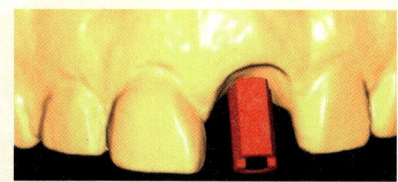 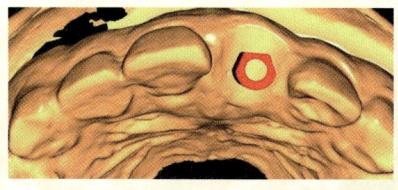

스캔 어벗먼트(scan abutment)를 사용하여 임플란트 보철을 디자인하고 가공하는 원리를 보며 새로운 방식에 대한 감탄을 금치 못했던 것도 잠깐, 이를 증폭시키면 치과치료에 대한 개념을 한 단계 더 발전시키

는 것도 가능하리라 생각되었습니다. 그러한 생각의 확장에 대한 근원은 다음과 같습니다. 그 당시까지만 해도 스캔 어벗먼트를 이용하여 스캔 영상을 획득할 수 있는 시기는, 환자에게 임플란트가 실제로 식립된 후 통법에 따라 인상, 석고모형작업을 마친 다음, 스캔 어벗먼트라는 실물을 모델에 연결하여 스캔하는 과정을 거쳐야만 했습니다. 이 정도로도 편리함이 증가되었지만, 만약 스캔 어벗먼트가 장착된 이미지를 수술 전의 **모의시술**을 통해 얻어 낼 수 있다면 어떤 일이 생길까? 엉뚱한 생각을 하게 되었습니다. 이렇게 되면 치과용 캐드캠 **(Dental CAD/CAM)**을 통해 술자가 원하는 드릴가이드과 함께, 보철물까지도 **수술 전에** 디자인하고 제작하는 것이 가능할 수도 있겠다는 생각이 들었습니다. 이는 임플란트의 제조 원리와도 흡사한데, 임플란트는 공업용 캐드(industrial CAD)에서 설계한 것들을 밀링 머쉰(Milling Machine)을 통해 생산합니다. 이것이 시사하는 점은, 우리가 사용하는 임플란트는 디지털 정보가 현실화된 실물일 뿐이며, 그 본질은 디지털 데이터(digital data)라는 것입니다. 이렇게 정리된 가설을 통해 "모의시술"과 "CAD/CAM"이라는 두 가지 키워드의 원리가 정리되니, 다소 허무맹랑해 보였던 생각들이 만들어 낼 수 있는 미래 치과의 모습이 분명히 떠올랐고, 점점 더 고차원적인 개발 가능성들이 꼬리에 꼬리를 물며 저를 흥분시켰습니다. 그때가 2009년이었습니다.(그때 생각하였던 것들이 지금 모두 구현되었습니다.) 그렇게 1년 반 정도를 신나게 지내는 동안 국내외로 디지털치의학이라는 미명아래 수많은 장비, 재료 그리고 프로그램들이 치과시장으로 봇물 터지듯 밀려 들어왔습니다. 제가 상상했던 디지털 덴티스트리가 현실화되는구나… 하는 기쁨과 함께 미래에 대한 무한한 기대를 가지기도 했지만, 그만큼 실망감도 커졌습니다. 그 주된 이유는 캐드캠(CAD/CAM)이라는 것이 자꾸 치과의사들을 기공의 세계로 밀어 넣으려 한다고 느꼈기 때문입니다. 지금도 변함없는 저의 생각은, 캐드캠의 본질은 디자인과 제조를 위한 수단이므로, 기공사에게는 더할 나위 없는 훌륭한 선물이지만, 치과의사가 실진료에 적용하게 되면 오히려 부가적인 시간투자가 필요하게 된다는 것입니다. 더욱이 일부 업체에서 주장하듯이, 기공사없이 치과의사가 직접 캐드캠을 운용해서 한다는 것은 기공수가가 상당히 높은 유럽이나 미국 등의 선진국에서나 가능한 것이지, 한국의 실정에서는 거의 불가능하다고 보여집니다. 실제로 한국에서는 여러 가지 측면에서 그럴 필요도 없다고 생각됩니다.

대신 치과의사 입장에서 반드시 정립하여야 할 치과 디지털 테크닉의 본질은 "진단과 모의시술"이라고 생각하였습니다. 임상적인 측면에서 얻어진 디지털 데이터들을 종합하여 진단이 이루어지고, 치과의사 본인의 경험을 바탕으로 종합적인 시뮬레이션을 통해 치료계획이 만들어질 수 있습니다. 이렇게 얻어진 디지털 정보는 치과의사의 생각이 모두 담겨져 있으므로, 이를 캐드캠에 숙련된 기공소에 보내고, 기공사의 전문성이 더해진 장치나 보철물을 만들면 되는 것이라 생각하였습니다. 그런 꿈을 실현시켜 줄 프로그램을 만들어 보면 좋겠다는 생각으로 엔지니어들을 만나 보았는데, 개발에 엄청난 자본이 필요하다는 사실을 깨닫고 좌절하게 되었습니다.

이런 저런 생각들이 많아지면서, 치과대학 졸업후 줄기차게 달려왔던 저의 임상생활도 상당히 느슨해져 버렸습니다. 1~2년 정도 긴 호흡의 시간을 가지며 미래를 구상하려 하던 차에 박 광범 원장님의 파격적인 제안이 있었고, 드디어 2010년 말 "유레카 알투 프로젝트(Eureka R2 project)"가 시작되었습니다. 유레카 알투 프로젝트를 통해 구현하려는 3가지 목표는, 제일 먼저 똘똘한 진단프로그램을 만들고, 그것을 통해 '원데이 임플란트(One Day Implant)'를 가능하게 하며, 골결손부를 가진 환자분들에게는 임플란트 시술과 예후에 확실한 결과를 가져올 수 있게 '환자 맞춤형 골이식재'를 실현시키자는 것이었습니다.

〈R2GATE의 탄생〉

이 글을 적고 있는 지금은, 고향인 목표를 떠나 대구로 이동해서 Eureka R2 project를 시작한 지 어느덧 8년이 지나가고 있는 2019년입니다. 현재 저희 팀은 순수한 한국 토종기술로 인비보(Invivo)나 심플란트(Simplant)를 능가하는 진단프로그램을 만들어 보겠다는 꿈을 실현중에 있습니다. 프로젝트 시작 초기인 2012년과 2013년의 이 년간은 환자 진료를 포기하고, 알투게이트 엔지니어 팀원들에게 그들이 개발해 내어야 하는 기술들의 임상적 의미를 가르치며 한발 한발 앞으로 나아가던 시기였습니다. 기술에 집중하는 엔지니어들이 말하는 "된다"와 그 결과들을 이용해서 환자에 적용하는 임상의가 말하는 "된다"의 의미는 확연히 달랐습니다. 엔지니어의 입장에서 완성되었다는 어떤 기능이, 치과의사의 입장에서도 "되었다"라는 평가를 듣기까지는 수많은 조율이 필요하다는 것을 그 과정을 통해 배웠습니다. 여기서 '조율'이라는 단어가 의미하는 것은, 임상치과의사가 엔지니어의 언어와 표현방식을 이해하고, 엔지니어로 하여금 임상가의 언어와 표현방식을 이해시켜야 하는 지루하고도 험난한 과정이었습니다.

디지털 시대에 많은 사람들이 "기술과 의료의 융합"에 대해 쉽게 이야기하지만, 개발을 총괄하는 입장에서 저 아름다운 표현은 엄청난 "인내"를 의미하였습니다. 또한 이런 프로젝트를 진행함에 있어 프로그램의 구체적인 시나리오가 얼마나 중요한지를 배웠던 기간이기도 했습니다. 꼬박 2년 동안 그런 학습과 인내의 기간을 보냈습니다. 마침내 씨티(CT) 볼륨렌더링이 개발되었고, 단면 영상을 구현하는 1단계 과정을 통해 알투게이트의 기초가 만들어졌습니다. CT의 부정확성을 보정하기 위해서는 모델 스캔을 통해 얻어진 STL 파일을 CT 좌표계에 융합시켜야 했습니다. CT에서 얻어진 다이콤 (Dicom) 영상을 STL 파일로 변환하는 "STLization"이라는 기능이 구현된 후, 드디어 STL을 CT의 좌표계에 로딩할 수 있는 2단계 작업이 완성되었습니다. 3단계 작업에서는 에니리지 임플란트 라이브러리를 이용한 임플란트 모의 시술기능이 추가되었습니다. 이어서 CT와 STL의 융합영상을 기반으로 임플란트가 모의시술이 가능하게 되자, 이제는 수술 계획 단계에서, 즉, 임플란트가 잇몸뼈에 식립되기도 전에, 임플란트와 스캔바디의 위치가 포함된 파일을 추출할 수 있게 되었습니다. 이는 '세계 최초'로 개발된 것이었습니다. 여기에 별도의 CAD 프로그램을 적용하여 임플란트 네비게이션 가이드, 개인 맞춤형 어벗먼트, 그리고 최종보철물을 '수술 전'에 제작할 수 있게 되었습니다. 오랜 시간에 걸쳐 개발된 프로그램을 이용한 첫 번째 알투가이드 수술은 박 광범 원장님의 친동생에게 적용, 시행되었는데, 그날은 감동 그 자체였습니다. 이후 세계적인 명성을 가지고 있는 3Shape 라는 회사에서, 알투게이트와 거의 비슷한 기능을 가진 "임플란트 스튜디오"라는 이름의 프로그램을 판매하게 되었는데, 우리가 그들보다 1년 이상 빠르게, 자체 프로그램을 사용하여 가이드를 디자인하고 제작했다는 것도 뿌듯한 추억입니다.

〈알투게이트의 진화과정〉

그러나 그런 기쁨의 시간도 잠시 뿐이었습니다. 상품화 되어 판매가 시작된 "R2 One Day Implant"에 대한 유저들의 피드백은 가히 상상을 초월했습니다. 우리가 예상했던 것 보다 훨씬 많은 불만들이 쇄도하였는데, 그 불만들의 주된 내용을 크게 분류해보았더니 다음의 두 가지가 주요 원인이었습니다.

    1. 즉시 부하(immediate loading) 증례에서의 실패
    2. 가상수술의 위치와 실제 수술 결과의 불일치

환자를 진료하지 않고 개발에만 전념하던 시기라, 위의 불만들에 대해 정확한 답변을 하기 어려웠던 것이 저를 더 힘들게 만들었습니다. 이미 개발되어 있던 프로그램 위에, 더 개발, 개선해야 할 과제들이 산더미처럼 쌓여 있었지만, 제 자신 충분한 임상적 경험을 쌓지 않은 상태에서 다른 분의 임상에 사용될만한 무언가를 개발한다는 것이 무리라고 생각하였습니다. 어쨌든 현장에서 날마다 쏟아지는 불만을 조기에 대응하지 못하면, '찻잔속의 태풍'만으로 이 프로젝트가 끝날지도 모른다는 위기감이 온통 머릿속에 가득했던 시기이기도 했습니다. '알투 원데이 임플란트 (R2 One Day Implant)'를 세상에 소개할 때, 확실한 초기고정을 확보할 수 있도록 디자인된 '에니리지 임플란트'를 이용하여 임플란트 고정지수(Implant Stability Quotient, ISQ)가 70 이상이 되면 즉시 부하(immediate loading)가 성공할 수 있다는 가이드라인을 제시하였습니다. 그런데 다수의 유저들이 임플란트 식립시에 이 조건을 충족시켰음에도 불구하고, 1주나 2주 만에 임플란트가 실패하였다는 보고들이 접수되었습니다. 어디가 잘못되었을까? 도대체 무엇을 놓쳤던 걸까?… 그 다음 몇 주 동안 즉시부하와 임플란트 고정지수(ISQ)에 관련된 논문을 죄다 뒤져서 찾고 샅샅이 읽어 보았습니다. 즉시 부하시 골 밀도 (bone density)의 중요성, 그리고 연약 골(soft bone)에서도 드릴의 크기를 조절 (under drilling)하고, 아래로 점차 가늘어지는 임플란트(tapered implant)를 이용하면 높은 수치의 ISQ를 얻을 수 있다는 점등이 반복해서 뇌리

를 스쳐 지나갔습니다. 아차!! 임플란트가 식립되는 부위의 골량(Bone volume)만 고려하고, 골질(Bone quality)를 중요하게 생각하지 못하였다는 것을 깨달았습니다. 어떻게하면 골 밀도(bone density)를 알투게이트 프로그램 상에서 '직관적으로' 표현할 수 있을까 고민을 거듭하였습니다. 그 결과 '디지털 아이(Digital EYE)'가 탄생하였습니다. 통상적으로 임플란트의 치료계획에 이용하는 파노라마나 씨티(CBCT)의 이미지는 흑백으로 되어있는데, 우리 눈이 이런 흑백의 이미지로 부터 구분할 수 있는 골밀도는 최대 16 단계에 불과하였고, 이 또한 디지털 기기의 종류에 따라 상당한 차이를 보여서 임상가가 객관적인 골밀도를 판정할 수가 없는 경우가 많았습니다. 우리는 이 흑백의 방사선 이미지를 컬러로 전환하는 프로젝트를 성공적으로 만들 수 있었습니다. 이로써 골밀도의 단계를 256 종류까지 분류할 수 있게 되었습니다. 수술 부위의 골질을 다양한 색상으로 표시해주는 기능을 부여해 주는 '디지털 아이' 덕분에, 술자는 수술부위의 골질을 훨씬 더 '직관적으로' 파악하는게 가능하게 되었고, 이로 인해 즉시부하(immediate loading)의 성공률을 비약적으로 높일 수 있게 되었습니다. 또한 씨티상에서 임플란트가 식립되는 부위의 골질이 3차원적으로 파악되는 점을 이용하여, 같은 수술부위에서도 뼈가 단단한 부분과 연약한 부분이 존재함으로 인해, 어느 쪽으로 드릴이나 임플란트가 밀려날지 예측할 수 있게 되었습니다. 이로 인해 수술 부위의 골질에 따라 구체적인 드릴링 전략을 세울 수 있게 되었고, '알투 원 데이 임플란트(R2 One Day Implant)'의 안정성과 정밀도가 혁신적으로 개선되었습니다. 이 또한 세계 최초로 우리가 이루어낸 쾌거였습니다. 이것으로써 알투게이트의 첫 번째 단계가 완성되었습니다.

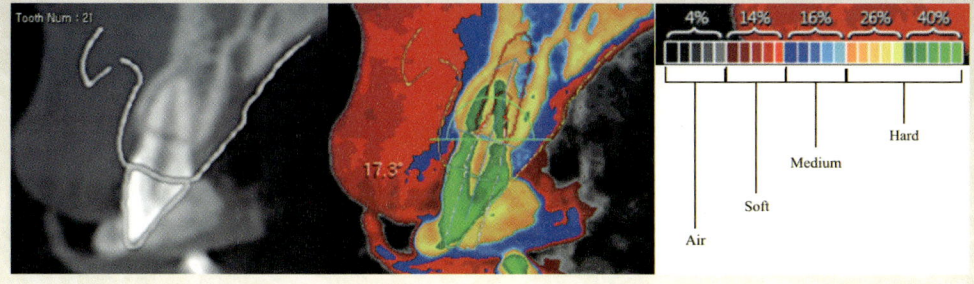

기존 방사선 사진의 흑백 이미지를 골질에 따라 컬러로 표현하게 된 디지털 아이(Digital Eye) 기능.

디지털 아이 알고리즘의 기본 구조는 흑백세계를 256단계의 칼라로 세분화시키는 것입니다. 이것이 의미하는 것은, 술자가 원하는 색상 영역의 다이콤(Dicom) 데이터를 STL로 변환시키는 STLization의 기능이 더 세분화되었다는 것입니다. 이를 바탕으로 "선택적 STL화"를 통해 정보의 유실을 최소화시킬 수 있었고, CT 영상전체를 STL로 변환시키는 것이 가능해졌습니다. 이제 가상시술을 이용한 가이드수술의 개념이 임플란트 치료와 같이 구강내 일부 제한된 부위에 적용되는데 그쳤던 한계를 넘어, 악안면 전체, 혹은 인체 전체의 경조직으로 확대될 수 있게 되었습니다. 확장된 알투게이트를 통해 얻어진 첫 번째 결과물이 바로 '페이스가이드(FACE GIDE)'이었습니다. 그간 악교정영역에서는 이차원인 평면 방사선 사진과 안면사진 데이터들을 술자가 '머리 속에' 기억하고, 교합기(Dental articulator)에 마운팅된 치과용 석고모델을 참고로 함으로써, '술자의 머리 속에서' 삼차원적 분석이 이루어졌고, 이를 통해 진단과 치료계획을 세우는 방식이 주로 사용되었습니다. 하지만 씨티(CBCT)를 사용한 삼차원 입체영상은, 이차원의 자료들과는 비교가 될 수 없을만큼 양질의 정보를 제공합니다. 이 삼차원 입체 데이터들, 즉 씨티와 STL 정보들을 모두 융합할 수 있도록 설계된 알투게이트는 이런 목적에 가장 부합하는 프로그램이 되었습니다.

악교정 수술에서는 수술 후 안면의 완벽한 대칭상태를 회복하는 것이 매우 중요한데, 실제 이차원적인 정보들을 짜집기해서는 자칫 비대칭이 수술후에도 잔존되는 일이 발생하게 됩니다. 저희들은 이런 점을 매우 중요하게 여기고, 모든 원천 데이터들에서부터 대칭을 확보하기로 하였습니다. 내부적인 연구결과, 삼차원 입체영상에서 정중시상면을 대칭의 중심선으로 규정하면, 이를 기준으로 환자의 비대칭 정도가 아주 쉽게 해석될 수 있음을 알게 되었습니다. 이 정중시상면을 기준으로 좌우 안면이 대칭되도록 악골을 분절시키고 이동시키는 방법으로, 컴퓨터 상에서 가상의 악교정 시술을 진행합니다. 완벽하게 진행된 가상 수술의 결과를 현실로 옮기기 위해서는 앞에서 말씀드린 STLization과정을 거치게 되는데, 가상수술 전,후의 데이터 처리를 통해 맞춤형 플레이트(Customized plate), 스크류홀과 톱선을 위한 가이드 (Screw hole and Saw guide), 악간 고정용 스텐트 (Intermittent stent) 들을 삼차원 프린터와 캐드캠(CAD/CAM)작업을 통해 제작할 수 있게 되었습니다. 이것은 세계 최초의 풀 패키지 (Full package) 수술방법이었음에도, 각종 규제사항들 때문에 논문발표를 할 수가 없었습니다.ㅠ.ㅠ 우리의 페이스 가이드(Face Gide)만큼 완벽하지도 못한, 그렇지만 유사한 방법을 사용한 논문들이 외국에서 쏟아지는 것을 보며 한림대병원의 양 병은 교수와 속앓이를 해야 했던 기억이 아직도 생생합니다.

상당히 오랜 시간을 거쳐 인허가가 완료되고, 지금은 국내 거의 모든 대학병원에 도입되었다고 하니 얼마나 다행스러운 일인지 모르겠습니다. 개발 초기에서부터 지금까지 한결같이 도움을 주신 한림대 양 병은 교수님과 서울대 최 진영 교수님의 학문적인 피드백과 열정적인 임상적용 덕분에, 현재 우리의 페이스 가이드는 분할 골절술 (segmental osteotomy) 뿐만 아니라 악안면 윤곽 수술 및 재건 수술까지 그 영역을 확장해 나아가고 있습니다. 물론 기존의 어떤 수술법에 비해서도 정확한 결과를 보여주었으며, 수술시간이 획기적으로 감소되었을 뿐 아니라, 수술후 부작

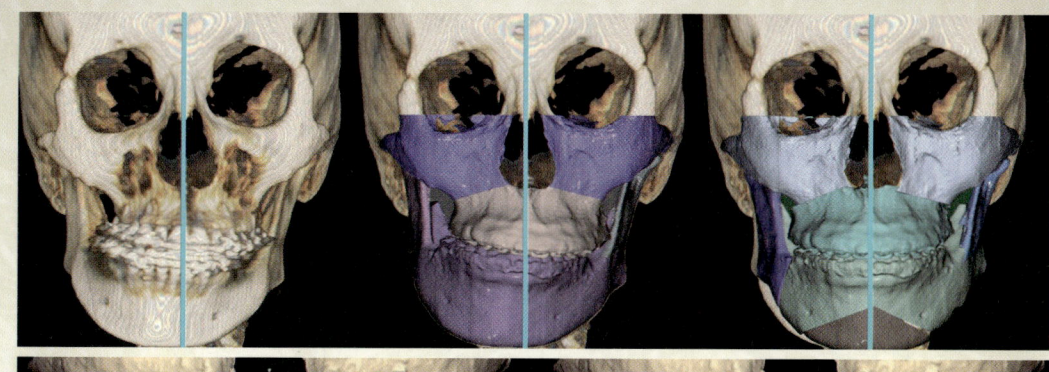
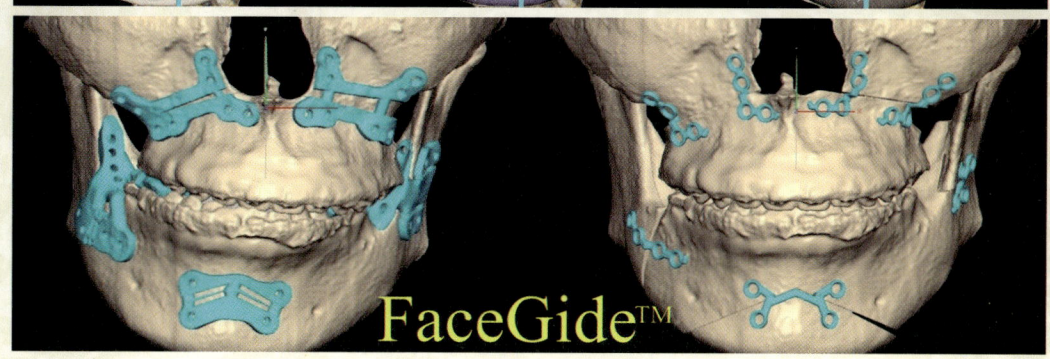

용 또한 최소화되었습니다. 알투게이트를 응용한 페이스가이드가 이렇게 큰 성공을 거둔 것처럼, 다른 분야에서도 활용도가 더 많아지기를 기대합니다. 알투게이트의 가능성은 무궁무진하다고 생각합니다.

〈알투게이트의 현재〉

페이스가이드를 진행해 나가면서, 알투게이트는 진단과 치료계획을 세우는 프로그램에만 그치지 않고, 최적의 솔루션을 제공하는 소프트웨어로 한 단계 더 진화하게 되었습니다. 페이스가이드의 초기 개발단계에서는, 주로 안면골, 즉, 뼈에 주안점을 두고 진행하였는데, 수술 후의 결과에 대한 평가는 뼈가 아니라, 환자 안모의 대칭성이라는 생각이 들었습니다. 환자 개개인의 동적 감성이 소프트웨어에서 표현될 수 있으면 최상이겠지만, 워낙 다양한 안면 근육들이 상호작용하여 만들어내는 것이 '얼굴 표정'이므로, 단기간의 연구에서는 힘들다는 결론이 내려졌습니다. 이는 별도의 프로젝트로 추진하되, 씨티(CBCT)에 환자의 안면 정보가 추가된다면, 한 단계 더 나아간 가상환자(Virtual Patient)를 컴퓨터 상에서 만들 수 있겠다고 생각했습니다. 먼저 평면 (2D) 안면사진이 CT와 융합되는 기능이 시도되었고, 발전을 거듭해 삼차원의 안면 스캔정보를 CT에 입힐 수 있도록 진화되었습니다. 더불어 이런 일련의 작업들이 하나의 워킹 스테이션 (Working Station)에서 모두 진행될 수 있다면, 시간적인 장점 뿐만 아니라, 이 작업의 수행에 관련된 모든 사람들의 수고를 크게 덜어줄 수 있을 것이라 생각하였습니다.

마침 비슷한 생각과 열정을 가지고 있던 씨티회사인 레이 (Ray Co.)와 수많은 토론의 시간을 보냈습니다. 그 결과가 "디지털 오럴 디자인 (Digital Oral Design)"으로 만들어지게 되었고, 알투게이트가 나아갈 길을 보여주는 '미래의 초석'입니다. 안면의 정보까지 포함된 가상환자(Virtual Patient)를 임상에 이용할 때 우리가 가질 수 있는 가장 큰 장점은, 환자가 병원을 지속적으로 내원하지 않아도 된다는 것입니다. 아날로그식 방법을 사용할 경우, 매 단계마다 정보를 재확인하고, 그 정보를 다음 단계로 옮길 수 있도록 하기 위해, 치료계획과 준비 단계에서만 여러 차례 환자분들이 내원을 해야했고, 치과의사들과 기공사들도 이를 위해 적지않은 시간을 할애했어야 했지만, 이제 그럴 필요가 없게 되었습니다. 첫 내원시 약 30여 분에 걸쳐 얻어진 디지털 데이터들을 융합시켜 가상 환자가 만들어지고 나면, 그 다음 작업들은 거의 모든 과정이 컴퓨터를 통해 가능해졌습니다. 이 가상환자를 통해 우리는 환자의 안면 분석은 물론, 그것을 기준으로 개개인에 맞는 최적의 치아배치를 통한 미소설계(Smile Design), 완전 디지털화된 페이스 보우 및 마운팅(Face bow and mounting)의 실현, 디지털 체크바이트(Digital Check-bite)를 이용한 과로경사(Condylar guidance) 및 전치유도경사(Incisal guidance)의 정보들을 획득할수 있게 되었습니다. (이 책을 읽으시는 분들 중 치과관련 전문지식이 충분하지 않으신 분들은 용어의 이해에 어려움이 있으실 것입니다만, 디지털 치과분야의 발전에 대한 전체적인 흐름에 대한 느낌만 가질 수 있으면 될 듯합니다. ^^)

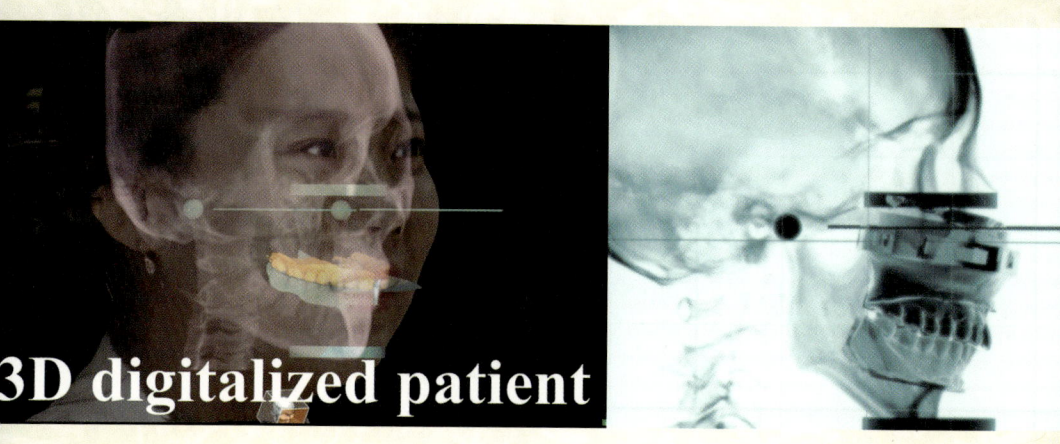

모든 정보가 담겨 있는 컴퓨터 상의 가상 환자는, 환자의 내원 횟수를 크게 줄여주고, 치과치료에 관련된 모든 인력들이 같은 지향점을 가질 수 있게 해주었습니다.

이러한 디지털 기능의 확대 적용을 통해, 과거 아날로그 시대에 유사하게 진행되었던 술식들이 필연적으로 갖고 있었던 모호함이 대폭 보완되었으며, 편리성과 정확성 모두 크게 향상되는 결과를 가져왔습니다. 환자 개개인의 특성들을 분석하여 얻어진 데이터들을 기반으로 설정된 치료계획이 완성됨으로써, 후속 치료에 있어서는 그 결과물들을 치료캐드(CAD) 작업을 통해 뽑아내어 적용시키기만 하면 되도록 되었습니다. 이로써 매우 강력한 예지력을 가진 치료가 순서대로 진행될 수 있게 되어, 환자에게는 편안하고도 만족스러운 치료가 이루어질 수 있게 되었고, 술자에게는 체어타임을 줄여주는 결과를 얻게 되었습니다. 현재 알투게이트를 이용한 임상의 활용은, 근관치료, 치아이식, 치관연장술, 미니교정, 악교정수술, 안면윤곽술, 인공관절, 임플란트치료, 보철등 거의 모든 임상분야로 그 활용폭을 넓혀가고 있습니다. 이는 유레카 알투 프로젝트(Eureka R2 Project)를 시작하던 10여 년 전, 우리가 꿈꾸었던 바로 그 세상으로 들어가는 문(GATE)앞에 도달했음을 의미합니다. 이 문 너머 있을 그 세상이, 디지털 치의학의 미래이자 알투게이트의 미래입니다. 그리고 그 미래는 지금까지 우리가 걸어왔던 지난 세월과는 사뭇 다를거라 생각됩니다.

〈게이트(GATE) 너머의 미래에 대한 준비〉

사물인터넷, 증강현실, 에이아이(AI), 로봇(Robot)!

이들 각각에 대한 기술적인 내용들에 대해 제 자신 충분한 지식을 가지고 있지 못하지만, 임상가로서, 또 디지털 기술의 미래를 꿈꾸고 실행하기 위해 노력하는 한 사람으로서, 이 네 가지의 기술의 조합으로 만들어질 미래 임상을 상상해 봅니다.

디지털 환자(전신 건강상태 및 동적 정보가 포함된 지금 보다 훨씬 더 포괄적인 개념의 환자)가 만들어지면, 진단분석을 컴퓨터에 지시하게 될 것입니다. 진단 결과가 컴퓨터를 통해 브리핑되고, 술자는 적용 가능한 치료옵션들을 제안해 줄 것을 요청합니다. 몇가지 치료옵션과 각각의 옵션에 대한 최종 이미지와 장단점이 브리핑되면, 술자는 자신의 개념에 맞게 그것을 수정한 다음, 다시 장단점을 체크할 것입니다. 장단점을 체크할 때에도, 술자는 컴퓨터에 그에 관한 근거자료를 첨부하여 보여줄 것을 요청하게 될 것입니다. 술자에 의해 최종 치료옵션이 결정되면, 그것을 기반으로 컴퓨터는 치료에 필요한 모든 디지털 부산물들의 리스트와 그 디자인들을 보여줄 것입니다. 술자는 자신에게 필요한 디지털 부산물들을 선택하고, 필요한 경우 일부 디자인을 수정하여 최종 결정을 내리게 됩니다. 결정된 데이터들은 가공센터나 치과내의 가공장비들에게로 전송될 것이며, 각종 디지털 장비들이 생산을 담당하게 됩니다. 준비된 디지털 부산물들을 환자에게 적용할 때에도, 모든 정보들이 진료실의 모니터링 장치들을 통해 시각적, 청각적으로 술자에게 전달될 것입니다. 매우 정밀한 작업이 요구되는 경우, 술자의 휴먼 에러(human error)를 방지할 수 있게 로봇암의 도움을 받을 수 있을 것입니다. 로봇암에 "실수 방지 모드"가 장착되어 있으므로, 술자가 인지하지 못하는 작은 실수들도 예방될 수 있을 것입니다. 시술 후 결과들은 진단과 치료계획시의 자료들과 비교 검토되어 술자에게 피드백됩니다. 반복적인 시술로부터 방대한 정보가 계속 축적되어 분석될 것이고, 이는 다시 진단과 치료계획에 반영되는 방법으로 더욱 진화되어 갈 것입니다. 우리가 수많은 환자들을 치료하면서, 무심하게 같은 실수들을 반복하였던 과거에서 벗어나기 위해서는, 의식적으로나 무의식적으로 버려졌던 정보를 어떻게 다루고 재활용할 수 있을 것인가가 중요하며, 이것이 우리의 미래를 좌우하지 않을까 생각합니다!

분명 '끝은 없으리라' 생각하며, 성급하기 보다는 꾸준한 호흡으로 달려온 시간들이었습니다. 자연과학이란 '본디 그러했던 자연을 인간의 지적 능력을 통해 해석하는 것'이라 알고 있습니다. 그러니 태양 아래 어떤 새로운 것도 없다는 말에도 전적으로 동의합니다. 결국 이 자연의 존재나 현상을 '어떤 방식으로 이해하고 해석할 것인가'가 중요할 것입니다. 새로운 문(GATE)을 대면한 지금, 이 문의 너머에 어떤 세상이 있는지 온전히 내다볼 수는 없지만, 지금까지의 경험을 토대로 어렴풋이 문 너머의 세상을 예측해 보고 있습니다. 여기서 "지금까지의 경험"이란,

알투게이트 (R2GATE)의 개발을 주도하고, 그것의 사업화 과정과 임상가들의 반응들을 옆에서 지켜보며 얻은 정보를 이야기합니다. 게이트 (GATE) 너머의 세계는, 지금까지와는 비교할 수 없을 정도로 넓은 세상이자, 그 변화의 속도 또한 까무러칠 정도로 빠르며, 더욱 더 치열한 경쟁의 장일 것입니다. 많은 진솔한 발전들과 더불어, 설익은 기술과 현혹적인 가설들이 "과학적 혁신과 미래"라는 가면을 쓰고 회사와 소비자를 현혹하는 모습도 보일 것입니다. 그럼에도 불구하고, 문 너머의 세상은 아주 희망적이며, 반드시 들어가 보아야 할, 재미있는 세상임에 틀림없다고 개인적으로는 믿고 있습니다.

그 세상에서의 즐거움을 만끽하기 위해서는 주도권을 쥔 '주류'가 되어야 합니다. 그 힘의 핵심이 무엇이며 그것을 어떻게 만들 수 있을까요? 아마도 그 세상의 키워드(key word)는 해법(solution, 다른 말로는 platform)이라 사료됩니다. 지난 10년여의 시간 동안 디지털 치의학의 각 분야는, 그 깊이와 영역에서 모두 심화되었고 확장되었습니다. 과거 아날로그 방식의 경험에서 축적된 방대한 치과임상 데이터들을 기반으로, 수많은 아이템이 디지털 방식으로 전환되어 왔으며, 지금은 주로 '특정 기능구현'이라는 역량을 갖춘 많은 기술들이 산재되어 있다고 생각합니다. 디지털 치의학의 궁극적인 목표가, 과거 아날로그 임상의 완전한 디지털화 및 그것을 토대로 한 발전이라 생각하면, 지금까지의 노력들은 완전 디지털화를 위해 준비과정에 불과했다고 생각됩니다.

치과분야의 완전한 디지털화를 위해서 알투게이트는 진단능력과 가상시술 기능을 더 발전시켜 나갈 것입니다. 더불어 알투게이트를 통해 추출된 데이터를 기반으로, 술자가 원하는 것이라면 무엇이든지 자유자재로 디자인하고, 쉽게 생산 가능한 체계를 갖추어 나갈 것입니다. 물론 이 솔루션에 누구든 쉽게 접근하여 사용할 수 있도록 온라인 환경이 먼저 만들어져야 하는 조건이 남아있기는 합니다만, 전세계 어디서나 이런 환경이 머지않아 수립되리라 믿습니다.

　이런 환경을 만들기 위해서는 지금까지와 다른 발상과 도전정신을 필요로 합니다. 엄청난 자본과 우수한 인력집단이 요구되는 거대 프로젝트가 될 것이므로, 단편적 기능을 가진 고만고만한 업체가 단독으로 진행하기는 거의 불가능할 것으로 생각됩니다. 설사 누군가가 그걸 실제로 만들 수 있다 하더라도, 이미 시장에서는 유사한 것들이 판을 칠 것이므로, 뒷북을 치는 셈이 될 것입니다. 시장에서의 승리를 거머쥐기 위해 '거대 자본과 인력'을 확충할 수 있는 방법은 '연합'이라 생각합니다. "세계 최고의 솔류션을 만들자"는 기치 아래, 소프트웨어적인 기술을 가진 주체들의 대승적으로 연합하여 개발에 대한 업무를 분담하고 이를 재조합할 수 있어야 합니다. 디지털 시대에 소프트웨어가 갖는 역할은 무엇과도 비교할 수 없을 만큼 중요합니다. 진단, 디자인, 가공, 온라인 소통의 모든 영역에서 '소프트웨어의 정보처리 능력'이 성패를 좌우한다해도 과언이 아닐 것입니다. 더 나아가 그 소프트웨어의 운용을 통해 획득되는 방대한 데이터야말로, 모두가 꿈꾸는 AI와 활용 로봇들을 위한 지적 양식이 될 것입니다.

　직소퍼즐……

　미래는 분명, 거대한 직소퍼즐의 완성된 그림을 기초로, 그 낱낱의 조각을 빨리 맞추는 팀이 세상의 주도권을 쥘 것이라 생각됩니다. 임상, 공학, 사업, 자본이 융합되어 탄생될 새로운 집합체의 열정과 힘이, 게이트(GATE) 너머의 세상을 지배할 것입니다. 지금까지 알투게이트의 발전과 그것을 이용한 임상적 활용증례들은, 분명 미래에 대한 청사진과 같은 모습이었다고 확신합니다. 그러나 지금까지 소개되었던 개념들이 미래에도 가치를 유지하기 위해서는 앞으로도 수많은 조율이 필요합니다. 알투게이트에서 추출된 원천 데이터(source data)에 특화된 캐드캠 (CAD/CAM)기술, 또 그 결과물들에 대한 인허가적인 준비, 사용자 편리성이 향상된 온라인 서비스의 구축, 축적된 데이터에 대한 분석과 응용 연구를 위한 팀, 그리고 무엇보다 미래에 대한 목표를 공유하고 같은 호흡으로 움직이며, 이 프로젝트를 이끌 씽크 탱크(think tank)의 구성이 절실합니다. 이런 조건이 갖추어진다면, 우리가 꿈꾸던 그 세상 '오호라! 두번째 혁명이 이루어졌도다!'(Eureka! The Second Revolution!) 라고 외칠 수 있는 날이 반드시 오지 않을까요?^^

미르의 분열 그리고 재도약

　2002년 6월 대구미르치과병원을 시작으로 커지기 시작하였던 미르치과네트워크는 한때 26개의 회원병원을 가진 큰 조직으로 성장하였습니다. 하지만 모든 조직이 그러하듯이 언제나 평탄한 발전만을 구가하지는 못하였습니다. 미르치과 네트워크의 추구하는 바에 동의할 수 없음을 선언하여 탈퇴하는 병원도 있었고, 병원의 내부 사정으로 인해 파트너들이 분리되면서 미르네트워크를 떠나는 병원들도 있었습니다. 드물긴 하였지만, 네트워크의 규정을 지키지 못해 탈퇴를 강요당하는 일도 있었습니다.

　미르치과네트워크가 메가젠 임플란트와 거의 동시에 시작되었고, 이 두 조직의 장을 제가 모두 맡고 있었기에, 초기에는 여기에서 오는 부작용이 적지 않았습니다. 메가젠이 당시에는 매우 약한 상태였으므로, 미르네트워크에 도움의 손을 벌려야 하는 일이 많았습니다. 미르네트워크 회원병원 내의 상당히 많은 원장들이 메가젠의 창립주주였기에, 이 두 조직이 서로 상생하는 조직이 될 것을 기대하였으며, 서로가 서로를 당연히 도와줄 것이라고 믿어 의심치 않았습니다. 물론 많은 분들이 정말 적극적으로 지원해 주었고, 그것이 현재 메가젠의 발전에 크게 기여한 것이 사실입니다만, 모두가 같은 생각을 가지고 있지는 않았습니다. 어느 날의 미르네트워크 대표원장 회의에서 이에 대해 정식으로 이의를 제기하는 병원이 생겼습니다. '미르네트워크의 발전을 위한 미팅에서 왜 메가젠 임플란트의 이야기가 나오느냐!'라는 항의였습니다. 지극히 옳은 지적이었지만, 참 서운하였습니다. 대표이사라는 직함을 가지고 있었지만, 그때까지 월급 한푼 받지않았고, 많은 미르치과의 원장들이 주주로서 참여하고 있던 메가젠을 잘 만들어보겠다는 의지로 정말 힘들게 제안을 했는데, 그런 지적을 받으니 뭐라 할 말을 잃어버렸습니다. 그 자리에서 '앞으로 미르네트워크 이사회에서 절대 메가젠에 대해 이야기하지 않겠다!'는 약속을 했지만, 그 일이 빌미가 되어 첫 번째 탈퇴병원이 생겨났습니다. '좋은 뜻'이 상대방에게도 항상 좋게 받아들여지지는 않는다는 것을 다시 한번 느끼게 되었습니다.

경영적인 판단의 잘못으로 문을 닫게 된 부산 미르치과의원과 건물주 및 파트너들 간의 의견차이로 해체된 미르들이 몇 개 더 있긴 하지만, 이 책에서 언급할 필요는 없을 듯 합니다.

미르치과네트워크에 속한 모든 병원들이 실질적으로 독립적인 경영을 하고 있으므로, 내부의 속사정을 일일이 알 수는 없습니다. 특별한 문제를 의논해 오는 경우에 한해서 리더 역할을 맡고 있던 원장들이 조언을 해주는 정도였으므로, 어느 미르 병원이 잘 되거나, 조금 부족하다는 것에 대해 이야기한다는 것 자체가 무리라고 생각합니다. 다만, 제가 몸담고 있었던 그룹에서 생겼던 일들과 함께, 제가 세상 여러 곳을 돌아다니면서 보고 듣고 느낀 부분들에 대해 설명을 함으로써, 혹시라도 같은 길을 추구하시는 분들에게 작으나마 참고가 될 수 있을까 합니다. 어떤 개인을 비난하거나, 누가 잘 하였다고 칭찬하는 것이 아니라, 여러 사람이 함께 하다 보면, 이런 저런 '다른' 생각들을 발견할 수도 있다는 취지로 몇 가지 경험을 적어보려고 합니다. 따라서 아래에서 표현되는 내용들은 '지극히 개인적인 생각'이며, 여러분들의 관점과는 상당히 차이가 있을 수 있음을 미리 말씀드리고 싶습니다.

앞에서 설명하였던 바와 같이, 대구미르치과병원은 가우정치과병원에서 함께 활동하였던 후배들을 주축으로, 몇몇 후배들을 새로이 영입함으로써, 열 명의 파트너로 시작이 되었습니다. 개원 이후 오래지 않아 두 분의 파트너가 더 합류해서 열 두 명의 파트너가 되었습니다. 이들 중 일곱 분이 시간차를 두고 대구미르치과병원을 탈퇴해서 자기의 길을 독자적으로 개척해 나갔고, 다시 일곱 분의 새로운 파트너가 영입되어서 2019년 현재도 열두 분의 파트너가 함께 활동하고 있습니다. 새로 합류하는 파트너들이 점점 젊어짐으로 인해 전체 파트너 원장들의 평균연령도 크게 낮아져서, 건강한 세대교체를 이루고 있다고 자평하고 있습니다. 머지않아 저도 여기에서 은퇴하게 되겠지만, 우리가 처음 가졌던 생각대로, 최고의 치과진료 서비스를 제공하는 '대한민국 표준 치과'를 지향하는 미르가 100년, 200년 이어질 수 있기를 소망합니다. 인간의 역사가 반복되는 것처럼, 우리 후배 파트너들도 저와 초기의 파트너들이 겪었던 똑같은 어려움을 겪을 것입니다. 부족한 경험이기는 하지만, 이런 지적들이 뒤에 생길 수 있는 문제점들을 서로 간 대화와 소통을 통해 해결해 나가는데 도움이 되기를 진심으로 바랍니다.

혼자서 모든 일을 처리하는 개인 치과의원인 경우에는, 그 원장님의 선호에 따라 쉽게 모든 결정들이 내려집니다. 하지만, 두 사람 이상이 모여 그룹이 만들어지게 되면, 반드시 협의체가 구성되어야 합니다. 이 협의체를 통해 건강한 토론과 함께 방향성에 대한 결정이 내려진다면, 그 그룹은 크게 발전할 것입니다. 항상 동의만 하는 파트너는 편하겠지만, 생산적인 토론이 이루어지기 어려우므로, 궁극적으로는 전체적인 역량이 약화될 가능성이 많습니다. 이는 정치의 논리와 마찬가지라고 봅니다. 많은 분들이 동의하시겠지만, 우리나라에서는 토론의 문화가 제대로 정착되어 있지 못합니다. 토론이란 건강한 결론을 도출하기 위해 반드시 필요한 과정이며, 누구든 자신의 의견을 표현할 수 있어야 합니다. 다만, 이것이 수렴의 과정을 거쳐, 최대 공통분모를 찾아낼 수 있어야 합니다. 제가 경험한 바로는, 우리는 여기에 문제가 있어 보입니다. 즉, 대다수의 의견이 한쪽으로 모여도, 자신의 주장을 굽히지 않습니다. 다혈질적인 우리 국민성 때문일까요? 이렇게 되면 결국 갈라설 수 밖에 없고, 분열과 갈등의 악순환에 빠지게 됩니다. 국가나 사회 전체에 영향을 미치는 중차대한 문제들에 있어서는 그 사회의 구성원들이 어떻게든 합의점을 찾아내고, 그것을 지켜나갈 수 있도록 해야 하지만, 개인 치과의사들이 모여 병원시스템을 도모하는 경우에는, 어떤 결론이 내려지든 그 치과병원의 문제일 뿐입니다. 그렇기에 아주 작은 갈등으로 인해 큰 치과병원들이 무너지는 모습을 많이 보아왔습니다.

여러 개인들이 모여 함께 영위하는 사업체에서는, 흔히 헤게모니라고 하는 '지휘권'과 '돈의 분배'에서 거의 모든 문제점이 일어나는 듯 합니다. '지휘권'이란 병원의 방향성에 대한 결정권을 가지는 것이기에 매우 중요하고, 특히 장기 계획을 수립하고 추진하기 위해서는 올곧은 지휘자를 선택하고 따르는 것이 매우 중요합니다. 한 개의 사업체가 만들어지고, 이것이 영혼을 가진 법적 인격체가 되기 위해서는, 아무리 우수한 인력과 막대한 자금이 투입된다고 하더라도, 그 문화가 뿌리내리기 위한 충분한 시간이 필요합니다. 미르치과병원이나 메가젠임플란트의 성공비결을 묻는 질문을 받을 때마다, 저는 '리더쉽과 팔로우쉽(leadership and followership)'을 이야기합니다.

리더쉽에 대해서는 아마도 모든 분들이 잘 이해하고 있을 것입니다. 어느 조직에서든, 리더는 그 구성원들의 공동 이익을 극대화할 수 있도록 능력을 발휘해야 합니다. 구성원들의 의견을 최대한 수렴하고, 이것을 바탕으로 방향이 결정되면, 자신의 모든 것을 바쳐서 목표한 바를 이루어낼 수 있도록 하는 것이 진정한 리더의 모습이고, 그 리더의 정신적 세계와 행위 전체를 리더쉽이라고 할 수 있습니다. 리더가 어느 순간 자신의 안위와 부를 위해서 지휘권을 행사하는 순간, 그 리더쉽은 상실되고 맙니다. 정치에서나 사회에서나 이런 모습을 많이 목격하고, 그 문제점들을 잘 이해하면서도, 우리는 똑같은 실수를 반복하곤 합니다.

팔로워쉽은 일상적으로 그다지 강조되지는 않지만, 리더쉽과 마찬가지로 매우 중요하다고 봅니다. 공동의 의견이 합의점을 찾아가다 보면, 때로 자신의 의견이 반영되지 못하는 경우가 있습니다. 이런 상황이 온다고 하더라도, 그 결정을 존중하고, 리더가 이루어 가고자 하는 공동의 목표를 원활하게 달성할 수 있도록 최대한 도와 줄 수 있도록 하는 것이 진정한 팔로워쉽이라고 생각합니다.

그러면 그 리더의 방향이 잘못되었다고 판단되어도 계속 팔로워들은 복종하고 따라야 하는 것인가 라고 물을 수 있습니다. 그럴 수는 없겠지요. 처음에는 좋아보였지만, 과정에서 변질이 되거나, 주변 환경이 바뀌어 계획이 수정되어야 하는 경우도 있을 것입니다. 새로운 시도를 하는 경우에는 특히 더 그러합니다. 다들 현명하고 똑똑한 사람들이지만, 그렇다고 모든 것을 다 알 수는 없으니까요… 그러므로 리더는 이런 가능성 또한 제안에 포함시켜 두어야 합니다. 즉, 새로운 안건의 경우, 그 계획의 명확한 목적, 방향성, 목표 등을 측정 가능한 수치로 제시하고, 이것을 달성하는데 필요한 기간도 명시해 두는 것이 좋습니다. 이렇게 분명한 로드맵을 제시하고, 성공을 위해 감내해야 할 문제점들과 기간을 보여준다면, 팔로워들의 동의를 얻어내기가 쉬울 것입니다.

치과의사들의 이야기를 적고 있으니, 제가 경험한 작은 예를 이야기 하겠습니다. 공동병원을 운영하는데 있어서는 '수익금의 분배'가 항상 중요한 문제가 됩니다. 사회의 다른 분야도 그러하지만, 치과 치료의 영역에서도 똑같은 시간과 수고가 투입됨에도 불구하고, 그 결과로서 나타나는 보상, 즉 수입은 상당히 큰 차이를 나타냅니다.

근본적으로 강제적 성격을 가지는 의료보험수가들이 그렇지 않은 일반 수가들에 비해 현저히 낮은 것이 첫 번째 문제이지만, 진료에서 발생하는 부가가치가 다르게 받아들여지는 사회적 문제들로 인해, 이런 문제가 더 커지는 것 같습니다. 예를 들어 치과교정치료나 임플란트, 보철치료는 상대적으로 다른 치료에 비해 수가가 높게 잡혀있기에, 치주치료나 신경치료 등 거의 모든 항목이 정부규제의 보험수가에 묶여있는 분야보다, 훨씬 많은 수입을 올릴 수가 있습니다. 당연히 이런 분야의 전문의들은 자신의 생산성이 높은 만큼, 그에 상응하는 분배를 요구합니다. 하지만 환자에 대한 진료는 어느 것 하나 소홀해서는 충분히 좋은 결과를 얻어낼 수 없습니다. 흔히 신경치료라고 하는 근관치료나, 잇몸치료라고 하는 치주치료가 없이 어떻게 환자의 만족을 얻어낼 수 있을까요? 혼자서 모든 진료를 하는 개인치과의원에서는 소위 싼 수가의 치료와 고가의 치료가 한 사람에 의해 이루어지므로 상쇄의 효과가 있지만, 전공에 따라 진료하게 되는 큰 병원에서는 모든 구성인원이 한 사람처럼 움직여야 함에도, 그렇지 못하고 갈등을 일으키는 경우가 많습니다. 마치 머리와 손과 다리가 서로 자신이 중요하다고 다투는 것과 같습니다.

한때 대구미르치과병원에서도 이런 논란이 있었습니다. 사회가 그러하니 치료영역에 따라 다른 수가체계를 완전히 무시할 수도 없지만, 기초를 단단히 받쳐주는 치료들을 무시할 수도 없었습니다. 그래서 저희들은, 소위 '돈이 되지 않지만 매우 중요한' 기초치료인 신경치료를 담당하는 원장에 대한 분배는, 전체 원장들 중 정중간에 넣어주기로 했습니다. 이 치료의 중요성을 모두가 공감하고 있었기에 가능했습니다. 그리고 다른 원장들은 자신의 생산성에 따른 분배와 공통의 분배를 믹스하는 수식을 만들었습니다. 여기에서 제가 중요하게 말씀드리고 싶은 포인트는, 우리가 여기에 6개월이라는 '시간적 요소'를 포함시켰다는 것입니다. 많은 분배를 받을 수 있는 파트너들은 불만이 없겠지만, 언제나 '꼴찌'는 있기 마련입니다. 6개월이 지난 다음, 통계를 보고, 다음 6개월의 분배룰을 정해야 하는 순간에는, 이 '꼴찌'가 주장하는 분배의 룰을 따르도록 하자고 했습니다. 그리고 나서 다시 6개월 뒤에 이런 작은 조정들을 반복함으로써, 서로가 양보하고 함께 만족하는 시스템을 만들고자 하였습니다.

이런 시스템적인 문제 해결에 앞서, 더 중요한 점은 '사람'입니다. 제가 경험한 바, 세상에는 몇 부류의 인성이 존재하는 것 같습니다. 그다지 나이도 많지 않고, 편협한 경험만 가진 제가 사람에 대해 이야기한다는 것은 주제넘는 일입니다만, 그저 참고꺼리로 삼아주시길 부탁드립니다. 조직과 관련된 많은 저서들에서 지적하듯, 함께 하는 사람들이 누구인가에 따라 그 사업의 성패가 좌우될 수 밖에 없습니다. 공동의 '버스'에 누구를 태우느냐, 그것이 매우 중요합니다. 한때 '사람은 변화의 동물이기에, 환경과 교육에 의해 바뀔 수 있다'고 믿었던 적이 있습니다. 물론 나이가 어려서 충분히 변화를 받아들일 여지가 있을 때에는 그럴 수 있습니다. 또는 드물기는 하여도, 깨달음을 통해서 완전히 바뀌는 사람들도 있습니다. 하지만, 지금은 '치과의사가 된 나이에 이르러서는 참 바뀌기 어렵다'라고 생각하고 있습니다. 그러므로, 어떤 일을 도모하면서 동료 파트너를 찾고자 할 때나, 병원 또는 사내 임직원을 영입해야 할 때에는, 무엇보다도 조직과 잘 어울리는 인성을 가진 분들을 찾는 것이 중요합니다. 매우 어려운 일이긴 합니다만…

첫 번째 인성은, 자신이 몸담고 있는 조직의 발전을 통해, 자신의 발전을 도모하는 유형입니다. 이 분들은 조직이 힘들어질 때일수록, 더욱 열심히 조직의 부흥을 위해 스스로를 희생합니다. 사사로운 이익을 취하지 않으며, 대의에 충실합니다. 항상 큰 그림을 그리며, 단순히 본인이 속한 조직 뿐만 아니라, 사회, 국가의 미래까지도 연계해서, 그룹의 미래를 설계해 줍니다. 우리가 한반도의 역사에서 가장 쉽게 찾을 수 있는 예는, 우리 모두가 알고 있는 임진왜란 시의 성웅 이 순신 장군, 그리고 왜란을 처음부터 예견하고 10만 양병설을 주장하였던 율곡 이 이, 일본의 침략이 현실화한 상황에서도 끝까지 조정과 임금을 모신 서애 류 성룡 대감과 같은 분입니다. 이런 인성을 가진 파트너와 함께 한다면, 절대 실패할 일도 없을 뿐더러, 실패한다고 하더라도, 이런 경험을 바탕으로 다른 성공을 준비할 기회를 얻을 수 있을 것입니다.

이와 정반대의 인성 또한 여러분들이 쉽게 상상하실 수 있습니다. 우리는 이런 부류의 인성을 기회주의자라고 부릅니다. 이런 분들은 조직의 발전과 융성보다는 자신에게 돌아오는 혜택에 중심을 둡니다. 그리고 조직이 약해지면, 가차없이 벗어납니다. 자신이 몸담았던 조직의 현재 상황과는 관계없이 자신의 이익을 최대한 추구합니다. 그 조직이 자신의 이기적인 행동을 통해서 무너지든 말든 신경쓰지 않습니다.

이기주의와 약간 다른 유형으로, 권력지향 주의자도 독특하게 존재합니다. 이 분들은 언제나 자신이 리더가 되기를 주장합니다. 한때 주변의 정황이 자신과 맞아서 리더가 될 수 있었는데, 바뀐 상황에서의 대처 능력이 부족하더라도, 자신이 리더가 되지 않으면 견디지 못합니다. 그냥 자신보다 능력이 뛰어나다고 인정되는 분께 자리를 물려주고, 뒤에서 조용히 도와주면 될 것인데, 합당한 논리적 근거도 없이, 자신이 리더가 되어야 한다고 주장합니다. 이렇게 되면 상황은 더욱 악화되고, 결국 이 그룹은 폭파되고 맙니다.

이 반대의 유형은 두 부류가 있는데, 그 중 첫 번째는 한없이 피동적인 분들입니다. 이래도 좋고, 저래도 좋고, 자신에게 큰 피해만 오지 않으면, 그리고 전반적으로 공정한 룰만 적용된다면, 모든 것을 수용하는 타입입니다. 늘 조직의 결정을 따라주는 편이므로, 평소에는 도움이 된다고 생각할 수 있지만, 조직이 큰 변화를 겪을 때에는 용기있게 새로운 길을 제안하며 이것을 이루기 위해 추진하는 능력이 필요한데, 그것이 부족하므로 곤란해질 수 있는 분입니다. 강하고 올바른 리더를 둔 그룹이라면, 팔로워로서 도움이 될 수도 있습니다. 두 번째 부류는, 늘 불평 불만을 달고 다니는 분입니다. 스스로 개선과 개혁의 의지나 능력을 가지고 있지는 못하지만, 운영상 작은 일이 생길 때마다 끊임없이 문제를 제기하면서, 집행부에게 따지고 듭니다. 그것이 잘못된 지적이 아니기에, 리더들은 그 조언을 듣고 개선해 나가려고 노력하기도 합니다. 하지만, 어떤 경우에는 아무래도 개선하기 어려운 상황이 생겨, 부득이 수용을 해 주어야 함에도, 같은 불만을 계속 제기하여 리더나 집행부를 곤혹스럽게 만들기도 합니다. 그러다 보면 자연스럽게 사이가 멀어지고, 결국은 분리되는 수순을 가질 수 밖에 없습니다.

　'보통 사람'이라고 하면, 이런 유형의 극단에 속하기 보다, 여러 성향이 개인에 따라 서로 다르게 믹스되어 있다고 보는 게 맞을 것입니다. 인성에 대한 다양한 분류는 많은 문헌들에서 훨씬 더 상세히 언급하고 있으니, 제가 더 이야기할 필요는 없어보입니다. 일반사업이든 동업형 병원이든 큰 일을 도모하시는 분들이 당면하는 가장 큰 문제는, 함께 하고자 하는 분들의 인성을 확인하는 것이 매우 어렵다는 것입니다. 심지어 오랜 시간 함께 한 솥밥을 먹어도, 한 순간에 '배신'을 해서 고통을 당하는 경우들을, 제 주변에서 여러 번 목격하였습니다. 이런 당황스러운 상황을 미리 모면하기위해, 사람들은 수천 년 동안 '사주'를 보기도 하고, 별자리를 탐색하기도 하면서, 합당한 인재를 찾기 위해 노력하지 않았나 생각해 봅니다.

　사람은 기본적으로 모두 소중한 존재입니다. 다른 성향을 가졌다고 하더라도, 이것은 '다름'일 뿐, '틀림'은 아닙니다. 치과의 분야 뿐만 아니라, 세상의 이치가 그렇게 되어있는 듯합니다. 다만, 어떤 일을 함께 도모하고자 할 때에는 목표한 바가 쉽고, 빠르고, 또 의미있게 얻어질 수 있도록, 뜻이 맞고, 갈등을 최소화 할 수 있도록 준비하여야 합니다.

　이미 경험을 하신 분들도 많겠지만, 두 사람 이상이 모인 '그룹'이 되면, 항상 의견의 차이가 생겨나기 마련입니다. 이런 경우 최악의 상황으로 발전하지 않도록 방지하기 위한 최선의 방법은, 각자가 자신의 의견을 표현하는 시간을 많이 가져야 합니다. 일을 도모하기 전에 이런 시간을 충분히 가지고, 자신의 기대치를 솔직히 밝히고, 가급적 글로 표현해서 남겨두는 것이 좋습니다. 물론 이기주의적인 분들은 별로 솔직하지 못하고 겉치레에 그치는 경우가 많습니다만… 요즘은 결혼을 하는 경우에도 미리 이혼 시의 조건을 밝혀두는 '결혼 계약서'라는 것을 쓴다고 합니다. 씁쓸하지만, 오히려 현명한 것인지 모르겠습니다. 공동개원을 하거나 공동의 사업을 도모하는 경우에는, 이런 '이혼계약서'를 최대한 구체적이고 자세히, 미리 작성해 두는 것이 좋습니다. 그리고 반드시 변호사의 공증을 받아두는 것이 좋겠습니다. 어떤 것들이 포함되어야 하는지는 사업의 형식과 종류에 따라 다르겠지만, 전문가의 조언을 받아서 면밀히 작성할 수 있을 것입니다.

　말이 나온 김에, 치과에서 경험한 '리더쉽'에 대해 조금 더 이야기하고 싶습니다. 2017년 미국 샌디에고에서 열린 미국 심미치과학회에 참석하였는데, 3일간의 강의 말미에 세계적으로 유명한 치과의사인 프랑크 스피어(Dr. Frank Spear)라는 분의 강의가 있었습니다. 그런데, 그 강의의 주제가 'Excellence and Influence(탁월함과 영향력)'로써 자신이 어떻게 성장을 해 왔고, 현재의 위치에 오기까지 누가 어떻게 영향을 미쳤는가를 이야기했습니다. 세계적인 대가의 회고 강의에 학회에 참석한 모든 치과의사들이 기립박수를 헌사할 정도로 인상 깊었습니다. 그는 강의에서 Influence(영향력)에는 두 가지가 있는데, Inspiration과 Discourage가 그것이라고 했습니다. 우리말로 번역하면 그 느낌이 조금 애매해지는 듯 합니다만, Inspiration은 영감, 감화, 고무등으로, Discourage는 실망, 낙담, 좌절로 해석됩니다. 즉, 영향력을 행사하는 사람의 기본에 의해, 그 영향력을 받는 사람이 영감을 받아 고무되기도 하고, 그 반대로 실망과 좌절을 할 수도 있다는 뜻입니다. 좋은 멘토, 친구, 스승을 만나는 사람들은 이들로부터 Inspiration을 받아 성공의 길로 들어서게 될 것이고, 그렇지 못하고 반대의 영향력, 즉 악마의 속삭임이라고 하는 꼬임을 받는 사람들은 결국 실망과 낙담으로 인생에 좌절하게 됩니다. 초등학교로부터 배워온 이런 진실에 대해, 평균 나이 60이 넘은 치과의사들이 열광하며, 기립박수를 치는 이유가 무엇일까요? 살아오면서 이런 저런 장애물들을 만나면서, 일부라 하더라도, 왜곡될 수 밖에 없었던 자신들의 인생을 반추하는 기회가 되지 않았을까요? 저도 물론 눈시울을 붉히면서 열렬히 기립박수를 하였습니다^^;

한때 저와 함께 공부하였던 후배가 성공적인 개원을 하면서 제게 감사의 편지를 보낸 적이 있었습니다. '선배님께 많은 것들을 배운 덕분에 이렇게 성장했고, 멋지게 성공적인 개원을 할 수 있게 되어 감사합니다!' 그런데 솔직히 저는 별로 가르쳐준 것도 없고, 충분히 오랫동안 그와 함께 시간을 보낼 수도 없었습니다. 이런 공치사를 받아서 흐뭇하기도 했지만, '자네는 나를 보면서 자네 자신 속에 숨어있던 재능을 꺼집어낸 것일 뿐, 내가 해준 게 없다네. 더욱 성공하도록 매진하고, 후배들에게 좋은 선배가 되도록 하시게' 라는 답장을 보낸 것 같습니다. 아마도 이 책을 읽는 많은 분들이 같은 경험을 하셨을 것이라 믿습니다. 그리고 자신에게 좋은 영향력을 주신 분들을 떠올릴 수 있게 될 것입니다. 저는 이것이 진정한 리더쉽이라고 믿습니다. 다소 역설적이기도 하지만, 이런 리더쉽을 가진 사람들은, 스승이나 선배, 친구, 심지어 후배와 제자들로부터도, 훌륭한 점들과 배워야 할 점들을 찾아낼 수 있는 능력을 가지고 있습니다. 물론 자신이 과거에 잘못하였던 점들도 잘 알고 있어서, 그것을 통해 더욱 올바른 행동을 하려고 노력하며, 후배들에게서 같은 실수가 반복되지 않도록 진심어린 조언을 하게 됩니다.

'사람은 변하지 않는다' 라는 말과 반대로 '사람은 언제나 변한다'라는 말도 있습니다. 저는 이 두 말이 모두 맞다고 생각합니다. '변하지 않는다'는, 보다 근본적인, 그러니까 '기본적인 인성'에 대한 것이고, '항상 변한다'는 것은 '능력'에 대한 것이라고 생각합니다. 즉, 근본은 변하기 어렵지만, 환경이나 개인의 노력 여부에 따라 능력은 무한 성장할 수가 있습니다. 이 두 가지가 어떻게 조화되느냐에 따라, 결과는 참 달라집니다. 좋은 인성을 가진 사람의 능력이 크게 성장하게 되면, 자신이 몸담고 있는 조직이 융성하게 될 뿐 아니라, 스스로 독립을 하더라도 자신이 몸담았던 조직에 대해 감사의 마음을 잊지 않고, 이를 자신의 모태라고 존중합니다. 하지만 나쁜 인성을 가진 사람의 능력이 커지게 되면, 대개 그 조직은 와해되거나 도리어 잡아먹히는 결과가 초래되기도 합니다. 역사를 통해 무수한 사례들을 발견하지만, 막상 자신의 일에 있어서는 이런 역사의 교훈들을 올바르게 적용하거나 판단하지 못하는 점이 안타까울 따름입니다.

'빨리 가려면 혼자 가고, 멀리 가려면 함께 가라'는 아프리카의 교훈이 있습니다. 지구별에 태어난 영광을 누린 사람들이라면 누구나 멀리 가고 싶을 것입니다. 그러기 위해서는 좋은 사람들과 함께 하는 것이 중요합니다. '좋은 사람'임을 확신할 수 없다면, 혹은 그렇게 확신시켜 줄 수 없다면, 최대한 분명하게 자신과 상대를 표현할 수 있도록 '공식적인 글'로 남겨두는 것이 좋습니다. 이렇게 함으로써 '능력은 있지만 인성이 훌륭하지 못한 상대'로부터 최악의 경우 자신을 보호할 수 있으며, 그렇지 않은 경우에는 단계적으로 상호 신뢰를 쌓아갈 수 있습니다.

대구미르치과병원의 새로운 시도, 새로운 문제들

일부 주요 파트너 원장들의 이탈로 인해 남아있는 파트너들 사이에 상당히 큰 공백이 생겼습니다. 대구와 경산, 그리고 밀양의 세 미르치과병원들은 각자 독립적으로 진료를 행하며 운영을 하고 있었지만, 경영지원이나 교육적인 면에서는 함께 하려고 노력하고 있었는데, 그 굵직한 한 축을 담당하고 있던 파트너 원장의 탈퇴는 진료체계에 대한 생각을 처음부터 다시 하도록 만들었습니다. 이 파트너 원장의 탈퇴는 결국 '개인의 우수성'을 극대화시키고자 했던 병원의 진료 방침 때문이라고 반성을 했습니다. 개원 초기 모든 파트너들의 역량을 최대한 키워내자는 뜻으로 채택하였던 인센티브 제도는, 시간이 지나면서 여러 번 수정이 되긴 하였지만, 여전히 뛰어난 임상능력을 가진 원장들이 훨씬 더 많은 배당을 받아 가도록 되어 있었습니다. 자신의 능력을 최대한 발휘해서 많은 환자에게 좋은 진료를 제공하고, 그로 인해 얻어지는 수익의 일부는 동료 파트너들과 나누되, 스스로에게도 좀 더 많은 분배를 받도록 하자는 것이 원래의 취지였고, 실제로 잘 작용하였습니다. 모든 파트너들이 진심으로 열심히 노력하였고, 그에 따라 병원전체의 수입이나 이미지도 좋아졌습니다.

하지만, 분배에 있어서 제일 혜택을 받았던 원장들조차, 자신의 역할로 얻어지는 수익을 다른 원장들과 공유하는 것을 점차 싫어하게 되었고, 이런 불만들이 쌓이면서, 탈퇴로 이어졌습니다. 또 다른 문제는, 이런 인센티브가 차지하는 부분이 커질수록, 소위 '돈되는 진료'에만 인력이 집중되는 현상이 벌어졌다는 것이었습니다. 지극히 당연한 현상이긴 했지만, 치과의 모든 진료과목이 다 조화롭게 협조하도록 해서 진정 최고의 결과를 창조하고자 했던 대구미르치과병원 본래의 취지에서 적지않게 벗어나 있었던 것도 사실이었습니다.

우리나라의 진료 수가체계는 대단히 왜곡되어 있습니다. 의료체계의 많은 분야가 그리되어 있다고 생각되지만, 단순히 치과치료의 일부예만 들어보아도 금방 이해가 갈 수 있습니다. 앞에서도 간단히 언급을 하였지만, 다시 한번, 좀 더 자세히 들여다 보고자 합니다. 흔히 사회에서 신경치료라고 불리우는 근관치료는 치과진료의 근간을 이루는 매우 중요한 치료입니다. 치아 내부에 존재하는 신경과 혈관조직이 충치(치아우식증)등 여러가지 이유로 손상되면, 이 부분을 모두 제거해 내고, 대체물질로 채워주어야 염증반응을 없애고 건강한 상태로 오랫동안 사용할 수 있습니다. 그런데 이 근관의 구조가 매우 미묘하고, 개개인에 따른 변수가 많은 데다, 직접 눈으로 확인할 수도 없습니다. 이 치료를 잘 하기 위해 근관치료용 현미경을 비롯하여 많은 장비들과 재료들이 개발되어 있습니다. 그리고 정말 시간을 들이고 정성을 다하여 치료하여야 합니다. 근관치료를 받아보신 분들은 그 내용을 잘 이해하실 것입니다. 그런데 이런 근관치료는 모두 국민 건강 보험시스템에 포함되어 있어서, 한 개의 근관치료에 대해 치과의원이 받을 수 있는 금액이, 그 노력과 시간에 비해 턱없이 부족합니다. 사실 이 정도의 수가는 근관치료에 필요한 재료비 정도에 불과할 뿐입니다. 수백 만원에서 수천 만원에 이르는 고급 현미경을 사서 근관치료를 완벽하게 하기 위해 노력해 봤자, 이런 추가 장비들의 사용에 대해 조금도 추가비용을 청구할 수가 없도록 되어있는 것이 현재 대한민국의 보험체계입니다. 이 진료만 계속한다면, 그 치과는 문을 닫아야 할 겁니다. 그런데도 많은 치과의사들이 근관치료에 정성을 쏟고, 투자를 계속하고 있는 것은, 그만큼 이 치료가 자연치아를 유지하는데 중요하기 때문입니다.

치주치료 또한 마찬가지입니다. 치아우식증과 함께 3대 치과질환의 하나가 치주치료인데, 아직도 확실한 약물 치료방법이 개발되어 있지 못하고, 구강내 세균들의 다양성으로 인해서, 대부분의 경우 치석제거술을 시행한 다음, 치은소파술이나 치주판막수술을 시행해야 합니다. 일 회의 치주판막수술을 하기 위해서는, 정도에 따라 다르지만, 대개 1시간 정도 소요됩니다. 이렇게 진료를 하면, 환자의 부담금과 보험공단으로부터의 지급을 합해서, 약 7~8만 원 정도 수입을 가질 수 있습니다. 하루 8시간 꼬박 치주판막수술을 한다면 약 50여만 원 정도의 수입을 얻을 수 있겠지요. 이 정도의 수입이면, 3~4명의 치과직원들에게 월급을 주는 데에도 부족할 것 같습니다.

그런데도 치과의사들이 상대적으로 높은 수입을 올릴 수 있는 이유는 무엇일까요? 보철과 임플란트, 그리고 교정치료와 같이 보험체계에 포함되어 있지 않은 항목들이 있기 때문입니다. 조금 부끄러운 이야기입니다만, 30여 년 전 전국민 건강보험이 시행될 때, 우리 선배 치과의사들께서 첫 단추를 잘못 끼워 주셨습니다. 30여 년 전에는 사실 근관치료와 치주치료의 중요성을 강조하는 분들이 그리 많지 않았습니다. 그래서 치아우식증이나 치주질환이 조금 많이 진행되면, 치료를 해서 이를 살려내기보다는, 발치를 해버리고 보철을 권하는 경우가 태반이었습니다. 치료에 대한 인프라가 부족한 탓도 있었지만, 보철치료가 더 많은 수입을 가져다 주었기 때문이었습니다. 그러다 보니, 건강보험체계의 수립과 함께 근관치료의 수가를 책정해야 할 시점에, 그 가치를 너무 낮게 잡아버린 것입니다. 근관치료는 그저 보철치료를 위한 서비스 치료에 불과하다고 생각하신 것 같습니다. 여러 차례 수가 현실화 작업을 통해 개선해 왔다고는 하지만, 지금도 여전히 이들 치료만 하루 종일 하고 있어서는 절대 돈을 벌 수가 없습니다. 오히려 마이너스가 될 뿐입니다.

　미르치과병원이 시작되면서, 우리 파트너들은 이 근관치료에 대한 중요성을 인식하고 있었기에, 근관치료를 담당하는 파트너 원장에게는 언제나 '전체 파트너원장들의 수입의 평균'을 지급한다는 원칙을 만들었습니다. 이렇게 기본적이면서도 중요한 치료들을 해주는 파트너들이 있었기에, 다른 원장들은 소위 '돈이 되는' 보철과 임플란트 치료에 더 집중할 수 있었습니다. 그런데 이런 환경 속에서도 다시 큰 차이가 나타나기 시작했습니다. 그리고는 탁월한 능력을 가진 파트너들 중 일부는 자신의 수입을 다른 파트너들과 나누기를 거부하면서 하나씩 둘씩 이탈해 나갔습니다. 다른 이유들도 물론 있었겠지만, 근본적으로 수입적인 측면이 큰 영향을 미친 것은 사실이었다고 생각합니다.

　이야기가 조금 옆으로 벗어났습니다만, 이런 형태의 진료와 분배의 원칙이 재조정되지 않으면, 지속적으로 같은 문제들이 생길 것으로 판단하였습니다. 이제는 함께 하는 파트너 원장들의 능력도 매우 성장하였고, 병원의 미래를 바라보는 눈도 훨씬 커졌으니, 초심으로 돌아가서 보다 완벽한 서비스와 함께, 훨씬 체계적인 협진제도를 만들어보자고 생각하였습니다. 하지만 10년 이상 지속되어왔던 체계를 변화시키기 위해서는 정말 많은 문제들을 해결하여야 했습니다.

　모든 진료행위의 가치를 동일하게 만들어야, 전문 분야별 진료가 가능하고, 이로 인한 소득의 분배도 동일하게 할 수 있는데, 앞에서 말씀드린 것 처럼, 우리나라의 진료 수가는 상당히 기형적으로 되어있습니다. 그러다 보니 임플란트나 교정, 보철과 같은 분야를 전공한 치과의사들의 소득이 상대적으로 높을 수 밖에 없습니다. 저희 대구미르에서도 마찬가지였습니다. 근관치료 부분에 있어서는 항상 중심에 두기로 했지만, 누군가가 진단과 치료계획만 전담해서 세운다면, 직원과 공간을 유지할 수입조차 생기지 않을 것입니다. 사실상 진단과 치료계획이 다른 어떤 행위보다 중요한 것임에도 불구하고, 여기에 충분한 시간을 부여할 수 없는 원인이기도 하였습니다.

이것을 '통합진료 시스템'(이하 통진)이라고 명명하고, 파트너 원장들에게 설명을 하였습니다. 병원 내의 공간에서 미팅을 하면, 여러가지 이유로 직원들과 계속 커뮤니케이션을 해야 해서 회의에 집중할 수가 없으므로, 이런 방해를 받지 않도록 병원 외부에 미팅을 위한 공간을 마련하였습니다. 지난 세월 동안의 여러 사건들과 함께, 우리가 추구하였던 진료의 가치가 시스템의 변화에 따라 어떻게 달라져왔는지 데이터와 함께 설명을 하였습니다만, 소수의 원장들을 제외하고는 이 제안 자체를 이해하기 어렵다는 반응을 보였습니다. 다들 임플란트 수술과 보철을 자신의 스타일로 해 나가고 있었기에, 누군가가 만들어주는 치료계획에 따라 그대로 수술만 한다거나, 보철만 한다거나 하는 진료시스템 자체를 받아들이기 어려워했습니다. 과연 누가 '보기에도 멋진' 수술 행위들을 포기하고, 상당히 따분해 보이는 '진단과 치료계획'만을 담당할 것인가 하는 점도, 선뜻 동의가 되지 못한 부분이었습니다.

10년 넘게 대구미르에서 진료를 받은 환자분들의 숫자가 누적으로 10만 명을 넘어서고 있었지만, 이 분들에 대한 '치료후 관리'시스템도 문제였습니다. '진단과 치료계획의 수립'이 시작을 위한 분석과 준비단계라면, '평생관리 시스템'은 치료가 모두 종료된 이후, 관리체계를 제대로 운영하여 새로운 문제들이 발생하지 않도록 하는 '매우 중요한' 단계이지만, 역시 '돈을 벌기 어려운' 파트였습니다. 파트너 원장들 모두가 이

사후 관리시스템의 중요성은 인식하고 있었지만, 누가 이 파트를 맡을 수 있을 것인가 하는 질문에는 답을 하지 못했습니다. 그야말로 단순 반복 작업이 될 가능성이 매우 큰 부분이기 때문이었습니다. 우리처럼 상대적으로 많은 인력 풀을 가지고 있는 곳에서 이런 관리시스템 하나 제대로 운영하지 않는다면, 그것은 돈만 쫓아서 수익이 크게 보이는 진료에만 집중하게 되는 결과를 낳을 것이 분명하고, 그 이후에는 다들 나 몰라라 하게 될텐데, 과연 그것이 우리들이 선언했던 '세계 최고를 추구하는 치과병원'의 위상에 맞는 조치인가…

이런 점들이 저의 주장이었습니다만, 공감대를 형성할 만큼 충분한 준비가 부족하였습니다. 하루 종일 이어진 그날의 회의와 토론에서, 어떤 결론이나 합의점을 찾을 수 없었습니다. 결국 '시기상조'를 이유로 이 제안은 안타깝게도 기각되었고, 대구미르는 예전과 같은 시스템으로 진료를 이어나가게 되었습니다. 2012년 10월 13일이었습니다.

첫 번째 미팅이 있은 후 약 2년 동안 기존의 방식으로 병원이 운영되어 갔지만, 빠르게 변화하는 세상의 현실에 적절히 대처할 수 있는 유연성은 더 떨어져 갔습니다. 3명의 파트너들이 병원으로부터 추가로 이탈하였고, 2명이 새로 영입되었습니다. 잘 짜여져 돌아가는 톱니바퀴와 같은 시스템이 되어야 하는 상황인데, 거꾸로 몇 명의 주요 파트너들이 탈퇴하자, 병원 경영에 큰 위기감이 몰려왔습니다. 2014년 12월, 병원 경영에 대한 그동안의 데이터들을 분석해보니, 최근 5년간 대부분의 경영지표들이 우하향 곡선을 보여주고 있었습니다. 다시 한번 파트너 원장들에게 호소하였습니다. '2012년 말 그때 우리가 변화를 시작했어야 하지만, 아직은 기회가 있다! 모든 데이터들이 보여주고 있음에도, 기존의 패턴에 머물러 변화를 수용하지 않겠다면, 우리에게 더 이상 미래가 존재할 수 없다!'라고 강력하게 이야기를 하였습니다. 일부 공감대를 형성한 파트너 원장들을 중심으로, 실무적인 가능성과 문제점들을 확인해 보도록 하기 위해 '통합진료(이하 통진) 위원회'가 발족되었습니다. 이 위원회의 객관적이고 투명한 활동을 보장하기 위해 저 자신도 빠질 것이니, 원장들의 입장을 떠나 병원의 핵심 멤버인 팀원들과 고객들을 중심으로 문제점들을 확인해 보도록 권유하였습니다. 이 위원회는 병원내 모든 구성원들과 별도의 실무위원회를 만들고, 정기적인 모임을 이어나갔습니다. 그동안 우리가 잘 해왔던 점들과 함께, 아쉽고 부족했던 부분들, 또 직원들의 입장에서 보았을때 불편 부당하였던 점들을 하나하나 파악하고, 이를 고치기 위해 어떤 조치들이 필요한 지에 대한 의견들을 수렴하였습니다. 하지만, 익숙하지 않은 토론 문화와 혁신적인 변화를 과감히 추진하기 위한 결단력을 보여주기에는 한계가 있었습니다. 2015년 5월 약 6개월에 걸친 활동 결과들을 보여주는 자리에서, 위원회의 멤버들이 실천상의 어려움을 호소하며, 그 짐을 제가 떠 맡도록 이야기하였습니다. 상당히 엉뚱한 일들을 자주 벌여나가고, 때로는 의논의 절차를 생략한 채 과감히 밀어부치는 제 자신을 잘 알기에, 보다 젊은 파트너 원장들이 주축이 되기를 기대했지만, 결국 다시 맡아야 하는 상황에 이르렀습니다.

　보수적인 원장들과 함께, 고년 차의 진료실 담당실장들에 대한 불만의 소리도 높았으므로, 제가 맡게 된 제 1 기 통합진료 위원회에서는 경영지원실의 류 진우 팀장, 진료실의 박 지영 부장을 제외하고는 5년 차 정도의 중간 경력자들을 중심으로 멤버들이 구성되었습니다. 그동안 병원의 지속적인 발전을 위해 오랫동안 고생하였던 고참 직원들의 노고를 모르는 바 아니었지만, 빠르게 변화하고 있는 원장, 직원, 고객들의 요구에 적절히 대응하기 위해서는 젊은 아이디어들이 필요했습니다. '좋은 게 좋다!', '그냥 선배가 시키는 대로 하면 된다!', '우리는 늘 이렇게 해왔어!' 라는 관행들부터 확인하기로 했습니다. 그다지 잘못된 점들이 있었던 것은 아니지만, 생각보다 많은 부분, 아니 거의 대부분의 관리들과 이를 위한 교육들이 그저 '구전'되고 있음을 발견하였습니다. 다소 늦더라도 모든 것을 기록하고 문서화하기로 했습니다. 하지만 이 또한 쉬운 일이 아니었습니다. 그저 행동하는대로 기록을 하면 된다고 누누이 강조하였지만, 정해진 지침들을 읽고 따르는 데에만 익숙하던 직원들이 우리 병원의 진료와 운영의 매뉴얼을 만들어내기에는 무리가 많았습니다. 보다 합리적이고 객관적이지만, 병원의 모든 가족들이 공감대를 형성할 수 있는 '강력한' 지침이 필요하였습니다. 그 해결책으로 제시된 것이 JCI (Joint Commission International) 인증이었습니다.

JCI (Joint Commission International)는 전 세계적으로 공인된 국제기구로서, 국제적으로 인정되는 진료체계와 환자 보호 시스템을 갖추고

2016년 10월 JCI 인증병원이 된 후의 세리모니. 김연창 대구시 경제 부시장님(오른쪽에서 세번째)을 비롯한 많은 대구시 관계자분들이 함께 축하해 주셨습니다. 대구 미르치과병원의 대표원장인 권 태경 원장(오른쪽 두번째)과 통진위원으로 활동하였던 박 친우 원장(맨 왼쪽)의 전 직원과 함께 노력하여 얻은 값진 성취였습니다.

자 하는 병의원들을 위해, 이들이 준비해야 하고 지켜나가야 하는 많은 업무들에 대한 체계적인 가이드라인들을 가지고 있었습니다. 우리 나름대로는 잘 하고 있다고 생각하더라도, 분명히 빠지는 부분들이 있을 터이니, 이 참에 한번 제대로 점검을 받아보자고 독려했습니다. 보다 고차원의 관리 시스템을 만들어보자는 욕심도 있었지만, 다른 한편으로는 제가 주장하는 바가 잘 먹혀들지 않았기 때문이기도 했습니다. 뭐랄까요… 가정에서는 아버지나 어머니가 아무리 옳은 말을 해도, 잔소리로만 들린다는… 똑같은 이야기를 외부의 존경받는 분들이 해주면 금방 수긍을 하고 받아들이지만 말입니다.^^

대표원장을 맡고 있던 권 태경 원장의 적극적인 지지에 힘입어, JCI 인증 준비작업에 돌입하였습니다. 관행처럼 해오던 소소한 일들이, 이제 모두 정형화, 표준화되어야 했습니다. 이것을 지난 수년간의 세월에 거꾸로 적용하기란 보통 일이 아니었습니다. 모든 직원들이 낮에는 진료에, 밤에는 이런 저런 정리에 투입되어 정말 수고를 하였습니다. 일 년여에 걸친 노력 끝에 마침내 2016년 10월 JCI 인증을 받을 수 있었습니다. 대구 미르치과병원 내부의 관리체계를 정비하기 위해 시행한 조치임에도 불구하고, 대구시 경제 부시장님을 비롯해 많은 분들이 함께 축하해 주시는 영광을 누렸습니다.

JCI 인증 절차를 거치면서, 병원내 많은 질서들이 새로 정비되었습니다. '원칙'이라는 공통의 룰이 생긴 것입니다. 이견이 생길 경우 이를 어떻게 해결하는 지도 결정이 되었습니다. 실무자들의 회의를 거치고, 최종 방안을 도출한 다음, 적용의 원칙을 정하고, 일정 기간후 리뷰를 한 다음, 다시 수정할 부분을 찾아나가는… 사실 JCI 그 자체보다는 이런 생각과 행동의 흐름이 생길 수 있기를 바랐는데, 드디어 만들어졌습니다.

또 한 가지 큰 장벽은 팀간의 장벽이었는데, 이 또한 병원 전체를 생각하면서 원칙을 정하다 보니, 많은 부분이 정리되었습니다. 고참 팀장들은 그들이 가진 최고의 장점인 풍부한 경험을 통한 환자와의 상담을 보조하고, 치료의 방법과 과정에 대해 더 자세하고도 친절한 설명을 해 줄 수 있게 했습니다. 또는 성격에 맞는 팀의 리더 역할을 하며, 보다 효율적인 진료 프로세스가 만들어질 수 있도록 도움을 주었습니다. 한 개의 과에 고정되어 소통이 부족했던 문제도, 정기적인 인사이동을 통해 스텝들을 순환시키면서 저절로 해소되었습니다. 물론 특정 능력을 키운 숙련된 경력 스텝들이 다른 과에서 상대적으로 약해지는 단점도 있었지만, 타과를 이해함으로써 전체 진료의 흐름을 더 잘 이해할 수 있어 좋았습니다.

이 통진 시스템의 가장 큰 걸림돌은 역시 '원장'들이었습니다. 누가 진단과 치료계획을 맡을 것인가, 누가 수술을 맡을 것이며, 누가 보철을 담당할 것인가… 과연 모든 원장들이 예진과에서 만들어진 치료 계획에 수긍하며, 정해진 치료들을 수행해 줄 것인가… 같은 병원에서 나름 좋은 치료를 한다고 했지만, 실상은 같은 치료들에 대해 상당히 다른 접근법이 있었습니다. 이것이 하나로 합쳐질 수 있을 것인가…

결국은 모든 것이 대화로 이루어져야 했습니다. 권 태경 대표원장과 박 찬우 예진과 원장이 항상 팀을 리드하며, 대화를 이끌었습니다. 문제가 있는 케이스들을 단체카톡방에 올려 의견을 모으기도 하고, 정기적으로 증례 토론시간도 가지면서, 서로가 서로에게서 배울 수 있는 시간을 그 어느 때 보다도 더 많이 가진 듯 합니다. 진단과 치료계획에 통일된 원칙이 잡히기 시작했고, 대부분의 과들이 일사불란하게 움직일 수 있었습니다.

또 한 가지 문제는, 수익금의 배당이었습니다. 다른 원장들에 비해 능력이 출중했던 일부 원장들은, 배당에서도 상당한 차이를 보여왔습니다다. 능력이 있어서 더 많은 기여를 해 주니, 좀 더 많은 배당을 가져가도 좋다는 생각이었는데, 이제 통진시스템을 하려니 모두 동일한 공동분배가 적용되어야 했습니다. 당연히 상대적으로 수익이 좋았던 원장들의 반발이 컸습니다. 이 문제가 해결되지 않으면, 통진의 진행 자체가 불가능하였으므로, 투표를 거쳐 결정하기로 했습니다. 단, 결정된 사항은 반드시 따르기로 하고… 긴 토론 시간을 거쳐 부쳐진 표결에서 마침내 통진의 전격적인 실시가 결정되었습니다. 2015년 12월, 통진에 대한 첫 필요성을 제안한 때로부터 만 3년이 지나서야 드디어 실행이 될 수 있었습니다.

모든 원장들에 대한 균등 분배를 원칙으로 한 통진을 시작하면서 걱정하였던 한 가지는 '열심히 진료를 하나 마나 어차피 똑같은 분배를 받을건데, 대충 슬슬하면 되겠지…'하는 파트너들이 늘어나지 않을까 하는 것이었습니다. 만약 이렇게 된다면, 아무리 좋은 시스템을 만들어 둔다고 하여도 결국은 실패할 수 밖에 없을 것입니다. 하지만, 정말 감사하게도, 대부분의 원장들이 더욱 열심히 부족한 부분들을 메꾸어주고, 전문적인 진료에 집중하게 됨으로써, 약 20% 이상의 효율성이 증가하였고, 수익성 또한 크게 개선되었습니다. 선택과 집중의 전략은 늘 중요하게 생각되어야 할 부분입니다.

이제는 우리가 지난 기간동안 생각만 하면서 실천하지 못했던 숙제들을 풀어 나갈 수도 있겠다고 생각하게 되었습니다. 그 첫 번째가 15만명이 넘는 누적 고객분들에 대한 정기검진을 강화하는 것이었습니다. 건물의 한층, 거의 250여평의 공간을 오직 정기검진과 예방치료에 할애하였습니다. 새로운 인테리어를 통해 보다 안락한 환경을 만들고, 이를 전속 담당할 직원들을 선발했습니다. 치과위생사의 가장 중요한 역할이 구강위생관리와 예방치료이므로, 여기에 배치된 스텝들의 만족도도 상당히 높았다고 생각합니다. 예방치료라는 것이, 제대로 하기 위해서는 매회 거의 한 시간 정도의 시간이 걸리지만, 모든 행위들이 의료보험으로 수가가 고정되어 있었기에, 사실 이 공간으로부터는 수익성이 거의 없었습니다. 하지만, 우리가 치료해드린 환자분들이 오랫동안 불편함 없이 건강한 상태를 유지하기 위해서는 '정기검진을 통한 예방'이 가장 중요하였으므로, 망설임없이 추진할 수 있었습니다.

    두 번째 조치는 미래의 치과진료를 '지금' 실시해 보는 것이었습니다. 현재의 기술과 진료의 개념은 하나의 치아를 치료하기 위해서도 수차례 치과를 내원해야 하므로, 번거럽기도 하지만, 스케줄이 바쁜 분들에겐 치과치료 자체가 쉽지 않습니다. 우리는 스스로 개발한 디지털 기술들을 적극 도입하고, 치과 기공사의 워크 프로세스를 임상 진료실 바로 곁에 둠으로써, 소통을 위한 시간을 최소화하고, 보철물의 제작에 필요한 시간을 줄일 수 있도록 조치하였습니다. 이를 통해 약 2~3시간 만에 최종보철물을 장착해 드릴 수 있게 되었습니다. 원데이(One-Day) 치과치료가 가능하게 된 것입니다. 복잡한 치료가 얽혀있는 경우에는 물론 이렇게 간단하고 빨리 종료될 수 없지만, 전체 치료의 상당 부분을 차지하는 간단한 치료들은 내원 즉시, 혹은 약속 당일 치료를 종결시켜 줌으로써, 고객들에게는 반복 내원의 부담을 들어드리고, 병원측으로도 전체 치료에 투입되는 시간을 줄일 수 있어, 윈윈(win-win)의 상황을 만들 수 있었습니다. 여기에는 디지털 기술이 반드시 적용되어야 하는데, 특히 치료계획 부분에서 고객분들과 확실한 공감대를 형성한 다음 치료가 시작되도록 조치하였습니다. 알투스튜디오(R2 Studio)는 예전의 CT 기능에 안면 스캔, 인상 스캔, 그리고 치료가 종료된 시점의 고객의 스마일을 미리 계획해 보는 디지털 오럴 디자인(Digital Oral Design)기능을 탑재시킨, 혁신적인 워크 스테이션(Work Station)이 되었습니다. 이로써 평소 3~5일씩 소요되던 진단과 치료계획 과정을 30분 정도로 단축하여 치료방법과 예후에 대한 고객의 궁금증을 즉시 해소해 줄 수 있었습니다. 그 뿐만 아니라, 한번 정확히 만들어진 치료계획들이 STL 파일(캐드캠과 3D 프린팅등 디지털 기술에 적용시킬 수 있는 기본 파일형식)로 저장되어 있으므로, 언제든지 필요에 따라 항상 같은 디자인의 임시 보철물과 부속 장치물들을 제작해 줄 수 있게 되었습니다. 이것이 결국 최종보철물까지 쭉~ 연결되도록 설계가 되었습니다.

이 디지털 원데이 보철치료를 위해, 상대적으로 열악한 공간에서 밤늦게 일하던 치과기공사들의 환경을 혁신적으로 개선하고, 의료진과 고객의 동선을 최소화시킨 한 층이 새롭게 탄생하였습니다. 머지 않은 미래, 우리 치과의 환경은 틀림없이 이렇게 바뀔 것으로 확신하므로, 적지 않은 투자였지만 들뜬 마음으로 추진되었습니다.

미넥(MINEC) 그리고 미넥 나이트(MINEC Knight)

미넥(MINEC, MegaGen International Network for Education & Clinical Research)이라는 교육 기관이 처음 생긴 것은, 광주를 중심으로 류 경호 원장이 주도하던 류 덴탈 포럼(Ryoo Dental Forum)과 제가 주도하던 페리오 라인(Perio-Line)이 통합된 2002년도이었습니다. 미르치과 네트워크가 시작되면서 제일 중요하게 여겼던 것이, 임상에 대한 통일된 개념이었기에, 양쪽의 병원이 같은 이름을 사용하는게 된 것을 계기로 교육시스템도 하나로 통일하기로 한 것이었습니다. 이 당시에는 해외로 까지 미넥의 조직을 넓혀갈 것이라는 것을 생각하지 못하였습니다. 그런데, 미르치과네트워크의 성장에 물심양면 도움을 주셨던 토마스 한 선생님의 지원으로, 적지 않은 미르의 원장들이 미국 등 해외에서 공부를 하게 되고, 이들의 활동 영역이 조금씩 커지다 보니, 점차 해외에서의 강의 활동이 많아지게 되었습니다.

유럽과 미국에서 메가젠의 활동이 본격화되었지만, 공간적 시간적 인 제약으로 인해 이들 대륙의 치과의사들과 충분히 교류하면서, 우리가 가진 임상적 생각을 공유할 수가 없었습니다. 어떻게 하면 미르와 메가젠이 가지고 있는 생각들을 더욱 넓은 무대로 소개할 수 있을까… 또, 한국에서만 활동하고 있는 우수한 연자들을 유럽이나 미국과 같은 치의학 선진국의 메인 무대에 소개할 수 있을까… 오랫동안 이런 생각을 가지고

미넥나이트 클래스 2013 (Minec Knights Class 2013) : 왼쪽으로부터 안 명환, 다비데 페로나토, 이 승엽, 소 헤일 베샤라, 한 웅택, 박 광범, 미치아스 밀티아디스, 김 종철, 아쉬라프 소야, 김 성언, 율리안 필로포, 한 창훈, 미켈 로 라슨. 이들의 열정으로 인해 글로벌 미넥이 가능하게 되었습니다.

있었는데, 2013년에 우연히 그 기회를 찾을 수 있었습니다. 젊고, 능동적이며, 우수한 임상적인 실력을 가지고 있던 6명의 외국 치과의사들(다비데 페로나토<Dr. Davide Ferronato, Italy>, 율리안 필로포프<Dr. Iulian Filipov, Romania>, 소헤일 베샤라<Dr. Soheil Bechara, Lithuania>, 미켈 로 라슨<Dr. Mikkel Ro Larsen, Denmark>, 미치아스 미티아디스<Dr. Mitsias Miltiadis, Greece>, 아쉬라프 소야<Dr. Achraf Sauyah, Tunisia>)과, 5명의 한국 치과의사들(한 웅택, 한 창훈, 안 명환, 김 성언, 이 승엽 선생들)을 연결시켜 주면서 이들에게 미넥 나이트 (Minec Knight, 미넥의 기사단)라는 이름을 붙여주게 되었습니다. 열정과 패기, 그리고 섬세함을 갖춘 이들에게 필요한 것은 관심과 기회, 그리고 따뜻한 멘토쉽이었습니다. 저와 김 종철 원장이 기회가 될 때마다 작은 어드바이스를 주려고 노력하였고, 이런 만남을 통해 이들은 서로 배우고, 서로 격려하면서, 빠르게 성장하였고, 지금은 모두 세계적인 수준의 임상을 구현하고 있을 뿐 아니라, 많은 나라에서 초청을 받는 스타 연자가 되었습니다.

3년 정도 이들의 성장과 활약을 지켜본 많은 닥터들이 자신들도 미넥나이트에 합류하고 싶어했습니다. 내부적으로 이들을 지원할 수 있는 시스템이 충분히 갖추어져 있지 않은 탓에, 학식과 덕망이 높은 분들을 미넥의 디렉터로 모시고, 이 분들의 조언을 받으며 시스템을 재정비하기 위해 노력하였습니다. 오랜 세월동안 제게 많은 도움을 주셨던 USC 치주과의 토마스 한 교수님을 미넥의 좌장으로, 미국의 닥터 스캇 갠즈(Dr. Scott Ganz), 이태리의 주세페 루옹고 교수(Prof. Giuseppe Luongo), 일본의 요시하루 하야시 선생님(Dr. Yoshiharu Hayashi)으로 집행부가 다시 구성되었습니다. 이제서야 제대로 구색을 갖춘 미넥의 조직이 만들어진 것 같았습니다. 논문의 지도 뿐만 아니라, 강의의 내용까지 꼼꼼히 짚어 주시고, 우리가 매년 주관하는 심포지엄에서의 포스터 세션들까지 주관하시는 등, 보더 멤버(Board member)들의 활약으로 미넥은 날개를 달게 되었습니다.

새로 미넥 나이트가 되고자 시청한 모든 분들을 다 받아들일 수는 없었지만, 디렉터 분들의 조언을 받아 이미 상당한 수준의 임상을 구현하고 있던 19명의 치과의사들을 2016년에 두 번째 팀으로 영입하였습니다. Class 2013과 Class 2016의 멤버들은 오랫동안 함께 한 친구들인 듯, 서로가 잘 어울렸고, 많은 강의들을 소화하면서 발전을 이어나갔습니다. 그로부터 다시 2년이 지난 2018년에는 24명의 새 멤버들을 영입할 수 있었고, 초기 멤버였던 Class 2013의 구성원들은 그동안의 성장과 공헌에 감사하며, 한 단계 높은 미넥 엠베서더(Minec Ambassodor)로 자리를 옮기고, 자신들의 성공의 경험을 후배들에게 나누어 줄 수 있도록 권유하고 있습니다.

MINEC Board Members (5)

MINEC Ambassadors (12)

MINEC Knights 2016 (18)

Dr. Zaki Kanaan
UK

MINEC Knights 2018 (24)

Dr. Jerome Surmenian France	Dr. Abeer Al-Hadidi Jordan	Dr. Alesio Boçari Albania	Dr. Alessandro Perucchi Switzerland	Dr. Alexander Rubinov USA	Dr. Andres Paraud Chile
Dr. Bruno Leitão Portugal	Dr. Bruno Montenegro Portugal	Dr. Dmitri Ruzanov Estonia	Dr. Edison Shimaj Albania	Dr. Shalin Vinayak Kenya	Dr. Thamer Theeb Jordan
Dr. Fabrizio Luongo Italy	Dr. Gonçalo Dias Portugal	Dr. Giodo Picciocchi Italy	Dr. Jamie Oshidar USA	Dr. Joao Primo Netherlands	Dr. Jonathan Du Toit South Africa
Dr. Kaspar Hermansen Denmark	Dr. Luis Bessa Portugal	Dr. Nuno Gaspar Portugal	Dr. Segin Chandran India	Dr. Seon Ha Kim Koera	Dr. Ju Hwan Lee Korea

나의 치과인생 이야기

임상적으로 대단히 뛰어난 치과의사가 되고, 많은 학술단체로 부터 초청을 받는 연자가 되기 위해서는, 본인 스스로의 노력이 절대적으로 필요합니다. 하지만 그 길을 먼저 걸어본 멘토가 체계적인 조언을 해 주고, 단계적인 기회를 부여해 줄 때, 훨씬 빠르게 성장할 수 있을 뿐 아니라, 궤변이나 왜곡됨이 없는 올바른 임상가와 지도자가 될 수 있을 것입니다. 미넥은 그런 측면에서 좋은 방향성과 시스템을 갖추고 있다고 자부하고 있습니다. 점점 더 많은 전세계의 치과의사들이 우리가 마련한 이 교육과 지식공유의 장을 통해 성장해 나갈 수 있도록 최선을 다할 것입니다.

2018년 신사옥 개소후 본사에서 가졌던 미넥나이트 미팅에서의 단체사진.

글로벌 스피커 양성을 위한 조직인 미넥 나이트와 별도로, 개별 국가에서의 학술 활동을 장려하기 위해 미넥 브랜치(Minec Branch)들도 만들어 나갔습니다. 2019년 현재 약 29개 국에 미넥 브랜치가 설립되었습니다. 아직 그 활동이 매우 활발한 수준으로 성장하지는 못하였지만, 독일, 이탈리아, 일본 등의 일부 국가에서는 스스로 세미나를 개최하여, 멤버들과 생각을 공유하고, 주변으로 그들의 임상적인 노하우를 적극적으로 공유해 나아가고 있습니다.

유럽의 큰 임플란트 업체로부터 투자를 제안받다.

파트너 원장들의 잇따른 탈퇴, 주변 치과들과의 경쟁에서 점차 차별성을 잃어가는 병원 시스템, 뭔가 방향성에 있어서 문제가 많다는 것을 인지하면서도 매너리즘과 타성으로 인해 이를 과감히 고쳐보겠다고 나서지 못하는 원장들… 메가젠 임플란트는 2009년의 사건으로부터 이제 겨우 재정적 위기에서 벗어나기는 하였지만, 긴축정책으로 인한 직원들의 사기저하, 이에 따른 매출의 감소 등등으로 인해, 2013년의 시작은 그다지 행복하지 못하였습니다. 병원에서도, 회사에서도, 어떤 재미나 보람을 느끼지 못하고, 하루하루 지쳐가고 있었습니다. 솔직히 다 그만두고 한동안 조용히 아무도 모르는 곳으로 가서 쉬었으면 좋겠다고, 하루에도 몇 번씩 생각을 했습니다.

그러던 어느 날, 서울에서 한 통의 전화가 걸려왔습니다. 유럽의 큰 임플란트 회사의 한국 지사장이라는 분이었습니다. 스위스에 있는 그 회사의 본사에서 중요한 분들이 왔는데, 메가젠의 대표이사를 만나고 싶어 하니, 혹시 서울로 와 줄 수 있느냐는 질문이었습니다. 누구를 만나는지, 또 무슨 이야기를 하려는 것인지는 알지 못했지만, 논현동의 메가젠 서울 사옥에 자주 방문하던 때라, 만나는 것이 어려울 것은 없었습니다. 무역센타내에 위치하는 한 중국식당에서 점심식사를 함께 하는 것으로 약속을 잡았습니다.

당일 식당에 들어서서 미팅에 참석한 그 회사 본사의 사람들을 보고는 깜짝 놀랐습니다. 한국 지사장과 한두 명의 본사중역이 참석할 것이라고 기대하고 있었는데, 그 자리에는 그 회사 스위스 본사의 대표이사(CEO), 이사회 의장(Chairman of Board), 법률담당 이사 (CLO, Chief Legal Officer), 재정담당 이사 (CFO, Chief Financial Officer)등 거의 모든 중역들이 한 자리에 모여 있었습니다. 가벼운 안부인사로 시작해서 조금씩 비즈니스로 이야기의 중심이 옮겨졌습니다. 그 회사는 새로운 글로벌 정책을 펼치고 있는데, 메가젠과 함께 아시아 임플란트 시장을 획기적으로 평정하고자 한다는 것이 요지였습니다.

식사를 마치고, 논현동에 있는 메가젠 서울 사옥으로 자리를 옮긴 이후, 그 회사의 대표이사로 부터 직접 두어 시간에 걸친 프리젠테이션을 받았습니다. 그 회사는 브라질의 큰 임플란트 회사를 인수해서 아주 잘 키우고 있고, 그 밖에도 몇몇 임플란트 및 바이오, 재료 회사들에 투자를 함으로써, 글로벌 네트워크를 형성하고 있음을 보여주었고, 향후 그들이 펼치고자 하는 비젼들을 공유해 주었습니다. 이 글로벌 네트워크에 메가젠이 조인하게 되면, 아시아의 일인자가 되도록 해 주겠다고 했습니다. 독립경영을 철저히 보장할 것이며, 자기들도 메가젠의 경쟁사로써 열심히 활동을 할 뿐, 직접적인 간섭은 하지 않을 것이라고 했습니다. 흔들리는 병원체계가 걱정이어서 좀 더 많은 관심과 시간을 투자할 필요가 있었지만, 무엇보다도 침체되어있던 메가젠 임플란트를 부흥시키기 위해서는 이런 큰 글로벌 회사와 협력하는 것이 좋겠다는 생각이 들었습니다. 게다가 상당히 큰 자금도 투자해 주겠다고 하고, 절대적으로 독립경영을 약속하겠다고 하는 바에야 마다할 이유가 없었습니다. 일단 긍정적인 뜻을 표시하고, 다음 미팅에서부터 실무적인 이야기들을 하기로 약속을 했습니다.

지금도 사업적인 측면에서는 지식이 절대적으로 부족하다고 생각하고 있지만, 그 당시에는 그야말로 백치에 가까웠습니다. 그저 좋은 임플란트를 만들고, 이를 잘 사용할 수 있는 방법들을 개발해서 전달하면 비즈니스가 잘 될 것이라고만 생각하고 있었을 뿐, 상식적인 회계 용어들과 그것이 의미하는 바도 거의 알지 못하였습니다. 중고등학교에서 '상업'이라는 교과목이 있었던 탓에, 겨우 대차대조표나 조금 볼 수 있을 정도였습니다. 그러니 이런 글로벌 회사의 유능한 회계사들과 변호사들이 펼치는 협상에서 그저 초등학생들 마냥 일방적으로 듣는 입장이었습니다. 그들이 계약서 상에서 어떤 항목을 포함시키거나 배제시켜야 한다고 주장하면, 우리는 그 배경에 깔려있는 내용을 이해하고, 그것이 궁극적으로 우리측에 가져올 결과들을 예측하면서 대응안이나 절충안을 내놓아야 하는데, 아는게 없으니 그저 듣고 고개나 끄떡일 뿐이었습니다. 우리가 의뢰한 회계법인의 담당자분들과 변호사들이 그나마 중요한 대목마다 상세히 설명을 해 주고, 그것이 가져올 수 있는 문제점들을 이해시켜주어서 윤곽을 어렴풋이 알 수 있었지만, 워낙 바탕이 없다보니 스스로도 정말 답답했습니다. '그래… 이런 전문가들이 운영하는 회사라면, 우리에게도 큰 도움이 될거야! 어차피 내가 더 크게, 글로벌 회사로 키우기에는 역부족이니 몇 가지만 확실하게 약속을 받고, 그들의 가이드를 받는게 좋겠다!' 그렇게 마음을 먹었습니다.

독립경영은 이미 그쪽 대표이사로 부터 약속을 받은바였지만, 메가젠 임플란트의 태생적 특성 상, 많은 소액주주들이 있었고, 이들이 메가젠의 탄생이 가능하도록 도와 주었을 뿐만 아니라, 지금까지 지속적으로 지원을 아끼지 않고 있었으니, 증자를 하든, 구주를 매수하든, 이들 소액주주들을 먼저 고려해 달라고 했습니다. 또 한 가지 조건은, 그때까지 세계 각국에서 메가젠의 딜러로서 활약하고 있던 친구들은, 대부분 20대후반이나 30대 초반의 나이에, 거의 빈 주먹으로, 오직 열정 하나로 메가젠 비즈니스를 시작해서 이제사 겨우 안정궤도에 진입하고 있으니, 이들이 충분히 경제적으로 성장할 때까지 보호해 달라고 하였습니다. 저의 주장은 '독립경영, 소액주주 보호, 글로벌 딜러쉽 보장'으로 함축되었고, 그쪽 회사 측에서도 반드시 지킬 것을 약속하였습니다. (나중에서야 확인된 사실이지만, 구두로 약속한 것은 아무런 도움도 되지 않았습니다. 우리가 작성했던 문서들에는 이런 내용이 제대로 반영되지 않았습니다ㅠㅠ)

이제 좀 더 실무적인 단계로 넘어가서, 투자액을 결정해야 하는 단계에 이르렀습니다. 우선 회사의 밸류, 즉 회사주식의 가치를 결정해야 했는데, 여기에서 큰 시각차이가 있었습니다. 사는 사람은 싸게 사고 싶고, 파는 사람은 더 좋은 값을 받고 싶은 것이 일반 상식입니다만, 이 부분에서 큰 차이를 보였습니다. 그쪽 회사에서는 현재 메가젠의 재정적, 영업적 상태를 보았을 때, 주당 5천원이 적정하다고 하였고, 우리측에서는 미래의 가치를 생각하면 그 두 배 이상은 되어야 한다고 주장하였습니다. 양측의 주장이 팽팽하여 평행선을 달리다 보니, 새로운 제안이 도출되었습니다. 즉, 향후 2년 간의 시간을 줄테니, 그 기간 동안의 성과를 바탕으로 회사의 가치를 그때 가서 산정하기로 하자는 것이었습니다. 주당 가액이 정해지지 않은 전환사채(Convertible Bond)를 발행하기로 결정이 내려졌습니다.

그 다음 과제는 2년이 지난 시점에서 어떻게 회사의 가치를 산정하는 가에 대한 '계산법'이었습니다. 이 부분은 제게 정말 어려웠습니다. 회계와 법률팀이 외부 회계법인과 변호사분들의 도움을 받아 하나씩 해결을 나갔습니다. 한 달에 한두 번씩, 어떤 때에는 일주일씩 연속으로 미팅을 하면서 진행하였지만, 몇 가지 해결되지 못한 미합의점들로 인해 2013년 말경에는 대화가 거의 중지되는 상황에 이르렀습니다. 2014년 초에 다시 그쪽 회사로부터 연락이 왔습니다. 이 딜을 진행할 것인지 말 것인지를 물어왔습니다. 다시 조건들에 대한 협상을 개시하게 되었고, 몇 차례의 미팅을 더 진행한 끝에, 2014년 4월 마침내 3000만달러의 전환사채 계약이 체결되었습니다. 일 년 이 개월의 기간 동안 수십 차례의 협상을 거쳤으며, 2년 뒤의 회사 가치 산정법이 만들어진 후 였습니다. 정말이지 큰 짐 하나를 내려놓은 듯 홀가분하였고, 메가젠이 크고 든든한 우군을 얻었으니, 아시아를 넘어 세계 최고의 임플란트 회사로 발돋움할 것이라 믿어 의심치 않았습니다. 메가젠 서울사옥 옥상에서 열린 그날의 파티는 정말 화기애애하였고, 서로간 파트너쉽의 공고함을 확인하는 자리가 되었습니다.

2014년 3월 메가젠 서울 사옥에서의 전산사채 조인식 후의 기념사진.

이 전환사채 계약의 소식은 양측 소식통을 통해 전 세계로 알려졌습니다. 예상했던 바와 같이, 거의 대부분의 메가젠 딜러들이 그들의 미래에 대해 걱정을 하기 시작하였고, 자기들의 사업에 영향을 미칠 수도 있는 내용에 대해 자세히 알고 싶어했습니다. 마침, 메가젠의 주요 해외행사중 하나인 ESM (European Scientific Meeting)이 그해 6월 스위스의 취리히에서 열리게 되어, 정보를 희망하는 모든 딜러들을 이쪽으로 불러 모았습니다. 제 자신이 그간의 과정을 설명하면서, 그 회사 측에서 약속하였던 내용들을 짚어줄 수도 있었지만, 그것보다는 스위스에 본사를 두고 있는 그쪽 회사측에서 그런 설명을 우리 딜러들에게 해 주면 좋겠다고 요청하였고, 그쪽에서도 흔쾌히 수락하였습니다. 메가젠과의 협상에 직접 참여하였던 그 회사의 신사업 담당임원이 우리 딜러들이 모인 자리에 나타나서, 우리가 이 협상을 통해 서로 약속한 바를 재확인시켜주었습니다. '우리 회사는 메가젠의 독립경영을 보장하고, 메가젠의 현재 딜러들을 보호할 뿐만 아니라, 협력체계를 구축하여, 그들의 비즈니스를 도와줄 때를 제외하고는, 절대 메가젠의 딜러쉽에 영향력을 행사하지 않을 것이다'라는 점을 몇 번이고 다짐해 주었습니다. (그런데, 이 신사업 담당임원은 그로부터 1년도 되지않아 그 회사를 떠났고, 이후 이 분의 약속을 기억하고 있는 사람은 아무도 없었습니다ㅜㅜ) 어쨌건 그쪽 회사의 임원이 직접 나서서 독립경영에 대한 부분을 설명해 줌으로써 대부분의 딜러들은 안심을 했지만, 그럼에도 불구하고 일부 딜러들은 그들이 방해공작을 펼 경우에 대비해서, 5년 이상의 장기간의 딜러쉽 계약을 새로 하기를 원하였습니다.

　이제 공은 메가젠으로 넘어왔습니다. 어떻게든 메가젠의 영업을 활성화시켜서 회사의 가치를 증가시키는 것만이 제게 주어진 남은 2년 간의 미션이 되었습니다. 정말 다행스럽게도 2012년 유럽 인허가를 획득했던 에니리지 임플란트 시스템이 유럽의 주요 치과의사들로부터 제대로 평가받기 시작했고, 매출이 급속도로 증가하기 시작하였습니다.

2006년부터 2012년까지 200억 원대의 매출을 벗어나지 못하였는데, 2013년에는 300억 원대, 계약을 체결한 2014년에는 400억 원대의 매출을 달성하게 되었습니다. 매출이 증가해서 회사의 가치가 증가해야만 오랫동안 기다려왔던 초기 투자자들에게도 도움이 될 것이고, 메가젠의 미래 발전을 위해 그쪽 회사로부터 받을 투자액도 커질 것이었으므로, 유럽과 미국, 러시아와 CIS 국가들, 중동과 아프리카로 정말 많은 강의 여행을 다녔습니다. 그야말로 살인적인 스케줄을 소화해 낸 저 자신도 신기했지만, 사내의 모든 임직원들이 정말 열심히 해 주었습니다. 제한된 장비를 거의 24시간 돌려가면서 밀려들어오는 주문에 대응해 주었고, 교육과 마케팅 팀들도 엄청난 파워를 발휘해서 모든 행사들마다 큰 성공을 거두었습니다. 그 결과 2015년의 매출은 600억에 조금 못미치는 정도로 크게 성장하게 되었습니다. 2007년이후 좀처럼 활력의 모티브를 찾지 못하였는데, 모두가 함께 해야만 하는 동기가 부여되었기 때문에 이룰 수 있었다고 생각했습니다.

두 배 이상 성장한 매출에 대응하기 위해서는 경산에 소재하던 회사를 더 큰 공간으로 이전할 수 밖에 없다는 결론에 도달하게 되었습니다. 2006년 1월, 경산시 자인면 읍천동의 작은 공장에서 자인면 교촌리의 공장으로 옮겨올 때에는, 이 큰 공간을 언제나 다 채울 수 있을까 막막하게 생각하였는데, 10년도 되지 않아 도저히 더 이상 버틸 수 없을 정도가 되어버렸습니다. 공장 이전을 위해 이런 저런 수소문을 하고 있었는데, 대구의 성서 5단지(세천공업단지)에서 좋은 소식이 들려왔습니다. 이 곳은 정밀기계와 의료산업에 특화된 공업지역이었는데, 입주하기로 했던 외국기업이 입주포기를 선언함으로써, 새로운 입주자를 찾고 있었습니다. 정밀 가공, 의료사업, 디지털 기술과 접목된 차세대 의료기술이라는 아이템 상의 장점들과 함께, 급격히 증가하고 있던 매출과 인지도, 외국의 임플란트 회사가 투자한 기업이라는 점 등이 고려되어, 대구시로부터 3500여평의 땅을 분양받게 되었습니다. 사실 이 세천공업단지가 조성되고 있을 초창기에, 이곳으로 옮겨볼 수도 있겠다는 생각으로, 빈 땅을 찾아 기웃거려 보기도 했었던 곳이었는데, 그 당시로서는 생각도 하지 못했던, 공단의 가장 중심이 되는 핵심요지를 얻게 된 것이었습니다. 2014년 가을의 일이었습니다.

　어떤 개념의 새 공장을 지을 것인가를 두고 몇 달간 생각을 모았습니다. 임플란트 제조업이란 단순 기계가공이 아니라, '금속에 생명을 불어넣는' 작업이라고 평소에 생각하고 있었기에, 그저 그런 제조업 공장이 되어서는 안된다고 생각했습니다. 직원들이 쾌적한 환경하에서 자발적 창의력을 발휘할 수 있도록 해야 할 뿐만 아니라, 해외에서 오는 많은 방문객들, 매우 높은 수준의 치과의사들 또한 '감동'할 수 있는 시설을 만들고자 했습니다. 덧붙여, 좋은 경영자, 멋진 연구자, 섬세한 엔지니어들에 의해 대를 이어 가는, 대한민국의 중요 기업이 되도록 하면 좋겠다는 소원을 갖게 되었습니다.

리투아니아 명예영사에 임명되다.

　리투아니아와의 특별한 인연에 대해서는 앞에서 말씀드렸습니다. 메가젠 임플란트가 수출을 시작하고 처음 연락이 온 곳이 리투아니아였고, 많은 친구들이 방문을 해서 좋은 호감을 표명한 결과 리투아니아의 수도인 빌리우스에 미르치과를 설립해 줄 수 있었고, 카우나스 의과대학 치과에 임플란트 센터를 설립해서 교육 보급에 도움을 주는 한편, 30여 명의 한국 학생들을 이곳 치과대학으로 유학을 보냈습니다.

　우연한 기회에 경북대학교 하 인봉 교수님을 만나게 되었는데, 이런 저런 이야기를 하다가 리투아니아에 대한 이야기가 나오게 되었고, 제가 그때까지 가졌던 경험을 말씀드리니, '그렇게 열심히 리투아니아를 좋아하고, 인연이 깊은데, 이 참에 리투아니아 명예영사가 되어보면 어떻겠는가?'라고 하셨습니다. 명예영사가 어떤 역할을 하는지도 전혀 알지 못하는 상태에서, 주 브라질 대사를 역임하셨던 김 광동 대사님을 만나게 되었습니다. 명예영사는 그야말로 '명예'이고, 그다지 큰 업무들은 없으니, 한번 해보아도 좋겠다고 말씀해 주셔서 용기를 내었습니다. 사실 어떤 프로세스를 밟아야 하는 지도 전혀 알지 못하였기에, 김 광동 대사님이 이끌어 주시는 대로 따랐을 뿐입니다^^.

　명예영사가 되기 위해 준비해야 하는 서류들과 신원조회 등등의 과정은 꽤나 복잡하였고, 2년이 넘는 시간을 거쳐 2014년 가을, 드디어 대구와 경상도 지역을 커버하는 리투아니아 명예영사로 임명을 받게 되었습니다. 한국에 대사를 파견하고 있지 않은 상황이었기 때문에, 재 중국 리투아니아 대사님이 대구를 방문해서 임명장을 전달해 주셨고, 대구미르치과병원 10층에 리투아니아 명예영사관이 열렸습니다. 명예영사관이라고 해서 특별한 것은 없이, 제가 쓰던 사무실에 리투아니아 명예영사관임을 알려주는 현판과 리투아니아 국기가 걸렸을 뿐이었지만, 이 사무실을 드나드는 마음가짐이 달라졌습니다.

2014년 4월 17일 대구-경상도 리투아니아 명예영사관 개관식에서 내빈들과 함께.

리투아니아 명예영사가 된 후, 첫 번째 업무는 한국을 공식방문하시는 리투아니아 대통령과 내각들의 일정을 일부 수행하는 일이 되었습니다. 리투아니아는 지리적인 위치때문에 한국처럼 많은 외세의 침략을 받은 역사를 가지고 있었으며, 1992년에 구 소련연방으로부터 독립되었습니다. 리투아니아 영토내 거주하는 인구는 약 300만 명 정도이지만, 이보다 더 많은 리투아니아인들이 해외에서 활동하고 있으며, 14세기 한때는 흑해에 이르기까지 광대한 영토를 가진 국가로서 융성한 적도 있었습니다. 러시아로부터 독립을 얻었지만, 특히 에너지 분야에서는 러시아에 매우 의존하고 있던 것이 상당한 압박으로 작용하였던 것 같습니다. 그래서 에너지 다변화 정책의 일환으로 울산 현대중공업에 LNG가스의 운반과 기화장치를 가진 대형 선박을 주문하게 되었고, 그 배가 완성됨에 따라 대통령께서 직접 명명식에 참가하시게 되었다고 전해들었습니다. 이 배는 독립을 뜻하는 인디펜던스(Independence)라는 이름을 가지게 되었습니다.

　난생 처음으로 인천국제공항의 귀빈실을 통해 대통령과 내각들을 영접하는 경험도 하게 되었고, 함께 한식을 즐기는 영광도 누릴 수 있게 되었습니다. 또 울산의 현대중공업에서는 어마어마한 크기의 LNG선의 명명식에 참석해서 배의 지휘소까지 둘러보았습니다. TV나 신문으로만 보던 조선강국 대한민국의 실상을 눈으로, 몸으로 체험하면서, 한국인으로서의 자부심을 뿌듯하게 가질 수 있었습니다.

　평범한 치과의사가 일국의 대통령을 가까이에서 모신다는 것이 쉽

Naming Ceremony of "INDEPENDENCE" (February 19, 2014)

2014년 한국을 방문하신 그리바우스카이테 대통령으로부터 직접 명예영사 임명장을 수여받았습니다.

지는 않았습니다. 외교상의 예의범절도 거의 알지 못하고, 테이블에서 사용되는 격식높은 호칭들도 정말 기억하기 어려웠습니다. 그런데 당시 리투아니아의 달리아 그리바우스카이테(Dalia Grybauskaite) 대통령께서는 참 소박하시고, 친절하셨습니다. 우리들 뿐만 아니라, 함께 온 내각과 비서진에게도 스스럼없이 대하시고, 심지어 점심에 나온 한식 코스요리에 대한 설명을 영어로 듣고 직접 리투아니아어로 자세히 설명을 해주셨습니다. 강한 리투아니아를 만들기 위해 많은 정책들을 펼치는 그 이미지와는 딴판으로, 가까운 친척 아주머니와 같은 따뜻함을 보여주셨습니다.

놀라움은 거기에서 그치지 않았습니다. 경북대학교 치과대학 동창회장을 두 번이나 연임하면서, 4년 동안 저로 인해 고생하셨던 동창회 임원분들께 발틱 3국 여행을 제안하였고, 에스토니아에서 라트비아를 거쳐 리투아니아에 도착하였습니다. 리투아니아에서는 그 사이에 친분이 쌓여있던 대통령 비서실장께 연락을 해서, 대통령궁을 한번 둘러볼 수 있게 해 줄 수 있는지 요청을 넣었습니다. 저도 대통령궁에 가 본 적이 없

대통령 궁을 방문한 경북대학교 치과대학 동창회 임원들과 함께 해 주신 달리아 그리바우스카이테 리투아니아 대통령

었지만, 함께 간 동창회 임원들에게는 남들이 가지기 힘든 좋은 경험이 되지 않을까 생각하였습니다. 이 특별코스의 요청에 대해, 비서실장이 선뜻 우리들을 환영한다고 투어시간을 지정해 주었습니다. 대통령궁의 이곳 저곳을 돌아다니며 관광?을 하고 있다가 대통령 집무실 앞을 고양이 걸음으로 조용히 지나게 되었는데, 덜컥 문이 열리면서 대통령이 나오시지 않겠습니까? (깜짝이야! 이건 스케줄에 없었습니다.) 우리들을 대통령 집무실로 초대해서, 기념 촬영과 함께 이런 저런 재미있는 이야기들을 해 주셨습니다. 저도 놀랐지만, 함께 여행하였던 모든 사람들이 그분의 소탈함에 깊은 감동을 받았습니다.

리투아니아에는 얼마나 많은 한국인들이 살고 있으며, 한국에는 얼마나 많은 리투아니아인이 살고 있을까요?^^ 2006년 제가 처음 리투아니아를 방문해서 물어 보았을 때에는, 리투아니아에 약 20여명의 한국인 상사원들이 주재하고 있다고 들었습니다. 물론 한국식당도 있을 리가 만무했습니다. 명예영사가 되고 나서, 얼마나 많은 리투아니아인들이 한국에 거주하고 있는지 확인을 해 보니, 약 50여명이 결혼이나 사업을 통해 장기 거주하고 있고, 교환학생 프로그램을 통해 20~30명의 리투아니아 학생들이 단기방문을 하고 있었습니다. 리투아니아 본국의 인구 규모에 비해서는 사실 엄청나게 많은 숫자라고 볼 수 있겠지요? 그만큼 세계가 좁아졌고, 많은 교류들이 있다는 뜻일 것입니다. 리투아니아에서 사업을 펼치는 한국인들도 많아졌고, 또 꾸준히 한국인 교환학생이나 유학생들이 리투아니아를 방문하는 기회가 많아지면서, 몇 년 전에는 드디어 수도인 빌리우스에 한국식당이 등장했습니다. TV 연예프로그램에서 리

2015년 5월 제 2회 리투아니안 데이에서 참석자들과 함께 한 단체사진.가운데 흰 옷을 입고 계신 분이 재중국 리투아니아 대사이신 리나 안타나비시엔느(Lina Antanavičienė), 이 행사를 위해 중국에서 직접 찾아주셨습니다.

투아니아가 소개된 이후로, 리투아니아를 찾는 한국 여행객들 또한 급증해서, 전체 관광객 중에서 최상위권을 유지하고 있다고 들었습니다.

제가 대구-경상도 지역을 맡은 리투아니아 명예영사이지만, 대사관이 설치되어 있지 않고, 한국의 다른 지역을 맡고 있는 명예영사도 없는, 유일한 명예영사이다 보니, 전국을 커버할 수 밖에 없었습니다. 행사라고 해봐야 일 년에 한번 혹은 두 번 정도에 불과하지만, 한국에 거주하는 리투아니아인들을 위한 파티를 만들기로 했습니다. 논현동에 위치한 메가젠 사옥에서, 그다지 볼품없고 약소한 파티를 열 수 밖에 없었지만, 오랜만에 만난 리투아니아 동포들끼리 이야기를 나누고, 즐기는 모습은 참 보기가 좋았습니다. 앞으로 머지않아 대사관이 설치되고, 또 서울을 비롯한 여러 지역에도 명예영사들이 임명되어, 더 풍성하고 의미있는 교류의 장들이 열릴 수 있기를 기대하고 있습니다.

수상한 흐름

2013년 봄의 첫 만남에서부터 2014년 봄 전환사채 계약 때까지 줄기차게 주장되었었고, 그 집행부에 의해 몇 번이고 확인되었던 사실, 또 2014년 6월 취리히에서 그 유럽 회사의 임원이 우리 딜러들 앞에서 약속하였던 그 내용들에 대해 뭔가 이상한 느낌이 들기 시작한 것은 불과 1년도 되지 않은 시점이었습니다. '독립경영과 메가젠 딜러들에 대한 보호'는 늘 이야기되었었고, 그들도 흔쾌히 보장을 하고 있었기에, 전환사채를 위한 서류들에 이런 사항들이 포함되어야 한다고 전혀 생각하고 있지 않았습니다. 너무 세부적인 부분들에 집중하다보니, 가장 큰 항목을 놓쳤다고 볼 수도 있었습니다.

2015년이 되면서 '독립성을 보장하며 우리 회사의 영업사원들은 메가젠의 영업사원들과 필드에서 경쟁관계에 있을 것이다.'라고 하였던 부분에 수상한 흐름이 포착되었습니다. 가끔씩 만날 때마다 그들은, 합병하였거나 전략적 동반자가 된 그룹의 임원들은 본사의 지휘를 받아야 한다는 식의 이야기들이 나오기 시작하였습니다. 물론 이것이 서면통보라든지, 지휘명령과 같은 문서형식으로 내려온 것은 아니었지만, 회의 또는 의견청취라는 명목의 미팅에서 상당히 구체적인 내용을 이야기하기 시작하였습니다. 메가젠은 사실 아직 전환사채가 주식으로 전환된 상태가 아니었기에, 그저 듣고 있는 입장이었지만, 내심 상당히 불안하였습니다. 그래서 이런 미팅 다음에는 늘 그쪽 회사의 집행부 임원들 중 한 사람에게 되물었습니다. '이게 메가젠에도 똑같이 적용되는 스토리인가? 메가젠은 당신네 회사 경영진의 간섭없이 독립경영을 한다고 했었는데…' 대개는 얼버무리는 답변이었고, 일부는 그렇게 되지 않겠느냐는 이야기를 들려주었습니다.

시간이 지날수록 이런 간섭 가능성의 수위는 점점 올라가서, 향후 합병후의 계획을 이야기했을때, 자기네 그룹의 경영 효율성을 높이기 위해, 마케팅과 영업을 통합해야겠다거나, 인사권을 자신들이 행사하겠다거나, 연구소를 축소하겠다거나 등등의 이야기들이 나오기 시작하였습니다. 최초에 그쪽의 대표가 해 준 약속들을 상기시키면서, 이런 것들이 그 약속을 위반하는 것이 아니냐고 따지면, 자기는 그저 위에서 검토하라고 한 부분만 검토하고 있을 뿐이므로, 그 이상은 잘 알지 못한다고 얼버무렸습니다.

그쪽 회사의 본사 CEO에게 질문 겸 항의 메일을 보내기도 했습니다만, 원래 그들이 약속한 것을 확실히 지키겠다는 대답은 듣지 못하였고, 이런 저런 자기들의 정책적인 변화에 대해서 구구절절 설명들만 적혀있는 답장이 배달되었습니다. 어쨌거나 그 시점에서 메가젠은 그 회사로부터 돈을 빌린 채무자의 입장이었을 뿐이었으므로, 그저 불안한 마음을 확인하는 수준에 그칠 뿐, 이런 말들에 대해 대응을 할 위치도 아니었습니다.

본격적인 의견충돌은 2016년 4월부터 시작된 가치산정에서 일어났습니다. 양측이 바라보는 메가젠의 주당 가치에 상당한 이견을 보였기에, 2014년과 2015년의 영업실적을 기준으로 가치를 산정하겠다는 계약서를 일 년이 넘도록 고민해서 작성하지 않았느냐고 따져 물었습니다. 모든 임직원들이 성장을 위해 전력투구한 결과, 2013년에 300억의 벽을 넘고, 14년 400억, 15년 500억의 벽을 깨며 성장일로에 있었기에, 가치산정에 있어서도 큰 기대를 걸고 있었습니다. 계약서에 따라 양사가 국내 5대 회계법인들 중 하나씩을 선정하고, 이들의 객관적인 평가를 받기로 하였습니다. 매년 결산보고를 3월 말경에 하는 관계로, 이 객관적인 평가는 이들 자료가 확보된 다음에 이루어졌습니다. 메가젠과 그쪽 회사 측에서 각각 선임한 두 회계법인에서 많은 수의 회계사들이 참여하여 몇 주간에 걸친 실사와 가치평가가 이루어졌습니다. 아니, '이루어졌다고 들었습니다'라고 이야기하는 편이 더 정확할 듯 합니다. 가끔씩 사무실에 들러 수고하신다는 말만 했을 뿐, 과정을 살펴보거나 평가에 관여할 수도 없었기 때문입니다. 한국을 대표하는 회계법인의 우수한 회계사들답게, 논리적으로 모든 항목들에 대한 평가가 잘 이루어졌다고 했습니다.

상대 회사 측에서 선임한 회계사들은, 분석의 결과를 자신들이 이야기할 수 없고, 그쪽 회사에 자신들의 의견을 전달할 것이라고 했습니다. 양쪽 회계법인 사이에 큰 이견이 없었기에 좋은 결과가 있기를 바란다는 말도 했습니다. 그로부터 상당시간이 흐른 뒤에, 그쪽 회사로부터 연락이 왔습니다. 자신들이 분석한 결과, 메가젠의 주식은 2013년에 주장했던 주당 5000원이 적정가격이라는 것이었습니다. 정말 충격적이었습니다. 매출이 거의 두 배이상 증가하였고, 영업이익도 훨씬 향상되었는데… 게다가 우리 측에서 선임한 회계법인의 감정가격은 그보다 몇배나 넘는 수준이었는데…

그쪽 회사에 그 논리적인 근거를 이야기해 달라고 했습니다. '가치산정 계산법'을 만들기 위해 일 년이 넘는 시간을 투입하였으니, 그에 근거해서, 어떤 부분이 우리와 계산법이 달라서 이렇게 큰 차이가 나는지 하나씩 설명을 듣고 싶다고 했습니다. 그쪽에서 온 대답은 심플했습니다. 우리가 그렇게 노력해서 만든 영업상의 숫자들을 '믿을 수 없다! 인정할 수 없다!'라고만 이야기했습니다. 이런 논쟁이 지속되면서 몇 달이 지났지만, 양측이 평행선만 그리고 있을 뿐이었습니다. 그러던 중에 개인적인 접촉을 통해서 7000원이면 어떻겠느냐, 8000원이면 어떻겠느냐는 제안이 들어왔습니다. 저는 더욱 화가 났습니다. '7000원이라도 좋고, 8000이라도 좋고, 심지어 당신들이 주장하는 5000원이라도 좋으니, 이렇게 주장하는 근거를 우리의 그 계산법에 적용시켜서 설명을 해 달라'고 했지만, 어느 누구도 그 가치산정의 기준에 대해 이야기하지는 않았습니다. 이제 우리가 할 수 있는 일은 계약서에 근거해서 '국제중재재판소(ICC)'에 제소하는 것 뿐이었습니다.

계약서가 작성될 때, 이런 일이 발생하리라고는 전혀 생각하지 못하였고, 따라서 국제중재재판소가 무엇을 하는 기구인지도 알지 못하였습니다. 그저 계약서에 당연히 들어가는 요식행위 중의 하나일 것이라고 생각했습니다. 계약서 상에 '양측이 타협점을 찾지 못할 경우에는 국제중재재판소에 의뢰하고, 그 판결을 수용한다'라고 되어있어, 국제중재재판소로 방향을 틀기는 했지만, 실제로 어떤 분께 변호를 부탁드려야 하는지도 몰랐습니다. 이때 치과의사 출신 김 용범 변호사가 정말 탁월하고도 현명한 추천을 해 주었습니다. 자신이 법률공부를 할 때 감명깊었던 교수님들 중에 이 국제중재법에 대해 매우 유능한 분을 만난 적이 있다고 하면서, 법무법인 태평양의 김 갑유 변호사를 소개해 주었습니다. 회사의 운영도 미숙하였지만, 법무쪽은 더욱 알지 못하고 있었기에, 정말 스트레스가 심했습니다. 미팅 약속을 잡고, 법무법인 태평양의 사무실에서 김 갑유 변호사님을 처음 만났습니다. 어디서부터 어떻게 설명을 해야 할지 몰라 안절부절하고 있던 제게, '이미 사건의 내용은 다 알고 있으니, 몇 가지 확인만 하면 되겠습니다.'라고 웃음 띤 얼굴로 이야기해 주셨습니다. 짧은 실무 미팅후에, 국제중재재판소가 어떤 일을 하는지, 어떤 과정을 거칠 것인지에 대해 설명을 들었습니다. 그리고는 대구로 내려가서 한번 더 미팅을 하겠다고 하셨습니다. 그저 빈말이거니 했는데, 진짜 며칠 뒤에 혼자서 대구로 내려오셔서 함께 점심을 하였습니다. 법에 관련된 것들은 당신께서 다 처리할테니, 그동안 제가 왜 이 사업을 시작했고, 어떻게 살아왔으며, 궁극적으로 이번 일을 어떻게 처리하면 좋겠는지, 이야기해 달라고 했습니다. 그저 오랫동안 알아온 친구에게 푸념하듯, 그동안의 이야기들을 쭉 풀어 놓았습니다. '무엇이 문제인가?'보다 '앞으로 어떻게 하고 싶으냐?'가 주제가 된, 제게는 상당히 이상한 인터뷰였습니다. 꽤 긴 점심시간을 마치고 돌아가시면서, '이제 이 일은 걱정하지 마시고, 그저 회사 일이나 열심히 하시라'고 했습니다. 회사가 정말 헐값에, 그것도 기본적인 약속조차 지키지 않는 회사에게 넘어가게 될지도 모르는 상황이었지만, 진짜로 그날 이후 국제중재재판소의 일은 전혀 걱정을 하지 않았습니다. 가끔씩 법무팀을 통해 경과를 전해들었을 뿐, 재판과정에 전혀 참여하지도 않았습니다.

치과의사 출신의 김 용범 변호사 (왼쪽, 오킴스 법률사무소)와 법무법인 태평양의 김 갑유 변호사. 이 두 분의 노력으로 메가젠 임플란트가 유럽의 임플란트 회사로 부터 독립을 유지할 수 있었습니다. 김 갑유 변호사님은 이후 태평양을 떠나 '법무법인 피터앤김'을 창업하시고, 글로벌 활동을 이어가고 계십니다.

국제중재재판소에서 어떤 흐름을 통해서 최종판결이 나는 지는 알지 못하였습니다. 그저 팀이 구성되었고, 사실관계를 설명하는 과정이 열리고 있다고 보고를 받았습니다. 우리 팀원의 일방적인 설명이어서 객관성을 증명하기는 어려웠지만, 대개의 흐름이 우리측에 유리하게 흘러갔었고, 그쪽 회사의 대리인들에 비해 우리 대리인이었던 김 갑유 변호사 측의 설명이 너무나도 논리 정연해서, 주심을 맡은 의장 중재인도 우리 쪽으로 많이 기울어져 있다고 했습니다. 첫 번째 심리가 진행되고, 그 회사측의 가처분 신청이 기각된 후 갑자기 그 유럽 회사 측에서 이메일이 들어왔습니다. '앞으로 45일 안에 전환사채의 원금과 이자를 모두 갚는다면, 국제중재재판소의 판결을 기다리지 않고, 메가젠과의 관계를 종료하는 것으로 하겠다'고 했습니다. 2016년 12월의 일이었습니다.

계약서 상으로는 전환사채의 건이 어떤 이유로든 성사되지 않을 경우, 그로부터 2년에 걸쳐 원금과 이자를 상환하면 되는 것으로 되어 있었는데, 이게 무슨 소리인가… 그쪽 회사와 메가젠이 함께 세계 속에 우뚝 선 임플란트 회사를 만들어보자고 시작한 프로젝트가 무산되었는데, 마지막 순간까지도 무리한 요구를 하는구나… 쓴웃음이 나왔습니다. 어쩌면 그들의 이 무리한 요구에 대해, 메가젠이 지불하지 못하는 상황이 발생함으로써, 어쩔 수 없이 그들의 주장을 받아들여야 하는 상황을 예측하고, 이런 주장을 하였지 않았을까 하는 생각이 들었습니다. 하여튼 향후 세계 제일의 생산기지가 되도록 할 신공장 건축으로 인해 막대한 자금의 소요가 예상되고 있던 가운데, 이 전환사채까지도 45일 이내에 갚아야 할 것을 생각하니, 눈 앞이 캄캄했습니다. 그렇다고 이들과는 더 이상 어떤 거래나 흥정조차 하고 싶지 않았습니다. 회사의 재무담당 이사였던 김 도경 상무에게 이 자금을 마련할 수 있을지 의논해 보았습니다. 쉽지 않은 일이겠지만, 한번 해 보자고 의견이 모아졌습니다. 그날부터 김 상무는 은행이란 은행은 다 돌아다녔던 것 같습니다. 다행스럽게도 메가젠의 외부 평판이 그리 나쁘지는 않았던지, 모 은행에서 큰 금액의 대출을 승인해 주었습니다. 45일 이내 갚으라는 이메일을 받은 지 꼭 30일이 지난 시점이었습니다. 답신을 통해, 이제 돈이 다 마련되었으니, 우리 메가젠의 재산에 대해 그들이 설정한 담보권을 말소시켜 줄 것을 요구했습니다. 이제 이 서류만 도착해서 대출을 통해 마련한 돈을 송금해 주고 나면, 지긋지긋한 관계가 모두 종료될 것이라고 믿고 안도하였습니다. 그런데, 여기에서 또 하나의 일이 발생하였습니다.

서류를 요청한지 며칠 뒤, 해당 담보해지 동의서가 도착하였습니다. 거기에는 우리가 전환사채 계약시 제공하였던 모든 물건들에 대한 목록번호들이 기록되어 있었습니다. 우리는 그것이 당연히 정확할 것이라고 생각하여 일일이 대조해 볼 생각조차 하지 않고, 대출담당자에게 넘겨 주었습니다. 이 물건들에 대해 이제 그 유럽 회사가 아닌 은행이 담보권을 행사할 차례였습니다. 정말 고맙게도, 이 은행의 대출담당자는 이것들의 숫자 하나하나까지 꼼꼼히 살펴보았습니다. 놀랍게도, 그 중 두 개의 담보물건에 대한 숫자들 중, 두 개의 숫자가 바뀌어져 있었습니다. 그쪽 회사 경영진의 가장 중요한 네 사람이 공동 사인을 한 서류에 이런 실수가 있었다니… 이것이 고의는 아니었을 것이라고 정말 믿고 싶었습니다. 하지만, 만약 이것이 검증되지 않은 채, 전환사채가 상환되었더라면, 우리는 담보물건을 확보하지 못하게 되어, 대출관계에서 심각한 문제가 발생하였을 것입니다. 이미 돈을 받은 그 유럽 회사 측이 그들의 실수를 인정하면서, 순순히 수정 서류를 보내줄 것이라고 생각하기 어려웠습니다. (지금도 이것이 고의는 아니었을 것이라고 스스로 위안을 삼고 있습니다)

즉시 항의와 함께 제대로 된 서류를 보내줄 것을 요구해서, 다시 일주일이 경과한 후에 정확한 서류가 도착하였고, 은행 측의 도움을 받아, 그들이 요청하였던 45일 이내에 이자와 원금을 모두 상환할 수 있게 되었습니다. 2017년 1월 말이었습니다. 2013년 봄에 시작되어 만 4년 간의 우여곡절을 겪고서야 관계를 청산할 수 있었습니다. 그동안 자의반 타의반으로 정말 공부를 많이 하였습니다. 사후 약방문이긴 했어도, 회계와 법무적인 일에 있어서 예전과는 비교가 되지 않을 정도까지 발전하였습니다. 회사에 있어서 대표이사(CEO)의 역할이 얼마나 중요한 것인지, 한 번의 실수가 회사의 운명을 통째로 바꾸어버릴 수도 있다는 것을 온몸으로 느꼈습니다.

그 유럽 회사의 대표이사로부터 우리 딜러들에게 날아든 편지

    2017년 1월 말까지 그들이 원하던 바 대로 3000만 불의 전환사채 원금과 상당액의 이자에 대한 지불이 완료되었습니다. 그러자 그 다음 달, 많은 수의 우리 딜러들, 특히 유럽의 딜러들에게 아래와 같은 편지가 날아들었습니다. 발송 일자가 2017년 3월 1일로 되어있는 것을 확인하실 수 있을 것입니다. 이 편지를 받은 딜러들의 대부분이 제게 연락을 해 왔습니다. 어떻게 유럽의 거대 임플란트 회사가 이럴 수가 있는가! 관계가 종료되었으면 신사답게 물러나야지, 우리 해외딜러들에게 주요 임직원이라는 분들이 직접 편지를 해서, '메가젠은 미래가 없고, 우리가 더 좋은 조건을 제시해 줄 수 있으니, 우리 회사쪽으로 합류하라'는 이야기를 할 수 있을까… 저로서는 정말 생각도 할 수 없는 일이 또 벌어졌습니다. 참 정확하고, 공명정대하며, 가슴 따뜻한 사람들이 살고 있을 것이라고 생각해 왔던 스위스라는 나라 자체에까지 회의가 들었습니다. 어떻게 사람들이 이럴 수가 있을까… 이것이 스위스라는 나라와 그곳에서 비즈니스를 운영하는 사람들의 속성인가! 아니면 한 개인의 일탈적인 행위인가!

    여러분의 이해를 돕기위해, 아래의 편지를 대략 해석해 두겠습니다. 제 개인적인 분노와 실망은 뒤로 하시고, 여러분의 상상과 판단을 중요시 하시면 좋겠습니다. 우리 딜러들에게 전달된 이 편지는 결과적으로 그쪽 회사에게 전혀 도움이 되지 않았을 것입니다. 우리 딜러들 중 어느 누구도 이런 유혹에 넘어가지 않았기 때문입니다.

Basel, 01 March 2017

Discontinuation of relationship with MegaGen

We are writing to inform you about an important development in our relationship with MegaGen Implant Co., Ltd and to draw your attention to the broad range of options we can offer you through the ▇▇▇▇▇.

When MegaGen needed capital in 2013/4 to meet its financial obligations and to support the development of its business, it sold ▇▇▇▇ convertible bonds totalling USD 30 million. An agreement with the main shareholders of MegaGen entitled ▇▇▇▇ to purchase additional shares in order to obtain a controlling stake in MegaGen. We agreed to give MegaGen two years to increase its profitability before acquiring a controlling stake, which would give their shareholders an opportunity to make more money from the deal. It was made very clear from the beginning that ▇▇▇▇ would have a majority stake in MegaGen.

We believed that a partnership was in the mutual interest of both companies and communicated our intention to exercise the options. An independent due-diligence process was conducted to determine the fair value of MegaGen but MegaGen disputed the conversion price and calculation procedure. Despite a considerable increase in our offer, MegaGen's CEO initiated arbitration and the spirit of collaboration that had characterized our relationship was lost.

The long delay due to the arbitration process was not the interest of ▇▇▇▇ or the MegaGen business - especially in view of the urgency to enter fast-growing markets. We therefore offered MegaGen the option to repay the USD 30m with interest, which they accepted and have now done.

Recently ▇▇▇▇ has looked to other companies and has established strong partnerships with other brands including ▇▇▇▇, ▇▇▇▇, ▇▇▇▇ and ▇▇▇▇ which together with ▇▇▇▇ and our premium ▇▇▇▇ brand give us an extremely attractive winning portfolio to address markets where MegaGen would have been useful.

We would like to emphasize that the ▇▇▇▇ ▇▇▇▇ disassociates itself from MegaGen. We do not endorse their reliability, quality or future sustainability – on the contrary, recent experience and other developments show that they do not meet the expectations for a partner in the ▇▇▇▇. We are also committed to protecting our brand from being used by anyone to promote or endorse MegaGen products.

Having repaid ▓▓▓▓▓, MegaGen's ability to invest in innovation, development and growth initiatives has been substantially reduced, which will have implications for your business. We believe that MegaGen's intended plans to launch as a public company (Initial Public Offering) faces considerable hurdles and - if it happens - will benefit only the shareholders, not the business, nor the staff, nor the patients, nor you, the customers.

The ▓▓▓▓▓▓▓▓ has one of the largest and most reputable global networks in our industry. In addition to logistics and expertise (e.g. regulatory skills) we offer a complete range of solutions at various price points from simple implant systems to complete digital workflows and solutions across the entire tooth replacement spectrum. We also offer education and other services and a range of international brands including ▓▓▓▓▓, ▓▓▓▓▓, ▓▓▓▓, ▓▓▓▓, and ▓▓▓▓, in addition to our flagship premium ▓▓▓▓▓ brand.

These are just some of the many reasons why we believe that we are a much more attractive and rational partner for you than MegaGen. If you would like discuss potential opportunities for working with us and our great brands, please don't hesitate to contact us personally. If you are at the IDS in Cologne we would be glad to meet with you.

Yours sincerely,

CEO

EVP, Head Europe

전환사채계약이 종료된 이후 그쪽 회사의 중요 임직원들이 우리 딜러들에게 보낸 편지. 거의 대부분의 딜러들이 이 편지를 받았으나, 누구도 이 유혹스러운 제안에 넘어가지 않았습니다.

17년 3월 1일 바젤 1)

메가젠과의 관계 종료

    메가젠과의 관계에서 중요한 문제가 발생하였음을 알려드리면서, 우리 그룹을 통해서 우리가 여러분께 제공할 수 있는 폭넓은 옵션들에 대해 알려 드리고자 합니다.

    2013/4년에 메가젠이, 그들의 채무를 해결하고 비즈니스의 발전을 도모하기 위해 자금이 필요했을때, 메가젠은 우리에게 3000만 달러의 전환사채를 발행하였습니다.2) 주요 주주들과의 합의서에 의하면, 우리가 추가 주식을 취득함으로써, 메가젠의 지휘권을 가질 수 있게 되어 있었습니다. 우리는 이들에게 2년의 시간을 주어, 우리가 지휘권을 가지기 전에 회사의 이익을 증대시킴으로써, 그들이 더 많은 돈을 벌 수 있도록 해 주었습니다. 이 점은 처음부터 매우 분명하였으며, 우리는 메가젠의 최대 주주가 되기로 되어 있었습니다.

    우리는 이 파트너쉽이 양사의 공동의 이해관계 속에서 만들어졌으며, 이 옵션들을 실행하기 위한 우리의 의도를 전달하였습니다. 메가젠의 공정한 가치를 결정하기 위해 독립적인 평가절차가 이루어졌습니다만, 메가젠은 이 전환가격과 정산 절차를 거부하였습니다.3) 우리가 상당히 높은 가격을 제안하였음에도, 메가젠의 대표이사는 청산절차를 시작하였고, 우리 관계의 근간이 되었던 상호협력의 정신이 상실되었습니다.4)

    장기간에 걸친 청산절차는 우리의 관심거리가 되지 않았고, 특히 빠르게 성장하고 있는 시장의 급한 요구에 부응하기 위해서도 바람직하지 않았습니다. 그래서 우리는 메가젠에게 3000만 불의 원금과 이자를 돌려줄 것을 제안하였고, 메가젠이 이를 받아들여 이제 모두 해결되었습니다.

    최근 우리 그룹은 다른 회사들에 관심들을 가져왔고, ■■■■, ■■■■, 및 ■■■■등의 다른 브랜드들과 강한 파트너쉽을 수립하였습니다. 이들은 ■■■ 및 프리미엄 우리 브랜드와 함께, 지금까지 메가젠이 각광을 받았던 시장에서 매우 매력적이면서도 경쟁에서 이길 수 있는 포트폴리오를 제공해 줄 것입니다.

    우리는 우리 그룹이 메가젠과 완전히 무관하게 되었음을 강조하고자 합니다. 우리는 메가젠의 신뢰성, 질적 보장 및 미래 지속성을 보장하지 않습니다. 반면, 근래의 경

위의 편지내용에 대한 저의 소견들을 적어보았습니다.
1) 그 유럽 회사의 본사가 위치한 스위스의 도시입니다.
2) 메가젠은 그들에게 도움을 요청한 적이 없습니다. 그들이 어느날 우리에게 접근해서 감언이설로 전환사채를 발행하도록 유도하였고, 그들의 약속을 믿고 투자를 받아준 것입니다.
3) 전혀 독립적이지 못하였으며, 그들이 계약한 회계법인은 의뢰인의 주장에 굴복하여, 전혀 터무니없는 가격을 제시하였을 뿐만 아니라, 1년 이상이 걸려 만들어진 계산법에 의한 가치평가에 대해 한번도 합리적인 설명을 하지 않았습니다. 아마도 그들의 예상보다 급격한 성장을 이룬 메가젠에 더 이상의 자금을 넣어줄 생각이 없었던 것으로 판단되었습니다.

힘들로 보았을때, 메가젠은 우리 그룹의 파트너로서의 기대치를 충족시키지 못하였습니다. 우리는 우리의 브랜드가 메가젠 제품의 보증이나 판촉에 사용되지 못하도록 우리의 상표를 보호조치하도록 하였습니다.

우리에게 전환사채를 되갚으므로써, 메가젠은 기술혁신, 발전을 위한 initiative들이 크게 감소하였고, 이로 인해 여러분의 비즈니스에도 영향을 줄 것입니다. 우리는 주식시장에 상장하려는 메가젠의 의도가 상당한 어려움을 겪을 것이며, 만일 그것이 이루어진다고 하더라도, 그 혜택은 주주들에게만 돌아갈 뿐, 그들의 사업 자체, 직원들, 그리고 환자들과 고객인 당신들에게는 전혀 도움이 되지 않을 것입니다.5)

우리 그룹은 이 분야에서 가장 크고 잘 알려진 기업입니다. 물류와 관리적인 기술들과 함께, 우리는 치아회복을 위한 전 분야의 해법에서, 임플란트 시스템에서부터 디지털 워크플로우까지 다양한 가격의 완벽한 솔루션을 제공하고 있습니다. 또한 교육과 기타 서비스를 제공하고 있으며, 프리미엄 우리 브랜드에 덧붙여, ▧▧▧ ▧▧▧ ▧▧, ▧▧▧▧ 와 ▧▧▧등 다양한 international brand 들을 제공하고 있습니다.

이런 것들 외에도 우리가 메가젠보다 훨씬 더 매력적이고 이상적인 파트너라는 것을 확신할 수 있는 많은 이유들이 있습니다. 만약 당신이 우리 고유 브랜드나 다른 브랜드들과 함께 할 수 있는 기회들에 대해 논의하고자 한다면, 주저하지 마시고 개인적으로 우리와 연락하기를 바랍니다. 만약 당신이 독일 퀄른에서의 IDS에 참석한다면, 기꺼이 만나고 싶습니다.6)

심심한 경의를 표하며,

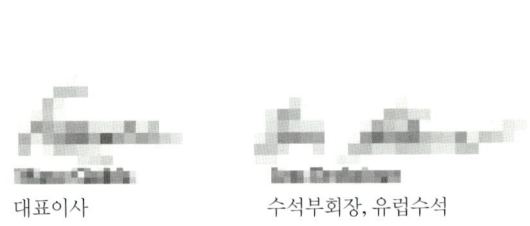

대표이사   수석부회장, 유럽수석

---

4) 가격의 문제가 아니었습니다. 전혀 논리에 맞지 않은 제안에 대해 합당한 설명을 요구하였을 뿐이고, 처음 그들이 약속하였던 '독립적인 경영'의 원칙을 어겼기에, 대항하였을 뿐입니다.
5) 이것은 상대회사에 대한 명예훼손에 해당한다고 봅니다. 이런 어려움을 겪었음에도, 메가젠은 지속적인 성장을 이어나가고 있습니다.
6) 상대회사의 자산이라고 할 수 있는 영업네트워크를 뒤흔들고자 하는 이런 유혹은 상도의상으로도 받아들여지기 어려운 일입니다.

그 유럽 회사 회장의 한국 치과전문지 Dental Today 인터뷰내용 (휴대폰 캡쳐)

　　메가젠의 해외 딜러들에 대한 회유전략에서도 재미를 보지 못하여서 그랬던지, 2017년 3월 중순에 그 회사의 대표이사가 한국을 방문해서 치과전문지인 덴탈 투데이와 인터뷰도 하였습니다. 긴 인터뷰에서 메가젠에 대한 내용만 발췌해서 보여드리고, 해명을 적어보았습니다. 무조건 자기들의 입장 만을 주장하는 태도에서 임플란트 분야의 글로벌 리더 기업로서의 자질이 심히 의심되었습니다만, 당시에는 참 어이가 없어서 대응도 하지 않았습니다. 이미 온라인 상으로 보도된 내용이므로, 그다지 비밀스러운 이야기라고 할 수도 없겠지만, 몇 가지 저의 입장만 적어보려고 합니다.

"메가젠, 의무 불이행에 파트너십 훼손"

박현진 기자 | 승인 2017.03.17 11:21 | 댓글 0

| CEO 인터뷰

"양사는 이제 파트너 관계 대신 서로 경쟁하게 되었으며, ▇▇▇브랜드가 메가젠 제품 또는 비즈니스를 보증하는 데 어떤 방식으로든 사용되어서는 안 된다는 점을 분명히 한다."

▇▇▇▇그룹은 스위스 바젤에 본사를 두고 치아 대체·수복 솔루션, 치과 임플란트, 치과기구, CAD/CAM 보철, 구강조직 재생제품, 디지털 솔루션 등을 연구·개발·제조하는 글로벌 기업이다.

국내 기업인 메가젠임플란트와 2014년 전략적 파트너십을 맺고 투자와 협력을 추진해온 ▇▇▇▇는 지난달 제휴중단을 돌연 발표했다. 본지는 ▇▇▇▇ CEO인 ▇▇▇▇▇▇ 회장과 서면 인터뷰를 통해 제휴 철회 이유, 향후 계획 등을 들어봤다.

Q. ▇▇▇▇은 어떤 기업인가.

(이하 중략)

Q. 최근 메가젠임플란트 투자를 철회한 이유는 무엇인가.

2014년 3월 합의시. 왼쪽 두번째가 ▇▇▇▇ CEO.

1) "메가젠 대주주들은 부채상환 등 자금필요에 따라 ▇▇▇▇▇▇이 메가젠에 투자할 것을 요청했었다. 이에 ▇▇▇▇▇은 전환사채를 매입하였으며, 지배지분을 획득하기 위해 추가로 주식을 취득하기로 계약했다.

양사의 관계는 파트너십을 기반으로 하는 협업정

2) 신이 특징이었다. 메가젠의 많은 대리점, 협력업체들은 본인들의 비즈니스를 향상시키기 위해 ▇▇▇▇▇의 명성을 활용했다.

3) 전환 주식의 적정가격 결정 방식은 이미 3년 전 ▇▇▇문서 형태로 합의되었으며, 메가젠 대주주들도 수용한 사항이다. 하지만 ▇▇▇▇이 채권을 주식으로 전환하는 옵션을 행사했을 때 메가젠 대주주들은 자신들의 의무를 이행하지 않았다.

Q. 메가젠이 전환가격 및 산정절차에 대해 국제상공회의소에 중재신청한 것으로 들었다.

4) "그들은 계약상 근거가 부당하다고 주장하며 중재를 신청했다. 이러한 행위는 비즈니스 관행에 어긋나는 일이며 파트너십 정신을 훼손하는 처사이다.

5) 이로 인해 ▇▇▇▇▇은 더 이상 메가젠 대주주들의 리더십 및 메가젠의 경영지속성을 신뢰할 수 없게 됐다.

중재 절차와 이로 인한 장기적인 사업 지연은 양사 이익에 도움이 되지 않으며, 최근 일련의 상황까지 겹쳐 메가젠과의 사업에 매력을 느끼지 못하게 되었다. 우리의 당초 계획은 ▇▇▇▇▇▇▇이 ▇▇▇ 메가젠 ▇▇▇▇▇▇을 성공적으로 성장시킨 것처럼 메가젠의 글로벌 비즈니스를 성장시키기 위해 더 많은 투자를 하는 것이었다."

Q. 계약철회가 ▇▇▇▇▇에 미칠 영향은.

"우리 의도가 잘못 해석된 것 같아 실망스럽다. 양사는 이제 파트너 관계 대신 서로 경쟁하게 되었으

6) 며, ▇▇▇▇ 브랜드가 메가젠 제품 또는 비즈니스를 보증하는 데 어떤 방식으로든 사용되어서는 안 된다는 점을 분명히 한다.

중국, 인도, 러시아 및 동유럽 지역에서 고속성장 중인 보급형 제품 비즈니스를 확대할 필요성이 시급해 현재 ▇▇▇▇▇▇▇, ▇▇▇▇▇▇▇▇▇, ▇▇▇▇▇▇▇, ▇▇▇▇▇▇▇▇ 등 업체에 투자 중이다.

▇▇▇▇ 그룹 브랜드, 공통기술 플랫폼, 글로벌 네트워크가 이들에게 혜택을 제공하고 있고, 이들과의 파트너십으로 주어지는 기회에 상당히 만▇▇하고 있다. 따라서 메가젠은 ▇▇▇▇에 전략 파트너로서 더 이상 필요치 않은 상황이다."

1) 메가젠이 요청한 적이 없습니다. 앞에서 설명한 바와 같이 어느 날 갑자기 나타나서는 그들이 투자하겠다고 했습니다.
2) 그들의 이름을 활용한 적이 없습니다. 오히려 그들이 자신들의 딜러들에게 메가젠을 취급할 것을 권하였습니다.
3) 이 문서를 작성하는데 무려 1년이 넘게 걸렸습니다. 이 문서에 작성된 기준에 따라 계산의 근거를 제시해 달라는 것이 저의 주장이었지만, 한번도 근거에 기준한 적정가격을 제시한 적이 없었습니다.
4) 합의에 이르지 못할 경우, 국제중재재판소의 제소한다고 계약서에 명시되어 있었습니다. 즉, 이는 그들이 적어둔 조건이었습니다.
5) 메가젠의 대주주들은 그들이 약속하였던 경영방식을 신뢰할 수 없었습니다. 메가젠 이후에도 지속적으로 성장을 이어가고 있습니다.
6) 메가젠은 어느 순간에도 그들을 이용하는 행위를 하지 않았습니다. 앞으로도 그들의 이름을 이용할 하 등의 이유가 없을 것입니다. 오히려 계약동안 유출된 메가젠의 노하우를 카피해서 그들이 우리의 주력제품을 닮은 새로운 임플란트를 만들지 않기를 바랍니다.

신사옥의 건축에 몰두하다

유럽 임플란트 회사와의 싸움에서 해방되자마자, 이번에는 신사옥 건축이라는 큰 프로젝트를 안전하게 마무리해야 하는 짐을 안게 되었습니다. 그쪽 회사로부터의 투자와 시장확대라는 비젼을 가지고, 원래의 공장에 비해 5~6배나 더 큰 공간에 대한 설계가 이루어졌고, 공사에 대한 준비가 완료된 상황이었습니다. 설계를 할 때부터 100년이 지나도 튼튼하게 유지될 공장으로 만들어달라고 요청한 상황이었기에, 총 공사비 또한 만만치 않은 상태였는데, 유럽 회사의 투자가 무산되어 이중의 어려움을 안게 되었습니다. 하지만 이미 설계를 비롯한 기본적인 준비들이 시작되었고, 시기적으로도 메가젠 비즈니스의 발전을 위해 이를 더 이상 미루어둘 수는 없는 상황이었습니다.

공사비용이라는 것이 고무줄처럼 왔다갔다 할 수 있다는 것을 이전의 몇 차례 경험을 통해 인지하고 있었던 터라, 공정한 경쟁을 통해 투명한 공사를 해 낼 수 있는 업체를 선정하는 것이 우선 과제가 되었습니다. 대여섯 건설사에 견적을 의뢰하고, 수차례 미팅과 심사를 거쳐, 드디어 한 업체가 선정되었습니다. 공사의 금액도 금액이지만, 얼마나 양심적으로, 또 무사고 건축을 해 낼 수 있는가도 관심의 대상이었습니다. 최종 선정된 에스아이(SI) 건축회사는, 과거 밀양 미르치과병원의 건축 등을 실시했던 경험이 있었고, 그때그때 발생된 크고 작은 문제점들에 대해, 공사금액에 얽매이지 않고 최적의 해결책을 찾아내기 위해 노력하였던 모습에서 좋은 점수를 받았습니다.

설계사와 건축사에 덧붙여 또 한 분의 중요한 책임자를 찾아야 했습니다. 그것은 모든 공사가 절차에 따라서, 또 계획된 대로 이루어지는 지를 각 단계에서 실시간 확인하고 감독하는 사람이 필요했습니다. 설계와 건축사는 정말 믿을 수 있는 분들로 구성이 되었지만, 공사의 많은 부분들이 하도급으로 이루어지고 있는 상황에서, 건축주를 대신해서 이를 실행할 분이 필요했습니다. 그런데 여기에 꼭 맞는 분이 이미 곁에 있었습니다. 이 공사가 시작되기 전, 수년 동안 미르치과병원의 다양한 대외협력부분을 도와 왔던 우 성진 고문이, 일의 중요성을 스스로 파악하고 자원을 했습니다.

어느 연말 행사장에서 우 성진 고문과 함께

우 성진 고문은 저의 고등학교 동기로서, 이미 40년에 가까운 인연을 이어가고 있었지만, 우연한 기회에 병원의 대외업무들을 함께 하고 있었고, 진료 이외의 거의 모든 어려움들에 대해 함께 고민하고 해법을 찾아나가고 있었습니다. 이번에도 우 고문이 자청을 했습니다. 메가젠의 백년 대계를 위한 중요한 공사이므로, 자신이 기여하고 싶으며, 여기에 추가 인건비를 요구하지도 않겠다고 했습니다. 아무리 친구지간이라고 하더라도 쉽지 않은 제안이었습니다. 옳고 그름에 대해 분명한 선을 그을 줄 알고, 이를 철두철미하게 실천하는 이 분의 성정은 이미 잘 알고 있었기에 적임자라는데 망설임이 없었지만, 이 대공사의 감독을 무보수 봉사로 임하겠다는 이야기는 또 하나의 감동이었습니다.

그렇게 공사가 시작되었습니다. 1층 바닥을 위한 기초공사에만 수백 대의 레미콘 차량이 동원되는 등, 제가 그동안 경험하지 못하였던 새로운 일들이 날마다 벌어졌습니다. 회사와 병원의 일로 자주 공사현장을 찾지는 못하였지만, 우 성진 고문이 매일매일 벌어지는 공사들에 대해 사진과 동영상을 보내와서, 마치 현장에서 함께 일하고 있는 듯한 생생함을 가질 수 있었습니다. 임플란트를 생산하는 공장은 기계가공을 통해서 부품을 만들어내는 곳이 아니라, '금속에 생명을 불어넣는 작업'이므로, 공간 하나하나에 문화가 있어야 하고, 우리 임플란트를 활용해서 환자의 건강한 생활과 자신있는 스마일을 만들어 줄 전 세계의 치과의사들이 긍지를 가질 수 있도록 해야 한다고, 항상 까탈스럽게 간섭을 했지만, 현장의 모든 분들이 한 마음으로 이해해 주었습니다.

그렇게 거의 1년 반 정도의 공사기간을 거쳐 2017년 말, 어느 정도의 뼈대가 갖추어졌고, 아직도 일부 인테리어 공사가 이루어지고 있던 와중에 이사가 시작되었습니다. 먼지 속에서도 현장의 안정을 위해 노력해주었던 모든 임직원들에게 다시 한번 감사의 인사를 드리고 싶습니다. 2018년 1월 첫 째주, 대구 시장님과 대한 치과의사 협회장님, 대구 상공회의소 회장님과 여러 내빈들, 특히 50여 개국의 해외 딜러들이 함께 참석한 가운데, 메가젠의 세천 신사옥 오프닝 세리모니를 가질 수 있었습니다. 토마스 한 선생님께서도 미국에서 먼 길을 달려 친히 참석해 주셨고, 많은 동료들과 친구들이 함께 축하해 주었습니다.

2018년 1월 5일 약 3년여의 공사를 마치고 메가젠 임플란트 신사옥의 준공식이 열렸습니다. 권 영진 대구시장님과 진 영환 상공회의소 회장님, 김 철수 대한치과의사 협회장님, 저의 영원한 사부이신 토마스 한 선생님과 수 십 명의 우리 해외딜러들을 위시한 많은 분들이 멀리서 참석하시고 축하해 주셨습니다.

메가젠 임플란트의 경영철학이 무엇이냐고 질문을 받을 때마다 참 곤혹스러웠습니다. 솔직히 그런 것들을 생각하면서 살 겨를도 없었습니다. 신사옥을 건축하면서, 포르투칼의 동료치과의사인 Dr. Miguel Stanley가 강의때 자주 사용하였던 문구를 회사의 경영철학으로 사용하기로 하였습니다. 'Build a Bigger Table rather than a Higher Wall – be part of bigger game' (높은 담장을 쌓지말고 더 큰 테이블을 만들어라 – 더 큰 무대의 일원이 되자) 지식이건 재산이건, 가진 것을 지키려고 하기보다, 함께 나눔으로써, 더 큰 발전을 도모하자는 뜻입니다.

334 나는 치과의사다

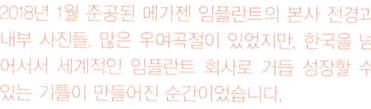

2018년 1월 준공된 메가젠 임플란트의 본사 전경과 내부 사진들. 많은 우여곡절이 있었지만, 한국을 넘어서서 세계적인 임플란트 회사로 거듭 성장할 수 있는 기틀이 만들어진 순간이었습니다.

2018년 대구시 우수건축물 시상식에서 일반건축물 부분 최우수상을 수상하였습니다. 단순히 제품을 생산하는 공장이 아니라, 임플란트가 가져올 수 있는 환자들의 행복과 이를 수행하는 치과의사들의 책임감과 명예를 표현하고자 노력한 결과라고 생각합니다.

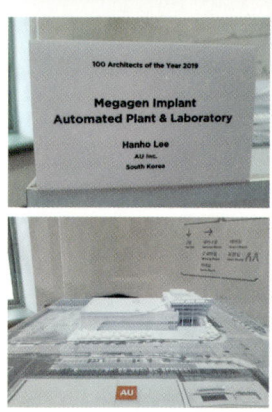

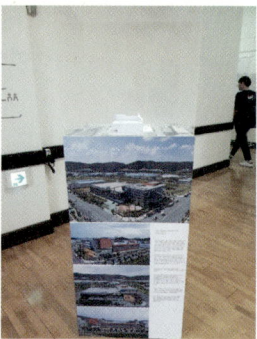

메가젠 임플란트의 신사옥을 설계한 이 한호 이유 건축디자인 대표는 2019년 한국을 대표하는 '100인의 건축가'에 선정되는 영광을 얻을 수 있었습니다.

끝나지 않은 전쟁

　신사옥의 개원식은 무사히 치렀지만, 해결해야 할 일들이 한두 가지가 아니었습니다. 깔끔한 공장의 새로운 환경으로 옮겼을 뿐, 똑같은 작업을 반복하기만 하면 되었을 생산부로부터 문제가 시작되었습니다. 생산동의 바닥은 누유된 윤활유들로 인해 미끄러지지 않도록 조심을 해야 했고, 3정5S를 강조하였지만 좀처럼 지켜지지 않았습니다. 국내외로부터 주문은 밀려들고 있는데, 불량은 증가하였고, 납기를 맞출 수 있는 생산부의 일손은 크게 부족한 상황이었습니다. 하는 수 없이 생산부 뿐만 아니라, 본사내 전 부서의 차장 이상 간부들에게 밤 12시까지의 교대 연장근무를 부탁했습니다. 정말 고맙게도 모든 간부들이 적극적으로 도움을 주어, 하나씩 문제점들이 해결되어 나갔습니다.

　그러던 어느날, 2018년 2월 말경이었습니다. 조금 늦은 출근을 하고 있는 중이었는데, 회사로부터 다급한 목소리의 전화가 걸려 왔습니다. '사장님, 회사에 압수수색이 들어왔습니다!' 이게 무슨 소리인가! 오직 열심히 하고, 정직하게 살아가면 된다고, 지난 20여 년간의 회사생활을 그렇게 생각하며 살아왔는데, 압수수색이라니… 회사에 도착하니 예닐곱 젊은 분들이 대표이사실을 점거하고, 재경팀의 모든 컴퓨터에 수록된 자료들에 대한 조사를 시작하고 있었습니다. 조사의 이유를 물으니, 영장에 적시된 네 가지 혐의점들을 이야기해 주었습니다. 사실 이 내용 조차도 알려줄 수 없다고 하였고, 그저 압수수색 영장이 있으니 집행할 뿐이라고 하였지만, 내용이라도 알아야 협조를 잘 할 수 있지 않겠느냐고 사정을 해서, 수색영장 상의 혐의내용을 들려 주었습니다.

첫 번째, 메가젠의 미국법인을 Ids라는 법인으로 매각하면서, 그 매각대금을 모두 회사로 입금하지 않고, 수백만 달러에 해당하는 부분을 대표이사가 해외계좌로 빼돌려서 횡령하였다. 둘째, 해외 딜러들에게 강의비 명목으로 십수만 달러의 돈을 받고, 그에 상응하는 물품을 공짜로 제공함으로써 회사에 손실을 끼쳤다. 셋째, 마케팅 물품이라는 명목으로 임플란트를 무료 혹은 터무니없는 저가로 보내주고, 해외계좌로 돈을 받아 횡령하였다. 넷째, 해외 수출 시 반드시 하여야 하는 수출신고를 하지 않고, 핸드캐리등의 수법으로 많은 물품들을 밀수출하였다…

회사 돈을 개인적인 목적으로 챙기기는커녕, 회사가 어려울 때마다 개인 재산을 쏟아붓다시피 하였는데… 처음 창업때 투자하였던 70명의 동료 치과의사들에게 결코 누가 되지 않도록 약속했고, 이들의 눈에 조금이라도 이상하게 보이지 않으려고 최선을 다해 투명한 경영을 해왔었는데… 억울하기도 하고, 기가 막히기도 하였습니다. 이것을 누가 투고하였느냐고 질문하였지만, 압수수색을 나온 수사관들은 그것만은 절대 이야기해 줄 수 없다고 잘라서 거절하였습니다. 그날 밤, 허탈한 마음으로 집으로 향하고 있었는데, 또 한번 머리를 때리는 소식이 문자를 통해 전달되었습니다. 그날로부터 향후 한 달간 '출국금지' 조치에 처한다는 법무부로부터의 문자였습니다. 출국금지라니! 내가 우리나라에서 이렇게 나쁜 사람이 되어있었나! 60이 가까워진 나이까지 나름 애국자라고 자신하며 열심히 산 것 밖에 없었는데… 게다가 딜러들과의 미팅을 위해 이미 계획된 출장들도 있었는데…

혐의의 내용을 곱씹어보니, 이런 정황을 빗대어서 고발을 할 수 있는 사람들이 머리속에 떠 올랐습니다.

　우리 회사의 전직 임원이 첫 번째 대상이었습니다. 그는 유럽 회사와의 협상을 앞두고 최대한 매출을 올리기에 여념이 없었던 2015년 여름 또는 가을 경부터 이상한 태도를 보이기 시작하였습니다. 서울에서 대구로 직접 운전을 해서 올 때마다, 그쪽 회사측의 지명 이사였던 분을 항상 모시고 다니는 과잉 친절을 보였습니다. 그리고 상대 회사의 대리이사가 참석한 경영회의에서 발표를 하면서, 메가젠 매출의 상당부분에 문제가 있다고 하는 등, 회사에 비판적인 말들을 쏟아내었습니다. 똑같은 표현이라 하더라도 느낌이 다를텐데, 아무래도 뭔가 낌새가 좋지 않았습니다.

　상대 회사와의 전환사채 협상이 한창이던 2016년 7월의 어느날, 그 임원이 그쪽 회사의 대표이사 혹은 그들 이사들과 주고 받은 이메일을 우연히 확인하게 되었는데, 우리가 제공하기로 약속하였던 자료 이외의 것들이 상당부분 전송되고 있음을 발견하였습니다. 또한 함께 근무하던 직원들에게 슬쩍 문의를 했더니, '앞으로 내가 메가젠의 대표이사가 될 것이니, 내 말을 들어라!', '유럽 본사의 대표이사로부터 매출에 신경 쓰지 말고 일을 대충 대충하라는 지시를 받았다!' 등등의 이야기를 수시로 들었다는 증인들이 여럿 등장하였습니다.

　이럴 수가… 다른 임플란트 회사에서 퇴사당한 사람을 데려다가 등기임원의 자리에까지 올려주고, 어떤 다른 직원들보다 더 이뻐하고 격려해 주었을 뿐만 아니라, 최대한의 혜택들을 배려해 주었건만… 그날로 대구 본사의 직원들을 서울로 보내서, 컴퓨터를 압수하고, 업무에서 완전히 배제시키는 대기발령 조치를 하였습니다. 그런데, 그 다음 날 아침, 그 유럽 회사의 아시아 태평양지역을 담당하고 있는 싱가폴지점으로부터 이메일이 도착했습니다. 자신들의 전산시스템 서버가 전날 밤 갑자기

망가져서, 당분간 연락이 안될 것이라고 했습니다. 멀쩡하던 서버가 왜 갑자기 다운이 되었을까? 우리가 해당 임원의 컴퓨터를 압수하고, 뒷조사를 하는 것을 듣고는, 그 수사가 거기까지 미치는 것을 두려워했기 때문이었을까? (아시아 태평양지역의 모든 활동들은 싱가폴 본부에서 담당한다고 이야기를 들었습니다. 우리 임원이 보낸 데이터들도 모두 그쪽으로 전달되었을 것이 분명했습니다.) 그들의 설명대로 서버가 침수되어 작동하지 않았던 것일까? 그들의 말을 믿을 수 밖에 없었지만, 우연치고는 정말 타이밍이 절묘하였습니다.

다른 한편으로 회사의 여러 정보들을 경쟁회사로 유출시킨 혐의로 경찰에 진정서를 제출하였습니다. 우리가 직접 조사하는 데에는 한계가 있으니, 사실을 밝혀달라는 취지였습니다. 서울 사이버 수사대에서는 이후 그 유럽 회사의 한국지사 사무실을 압수수색하였고, 그 속에서도 메가젠을 자신들의 시나리오대로 인수하기 위하여 메가젠 전직 임원과 모의한 내용이 다수 발견되었다고 들었습니다. (수사내용은 모두 기밀사항이므로, 직접 확인할 수 없었음을 밝혀둡니다. 다만 이후 시시비비를 따지는 재판과정에서 나온 이야기들을 일부 전해 들을 수 있었습니다.)

서울 세관으로부터 위의 여러 혐의로 조사를 받으면서 알게 된 또 하나의 놀라운 사실은, 저를 고발한 대행기관이 우리나라에서도 으뜸가는 유명 법무법인이라는 것이었습니다. 이 법무법인은, 이름만 대면 법에 문외한인 분들도 다들 금방 고개를 끄덕일 정도로, 실력으로나, 비싼 수임료로나 유명한 그 곳이었습니다. 과연 우리 전직 임원이나 유럽 회사의 대리 임원이 수 억원이나 들었을 수임료를 내어가면서, 이 고발을 위임해서 얻고자 하는게 무엇이었을까… 이것을 통해 그들 개인이 어떤 금전적 이득을 얻지도 못할 것인데 왜 이런 말도 안되는 억지를 써서 고발을 하고, 압수수색까지 받게 만들었을까… 이 사건은 형사사건으로 분류되었기에, 실제로 유죄판결을 받는다고 하여도, 그들이 법무법인에 지불한 막대한 금액을 돌려받거나 그 밖의 금전적 이득을 가질 수 있는 것이 아니었습니다. 이렇게 생각을 하자, 그 유럽 회사와의 관련성을 의심하게 되었습니다. 계약 종료에 대한 모든 절차가 마무리되었지만, 메가젠을 그들의 뜻대로 합병시키지 못한 분함이 그쪽 회사의 집행부에 남아있었을 것이고, 내부사정에 밝은 전직 임원에게 뭔가 '꺼리'들을 털어놓게 했을 것입니다. 압수수색을 통해서 회사를 발가벗겨 보겠다는 생각을 했을 것이니, 그러려면 대표이사의 횡령이나 배임이라는 새로운 매뉴를 만들어야 했을 것입니다. 금액도 꽤나 크게 부풀려야 했을 것이니, 미국법인의 매각과정에서 에스크로우 계좌를 통해 매각절차를 진행하였던 대금지급을, 마치 대표이사가 해외 개인 계좌로 빼돌렸다고 했을 것입니다. 이 과정은 우리 회사의 전직 임원이 누구보다도 잘 알고 있었을 텐데도, 이것을 혐의의 첫 번째로 올린 것은, 서울 세관으로부터 오직 압수수색이라는 초강수를 두게 하려는 속셈이었을 겁니다. 이를 보다 효과적으로 집행하기 위해서는 비용과 관계없이 대한민국 최고의 법무법인을 사용하기로 했을 것인데, 그 비용을 과연 누가 부담을 했을 것인가… 이는 확인할 방법이 없었습니다. 다만 그것이 그 임원 자신이나 그를 믿어주는 어떤 개인의 주머니에서 나오지는 않았을 것이라는 것은, 상식적으로도 쉽게 짐작할 수 있었습니다.

　　비즈니스의 세계에서는 자신들의 이익을 위해 투쟁이 벌어집니다. 그것은 어떻게 보면 당연한 순리라고도 할 수 있습니다. 하지만 이해할 수 없는 어거지를 부리다, 국제중재재판소에서의 과정이 그들의 생각대로 움직여지지 않자, 계약서에 적혀있지도 않은 조건으로 투자금 반환을 요청해서 받아 간 마당에, 일 년도 더 지난 후에 이런 공작을 펼쳐서 상대방을 곤란에 빠트리는 일은 절대 '상도의'라고 할 수가 없습니다. 하지만,

이런 생각들은 그동안의 일의 흐름을 통해 얻어진 정보들을 활용해서, 제 머리 속에서 만들어진 상상일 뿐, 증명할 수 있는 방법은 없었습니다. 일단은 성실하게 조사에 임해서, 누명을 벗는 것이 첫 번째 당면과제였습니다.

 분함을 참기 어려워, 5년 넘게 끊었던 담배를 집어들었습니다. 치과의사로써 겪을 수 있는 것들은 모두 경험했지 않을까 싶었는데, 세관의 압수수색이라는 새로운 경험까지 하다니… 회사 내의 모든 관계자들이 모여 대책을 논의했습니다. 주변의 변호사들과 관세사들의 의견을 듣다 보니, 이 사건은 제가 생각했던 것 보다 훨씬 심각한 결과를 초래할 수도 있었습니다. 초동 대처에 만전을 기해야 했기에, 세관법에 정통한 법무법인과 최고 레벨의 변호사들을 초치해서 최선을 다해 대응을 하였습니다. 처음에 큰 건을 하나 배당받았다고 생각해서, 서슬 퍼렇게 대하던 세관공무원 분들도, 우리가 하나하나 증거자료들을 제시하자 점차 누그러졌습니다. 횡령이니 배임이니 하는 의문들은 그나마 쉽게 소명할 수 있었지만, 그동안 '관행'이라는 명분하에 무상으로 딜러들에게 출고해 주었던 마케팅 물품들이 문제가 되었습니다. 우리 영업사원들이 해당 국가로의 출장이 있을때, 운송비를 절감하고자 하는 딜러들의 요청에 의해 핸드캐리해 주기도 하였는데, 이들 물품들을 공항에서 세관신고하지 않고 무심코 반출한 부분도 지적이 되었습니다. 정말 소명하기 어려운 부분이었지만, 딜러들과 우리 영업팀의 출장 기록들과 출고 현황을 일일이 다 찾아내고, 보내었던 물품들과 대조하여 상당부분 해결하였습니다. 그래도 수 년에 걸쳐 집행된 작은 출하들까지 모두 정리한다는 것은 불가능했습니다. 수출신고를 하지 않고 해외로 들고 나간 것은 무조건 잘못한 일이지만, 그 물품들에 대한 판매대금은 다 입금이 되었고, 이 과정에서 누구도 횡령이나 편취를 하지 않았다는 것을 주장하였고, 세관측에서도 이 부분에 대해서 재발방지를 전제로 이해해 주었습니다.

서울세관의 압수수색으로부터 약 2주가 지난 뒤, 또 급한 전화가 걸려왔습니다. 이번에는 생산라인을 몽땅 뒤집는 압수수색이 또 나왔다는 것이었습니다. 무슨 조사가 또 남아있어서 압수수색이 다시 나왔는지… 이 건은 앞선 압수수색과는 별건으로 대구경북 지능범죄수사대에서 나온 것이었고, 메가젠의 대표이사가 광주의 한 임플란트 회사에 임플란트 생산에 관한 매우 중요한 정보를 유출함으로써, 메가젠 임플란트 회사에 심각한 손해를 끼쳤다는 고소장에 근거한 것이라고 했습니다. 참으로 어이가 없는 이야기였지만, 이 또한 열심히 조사에 임할 수 밖에 없었습니다. 이런 조사를 받아보신 분들이 아주 드물겠지만, 한번 출두하면 거의 하루종일이 소요되는, 그리고 상당히 진을 빼는 일입니다. 도대체 누가 이런 고발장을 접수한 것인지 물어보았지만, 담당 경찰관은 밝힐 수 없다는 입장을 보였습니다. 하지만 반복되는 조사과정에서 자초지정을 설명하고, 또 혐의사실들에 대해 듣다보니, 자연스럽게 그 고발인들이 누구인지 알 수 있었습니다.

횡령과 배임으로 세관 압수수색을 받도록 만들었던 그 두 사람, 그리고 똑같은 법무법인이 고발인의 대리인으로써 서류들을 작성하고, 경찰에 접수한 것으로 확인되었습니다. 그러니까… 이 모든 것들이 같은 사람들과 같은 법무법인에 의해 기획되었고, 그 배후에는 뜻을 이루지 못한데 대해 불만을 품은, 유럽의 그 회사가 있었던 것으로 생각되었습니다.

우리 사건을 배당받아서 조사하던 경찰관은 '그다지 큰 사건도 아닌데, 가볍게 일부 혐의를 인정하고, 약간의 벌금만 내면 쉽게 종결될 수 있을 것 같다.'고 우리를 위로하였습니다. 하지만, 벌금의 크기를 떠나서, 무엇을 잘못했는지를 알아야 인정을 하든지 말든지 할 것이 아니냐고,

시간이 걸리더라도 모든 것을 상세히 밝히고 싶다고 부탁했습니다. 조사를 받으러 가는 우리도 우리였지만, 이런 사건을 가지고 힘든 시간을 보내는 사이버 수사대의 경찰관들도 참 안되어 보였습니다.

고소장에 등장한 이 사건의 내용은, 메가젠의 대표이사가 개인적인 친분을 통해, 광주 회사에 핵심 제품의 도면을 넘겨서, 그들이 쉽게 임플란트 시스템을 개발하도록 했고, 이렇게 경쟁사의 등장을 도와줌으로써, 궁극적으로는 메가젠 임플란트의 시장을 잠식하게 해서 손해를 끼쳤다는 것이었습니다. 그리고 압수수색과정에서 그 회사의 생산라인에서 메가젠의 도면이 발견되었고, 그것이 메가젠의 실제 도면과 일치한다는 것이 경찰 측의 입장이었습니다.

4,5년 전 메가젠의 새로운 임플란트 시스템들이 국내외 시장에서 인정을 받고, 매출이 증가하기 시작하자, 겨우 30여 대로 운영하던 CNC 장비들의 효율성이 크게 떨어졌습니다. 이에 가공을 대신 해 줄 수 있는 하청업체들을 물색 하고 있었는데, 광주의 그 회사도 그 중의 하나였습니다. 일반적으로 하청을 주기 위해서는 시험 생산 기간과 품질 평가 기간이 필요한데, 이를 위해서는 한두 가지 제품에 대한 도면을 보내고, 이를 바탕으로 생산된 제품들을 정밀 측정하여 문제가 있는지 확인을 합니다. 그 회사에서 발견된 도면은 그 당시 시제품의 생산을 위해 제공된 것이었고, 수년 전의 도면이라 현재 우리가 사용하는 도면과 차이가 있었지만, 이 건을 고발에 사용한 그들은 그 내용을 알지 못하였겠지요… 당시의 시제품 테스트에서, 그 회사는 메가젠의 임플란트 가공 하청협력업체로서 선택되지 못하였고, 그냥 한 번의 해프닝으로 끝난 일이었는데, 그것을 좋은 먹이감이라고 생각하고, 대표이사에 대한 괴롭힘의 수단으로 삼은 것이었습니다. 조사 결과와 관계없이, 조사를 하는 것만으로도 충분히 괴롭힘을 줄 수 있으니, 그것이 그들의 목적이었다면, 충분히 성공

은 한 셈이었습니다. 또한 메가젠의 많은 임직원들이 이 조사에 대응하기 위해 엄청난 시간과 노력을 기울일 수 밖에 없었으니, 이를 통해 메가젠의 성장을 방해하고자 했다면, 그 또한 그들의 의도가 잘 먹혀 들었다고 할 수 있었습니다. 게다가 우리 측에서 열심히 노력해 주신 변호사들과 회계사, 관세사 분들에게 지불하여야 했던 수억 원의 수임료를 감안하면, 이 자금을 성장을 위한 투자에 사용하지 못하게 한 점도 그들로서는 기뻐해야 할 일이겠지요…

비록 모든 것들이 소명된다고 해도, 압수수색 영장을 발부해 준 검사의 체면을 생각해서라도 절대 무혐의가 될 수 없으며, 최대 기소유예 혹은 일부 벌금형을 받을 것이라고 우리 측 관계자들이 조언을 했습니다. 하지만 다행스럽게도 2019년 4월, 서울세관의 압수수색을 통해 시작된 횡령과 배임, 그리고 몇몇 별건 수사들에 대해, 전부 무혐의 처분이 내려졌습니다. 1년 2개월의 기간 동안, 많은 분들이 함께 고생해주신 보람이 있었습니다. 어려운 경영환경 속에서도 부정한 방법을 사용하지 않고, 정정당당히 세계 무대에서 경쟁하고자 노력했던, 모든 임직원들의 투명경영에 대한 의지의 결과라고 생각했습니다. 부족한 부분은 정부와 세관의 지침에 따를 수 있도록 내부 규정을 즉시 수정 정비하였고, 수 차례에 걸쳐 교육을 실시하였으며, 수출입 관리팀을 신설해서, 내부 통제를 강화하였습니다. 터무니없는 조작으로 우리를 세관과 사이버 수사대에 고발하였던 두 분에 대해서, 무고죄로 역고발을 하자는 의견들도 적지 않았지만, 그냥 묻기로 했습니다. 더 이상의 비생산적인 법적 투쟁을 할 가치가 없다고 판단하였습니다. 글로벌 경쟁이 아무리 치열해지고, 온갖 유언비어가 난무한다고 하여도, 이런 마인드를 가진 회사가, 절대 장기적으로 성공을 이어나갈 수가 없다고 생각하기로 했습니다. 그들의 본사가 있는 스위스를 향해서, 서쪽 하늘을 바라보며 기도를 해 주었습니다. 부디 성공하는 기업이 되기 전에, 성숙한 인간들로 다시 태어날 수 있기를…

이 페이지를 쓰고 있는 순간, 우리 전직 임원은 그쪽 회사의 정식 직원이 되어 잘 근무하고 있다는 소식을 전해 들었습니다. 부디… 전환가격 협상 과정에서 그는 회사의 비밀 혹은 민감정보를 외부에 유출하고, 회사의 법률대리인을 지원하여, 외국회사에 의한 국내 유망 중소기업의 인수를 용의하게 하려고 애를 쓴 것이 분명합니다. 하지만, 회사의 기밀을 무단 유출한 데 대한 형사소송에서는, 유감스럽게도 증거불충분으로 무죄가 선고되었습니다…

그래도 우리는 나아간다.

유럽 임플란트 회사와의 협상 결렬과 이어진 송사들로 인해, 몸과 마음이 모두 지쳐갔지만, 그래도 이대로 주저앉아 있을 수만은 없었습니다. 신공장의 환경에 적응하지 못한 생산라인을 날마다 격려하고 함께 시스템을 바로 잡아가야 했을 뿐 아니라, 그동안 이어왔던 기술개발을 통해 얻어진 신제품들의 론칭 이벤트들도 준비해야 했습니다.

2018년 10월에는 미국의 라스베이거스에서 제 14회 메가젠 국제심포지엄이 역대 최대규모로 계획되어 있었고, 이 시점에 맞춰 새로운 제품들을 선보이려면, 많은 준비가 필요했습니다. 김 종철 원장과 디지털팀, 그리고 (주)레이가 함께 개발한 알투스튜디오(R2Studio)는 세상 어느 방사선 장비회사도 보여주지 못하고 있던 새로운 혁신을 만들어 내었습니다. 디지털 기술에 투자한 지난 10여 년의 노력이 보상을 받는 순간이었습니다. 방사선 장치들은 지난 수십 년 동안, 우리가 보지 못하는 내부의 모습을 들여다보게 함으로써 진단과 치료계획에 큰 도움을 주어왔습니다. 우리는 이 컴퓨터 단층촬영(CBCT) 이미지를 그저 '보고 이해하는' 데에서 그치지 않고, 이상적인 치료결과를 프로그램상에서 '기획'하고, 이를 통해 진료를 필요로 하는 환자분들에게 어떤 치료법이 사용될 것이며, 어떤 결과를 목표로 하는지, 치과의사들의 의도를 '공유'할 수 있게 만들었습니다. 이뿐만 아니라, 선택된 치료방법들이 컴퓨터 프로그램에만 머무르지 않고, 실물화될 수 있도록 'STLization'기법을 사용해서 치료에 필요한 모든 준비가 실제 치료가 이루어지기 전에 완벽히 준비될 수 있도록 만들었습니다. 즉, 치과의사들은 환자들이 가지고 있는 문제점들을 확인하던 기존의 방법에 더해서, 치료를 통해 결과적으로 얻어질 변화들을 보여줌으로써, 환자들로 하여금 자신의 미소와 기능이 어떻게 개선될 것인가를 확실히 이해시킬 수 있게 된 것입니다. 그리고 그 계획들이 실제로 거의 완벽하게 치료의 결과들과 일치하게 만들 수 있게 되었습니다.

이 당시에 또 한가지 개발 완료하였던 것은, 공교롭게도 그 유럽 임플란트회사와 협력체계가 이루어질 때, 공동개발하면 좋겠다고 생각하였던 새로운 임플란트 시스템이었습니다. 하지만 이들과 법적 분쟁까지 거치게 되면서, 독자적으로 개발하기로 결정되었던 건이었습니다. 즉, 그쪽 회사가 나름 자랑스럽게 생각하는 표면처리 기술과 메가젠이 최고라고 생각하는 에니리지 임플란트 시스템의 주요 특징들을 조합해서, 전 세계적으로 가장 보편적으로 사용되고 있다는 그들의 시스템을 업그레이드 하고자 하였습니다. 물론 이것은 저 혼자만의 생각이었고, 그들에게 이런 아이디어를 이야기하지 않았습니다. 지나고 보니 참 잘한 선택이었습니다. 확실한 계약이 체결되고 약속의 진행이 이루어지는 것을 보기 전에, 그들의 말만 믿고 이런 아이디어까지 다 이야기해 주었다면, 더 나쁜 결과가 생겼겠지요…이 시스템에는 에니리지 옥타원(AnyRidge Octa1)이라는 이름이 붙여졌습니다. 기존의 에니리지(AnyRidge) 시스템에 그 유럽 회사의 핵심 요소중 하나인 지대주 연결부를 혁신시켜서, 두 가지 시스템의 장점들이 시너지를 발현하도록 하였습니다.

그런데 신기하게도, 그쪽 회사에서도 같은 생각을 하였나 봅니다. 2018년 가을, 그들이 신제품이라고 내어놓은 제품이 있었는데, 이를 분석해보니, 우리의 에니리지 시스템이 가지고 있던 특징을 거의 그대로 담고 있었으며, 그 특허들을 회피하는 편법들을 사용한 것으로 판단되었습니다. 제가 그 회사의 연구원들 및 핵심 직원들에게 에니리지 임플란트가 가지고 있는 디자인적인 특징들과 이것들이 가져올 수 있는 임상적 의미를 설명한 적이 몇 번 있었는데, 여기에서 많은 점들이 고려된 것이 아닌가 생각되었습니다. 이런 일들은 어차피 산업계에서 항상 있는 일이니 그다지 놀랄만한 일이 아니지만, 제가 강의를 해 줄 때에는 코웃음을 쳤던 에니리지의 중요 특징들이, 그들의 새 시스템에 고스란히 포함되어 있었다는 점에 쓴웃음이 나왔습니다.

이 밖에도 우리의 임플란트를 더욱 편리하고, 정확하게 사용할 수 있는 여러 가지 아이템들이 자체 개발되거나, 타 업체와의 협력으로 하나하나 정리되었습니다. 임직원들의 마음가짐과 업무에 임하는 태도도 크게 바뀌었습니다. 수동적이고, 주어진 일들만 겨우 하던 패턴에서, 스스로 일을 찾아서 하고, 보다 발전적인 생각들을 스스로 해 제안해 오기까지 하였습니다. 이제는 진짜 한번 해 볼 수 있겠다는 자신감이 충만했습니다. 지난 18년간의 노력이 이제서야 보답을 받는다는 기분이었습니다. 아직도 해결해 나가야 할 문제점들은 적지 않았지만, 지금까지와는 확실히 달라진 분위기에서 훨씬 큰 목표를 향해 나아갈 준비가 되었다는 느낌이 들었습니다.

2019년 6월에는 임플란트 치료에 대해 같은 생각을 가지고 최선의 진료를 할 뿐만 아니라, 그 생각들을 전파하기 위해 열심히 노력하고 있는 메가젠의 젊은 연자들 그룹인 미넥 나이트(Minec Knights)들을 인도와 네팔의 행사로 초대하였습니다. 이름하여 **Indian-Nepal Blitz!**

이 행사는 2년마다 개최하는데, 지난 2017년의 행사는 아프리카 케냐에서 열렸습니다. 메인 세미나가 열렸던 케냐 나이로비로 모이기 전에, 모든 연자들은 아프리카의 여러 도시들 중 한두 군데를 선택하여, 그곳의 의사들과 교류의 장을 갖도록 하였습니다. 북쪽의 이집트, 튀니지, 모로코에서부터 최남단의 남아공까지 수십 명의 연자들이 동시다발적으로 등장하여 현지의 의사들에게 메시지를 전달하고, 나이로비에서는 많은 케냐 치과의사들과 함께 원데이 심포지엄을 성황리에 개최하였습니다. 다음 날부터는 미넥 나이트들 간의 화합의 장으로 준비하였습니다. 마사이 마라와 암보셀리로 이동하여 낮에는 사파리를 즐기고, 밤에는 미래를 위한 토론을 통해 우리의 역할들을 토론하였습니다. 이 모임을 통해서 전 세계에서 모인 젊고 활동적이며 전도유망한 치과의사들이 서로 친구가 되고, 자신들의 장점을 나누는 것이 너무 보기가 좋았습니다.

인도에서도 같은 형식의 이벤트가 진행되었습니다. 50여 명의 미넥 나이트들이 인도의 15개 메인 도시들을 방문해서 강의를 한 다음, 다시 뉴델리에 모여 하루종일 세미나를 가졌습니다. 이렇게 많은 연자들이 많은 도시를 동시에 방문하고 성공적으로 강의를 하기 위해서는 준비해야 할 일들도 정말 많았습니다만, 우리의 교육 파트를 담당하고 있는 미넥 본부의 임직원들과 현지 대리점 Chesa의 메가젠 담당자인 Shilika와 직원들이 철저히 준비해 준 덕분에 단 하나의 작은 사고도 없이 무사히 치를 수 있었습니다.

뉴델리에서의 심포지엄을 마치고 다음 날 모두 함께 네팔의 카트만두로 향했습니다. 이 때의 주제를 Sharing, Bonding, Breathing으로 정했는데, 인도의 치과의사들 뿐만 아니라 우리 미넥나이트들 사이에 정보를 공유하고 (Sharing), 미넥나이트들 상호 결속을 다지며 (Bonding), 네팔에서는 세계 최고봉의 산들을 바라보며 우리 자신을 돌볼 수 있도록 (Breathing) 하자는 목표를 세웠습니다. 카트만두에 도착하자마자, 몬순

2017년 African Blitz.

2017년 African Blitz에서의 단체사진. 모든 연자들이 아프리카의 다른 나라에서 한두 번씩 강의를 하고, 케냐의 나이로비에 집결하였습니다.

나이로비에서의 원데이 심포지엄. 동료들의 강의와 라이브서저리 모두 무사히 잘 마무리되었습니다.

사파리 투어중에 만난 동물들과 마사이족의 마을을 방문하였을 때의 환영행사. 평생 잊지못할 즐거운 일정이었습니다.

바쁜 일정이었지만, 매일 저녁식사후에는 보다 나은 교육활동과 임상연구를 위한 토론이 밤 늦게까지 이어졌습니다.

계절의 특징인 엄청난 폭우가 우리를 환영해 주었습니다. 국내선 전용의 작은 공항에서 전세기를 이용해서 안나푸르나 봉이 바라보이는 휴양도시 포카라(Pokhara)로 향했습니다. 다시 버스로 상당한 높이의 산꼭대기에 위치한 루파콧(Rupakot) 리조트에 도착하였습니다. 이미 여러 날을 인도에서 보낸 탓에 다소 피곤하기도 했을텐데, 모두가 그 분위기에 취해서 상당히 흥분한 표정이었습니다. 가벼운 맥주와 함께 저녁식사를 마치고, 자연속의 야외 수영장에서 긴장을 풀었습니다.

다음 날 아침 5시반, 약속된 명상 시간에 모인 우리들은 감탄사를 쏟아낼 수 밖에 없었습니다. 지난 밤의 안개와 구름, 그리고 소나기때문에 과연 맑은 공기를 마실 수나 있을지 걱정하였었는데, 웬걸~ 히말라야의 주요 봉우리들이 눈앞에 파노라마처럼 펼쳐졌습니다. 이를 마주하면서 느끼는 네팔의 공기는 그 자체가 힐링이었습니다. 보다 나은 임플란트 치료를 위해 노력하는 젊은 치과의사들과 함께 하는 것만으로도 즐거움인데, 그들과 함께 나누고, 공감하고, 휴식하면서 더 큰 미래를 꿈꿀 수 있다는 것은… 이것이야말로 치과의사로서 누릴 수 있는 진정 즐거운 삶이 아닐까요?

네팔의 리조트에서 머물렀던 길지 않은 시간을 할애해서 우리는 또 다른 특별이벤트를 마련해 보았습니다. 'I have a dream!' 누구나 10여 장의 슬라이드를 통해 5분간 자신의 꿈에 대해 프리젠테이션하는 시간을 마련하였습니다. 치과와 임플란트라는 공통의 주제를 떠나, 각자의 인생관과 미래에 대해 생각을 공유할 수 있는 시간을 마련하였던 것이었습니다. 어떤 이야기들이 나올까… 너무 지루해서 분위기가 다운되지는 않을까 사실 걱정이 되기도 했지만, 그 몇 시간은 정말 감동이었습니다. 웃기도 하고, 눈물을 흘릴 만큼 감동을 하기도 하고, 가슴 뭉클하게 미래를 꿈꾸기도 하였습니다.

2019년 India-Nepal Blitz.

◀ 2019년 India-Nepal Blitz. 뉴델리에서의 원데이 심포지움을 마치고 난 뒤 기념촬영.

▼ Sharing-Bonding-Breathing: 모든 참석자들이 네팔로 이동해서 안나푸르나 봉우리들이 우리들을 내려다 보고 있는 가운데, 새벽 요가 시간을 즐기고 있습니다. 히말라야의 기를 듬뿍 받아올 수 있었습니다.

Sharing-Bonding-Breathing: 이미 세계적으로 유명한 연자들이 되었지만, 이들에겐 아직 이루지 못한 꿈들이 많았습니다. 각자 10분 정도의 짧은 발표시간 밖에 가지지 못했지만, 서로의 내면을 들여다볼 수 있는 소중한 시간이었습니다.

24개국에서 모인 오십여 명의 치과의사들과 직원들이 마음을 열고, 서로를 이해하고, 공감대를 만들어내는 시간들이었습니다. 비록 메가젠과 임플란트라는 공통점을 가지고 모인 사람들이었지만, 이제는 인간과 인간이 교감하는 차원이 되었습니다. 한 사람의 치과의사로서 열심히 임상 노하우를 축적하였고, 이를 나누기 위해 노력해 왔으며, 부족한 부분을 채우기 위해 많은 분들의 도움을 받아 (주)메가젠임플란트라는 회사를 만들어 발전시켜 왔지만, 치과의사로서 받았던 그 어떤 임상적인 찬사보다도, 또 비즈니스맨이 되어 얻을 수 있었던 그 어떤 금전적인 보상보다도, 이런 광경을 눈앞에서 확인할 수 있다는 것이 훨씬 큰 보람으로 다가 왔습니다.

이제 미르도, 메가젠도 20살의 청년이 되었습니다. 지난 시간들에 못지않게 앞으로도 수많은 난관들을 거칠 것입니다. 하지만 저는 믿습니다. 우리의 후배들은 더 큰 야망을 가지고, 더 큰 노력을 통해, 우리가 기초를 만들어 둔 미르와 메가젠이 100년 기업으로 성장할 수 있도록 만들어줄 것입니다. 우리 한 사람 한 사람은 약한 존재입니다. 하지만 곧은 심지를 가진 리더를 앞세우고, 모두가 한 방향으로 노력한다면, 이 세상 어느 곳에서도 환영받는 치과의사들이 될 것입니다. 우리가 머무르는 시간은 잠깐입니다. 10년 동안 기초를 닦고, 다시 10년 동안 자신의 세상을 만들고, 그 속에서 그 다음 10년을 즐긴 다음, 사라지는 것이 우리 치과의사들의 인생이었습니다. 우리가 함께 한다면, 우리의 후배들은 우리가 만들어 둔 기초를 바탕으로, 바로 드넓은 세상으로 나아갈 수 있을 것입니다. 대한민국을 베이스캠프로, 전 세계 300만 치과의사들을 친구로 만들며, 몇백 개의 나라들을 옆집 다니듯 하고, 서로를 배우고 기뻐하고 인생을 정말 즐길 수 있을 것입니다. 그러면서도, 이름없이 허무하게 사라질 것이라는 절망섞인 노년을 두려워할 필요도 없을 것입니다. 이상적인 대물림 체계를 통해, 시니어의 경륜을 나눌 수 있는 장들이 마련되어 있을 것이고, 수십 년간 구강건강을 향상시키기 위해 함께해 온, 비슷한 연령대의 환자분들이 친구가 되어, 언제든 기쁘게 여러분을 맞이할 것입니다. 그렇게 100년 미르와 100년 메가젠의 꿈을, 저는 오늘도 기쁘게 만들어가고 있습니다.

더하는 페이지

- 치과의사가 되고 싶어하시는 분들에게
- 치과에 대해 큰 불만을 가지고 계신 분들께
- 자주 듣는 질문, 하고 싶은 이야기들

  - 인생에서 가장 중요하다고 생각하는 점이 있으면?

  - 대학교수가 꿈이었다는 이야기를 들었는데, 지금도 그런 꿈을 가지고 있나?

  - 치과의사이면서 사업체를 운영하고 있는데, 진료와 경영 중 어느 쪽이 더 호감이 가는지? 그리고 힘들었던 점이나 좋은 점은?

  - 메가젠 임플란트의 예를 보면서, 나도 저렇게 창업을 하고 성공을 거두고 싶다고 하는 분들이 있을텐데, 이 분들에게 조언을 주신다면?

  - 치과의사가 되려는 분들이나 이미 치과대학에 다니는 학생들에게, 성공적인 치과의사가 되기 위해 필수적으로 가져야 할 덕목들에 대해 해주고 싶은 이야기가 있다면?

  - 앞의 질문과는 거꾸로, 이미 성공을 거둔 치과의사들이 조심하여야 할 것들이 있을까요?

  - 스스로 가지고 있는 인생의 좌우명은?

치과의사가 되고 싶어하시는 분들에게

정말 잘 생각하셨습니다!^^

어떤 이유로, 어떤 인연으로 치과의사라는 직업에 관심을 가졌는지는 제가 알지 못하지만, 치과의사라는 멋진 전문 직업인이 되기로 선택하셨다면, 아주 탁월한 선택이라고 생각합니다. 앞 페이지들에서 제가 지금까지 치과의사로 살아온 인생에 대해 리뷰를 해 보신 결과, 이렇게 골치아프고, 많은 문제들을 해결해 나가면서 살아야 하는지… 걱정하면서, 치과의사라는 직업에 대해 정나미가 뚝 떨어지는 분들이 있을지도 모르겠습니다. 하지만, 저는 다시 직업을 선택하라고 해도 치과의사가 될 겁니다.

치과의사가 정말 괜찮은 몇 가지 이유가 있는데요…

그 첫 번째 이유는, 이 세상 어느 직업보다도, 상대방에게 가까이 다가갈 수 있는 직업이 치과의사랍니다. '치아'라는 것이 입안(구강내)에 존재하다보니, 진료를 할 때에는 거의 환자의 머리를 감싸 안다시피 합니다. 그러면 환자분의 머리가 여러분의 가슴에, 여러분의 심장에 가장 가까이 위치하게 됩니다. 아마도 부부를 제외하고, 가족들과의 관계에서도 이렇게 가까이, 장시간 위치할 수 있는 직업은 없을 겁니다. 물론 이런 가까움을 싫어하시는 분들도 있겠지만, 이런 포지션에서 환자의 호흡과 체온을 느끼다보면, 환자 자신보다도 더 그 분들을 잘 이해하게 됩니다.

'사람의 향기'라는 것을 아세요? 요즘은 누구나 좋은 냄새의 샴푸와 바디린스를 사용하기에 그 인공의 향기로 인해 사람의 향기가 가려지는 경우가 많습니다. 하지만 분명히 사람 그 자체의 향기가 있답니다. 젊고 건강한 사람에게서는 아주 상쾌한 프리지아 향기가 납니다. 치료중에 환자의 입과 치과의사의 코는 불과 한뼘 정도의 거리에 있습니다. (부디 불량스러운 상상은 하지 않아주시길 부탁드립니다) 건강한 10대들은 들숨과 날숨 모두가 '상쾌' 그 자체입니다. 반면에, 나이가 들거나, 전신 건강상의 문제를 가지고 있는 분들은, 그 정도나 기간에 따라 상당히 다른 향기(우리는 이것을 나쁜 냄새라고 합니다)가 납니다. 흔히 구취라고 하는 것과도 일부 연관이 있겠지만, 그것과는 상당히 다릅니다. 치과의사만이 그것을 느낄 수 있습니다. 치과의사는 흔히 '이빨'을 치료하는 사람이라고 하지만, 사실 그것보다 훨씬 큰 영역을 느끼고 다룰 줄 아는 사람들입니다. 상당 기간의 경험이 쌓여야 느낄 수 있는 일이지만, 치과의사만이 가질 수 있는 특권이라고 생각합니다.

이렇게 환자와 가까운 거리에서 오랫동안 진료를 하다보면, 정말 가까운 사이가 됩니다. 제 사부님이신 토마스 한 선생님께서 농담처럼 하신 이야기를 들어보시면 치과의사가 얼마나 좋은 직업인지 조금 더 이해하실 수 있을 것입니다. LA의 아주 유명한 내과선생님과 한 선생님이 어느 유명 레스토랑에 들렀습니다. 이 레스토랑의 주인은 이 두 분께 모두 진료를 받은 분이었는데, 얼굴을 맞대고 대화를 하면서 진료를 했던 내과선생님은 잘 기억도 못하였지만, 치과치료를 담당하였던 한 선생님은 진료받는 내내 눈을 질끈 감고 있었어도 너무나도 잘 기억하고 있어서, 그 레스토랑에서 후한 대접을 받으셨다고… 이런 느낌을 여러분들이 정확하게 전달받으실 수 있을지 자신할 수는 없습니다만, 그건 제 표현력의 한계 때문입니다. ㅠㅠ

전세계의 치과의사들을 만나면서 느낀 바는, 어느 나라, 어느 세상에서도 치과의사는 사회적으로 '괜찮은' 위치에 있었습니다. 단지 재산적인 의미에서도 그러하였지만, 주변으로부터의 대우도 좋았습니다. 많은 일반인들이 치과진료를 두려워하고, 치과에 가기를 꺼려한다고 생각하지만, 반대로 그 소중함을 알고 있기에 그들을 존중해 주는 것이겠지요. AI 기술의 등장으로 상당히 많은 부분의 의료행위들이 컴퓨터나 로봇에 의해 대체될 수도 있다는 것이 요즘의 의견들인데, 이에 반해 치과의사는 지식 뿐만 아니라 예술적인 감각과 기술을 함께 보유해야 하므로, 미래의 세상에서도 아주 소중한 직업으로 남아있을 것입니다. 멋진 치과의사로의 도전을 진심으로 환영합니다!

치과에 대해 큰 불만을 가지고 계신 분들께

- 치과는 공포의 대상?

　치과는 흔히 사람들이 제일 가기 싫어하는 두 곳 중의 하나라고들 합니다. 제 환자분들께 자주 듣는 이야기인데, 중년 이상의 여성분들은 산부인과 다음으로 치과가 싫다고들 하십니다. 왜 그러시냐고 웃으면서 물으면, 치과진료용 유닛체어에 눕는 순간부터 공포때문에 식은 땀이 난다고, 치과치료를 받지 않을 수 있으면 좋겠다고 하소연들을 하십니다. '저도 치료받으려고 누우면 몸이 벌벌 떨립니다' 하면, 치과의사도 그러냐고 되물으십니다. 당연하지요~~! 저도 사람인걸요~~!

　사실 이런 공포는 자신이 비록 한번도 경험해보지 않아도 대물림이 되는 것 같습니다. '치과는 무서운 곳'이라는 선입관이 부모님들로부터 내려받아서, 아이들은 치과에 들어오기만 해도 인상이 굳어지고, 아~~ 하라는 이야기만 들어도 자지러지게 울기 시작합니다.

　제 딸이 유치원에 다닐 때의 에피소드 하나만 보셔도 금방 이해가 될 것입니다.^^ 딸아이가 유치원에서 친구와 말다툼이 있었나 봅니다. 흔히 아이들이 하는 말싸움을 주고 받다가, 수세에 몰린 딸아이가 '너 우리 엄마 아빠한테 일러서, 이빨을 확 다 빼버리라고 할거다!'라고 했다네요!ㅠㅠ 이 말에 겁에 질린 친구가 울음을 터뜨리면서, 말다툼 자체는 딸아이의 승리로 끝났다고 합니다. 이 친구가 집에가서 부모님께 일러바치게 되었고, 가까운 친분을 유지하고 있던 그 댁 어머니께서 아내에게 전화로 자초지종을 가르쳐 주었다고 합니다. 두 분 모두 박장대소하였다고 들었지만, 딸아이로부터 그 어린 나이에 치과를 빙자한 협박?을 받은 그 친구는 지금 건강한 치아를 잘 유지하고 있는지 걱정이 됩니다^^;;

사실 치과치료가 다소 공포스럽기는 하지만, 예전에 비해서는 정말 좋아졌습니다. 마취 시의 통증, 귀를 자극하는 윙~ 하이스피드 핸드피스의 소리, 그라인더로 내 이빨을 몽땅 갈아내는 듯한 진동, 치과특유의 냄새… 구강의 구조상 작은 자극에도 민감한 생리학적인 특성도 큰 역할을 합니다.

이런 자극적인 부분들을 숨기고, 완화시키기 위해 많은 발전들이 이루어졌습니다. 치과특유의 냄새로 인해 문 앞에서부터 공포를 일으키던 유지놀(Eugenol)이라는 재료의 사용이 대폭 축소되어서, 지금은 치과 특유의 이 냄새를 풍기는 치과의원들이 거의 사라졌습니다. 마취시의 통증을 최소화하기 위해, 무통 마취기가 개발되어서 널리 사용되고 있고, 주사바늘의 굵기도 훨씬 가늘어져 어떤 경우에는 바늘이 잇몸 속으로 들어왔는지 느끼지 못하는 경우도 있습니다. 아직 하이스피드 핸드피스의 고음과 로우스피드 핸드피스의 진동을 잡아내지는 못하고 있지만, 레이져 기술이 크게 진보하고 있어서, 이 또한 많은 부분 대체되리라 기대하고 있습니다.

여기에서 제가 첫 번째로 말씀드리고자 하는 내용은, 치과에 대한 막연한 두려움을 가지지 마시라는 것입니다. 90년대 예치과의 박 인출 원장님이 주창해 주셔서 전체 치과로 확산된 '친절 서비스'는, 치과의 분위기를 훨씬 더 정겹고 가족같은 분위기로 만들고 있습니다. 이제는 친절하지 않은 치과들은 설 자리를 잃어가고 있고, '환자가 아닌 고객'에 대한 서비스 마인드도 크게 향상되었습니다. 많은 치과의원들이 무료 커피

서비스를 제공하고 있으니, 치과를 '커피숍'으로 먼저 생각하시면 어떨까요?

두 번째, 치과를 '미장원'이라고 생각하시면 좋겠습니다. 우리가 미장원이나 이용소 (요즘은 남여구분이 없는 미용실이 대세입니다만)에 가서 헤어 디자이너들로부터 서비스를 받을 때에는, 어떤 분도 이것이 고통스럽다고 생각하시지 않을 것입니다. 그리고 누구나 한두 달에 한 번씩은 미용실을 방문하고 단정하고 예쁜 헤어스타일을 만들어냅니다. 만약 여러분들이 미용실을 가는 것처럼 자주 치과를 방문해서 미리미리 서비스를 받는다면, 치과치료는 더 이상 괴로운 일이 아닐 것입니다. 치과를 다녀올 때마다 개운하고 기분좋은 입안 상태를 즐길 수 있을 것입니다. 치과치료가 괴로워지는 가장 주된 이유는, 너무 오랫동안 치과를 방문하지 않아서, 통증 등 상당한 문제가 발생된 다음에야 치료를 시작하기 때문입니다. 이렇게 되면 비용도, 고통도, 몇 배나 증가할 수 밖에 없답니다. 많은 분들이 늘 강조하고 있지만, 예방이 최고의 치료입니다.

- 치과는 왜 이렇게 비싸~~ 다들 날강도 같아!

통증 다음으로 가장 큰 불평은 높은 치료비용인 것 같습니다. 다른 질환으로 일반 병의원에 가서는 치료비를 깎아달라고 하는 분이 전혀 없는데 비해, 치과에 오시는 분들은 상당히 많은 분들이 치료비에 대해 은근슬쩍, 또는 대놓고 불만을 표시하고, 할인을 요구하십니다. 또 여기에 많은 치과의사분들이 호응해서, 실제 디스카운트를 해주고 있기 때문에, 어쩌면 관행이 되어버렸는지도 모르겠습니다.

높은 퀄리티의 진료를 저렴하게 받고자 하는 것은 아마도 모든 사람의 소망일 것입니다. 그리고 우리나라의 의료보험은 정말 세계최고라고 할만합니다. 의료보험이 커버하는 범위도 거의 무한대라고 할만하고, 그 진료의 수준 또한 최상급이라고 할 수 있습니다. 치과는 왜 보험이 되는 게 없어?라고 물어오시는 분들이 많은데, 치과진료도 보철, 임플란트, 교정 등 일부 항목을 제외하면, 거의 대부분 보험의 혜택이 주어지고 있습니다. 앞에서 잠시 언급하기도 했습니다만, 어떤 부분의 보험수가는 진료에 꼭 필요한 재료비조차도 커버하지 못할 정도로 열악합니다. 어떤 진료를 하든, 그 진료 수가로서 치과가 운영될 수 있어야 하는데, 치과진료의 대부분의 보험수가들, 대표적으로 근관치료(신경치료라고 흔히 이야기합니다), 발치술, 치주치료등은 하루종일 아무리 열심히 해도 결국은 문닫을 수 밖에 없을 정도입니다. 하지만 이런 기본적인 진료들은 건강한 구강환경을 만들어주기 위해 매우 중요한 치료들이고, 시간과 노력이 많이 듭니다. 그러다 보니, 보험에 적용되지 않는 치료법들에서 보상을 받도록, 수가 체계가 왜곡되었습니다. 완벽한 근관치료에 필요한 근관치료 전문의의 시간이나 튼튼한 보철물을 만드는 보철전문의의 시간이 모두 똑같이 존중을 받아야 하는데, 실제로 그 진료에 대한 보상은 몇 배나 차이가 나는 것이 현실입니다. 그러다보니, 건축의 기초공사에 해당하는 근관치료를 무시하고 보철치료에만 신경쓰는 분들이 적지 않고, 심지어는 근관치료를 공짜로 제안하는 치과들도 있습니다. 이런 곳에서 기초공사가 제대로 이루어질 수 있을까요?

 이런 현실은 보험시스템이 만들어질 때, 적절하게 대응하지 못한 우리 치과계 선배님들의 잘못으로 기인하였다고 생각합니다. 그 당시에는 지금보다 기초치료에 대한 중요성이 덜 인식되었고, 자연치아를 최대한 살리려는 노력보다는 어지간히 나빠진 치아는 발거하고 보철치료를 많이 했습니다. 흔히 풍치라고 불리는 치주염도 마찬가지였습니다. 지금이라면 충분히 살릴 수 있는 치아들도, 조금만 진행되면 발거하는 것이 보통이었습니다. 그러다 보니 자연치아를 살리는 치료법들을 개발하려는 노력도 부족하였고, 전체 진료비 수입 중 이런 치료부분이 지극히 미미하였습니다. 이런 분위기에서 보험시스템이 구축되었으니, 보험수가를 책정하는데 참가하셨던 선배 치과의사분들의 기본적인 생각이 어땠을지 충분히 짐작할 수 있습니다. (지금은 많은 분들의 노력으로 보험수가의 현실화가 진행되고 있지만, 첫 단추가 잘못 끼워진 탓에 여전히 역부족입니다.)

지금의 치과환경은 정말 많이 달라졌습니다. 무엇보다도 자연치아를 대하는 치과의사들의 태도가 매우 달라졌고, 자신의 치아를 소중하게 여기는 환자분들의 의식도 크게 개선되었습니다. 그러다 보니 자연적으로 기초진료에 집중하는 시간이 훨씬 길어졌고, 상대적으로 보철이나 임플란트와 같은 소위 '돈되는 치료'의 증례가 감소하였습니다. 규모가 작은 동네 치과의원들이 '생존을 걱정하는' 이유이기도 합니다…

요즘 지하철이나 광고판들에서, 또 유튜브나 각종 SNS 광고에서, 드물지 않게 발견할 수 있는 치과 광고들이 있습니다. 아마도 여러분들은 '이 치과들은 이렇게 저렴한 가격에 치료를 해 준다고 하는데, 다른 치과들은 전부 우리들에게 덤탱이를 씌우는게 아닌가?'하고 의구심을 가질 수 있습니다. 광고판에서 등장하는 치과들은 도대체 어떻게 그런 치료비용을 제안할 수 있는가…?

치과의사로서 35년을 살아온 제가 이런 이야기를 하는 것 자체가 다소 문제를 야기할 수도 있을 것입니다만, 그래도 여러분의 치과에 대한 이해를 얻기 위해서는 하지 않을 수가 없습니다. 다른 모든 경제활동을 하는 사람이나 집단과 마찬가지로, 치과의사들도 더 많은 수입을 올리고 싶어합니다. 드물게, 히포크라테스 선서에 기초해서 박애적인 진료를 하시는 분들도 있지만, 그 분들은 예외로 하는 것이 좋겠습니다. 왜 사람들이 기술을 개발하고, 투자와 홍보를 하며, 자신이 다른 사람에 비해 우수하다는 것을 표현할까요? 저는 한 마디로 경제활동을 하기 위한 것이라고 봅니다. 경제활동이란 다시, 최소한의 투자와 노력으로 최대한의 이익을 얻는 것이라고도 말할 수 있습니다. 의사나 치과의사들도 마찬가지입니다. 더 열심히 공부하고, 더 어려운 입시관문을 통과하고, 긴 시간 공부와 씨름을 하는 이유 중의 상당 부분은, 상대적으로 더 성공하기를 원하기 때문일 것입니다. 이것이 30년이 넘는 시간 동안 대한민국에서 벌어진 입시경쟁의 결과였습니다.

하지만, 이런 우수한 인재들이 세상에 나와서 기대할 수 있는 일들은, 그들이 학창시절이나 수련의 시절의 부푼 꿈들과는 상당히 달랐습니다. 거의 대부분의 진료들은 보험공단과 심평원(의료보험 심사평가원)의 카테고리에 묶여져 있어서, 정해진 패턴의 진료를 따라 할 수 밖에 없는 것이 현실입니다. 그 반대급부로 얻어지는 수입은 예전 선배님들에 비해 턱없이 부족하였고, 진료의 질이나 장비의 업그레이드를 추구하기에는 한참 미치지 못하였습니다. 대부분의 치과의사들이 훨씬 힘들어진 환경 속에서도 열심히, 또 충실히 진료를 해 나갔습니다만, 몇몇 탁월한 사업적 수완을 타고난 분들은 다른 생각을 하기 시작했습니다. 즉, 이익을 창출하지 못하는 진료는 과감히 포기하고, 이익이 큰 진료에만 집중을 하는 것이었습니다. 특히 전 세계적으로도 유명해진 한국의 임플란트 치료에 대한 선호도를 이용해서, 임플란트만 집중적으로 홍보하는 집단이 생겨났습니다. 일반 치과에서 제안하는 치료비의 2/3 혹은 절반 정도의 가격에, 대대적인 홍보팀을 구성해서 엄청난 돈을 마케팅에 사용하여도, 계산상 더 이익이 된다는 것이었지요. 이 분들의 생각은 일반 대중의 환영을 받게되었고, 이런 치과에는 과연 몇 달씩이나 긴 대기환자들이 생길만큼 성업?을 하고 있습니다.

그러면 왜 다른 치과들은 그렇게 하지 못할까요? 실력이나 돈이 부족해서 그럴까요? 저는 그렇게 보지 않습니다. 이 분들은 자신들이 한 치료를 길~게 보고 있기 때문입니다. 그렇기에 기초치료의 작은 부분까지도 신경 써야 하고, 진료가 끝나고 나서도 오랫동안, 어쩌면 평생동안, 그 결과에 대한 책임감을 가지고 진료에 임합니다. 일반 가전제품에 비교한다면, 긴 보증기간(warranty)를 가진다고 할 수 있겠습니다. 여기에 소요되는 상당한 에너지와 추가 비용을 감안하면, 결코 저가 마케팅에 주력하는 치과들(앞으로 '저가 마케팅 치과'라고 줄여서 적겠습니다)이 주장하는 가격을 제공할 수가 없는 것입니다.

저가 마케팅 치과들은 나쁜 치과진료를 제공할까요? 결과에 책임을 지지 않을까요? 그렇게 이야기할 수는 없습니다. 이 분들도 나름의 서비스와 보장에 대한 기준을 가지고, 환자분들을 모시고 있다고 봅니다. 하지만 지금까지의 제 경험상으로 보면, 이런 저가 마케팅 치과의 상당 부분이 오래지 않아 사라졌습니다. 그리고 거기서 치료받으신 많은 환자분들이 더 이상의 서비스를 받지 못하고, 이곳 저곳으로 떠돌이하시는 것을 안타깝게 보았습니다. 결과적으로 더 큰 고통을 받으시고, 더 큰 비용을 지불하는 것을 수도 없이 목격하였습니다. (정말 순수한 마음으로 사회에 기여하고 계시는 좋은 저가 마케팅 치과들도 있다는 것을 미리 밝혀 두겠습니다!)

이 저가 마케팅 치과들의 '일부'는, 소위 사무장이라고 하는 자본가들에 의해 만들어지고, 고용된 치과의사들이 원장으로서 진료하는 것으로 밝혀지고 있습니다. 이런 자본과 진료가 분리된 체계는, 사실 전 세계적인 추세이지만, 우리나라에서는 아직 금지되어 있습니다. 한 사람의 치과의사는 한 개의 치과만 오픈할 수 있고, 특별한 경우가 아니면 그곳에서만 진료를 해야 하는 것이 우리나라의 의료법입니다. 하지만 편법은 많이 있습니다. 이런 투자자들은 단기간에 원금을 회수하고 이익으로 전환하는 것을 목표로 하기 때문에, 어떤 방법을 쓰더라도 환자를 많이 확보하기 위해 노력합니다. 광고선전과 매우 매력적인 가격 정책이 주무기가 되는 것이 당연한 이야기입니다.

치료에 대한 책임과 보장에 대한 법적인 해석도 이런 진료가 더욱 횡횡하도록 조장하는 역할을 했다고 볼 수 있습니다. 임플란트 치료가 점점 보편화되면서, 시행 횟수가 많아지다 보니, 부작용이 발생하는 빈도도 더 증가하였습니다. 이것이 사회적 이슈가 되자 법원에서 판결을 내려 주었습니다. '임플란트 치료에 대한 치과의 책임은 1년이다!'

그 1년이 지나고 나면, 사실 치과는 더 이상의 법적 책임을 지지 않도록 판결이 난 것입니다. 즉, 마케팅 치과들이 어떤 방법으로 환자들을 유인해서 진료를 하더라도, 1년만 지나고 나면, 그 결과에 대해서는 책임을 지지 않아도 된다는 것이 법원의 판결로 명시되었습니다. 치과의사의 입장에서 보면 참 다행스럽다고 할 수 있겠지만, 치료를 받은 환자분, 그것이 여러분이라면 어떤 느낌을 가지실까요?

일반 의원에서의 진료와 달리, 치과진료에 대한 기대감은 그보다 훨씬 장기적입니다. 저는 환자분들과 진료의 방법에 대한 상담을 할때, 치과치료를 종종 '결혼'에 비유합니다. 아마도 정말 대부분의 치과원장님들이 이런 생각으로 진료에 임할 것이라고 믿습니다. 한번 제가 진료를 시작한 분의 구강은, 특별한 변수가 생기지 않는 한, 끝까지 돌볼 수 있어야 한다는 것이 저의 지론입니다. 저도 치과 진료의 상당히 특수한 분야에 특화되어 있다보니, 다양한 진료 영역들에서는 다른 전문가들과 협력을 하고 있습니다만, 기본적으로 저를 지명하여 찾아오신 분들은 제가 평생을 책임진다는 생각으로 진료를 하고 있습니다. 치아와 구강내의 문제점들이 많은 변수들로부터 발생하기 때문에, 한번 치료 받은 치아가 평생동안 아무 탈없이 유지되기는 어렵지만, 먼저 치료를 실시한 치과의

(지하철과 인터넷 광고판에서 흔히 발견할 수 있는 저가 임플란트 마케팅 광고)

사가 그 상태를 더 잘 이해할 수 있다는 것은 상식입니다. 이런 이유로, 치과진료는 한 곳에서 지속적으로 예방을 겸한 검진을 받는 것을 추천합니다.

이런 장기적인 보장과 지속적인 진료에 대한 중요성은 모두가 이해하고 있지만, 그것을 '돈'으로 환산하면 얼마나 될까요? 법적으로는 일년이 지나면, 진료한 치과의사의 책임이 없어지지만, 대부분의 치과들은 어떤 형태로든 자신이 한 치료에 대해 어느 정도의 보상시스템을 가지고 있기 마련입니다. 이런 부담을 없앨 수 있다면, 즉, 몇 년정도 열심히 저가 마케팅을 실시해서 환자들을 끌어모은 다음, 문제점들이 나타날 때쯤, 문을 닫고 다른 곳으로 옮겨가 버린다면? 정말 소수의 치과의사 분들이 이런 행태를 보이는 바람에, 전체 치과의료계가 큰 비난에 직면한 적이 여러 번 있었습니다. 저가 마케팅 치과를 통해, 좋은 진료를 저렴한 가격에 서비스 받을 수만 있다면… 하지만 '싼게 비지떡'이라는 우리 옛 속담도 한 번 더 생각해보시고, 중요한 치료를 결정하기 전에 적어도 두어 군데 치과들로부터 의견을 받아 보시는 것이 좋겠습니다.

- 저가 치료의 지속적인 증가가 야기할 수도 있는 우려

우수한 서비스를 가급적 저렴한 가격에 제공받고자 하는 것은 누구나 바라는 바입니다. 게다가 국민의 생명과 건강을 담보로 하는 의료서비스라면 더욱 그렇습니다. '누구나 건강하게 살 권리가 있다'는 것은 어느 캠페인에서도 훌륭하게 받아들여지는 슬로건입니다. 북유럽의 많은 국가들이 시행하고 있는 의료의 완전보장 체계는 세상 모든 사람들의 부러움을 사고 있습니다. 우리나라의 의료보험 체계 또한 세상에서 유래를 찾아보기 힘들 정도로 질적 우수성을 가지고 있습니다. 정부에서도 장기요양이 필요한 환자들에 대해서는 과거에 비해 매우 저렴한 본인 부담금만 부과하는 쪽으로 보험체계를 이끌어가고 있습니다. 좋은 일입니다.

치과 의료서비스를 공급하는 치과 혹은 치과의사의 입장은 어떠할까요? 치과의 경우 의료보험 수가체계가 그다지 우호적이지 못하고, 이 보험 진료들만으로는 경영이 어렵다는 것은 이미 말씀드렸습니다. 이런 상황에서 투자 대비 부족한 수입을 단기간에 회복하기 위해, 또는 주변의 치과들에 비해 훨씬 저렴한 가격으로 '박리다매'식의 진료를 제공하는 '저가 마케팅 치과'들이 증가하게 된다면, 결국은 어떤 단계에 봉착하게 될까요? 처음 이런 형식의 치과들이 우리나라에 등장하였을 때에는, 주변의 모든 치과들로부터 비난을 받았고, 급기야는 대한치과의사협회와 이들 저가 마케팅 치과들 간 법적 투쟁으로까지 이어지게 되었습니다. 치과의사협회의 입장에서는 초토화되어가고 있는 동네 치과의원들을 방관할 수 없었고, 저가 마케팅 치과의 입장에서는 좋은 진료를 저렴한 가격에 제공하는 것이 무슨 잘못이냐는 주장이었습니다. 일부 '양심적인 치과의사'들이라고 일컬어지며, 현재의 치과진료 수가에 거품이 많다고 주장하는 분들을 언론에서 옹호하면서, 평균적인 일반 치과의원들이 도매급으로 '자신들의 사사로운 이익만 챙기는 나쁜 치과의사'들로 매도되기도 했습니다. 지역 단위의 개원치과들 모임에서 진료수가를 '담합'했기에, 자신이 펼치려고 했던 양심적인 진료들이 이들 주변 치과의사들에 의해 '방해'를 받았고, 심지어 '협박'을 받았다고 주장하시는 분들도 나타났습니다. 치과계 내부의 이런 다툼은, 치과업계 외의 일반인들로 부터 더 큰 불신으로 이어져서, 어느 누구도 승자가 되지 못하였습니다. 그리고 여전히 치과계를 바라보는 시각이 그다지 곱지않은 것이 사실입니다.

과연 어디에 문제가 있는 것일까요? 사회적인 요구가 있으므로, 그에 부응해서 적절한 수준의 진료를 적절한 수가에 제공하는 것이 사회적으로 도움이 된다는 입장도 맞는 말이고, 그렇게 많은 돈을 들여서 마케팅을 펼치고 환자를 끌어 모아 가는 바람에 가뜩이나 어려워진 일반 치과의원들은 다 말라 죽으라는 말인가 라고 주장하는 일반 치과의원들의 주장도 옳은 주장입니다. 이런 상반된 주장들이 심해진 지난 십수 년 동안 어떤 현상이 벌어졌을까요? 이것을 살펴보면 앞으로 어떤 일들이 벌어질지도 쉽게 이해할 수 있겠지요?

한마디로 이야기하면 양극화가 심해졌다고 할 수 있겠습니다. 양극화도 한 가지 측면에서의 양극화가 아니라, 다양한 측면에서 양극화가 일어났습니다. 소위 '저가 마케팅 치과'에서는 급속한 팽창으로 인해 많은 수의 치과의사들이 필요하게 되었는데, 이들 치과의사의 수급이 쉽지 않게 되었습니다. 그러다 보니, 다른 치과들이 지급할 수 있는 것보다 더 많은 급여를 보장하며 젊은 치과의사들을 모집하였습니다. 독자적인 개원 치과를 운영하고 있던 치과의사들조차도 매력을 느낄 정도의 급여를 제시하였습니다. 구직이 어려웠던 치과의사들에게는 좋은 소식이었습니다. 하지만 저가 마케팅 치과들의 기본 개념은 '최대한의 효율'이었기 때문에, 이들 젊은 치과의사들에게 훌륭한 치과의술을 전수하는 교육 과정을 생략하고, 단순한 치료들만 반복하게 하였습니다. 월급이 좋다고 하더라도, 그다지 보람을 느낄 수 없는 단순 반복 작업, 그것도 자신이 진단하고 치료법을 선택하는 것이 아니라, 오너 치과의사들에 의해, 혹은 코디네이터라고 하는 직원들이 만들어 둔 치료계획에 따라 기계적으로 시술을 할 수 밖에 없었기에, 당연히 얼마 지나지 않아 염증을 느끼게 될 수 밖에 없습니다. 이렇게 저가 마케팅 치과에서 몇 년을 보낸 젊은 치과의사들이 배운 것이 무엇일까요? 개인에 따라 다소 차이가 있겠지만, 치과임상의라면 당연히 가져야 할 '정도의 치료법'보다는, 소위 쉽게 돈을 버는 '저가 마케팅'을 흉내내는 일이 더 쉬울 수 밖에 없습니다. 이런 패러다임을 가지고 개원을 해서, 기존의 저가 마케팅 치과들과 경쟁을 해야하니, 더욱 희생적인 수가 경쟁을 할 수 밖에 없습니다. 점점 화려해지는 외면과 달리, 진료의 내실은 약화될 수 밖에 없지요… 주변에 이런 치과들이 생기면, 일반 치과의원들은 곤혹스러울 수 밖에 없습니다. 치료를 필요로 하는 환자분들은, 당연히 싸고 좋은 치료를 바라시기 때문에, 몇 군데 치과를 방문해서 치료내용과 비용을 상담받게 되는데, 치료의 결과는 알 수가 없는 상황에서, 치과의 분위기와 '견적서'에 따라 치과를 선택하게 됩니다. 한 치과에서는 100만 원이 들겠다는 치료가, 다른 치과에서는 70만 원에 가능하다고 하면, 사실 끌리기 마련입니다. 진료의 퀄리티에 대해서는 주변의 지인들로부터 평판을 듣거나, 인터넷 검색들을 통하는 경우가 많은데, 이 부분은 이미 저가 마케팅 치과들에 의해 점령되어 있기 때문에, 많은 환자분들이 '저렴하면서도 인터넷에 많이 등장하는' 치과를 선택하는 경우가 많습니다.

마케팅이란 자신을 널리 알리기 위한 다양한 수단이며, 모든 비즈니스에서 널리 사용되고 있다는 것을 잘 아실 것입니다. 마케팅이 당연하게 받아 들여지는 이유는, 소요되는 비용 대비 얻어지는 이익이 많기 때문입니다. 우리가 흔히 TV에서 발견하는 일부 건강식품이나 기능성 의약품들의 경우, 전체 판매액의 60~70%를 광고와 마케팅비에 사용하고 있다는 이야기를 들은 적이 있습니다. 결국 이런 제품들은 마케팅을 통하지 않고는 살아남을 수가 없다는 이야기가 되겠지요… 원가 100원짜리 제품이 몇 천원 이상에 팔려야 하는 이유이기도 하고, 이 또한 산업계에서는 일부 당연한 논리로 받아들여지기도 합니다. 치과진료에 같은 논리를 적용하기는 좀 쑥스럽습니다만, 대략의 원가(?)구조를 한번 들여다 보시죠… 치료의 질이 동일하다는 가정하에 치과가 가질 수 있는 이익구조를 생각해 보자는 제안입니다. 저는 박 광범 치과의원이라는 개인 치과의원으로 시작해서, 가우정 치과병원이라는 중형 치과를 거치고, 미르 치과병원이라는 대형 치과까지 운영을 해 보았기에 그 경영적 구조를 비교적 잘 이해할 수 있습니다. 치과의 규모와 진료의 내용에 따라, 또 위치에 따라 상당한 차이가 있을 것이라는 것을 전제로 해 두겠습니다. 치과의원을 운영하기 위해서는 공간을 임대하고, 전문인력들을 고용하여야 하며, 진료에 필요한 장비와 재료를 구매하고, 진료를 시작하여야 합니다.

치과의원의 수입을 100%이라고 하면, 공간의 임대료와 전기세등 운영비에 약 20%, 원장 이외의 전문인력들의 인건비에 약 25%, 진료에 필요한 재료와 보철물을 제작하는 기공비에 약 20~25% 정도의 비용이 소요됩니다. 그러니까 치과를 개원하고 있는 오너 치과의사는 약 35~40%의 수입을 가질 수 있습니다. 이 수입의 절대 크기에 따라 차이가 있지만, 남은 금액에 대해 대개 30~50%의 소득세가 부과됩니다. 세후의 수익으로 이야기하자면, 전체 수입의 약 20%정도라고 볼 수 있습니다. 여기에서 다시 연금보험이나 건강보험료등의 간접 세금들을 부담해야 하고, 노후된 장비들을 업그레이드 시킬 자금들을 비축해야 합니다.

제가 여기에서 말씀드리고자 하는 것은, 일반 치과의원과 저가 마케팅 치과의 수익 및 지출의 합리성을 비교해보기 위한 것임을 상기해 주십시오. 저가 마케팅 치과에서 일반적으로 제시하고 있는 치료비용들을 보면, 일반 치과의원들에 비해 적게는 30%에서, 많게는 50%나 저렴한 진료비를 제시하고 있습니다. 위의 지출구조를 생각했을 때 과연 이들 저가 마케팅 치과들이 어떻게 이익을 가질 수가 있을지 의심이 갈 것입니다. 사실 저도 이 부분은 잘 알지 못합니다. 다만 몇 가지 가능성을 생각할 수 있을 뿐입니다. 그 첫 번째는 박리다매입니다. 적은 이익이지만,

많은 환자를 치료할 수 있다면, 어느 정도의 이익을 확보할 수 있을 것입니다. 광고를 통해서 더 많은 환자를 유치하는 것이 주된 방법이 되겠지만, 드물게는 한 환자에게서 반드시 필요하지도 않은 진료를 크게 뻥튀기해서 진료를 받아야 하는 치아의 갯수를 늘이는 경우도 있다고 합니다. 일반적으로 산업계에서 10% 디스카운트를 하면, 약 3배의 매출을 더 올려야 같은 이익을 가질 수 있다고 하니, 단순히 이 논리만으로는 설명이 부족해 보입니다. 두 번째 가능성은, 실제 치료비용이 표면적으로 제시하는 비용과 다를 수 있다는 것입니다. 즉, 일부 진료를 싸게 표방하는 대신, 꼭 필요하지 않은 진료를 포함시켜 수가를 유지하는 방법을 사용할 가능성이 있습니다. 임플란트 치료는 싸게 하는 대신, 골 이식술을 모든 경우에 산정해서 전체 치료비를 유지시키는 방법도 흔히 사용되는 방법입니다. 세 번째이자 당연히 적용되는 방법은, '절약'입니다. 규모의 경제를 활용하여야 하는 저가 마케팅 치과에서는 사용하는 재료의 양이 상대적으로 훨씬 크므로, 그 구매력을 활용해서 치료에 사용되는 재료비를 최소화할 것입니다. 비즈니스의 세계에서 어느 정도 당연한 이야기이지만, 때로는 정도가 지나쳐서 생산자의 생산 단가에 근접하거나, 그 이하로 납품을 요구하는 경우도 있습니다. 워낙 규모가 크기때문에, 소위 '업자'로서는 울며 겨자먹기 식으로 납품을 해야하는 경우도 많습니다. 경쟁에서 살아남고 발전하기 위해서 생산자로서는 당연히 극복해야 할 과제이지만, 저가 치료가 크게 확대될 경우, 전반적인 분위기가 '싸고 저급한' 재료들이 판을 치게 될 가능성이 높습니다. 한 가지 더 저가 마케팅 치과들이 생각할 수 있는 가능성은 워런티, 즉 보장기간의 축소입니다. 치과진료의 특성상 모든 증거들이 구강 내에 남아있기 때문에, 오랫동안 자신의 진료에 책임을 지는 것이 통상적인 관례이지만, 이 또한 비용에 해당되기 때문에, 이를 줄이기 위해 어느 정도 기간이 지난 후에는 다른 곳으로 옮겨버리거나, 명의를 바꾸어서 책임을 회피하는 경우도 생각할 수 있습니다. 이밖에도 여러가지 테크닉들이 있겠지요…

위의 어떤 경우도 솔직히 바람직하지 못합니다. '합리적'이라는 단어의 정의는 상황에 따라 다양하게 적용될 수 있을 것입니다만, 과연 어떤 것이 합리적으로 적절한 진료비라고 할 수 있을까요? 환자분들의 입장에서는 당장 경제적으로 부담이 없으면서도, 장기간 좋은 예후를 가질 수 있는 방법을 선택하는 것이 합리적이겠지요. 공급자인 치과의사의 입장과 소비자인 환자분의 입장에서 서로 다른 '합리화'가 상충되어 있는 것이 현실입니다. 치과의사로서 30년을 넘게 살아온 저로서는, 너무 저가를 주장하시기보다는, 평균 정도의 진료비를 지불하고, 평균 이상의 진료를 받는 것이 합리적이라고 생각합니다. 그것 또한 선택하기가 쉽지 않겠지만, 가까운 곳에서 성실하게 진료하는 치과의사를 찾는다면, 거의 그 범주에 들어갈 것으로 여겨집니다.

양극화가 낳은 또 하나의 부류는, 높은 수준의 진료를 하면서, 상대적으로 높은 진료비를 고집하는 치과의사들입니다. 이 분들은 정말 교과서와 같은 멋진 진료를 추구하면서, 자기의 진료개념에 맞지 않는 치료는 거부하기도 하기도 합니다. 매일 진료하는 환자의 숫자도 당연히 많을 수가 없으며, 가격과 관계없이 최고의 재료와 최선의 치료법을 지켜나갑니다. 사실 이런 스타일의 진료가 누구에게나 바람직한 것입니다만, 개인의 의지나 능력, 타고난 감각, 오랜 수련기간에 의해 갈고 다듬어지는 것이므로, 모든 치과의사들이 이 경지에 오르지는 못합니다. 제 주변에도 이런 분들이 몇몇 있는데, 치과의 규모와 전혀 관계없으며, 상대적으로 높은 수가에도 불구하고 (그래봐야 미국이나 유럽 등지의 수가에 비하면 월등히 낮습니다), 꾸준하게 찾는 매니어 환자분들이 있어서 매우 안정적인 경영을 하고 있습니다. 사실 이런 분들은 치과진료에서 버는 수입에는 그다지 신경을 쓰지않으며, 오직 자신이 펼치는 진료의 완벽성에서 더 큰 보상을 얻는 듯 합니다. 이런 진료를 받을 수만 있다면, 당장에는 비싸다고 생각될 수 있지만, 그 진료의 결과가 훨씬 오래도록 지속되므로, 길게 보면 상대적으로 오히려 저렴하다고 할 수 있습니다. 십수 년씩 개원 경력을 가진 치과의사들이 끊임없이 공부하며 자신을 갈고 다듬는 이유는, 이런 수준의 치과의사가 되고 싶어하기 때문일 것입니다. 저는 개인적으로 모든 치과진료들이 이 방향으로 이루어지면 좋겠습니다. 다만 경제적 취약계층에 대해서는 지금보다도 더 저렴하고도 좋은 진료가 제공되어야 할 것입니다.

양극화의 세 번째 현상으로, 치과의 대형화를 들 수 있을 것 같습니다. 제가 처음 개원을 하였던 시절에는 일반적으로 치과의사 한 사람이 진료하는 치과의원의 규모가 거의 비슷하였습니다. 약 30~50평 정도의 면적에, 3~4개의 유닛체어와 부속 시설로 구성되어 있었습니다. 하지만, 여러분들이 방문하시는 치과들을 생각해 보시면, 지금은 심지어 혼자 진료하는 치과의원이라고 해도, 훨씬 규모도 커졌고, 그에 따른 고급 인테리어나 고가의 장비에 대한 투자도 커졌습니다. 주변과의 경쟁에서 이기기 위한 '어쩔 수 없는 선택'이라고 할 수도 있습니다. 이런 '고급화' 전략이 받아들여져서 성공적인 개원이 되면 다행이지만, 큰 비용이 든 개원이 오히려 비용의 상승을 일으켜 실패하기도 합니다. 초기에 자신이 의도한바대로 치과 경영이 되지 않고, 지표상에 빨간불이 켜지게 되면, 생존을 위해 더욱 심한 저가 마케팅으로 빠지는 경우도 있습니다. 자신을 찾아오는 환자분들에게 믿음을 줄 수 있는 진료 수준을 유지하면서, 그 분들과 거의 평생을 함께한다는 자세로, 천천히 조금씩 치과를 키워나가던 선배님들과 동료들의 기본자세가 더욱 강조되는 요즘입니다.

- 치과의사들은 무조건 많은 돈을 버는거 아닌가?

　10여 년도 더 된 이야기입니다만, 온 가족이 명절에 모여 차례를 모시고 둘러 앉아 점심식사를 하고 있던 차에, 모 TV 뉴스에서 의료인들의 탈세에 대한 이야기가 나왔습니다. 뉴스 앵커의 말을 빌리면, 일부 의사들이 연간 수입이 100만 원도 되지 않게 신고했다고, 이런 말도 안되는 일이 어디 있느냐는 투였습니다. 저희 가족들 중 일부도 이 말에 동조해서, '저런 나쁜 사람들이 있나!! 혼나야겠네!!'라고 이야기했습니다.

　연간 수입이 100만 원밖에 안되는 의사들도 있을까요? 사실 매우 드물겠지만, 그런 일이 없지는 않을 것입니다. 앞에서 제가 처음 '박광범 치과의원'을 개원하였을 때, 거의 일 년 반 동안 매달 지출 후 남는 수입이 100만원 정도밖에 되지 않은 적이 있었다고 적었습니다. 이것이 세전 수입이니, 여기서 세금을 내고 나면 실제로 수입은 더 적었겠지요…

　제가 처음 개원을 하였을 때도 개원비용이 적지 않았습니다만, 요즘은 디지털 진단 장비들, 레이져, 캐드캠 장비등 고가의 장비들이 더 많아져서, 어지간한 치과를 개원하는 데에도 십수억의 예산이 필요합니다. 대부분의 장비들을 리스나 할부로 구입하므로, 당장 목돈을 들이는 것은 아니지만, 매달 지출의 큰 부분을 차지하게 됩니다. 게다가 소위 '목 좋은' 위치의 공간을 임대하려면, 그 임대료가 무시하지 못할 정도로 비싸고, 환자분들이 좋아할 '고급 인테리어'를 하려면 평당 수백 만원을 호가합니다. 여기에 필수 직원들의 인건비도 매년 상승하고 있고, 경쟁 우위를 가지기 위한 광고와 마케팅 비용도 적지않습니다. 이런 상황에서 성공적인 개원이 되어 충분한 환자를 유치할 수 있다면, 그나마 3~5년 정도 후에는 장비에 대한 리스나 할부가 대략 종료되므로 경영상태가 정상적인 궤도에 오르고, 수입도 상당히 좋아질 것입니다. 하지만, 그런 도약에 실패하는 일부 개원의들은 사실 빚더미에 올라 '파산'에 이르기도 합니다. 파산으로 가지는 않더라도, 이런 과정을 거치는 상당 기간 동안은 오히려 고용 의사들보다도 못한 수입을 가질 가능성이 충분히 있습니다. 총 수입에서 총 지출을 빼고 나서 남는 것이 세전 수익이므로, 그것이 연간 100만 원이 되지 않으리라는 법도 없습니다. 물론 대단히 드문 경우가 될 것이고, 그렇게 되어서도 안되겠지만, 혹시라도 그런 뉴스를 접하게 될 경우에는, 매우 왜곡된 보도라고 생각해 주시면 좋겠습니다. 십수 년 전에는 관행이라는 명분 하에 수익금액을 누락하는 경우가 많았지만, 지금은 모든 관리 및 조세 행정이 너무나 발전해서, 숨기고 싶어도 숨길 수가 없게 되었고, 또 대부분의 치과의사들도 그렇게 하려고 애쓰지도 않습니다. 깨끗한 길거리에서는 휴지나 담배꽁초를 버리기 어려운 것과 같은 이치일 것입니다.

자주 듣는 질문, 하고 싶은 이야기들

인생에서 가장 중요하다고 생각하는 점이 있으면?

사람, 그 중에서도 친구!

　　1979년 치의예과 1학년 시절 우리 동기들은 겨우 45명에 불과하였습니다. 원래의 정원이 40명이었는데, 당시 재외 국민에 대한 입학특례가 있어, 5명의 재일교포가 정원 외로 입학을 하여, 총 인원이 45명이 되었습니다. 이 중 여학생이 6명이었고, 나머지는 모두 남학생이었습니다. (요즘은 전 세계적으로 여학생의 비율이 50%를 넘어서고 있는 추세입니다.) 작은 숫자의 정원에, 지방의 여러 도시에서 대구로 유학(?)온 학생들이 상대적으로 많아서, 자연스럽게 전체 학우들이 다 친하게 지낼 수 밖에 없었습니다. 그 속에서도 소위 코드가 맞아서 조금 더 가까이 사귀었던 친구들이 있었는데, 이 친구들은 만난 지 40년이 지난 지금까지도, 매달 한두 차례씩 만나서 맛있는 저녁과 와인을 마시며, 온갖 수다를 떨고 있고 있습니다. 인생에서 가장 큰 성공이 좋은 친구들을 가지는 것이라고 했는데, 이 친구들과의 만남과 교류는 제 인생의 큰 행운이었다고 생각합니다. 마산고 출신의 황 경룡, 강 승훈, 대구 능인고 출신의 박 재오와 오 재찬, 포항고 출신의 이 승봉, 영남고 출신의 정 성호, 그리고 청구고 출신의 저, 이렇게 일곱 명은 상당히 다른 성격의 소유자들 임에도 불

친구들과의 저녁 한때. 이제는 머리에 서리가 내리다 못해 빠져 버리고, 얼굴 구석구석 나이의 흔적들을 숨길 수 없지만, 함께 만나면 언제나 20대로 돌아갑니다. 왼쪽으로부터 정 성호, 박 광범, 황 경룡, 강 승훈, 박 재오, 이 승봉 원장

> 어릴 때, 나이드신 어른들이 존경스러웠습니다. 제가 나이가 들어 그 어른이라는 위치에 가 보니, 무늬만 어른인 '나이든 아이'들이 참 많음을 느꼈습니다. 저도 그 중의 하나가 아닐까 항상 나름대로 조심을 하고 있습니다… 치과계 뿐만 아니라 우리나라 전반에 걸쳐 '스승님'들이 절대 부족한 듯 합니다. 세상이 바뀌어서 옳고 그름의 기준이 달라졌다고 이야기하시는 분들도 있지만, '사람과 근본'이 바뀔 수는 없다고 봅니다. 목소리 큰 사람이 이기는 사회가 아니라, 우리 모두를 위해 큰 틀에서 생각하고, 옳은 방향으로 이끌어 주시는 '스승님'들이 존중받는 사회가 되어야 합니다.

구하고, 어떤 이유에서인지 가까이 지내게 되었습니다. 특히 자취 생활을 함께 하던 강 승훈과 황 경룡의 자취방이 아지트 역할을 했습니다. 시험 기간이면 함께 공부한다는 핑계로 한 방에 모여 들었지만, 그 공부의 시작은 언제나 만화책 한 질이었고, 야참을 먹어가면서 후다닥 시험 준비를 마치기 일쑤였습니다.

　학교를 졸업하고, 각자 다른 곳에서 다른 길을 바쁘게 달리고 있어서 한동안은 모임이 뜸했는데, 이들 중에서도 가장 활동적이었던 강승훈 원장이 우리들을 다시 불러 모아 새롭게 정기 모임을 이어나갈 수 있었습니다. 돌이켜 생각해보면, 각자가 가지고 있던 어려움들을 다소나마 털어놓을 수 있었고, 해결책을 찾아주지는 못하였어도, 함께 속 시원하게 욕바가지를 나눌 수 있어, 많은 스트레스를 털어버릴 수 있었던 것 같습니다.

　참 고맙고, 다행스럽게 생각합니다. 얼마나 긴 인생을, 얼마나 행복하고 보람되게 살 수 있을지는 알 수 없지만, 지금 이 순간에도 하소연하고픈 일들이 있어서 번개미팅을 신청하면, 곧장 달려 나올 수 있는 친구들이 있다는 것이, 큰 위안이고 기쁨입니다. 한 분 두 분 부모님들이 세상을 뜨시고, 아이들도 사회로 나아가 버리고 나면, 결국 남는 것은 아내와 친구들 뿐입니다. 아내는 제일 좋은 친구이긴 하지만, 나이가 들어가면 서운해지는 경우도 많아, 이럴 때에는 친구 밖에 없지요… '부모를 팔아서 좋은 친구를 산다'는 옛말의 진실을 느끼고 있습니다.

동료들과 임직원들, 또 하나의 가족!

저는 정말 많은 사람들과 직간접적으로 연결되어 있습니다. 미르치과네트워크에서는 회장으로써 800여 원장님 및 직원들과 연결되어 있고, 메가젠 임플란트에서는 대표이사로써 350여 임직원들과 함께 하고 있습니다. 전세계 100여개 나라에 있는 우리의 딜러들과 그 직원들, 수천 명의 미넥 멤버들과 KOL (Key Opinion Leader)들, 또 이들의 가족들까지 생각하면, 정말 작지 않은 그룹입니다. 물론 전세계를 아우르는 대기업에 비하면 아무것도 아닐는지 모르겠습니다만, 한 사람의 치과의사로서 가졌던 작은 소망을 펼쳐가면서 이렇게 까지 대식구로 발전되리라고 생각해 본 적은 없었습니다. 앞에서 미르와 메가젠의 시작과 발전, 또 어려움과 재기 과정을 설명해 드린 것처럼, 그 모든 일들이 '사람들'에 의해 만들어졌습니다. 때로는 의견이 맞지 않아 티격태격 다투기도 하고, 그로인해 헤어짐을 겪기도 했습니다만, 거의 대부분의 '사람들'이 함께 해 주었기에 지금의 미르와 메가젠, 그리고 제가 있을 수 있었습니다. 가끔씩은 제가 주도하여 일이 진행되기도 하였고, 많은 경우는 그들이 바라는 바를 들어주기만 해도 제가 기대했던 것보다 훨씬 좋은 결과들을 얻을 수 있었습니다. 그리고 최대한 그 열매들을 함께 나누기 위해 노력하였습니다. 이런 과정에서 제일 어려운 일 또한 '사람'이었습니다. 제 마음은 한결같았어도, 주어진 상황에 따라 그 마음의 받아들여짐에 큰 차이가 있었습니다. 분명 이렇게, 이런 방향으로 해 나가면 잘 될테고, 모두가 더 나은 혜택을 누릴 수 있을텐데, 왜 나와 같은 생각을 하지 못할까… 때론 섭섭하기도 하였고, 때론 원망스럽기도 하였습니다.

2017년 연말에, 코트라에서 운영하는 수출혁신기업 대상을 수상하고, 우수업체로서 사례발표까지 하는 영광을 누리게 되었습니다. 이 상 자체가 큰 영예였습니다만, 실질적인 행운은 그 다음에 일어났습니다.

2017년 12월, 코트라 세계로 포럼에서 수출혁신기업 대상을 수상하였습니다.

메가젠의 사례발표를 하는 그 행사장에, 카톨릭대학 경영학부의 김 기찬 교수님이 함께 하고 계셨는데, 저의 발표를 보시고는 며칠 뒤 연락을 주셨습니다. 교수님께서 몇몇 기업의 대표님들과 '사람중심 경영자 협회'를 위한 모임을 이어나가고 있는데, 저도 함께 동참하면 좋겠다고 하셨습니다. 지금 생각해보니, 아마도 교수님께서 보시기에, '가능성은 커 보이는데, 뭔가 좀 부족하다'고 판단되어서, 제게 꼭 필요한 '한 수'를 가르쳐 주시고자 했던 것 같습니다.

　서울의 한 식당에서 처음 여러 대표님들과 교수님들을 뵙게 되었는데, 정말이지 저는 '함께 논의하는 수준'에 결코 끼일 수 없는 존재였습니다. 김 기찬 교수님과 함께, 중앙대 경영학부의 이 정희 교수님, 카이스트의 배 종태 교수님, 그리고 이름만 들어도 와! 하는 감탄사가 나올 만한 대한민국 스타기업들의 대표님들이 함께 하는 모임이었습니다. 두어 달에 한 번씩 이분들의 회사를 순방하면서, 각 회사가 가지고 있는 '사람중심 경영 철학(Humane Enterprenuership)'에 대한 발표를 들을 수 있는 기회를 가졌습니다. 이미 짐작하셨겠지만, 저는 또 한번 좌절할 수 밖에 없었습니다. 이 분들의 기업은 공통적으로 '좋은 물건'을 만들어내는 곳이 아니라, '좋은 사람'을 키우는 곳이었습니다. '결국은 사람이 답이다!', '이렇게 좋은 사람들을 길러내기 위해서 어떤 일을 해야 하는가, 그것을 고민하고, 실행하는 사람이 사장이다!' 그 분들의 강의를 다 이해하지도, 할 수도 없었습니다만, 제가 느낀바 결론은 이 두 가지였습니다. 회사마다, 또 대표님들마다, 약간의 차이는 있었지만, 그 분들이 가슴 속에 품고 있는 꿈들은 하나같이 '사람'이었습니다.

이 분들의 강의를 통해서, 그동안 제가 왜 그렇게 많은 문제들을 만나게 되었는지 확실히 느끼게 되었습니다. 나름 '사람 중심'의 생각과 실행을 한다고 생각은 하고 있었지만, 그것은 흉내내기 정도에 불과했기 때문이었습니다.

사람중심 기업가 정신의 중요성을 일깨워 주신 카톨릭대학 경영학부 김 기찬 교수님. 꼼빠니아(Compania)학교를 운영하시며, '기업이 꿈을 공유하는 구성원들과 함께 사람을 육성하고 사업을 성장시켜 사회에 기여하도록' 도움을 주고 계십니다. 누구에게든 큰 도움이 되실 것입니다.

훌륭한 교수님들과 사람중심의 경영철학을 실천하고 계시는 분들로 부터 개인교습에 가까운 교육을 받았습니다. 오른 쪽 사진은 교육 후의 회식 장면인데, 이 분들의 회사는 직원 식당부터 확실히 달랐습니다! 왼쪽부터 중앙대 경영학부 이 정희 교수님, 오 석송 대표님, 카이스트 배 종태 교수님, 장 미옥 부사장님, 이 형우 대표님, 황 을문 대표님, 박 혜린 대표님. (민폐를 끼칠까 걱정이 되어서, 회사명은 적지 않았음을 양해 부탁드립니다.)

    '표현하지 못하는 생각은 상상일 뿐'이라고 했는데, 제가 그런 수준이었습니다. 김 기찬 교수님께서는 제가 그걸 느끼기를 바라셨던 것 같습니다. 지금도 일이 생기면 어찌할 바를 모르는 때가 많고, 회사나 병원을 위한 가치관과 그 구현 방식에 대해서 제대로된 '표현'하지 못하고 있습니다만, 이 기라성 같은 교수님들과 선배 기업인들로부터 조금은 느낌을 전해 받은 듯 합니다. 치과의사로서는 '쪼금' 이루었다고 생각하고 있었는데, 이 분들 앞에서는 다시 초등학생이 되었습니다.

    이 분들의 강의와 사례들을 들으면서, 저의 경우를 돌이켜 생각해보았습니다. 병원과 회사의 조직을 이루고 있는 대식구들에게 내가 해 준 것이 무엇인가… 나는 이들에게 어떤 희망과 목표를 제시하고 있으며, 어떤 사람이 되도록 이끌어주고 있는가… 머지않은 미래에, 우리 교수님들과 선배 대표님들로부터 받은 교육 내용들을 충분히 소화해서, 우리 동료들과 임직원들에게 전해줄 수 있는 메시지를 완성할 수 있기를 소원합니다. 그저 '우리는 한 가족이다!', '우리는 함께 가야한다!'라는 구호만 외치기 보다, 전세계에 흩어져 있는 우리 가족 구성원 한 사람 한 사람이 자신의 길을 밝히고, 미래를 열어갈 수 있는, 그런 철학과 실천 계획들이 만들어 질 수 있기를 소원합니다.

이런 기회를 주신 김 기찬 교수님께 다시 한번 감사의 말씀을 올립니다.

대학교수가 꿈이었다는 이야기를 들었는데, 지금도 그런 꿈을 가지고 있나?

대학은 참 매력이 넘치는 곳이라고 생각했습니다. 늘 활기 넘치는 젊은 학생들이 있고, 하고 싶은 연구들을 마음껏 펼칠 수 있는 장이 열려 있다는 점에서, 일찌감치 그런 꿈을 꾸고 있었습니다. 그리고 실제로 그렇게 되어가고 있었습니다. 상당히 엉뚱한 면이 있어서, 교수님들이 그다지 좋아하지 않았던 돌발적인 행동들을 하기도 했지만, 임상교수로서 갖추어야 할 소양들을 하나씩 쌓아가고 있었다고 자부했습니다.

그렇지만, 앞에서 적어둔 바와 같이, 학교는 어떤 조직보다도 더 정치적이라는 것을 알지 못했습니다. '정의'라든가, '미래지향적'이라든가, '학문적'이라는 설명보다는 집단이익, 고집과 아전인수 격인 해석들이 난무하는… 그 당시에는 그런 분위기였습니다. 덕분에 대학을 벗어나서 치열한 삶을 살아보게 되었고, 현재의 위치에 도달하였습니다. 많은 분들이 말씀하시길, 제가 학교에 있었다면 그 놈의 고집때문에 학교가 쪼~금은 나아졌을 지도 모르겠지만, 차라리 이런 성취를 거둔 지금의 제가 더 낫다고 하십니다. 저도 같은 생각을 하고 있습니다. 다만, 옆에서 바라보는 대학의 과거와 현재에 안타까움을 느끼고 있고, 좀 더 잘할 수 있을텐데… 하는 미련을 버리지 못하고 있습니다.

한국의 대학들이 가지고 있는 문제점들은 어제 오늘의 일이 아닙니다. 그리고 치과대학에 국한된 문제도 아닙니다. 어느 대학이나 조금만 대화를 이어가다 보면 거의 공통적인 문제점들을 토로합니다. 불통과 고집, 독선, 게다가 요즘은 자신의 경제적인 이익을 위해 교수직을 무모하게 유지하고 있는 분들까지 많다고들 분노를 토로하는 교수님들을 많이 만났습니다. 정말이지 대학을 떠나게 되었던 그 때를 감사히 여기고 있습니다. 여전히 지식을 나누고, 더 나은 임상을 개발하기 위한 치열한 연구들에 몰두하고 싶었던 그 시절의 꿈에 대한 미련들이 마음 한 구석에 깊게 남아있기는 합니다만…

대학은 우리 사회의 미래를 책임지고 인재들을 길러내는 산실이어야 한다는데에 반대하시는 분은 없을 것입니다. 다만, 그것이 어떤 식으로 이루어져야 하는 가에 대해 자기들만의 해법들이 천차만별 달라지고 있음을 보고 있습니다. 치과대학도 마찬가지 입니다. 치과대학의 존재 목적은, 그 첫 번째가 훌륭한 치과의사들을 양성하는 것이라고 생각합니다. 기초 치의학에서부터 임상 각 과의 세세한 테크닉들과 의미들을 교육시켜, 앞으로 그 학생이 치과의사가 되고, 평생동안 수 만 명의 환자를 치료함에 있어서 충분한 지식과 소양을 전달해 줄 수 있어야 합니다. 두 번째 목적이라면, 보다 발전된 임상시술이 만들어질 수 있도록 다양한 연구들을 수행하는 것이라고 볼 수 있습니다.

그런데 대학 혹은 정부 측에서, 치과대학 교수님들께 요구하는 주문이 너무나도 많은 것 같습니다. 우리 치과대학의 교수님들이 그 요구에 모두 대응하려면, 완전 천재가 되어야 할 뿐만 아니라, 하루가 40시간이 되도록 조절해 주어야 하고, 무한 체력을 신이 허락해 주셔야 할 것입니다. 임상을 지도하는 교수님들에게도 과도한 논문을 요구하는 것이 한 가지 예가 될 것입니다. 이 분들께 요구되는 가장 중요한 재능은 당신이 가지고 있는 임상적 지식을 온전히 학생들에게 잘 전달하는 것인데, 억지로 써야 하는 몇 편의 의미없는 논문에 엄청난 시간과 노력을 빼앗기고 있음을 많이 목격하였습니다. 그러다 보니 스트레스를 이기지 못하여 큰 병에 걸리는 교수님들도 많고, 또는 과로로 쓰러지는 교수님들도 적지 않았습니다. 조금 심하게 이야기하자면, 치과대학 교수님들의 병명을 모두 모아두면, 종합병원을 연상케 됩니다. 무엇보다도 먼저, 합리적인 방향으로 교수님들의 일상을 되돌릴 수 있어야 합니다. 연구는 연구교수에게, 임상은 임상교수에게, 또 대학의 발전을 기획하는 행정은 행정교수가 담당할 수 있도록 해야합니다. 가끔씩 모든 면에서 완벽한 분들도 있어서 감탄을 자아내기도 합니다만, 그 분들의 숫자는 대단히 제한적이고, 모든 분들이 그렇게 되려고 하지 않아도 된다고 봅니다.

다른 한편으로 정말 바람직하지 못한 행태를 보이는 교수님들도 적지 않습니다. 과거에도 그랬고, 현재도 그렇습니다. 그 첫 번째 사례는 무능함이라고 생각합니다. 학생들을 가르칠 실력도 없고, 임상적으로나 연구적으로나, 절대 능력이 부족한 분들이 있습니다. 아마 이런 분들은 스스로 잘 알고 있을 것입니다. 강의에서건, 임상에서건, 제자들로부터 호응을 받아내지 못할 것이니까요. 눈치가 조금만 있어도 금방 알아챌 수 있습니다만, 그것을 애써 무시하는 교수님들도 있습니다. 이 분들은 정년보장 교수가 되는 순간부터는 더욱 본성을 드러냅니다. 40대 중반쯤부터 정년보장 교수가 될 수 있으니, 정년퇴직 때까지 거의 20년을 소위 '놀고 먹을' 수 있습니다. 최소한의 의무적인 업무만 보면, 아무도 건드릴 사람이 없습니다. 조직으로부터 받게 되는 따가운 눈초리를 무시할 수 있게 되면, 그야말로 무서운 사람이 되어버립니다. 대학교수의 어려운 업무를 장기적으로 잘 수행해 준 보답으로 수여하는 것이 정년보장 교수직이라고 이해하고 있는 사람들에게는, 엄청난 고통을 안겨주는 암적 존재가 되는 것입니다.

대학교수는 솔직히 정치인들보다 훨씬 사회에 끼치는 영향이 크다고 봅니다. 정치인들은 4~5년마다 공개적으로 바꾸어 볼 수 있지만, 대학의 교수는 65세의 정년에 도달할 때까지 아무런 조치도 못하고 지켜보기만 해야 합니다. 그 사이에 교육을 받게 되는 학생의 입장에서 생각해보면, 더욱 끔찍한 일이 됩니다. 제대로 된 교육을 받지 못하니, 그들이 졸업해서 환자를 치료할 때, 얼마나 엉터리같은 진료를 하게 될까요…

지식에 목마른 제자들이, 마땅히 대학에서 받아야 했던 그 교육들을 졸업후 사설강습소에서 다시 받는다는 생각들을, 그 분들은 하지 않는 듯 합니다. 한 사람의 잘못된 교수는 30년 이상의 오랜 기간동안, 수백 명의 제자들에게 영향을 미치게 되고, 이들이 졸업 후 치료하게 될 수십만 명의 환자들에게 다시 심각한 폐혜를 끼칠 수 있다는 점을 간과해서는 안 됩니다. 이런 분들을 모시면서도, 당장의 불이익때문에 아무런 소리를 하지 못하는 학생들과 수련의들이 안타깝고, 자기의 일이 아니라며 방치하는 동료 교수들의 무사안일과 근시안적인 행동에는 불쾌함을 느낍니다. 무엇보다도 그렇게 될 수 밖에 없도록 만들어져 있는 우리나라 대학 제도의 폐쇄성에 분노를 느낍니다.

정치와 함께, 교육은 국가와 사회의 중요한 근간입니다. 자신의 안위가 아니라, 국가의 발전과 국민의 안녕을 목표로 하는 것이 정치라면, 교육은 오로지 학문과 제자들에게 집중되어야 합니다. 무리한 목표와 일정으로 인해 몸을 상하여 충분히 직무를 수행하지 못하게 되는 교수님들이 적지 않습니다. 이 분들에게는 충분한 휴식과 보상이 있어야 하겠지만, 이 분들의 직무수행 불능으로 인해 교육을 공백으로 만드는 것은 옳을 수가 없습니다. 이 분들은 과감히 자리를 내어 놓아서, 후배들이 활동할 수 있게 해야합니다. 정년보장 교수이므로, 뭘 하든 끝까지 교수직을 유지한다는 생각은, 수십만 명의 환자들에게 잘못된 치료가 이루어지도록 만드는 결과를 방치하는 중범죄라고 여길 수 있기를 소원합니다.

인도의 마하트마 간디는 성서의 7가지 죄악을 본뜬 '새로운 일곱 가지 대죄'를 설파했다고 합니다. 원칙 없는 정치, 도덕 없는 상업, 노동 없는 부, 인격 없는 교육, 인간성 없는 과학, 양심 없는 쾌락, 희생 없는 종교! 자신이 얼마나 멀리 떨어져 나와있는 지는 자기 자신이 제일 잘 알 것입니다. 이들 죄악들 중에서도 '인격 없는 교육'은 미래를 바라보지 못하는 근시안적인 태도이며, '인간성 없는 과학'과 함께 궁극적으로는 자신을 포함한 사회 전체, 국가 전체, 인류 전체에 돌이키기 힘든 화를 불러일으킬 가능성이 크다고 봅니다.

이런 열악한 환경속에서도, 대학을 대학답게 만들어주시는 아름다운 교수님들께 정말 고개숙여 감사의 인사를 올립니다.

치과의사이면서 사업체를 운영하고 있는데, 진료와 경영 중 어느 쪽이 더 호감이 가는지? 그리고 힘들었던 점이나 좋은 점은?

치과의사가 좋은지, 사업체를 운영하는 사장이 좋은지 묻는 질문을 자주 받습니다. 물론 두 가지 모두 매력적입니다만, 한 가지만 꼽으라면 저는 늘 진료를 하는 치과의사를 선택합니다. 지금의 메가젠도 치과의사로서 가졌던 문제점들에 대한 해결책을 찾기 위해 시작한 것이니, 치과의사의 연장선 상에 있다고 봅니다. 다만, 이제는 메가젠 비즈니스가 커지다 보니, 치과의사로서의 진료와 회사의 경영 이 두 가지를 모두 다 잘 하기에는 시간적으로나 육체적으로 무리가 많아, 거의 대부분의 시간을 회사에서 보내고 있습니다. 가끔씩 오랫동안 함께 하였던 환자분들의 요청에 의해 병원에서 진료를 할 때면, 마치 고향에 온듯한 편안함을 느낍니다. 반대로 회사에서의 일은, 하면 할수록 점점 더 어려움을 느낍니다. 늘 새로운 일들이 발생하고, 이를 해결하기 위해 동분서주하는 일이 다반사입니다. 치과의사로서 병원에서 진료에 전념하는 것은 마치 세발자전거와 같아서, 때로 피곤하거나 다른 하고 싶은 일이 있을 때에는 패달을 밟지 않고 가만히 멈추어있어도 별 문제가 없습니다. 하지만, 사업체라는 것은 잘 되면 잘 되는대로 발전을 위한 조치들을 취해야 하고, 또 잘 안되면 그보다 훨씬 더 큰 문제가 생기기 때문에, 두 바퀴의 자전거처럼 쉴새없이 패달을 밟아주어야 합니다. 그렇지 않으면 넘어질 수 밖에 없지요…

벌써 메가젠 임플란트가 시작된 지가 거의 20년이나 되었고, 예전에 비하면 꽤 규모가 커졌지만, 아직도 모르는 부분이 많아 허둥댈 때가 많습니다. 회사를 운영하면서 가졌던 기술적인 어려움보다도, 훨씬 더 당혹스러웠던 점은, 소위 '업자'에 대한 치과의사들의 인식이었습니다. 90년도 초반부터 10년 정도 진료와 강의활동에 전념하였던 동안, 정말 많은 치과의사들을 만나고, 서로 배우고 나누면서 인간적인 교류를 이어갔었습니다. 그런데 우리가 공통적으로 가지고 있던 문제점들을 해결해보고자 회사를 설립하고, 제품을 만들어내게 되면서, 저는 물건을 팔러다니는 업자로 취급되기 시작했습니다. 실제로 임플란트를 만들고, 이를 홍보하며, 사용해 보기를 적극적으로 권하고 다녔으니, 업자인 것은 당연하였으나, 얼마 전까지만 해도 '선생님과 제자'의 관계로 테크닉들에 대한 조언을 구하던 후배 치과의사들로부터, 일종의 잡상인과 같은 눈치를 받으니, 참 가슴이 아팠습니다. 제 스스로 입장정리를 제대로 하지 못하고 있었기 때문이었습니다. 꽤나 유명했던 치과의사이자 강연자였던 자신이 받던 대접을, 회사의 경영자로서도 똑같이 받을 것이라고 생각했었기에, 한 동안은 방황을 할 수 밖에 없었습니다. 지금은 항상 마음속으로 '나는 장사꾼이다!', '장사꾼은 어떤 상황이 벌어지더라도 자신의 물건을 판매할 수 있어야 한다!'라고 생각하지만, 사업을 시작하고 한 동안은 참 적응이 되지 못하였습니다.

  해외, 특히 치과의료가 발달된 유럽이나 미국에서는 그런 시각에 상당한 차이가 있었습니다. 현직 치과의사가 임상에서의 느낀 점들을 바탕으로 개발하고 개선한 임플란트 시스템이라는 것이 훨씬 더 잘 받아 들여졌습니다. 강의를 하고, 질문을 받을 때마다, 제가 임상에서 느꼈던 점들을 솔직하게 설명할 수 있어서 좋았고, 그 점들을 높이 평가해 주었습니다. 흔히 Tier 1 브랜드라고 하는 유명 임플란트 회사들이 거의 대부분 회계사나 변호사, 혹은 전문 경영인에 의해 운영되다 보니, 많은 경우 임상적으로 우수한 제품을 만들기보다, 소위 돈을 더 잘 벌 수 있는 제품에만 집중하고, 그 밖의 문제점들은 마케팅으로 해결하고 있는 것이 현실입니다. 일부 유명 치과의사들은 이런 브랜딩과 마케팅에 동참하는 것을 좋아하는 반면, 이런 것에 염증을 느끼고 정말 임상적인 면에서 최고를 추구하는 메가젠 임플란트와 같은 컨셉을 환영하였습니다. 처음에는 어슬픈 영어를 하고, 키도 작은, 아시아의 한 치과의사가, 뭔가 이상한 것을 가지고 와서 떠든다고 생각했던 분들이, 하나씩 둘씩 그 임상적 우수성을 인정해 주시고, 함께 동참해줄 뿐만 아니라, 이제는 정말 가까운 친구가 되어서, 더 나은 임상을 토론하게 되었습니다. 사실 이런 점들은 단순 치과의사로서는 가지기 힘든, 즉 업자가 됨으로써 즐길 수 있었던 장점이었다고 생각합니다.

메가젠 임플란트의 예를 보면서, 나도 저렇게 창업을 하고 성공을 거두고 싶다고 하는 분들이 있을텐데, 이 분들에게 조언을 주신다면?

이 역시 자주 듣는 질문입니다!^^ 한국에서 치과산업, 특히 임플란트 관련 산업들이 성장하고, 많은 회사들이 꽤 성공을 거두는 것을 보면서, 실제로 현업에 종사하는 치과의사들 중 이런 것에 관심을 두고 물어오는 분들이 적지 않습니다.

앞에서 말씀드린 것처럼, 자기의 전공을 바탕으로 비즈니스를 확장한다는 것은 참 바람직한 일입니다. 개발하려는 아이템의 목적성도 분명하고, 그것을 어디에 어떻게 활용할 수 있는지도 정확히 할 수 있으니, 일단 이미 절반은 성공을 거두었다고 해도 과언이 아닙니다. 하지만 나머지 절반에 대해서 매우 신중히 검토를 하여야 합니다.

그 첫 번째 어려움은, 제품의 개발 이후 판매로 이어지는 단계에서 나타나는 경우가 많습니다. 제품 그 자체는 이미 확실한 형태와 용처를 가지고 있으니, 개발까지는 대개 순조롭게 진행이 됩니다. 그런데 정말 많은 치과의사분들이 생각하시길, '내가 이렇게 훌륭한 제품을 만들었으니, 모든 사람들이 열광적으로 달려들어 내 아이디어가 접목된 이 제품을 사용해 줄 것이다'라는 망상을 가지고 있습니다. 그러다 보니, 대개 제품개발과 초기 런칭까지의 예산만을 세우고 시작하는 경우가 많습니다. 하지만, 제품이 완성되어 손에 쥐어지고, 국내 인허가가 획득된 상태는, 겨우 20%정도 진행된 상태라는 것을 알아야 합니다. 이보다 더 긴 시간과 더 많은 자금이 초기 마케팅에 필요하게 될 것입니다. 제 경험상으로 보면, 그게 전체 비용과 노력의 약 30% 정도나 되는 것 같습니다. 국내의 수요자들에게 '이런 제품이 있습니다!'라고 소개하는 단계에만 최소 2~3년이 걸릴 것이고, 이를 위한 홍보와 마케팅 비용이 적지 않게 듭니다. 그런 다음에, 국내의 시장이 별로 크지 않고, 경쟁구도가 만만치 않다는 것을 알고, 해외시장으로 눈을 돌리게 됩니다. 해외시장에 대한 접근은 국내와는 완전히 차원이 달라집니다. 언어의 장벽 뿐만 아니라, 해외출장과 전시에 드는 비용과 시간도 정말 큰 부담이 됩니다. 그렇다고 몇 번의 전시 참가가 매출로 직접 이어지지도 않습니다.

이쯤 되어서야, 이미 성공의 단계에 접어들고 있는 다른 회사들과 협력방안을 생각하게 됩니다. 즉, 자신의 한계를 느끼기 시작한 것입니다. 아마도 이 책을 접하시는 분들 중에도, 이미 이런 경험을 하신 분들이 적지 않을 것입니다. 접촉하는 회사들로부터 갑질을 당하고 나면, 내가 왜 이걸 시작했을까 후회도 많이 하시게 됩니다. 저도 이와 똑같은 과정을 겪어 왔습니다. 누구에게 하소연할 수도 없었고, 그게 도움이 되지도 않았습니다. 이를 악물고 참으며 앞으로 나아가거나, 포기할 수 밖에 없습니다. 하지만 어느 정도 사업이 진행되고 나면, 회사에 연결되어 있는 대출이나 여러 프로젝트들로 인해, 포기 조차 쉽지가 않습니다. 그야말로 진퇴양난이 되어버리는 경우도 있습니다.

사업을 구상하면서 의논을 해 오는 분들께 항상 하는 질문들이 있습니다. 아이템에 대한 아이디어를 들으면, 참 괜찮다 라는 생각이 드는 때가 많습니다. 그 이후에 제가 하는 질문은, 궁극적으로 어떤 사업을 하고자 하는가 입니다. 많은 분들이 현실보다 큰 꿈을 가지고 있음을 발견하게 되는데, 저는 단호하게 이야기를 해 드립니다. '그렇게 절대 안될 것이다!'라고. 그 다음 질문은, '어느 정도의 자금과 어느 정도의 시간을 투입하실 것인지?' 물어봅니다. 그리고 그 방향성에 대해서 생각을 들어보는데, 많은 경우 앞에서 이야기한 바와 같이, 꿈은 크나 준비는 거의 되어있는 않은 상황인 것을 발견합니다. 사실 그런 상태이니 저 같은 사람에게 자문을 구하려고 오셨겠지요… 하지만, 이런 상태에서는 절대로 성공적인 사업을 만들어낼 수가 없습니다.

치과의사로서 매일 진료를 하다보면, 우리가 사용하고 있는 재료나 기구들에 대한 한계성을 느끼는 때가 많이 있고, 이것이 기초가 되어 '내가 한번 만들어 봐야지!'라는 생각을 가지게 됩니다. 제가 느끼고 경험한 바이지만, 이런 생각을 하는 똑같은 순간에, 전 세계에서 5명 정도가 같은 생각을 하고 있습니다. 무슨 말씀인가 하면, 좋은 생각이 떠오르면, 우선 빨리 움직여야 합니다. 생각하는 아이템과 유사 제품이 이미 세상에 나와있는지 확인해야 하고, 특허 여부도 반드시 미리 검정을 해야 합니다. 여기에도 꽤 상당한 시간과 노력, 그리고 비용이 소요됩니다만, 이런 절차없이 시제품을 만들어놓고 보니, 거의 같은 제품이 이미 다른 나라에 나와있더라…라고 뒤늦게 후회하지 않을 수 있습니다.

그 다음 과정은, 시제품을 만들어 보고, 그 독창성에 대한 특허를 확보하는 것입니다. 시제품을 만들기 위해 이런 아이디어들을 이야기하는 과정에서, 나쁜 의도를 가진 분들에 의해 도용당하는 경우가 적지 않으므로, 이야기를 시작하기 전에 반드시 NDA(Non Disclosure Agreement, 비밀유지동의서)를 작성한 다음, 논의를 시작하는 것이 중요합니다. 실제로 상당수의 치과의사들로부터, 모 회사가 내 아이디어를 훔쳐가서 제품을 론칭했다고 억울해하는 이야기를 들었습니다. 미리 방지하지 않으면, 어떻게 해도 구제를 받을 방법이 없습니다. NDA의 양식은 인터넷등에서 쉽게 발견할 수 있습니다.

시제품이 의도한 바와 같이 확실히 잘 사용될 수 있음을 확인하였다면, 바로 특허를 신청해야 합니다. 사실 특허증을 받는다고 해서, 내 아이디어가 100% 보호되는 것도 아닙니다. 유사한 특허가 기존에 있다거나, 그보다 원천 아이디어로 생각되는 특허가 생각하지도 못한 곳에 숨어있을 수도 있기에, 특허를 받았다고 해서 완전히 안심할 수 없다는 점은 기억해 두셔야 합니다. 그럼에도 불구하고 특허는 중요합니다. 능력있는 특허 전문 변호사들과 의논하시는 것을 추천합니다.

　시제품도 나왔고, 특허도 등록이 되었으면, 이제 사업화 방안을 생각해야 합니다. 충분한 자본과 경험이 있을 경우에는 스스로 제품의 생산과 판매를 준비할 수 있겠지만, 생산 그 자체보다 영업과 마케팅에서 상당한 장벽에 부딪히게 될 것입니다. 그래서 제가 하는 첫 번째 질문이 '궁극적으로 어떤 사업을 하고자 하는가'입니다. 세상에 내가 생각한 아이디어 상품을 내어놓는 것인가, 아니면 그것으로 사업체를 꾸미는 것인가… 치과의사들인 우리들은 이런 교육이나 훈련을 제대로 받지 못하였기 때문에, 이스라엘이나 미국, 심지어 중국에 비해서도 상당히 뒤쳐져 있는 듯 하고, 사업화의 과정에서 실패하는 경우가 많습니다.

　스스로 확신이 서지 않는 경우라면, 시제품과 특허를 가진 다음, 이를 다른 회사에 팔거나, 공동 사업화하는 것이 좋은 것 같습니다. 메가젠 임플란트라는 이름을 가지고 전세계를 돌아다니며, 저희들이 성장해 온 과정을 이야기하다보니, 적지 않은 치과의사들이 자기들의 생각을 상품화하고 싶어했습니다. 정말 허심탄회하게 이야기를 해주고, 그 아이템이 가진 장점과 사업화의 문제점들을 짚어주었습니다. 일부 치과의사들은 메가젠을 통해 그 아이디어를 상품화하기를 원하였고, 결과적으로 그 분들의 이름을 붙인 아이템들이 꽤 많이 저희 메가젠의 카탈로그에 포함되었습니다.

　아이템에 따라, 또 이것을 함께 펼쳐가는 회사에 따라, 성과에 상당한 차이가 나겠지만, 아이디어를 상품화하는 데에는 상당한 노력과 기간, 그리고 자금이 필요하다는 것을 명심하여야 합니다. 또한 좋은 생각은 나만 하는 것이 아니며, 전세계적으로 똑같은 시간대에 똑같은 생각을 하는 사람이 적어도 서너 명은 있으니, 스스로 아이디어에 확신이 있다면, 즉시 행동으로 옮기는 것이 중요합니다. '생각'이 아니라 '행동'이

'결과'를 만들어내기 때문입니다. 이런 과정이 반복되다 보면, 점차 더 좋은 생각들이 만들어지고, 마침내 사업적으로도 성공을 거둘 수 있게 될 것입니다. 뛰어난 재주와 명석한 두뇌를 가진 여러분들은 이미 그런 성공을 거둘 수 있는 '준비된 사람'들입니다. 치과대학을 포함한 제도권 교육에서 이런 자질들을 이끌어낼 수 있는 프로그램들이 보다 구체적으로 만들어지면 좋겠습니다. '기술'을 가르치기보다 '생각'을 심어줄 수 있는 교육체계가 중요한 이유입니다.

한 가지 덧붙인다면, '회사'에 대한 올바른 생각을 정립하여야 한다는 점을 강조하고 싶습니다. 회사는 여러가지 형태를 가지고 있지만, 대개의 경우 주식회사와 같은 '법인'의 형태를 가지는 경우가 보편적입니다. '법인'이라는 것은 '법적으로 부여된 인격체'라는 것입니다. 즉, 사람과는 다르지만, 사람처럼 ID가 부여되어 있어서, 사람과 같은 권리와 의무를 가지게 됩니다. 20년이 길다면 길고, 그렇지 않다면 짧은 기간이지만, 이리저리 얽히다 보니 많은 분들을 만나게 되었고, 그 분들의 회사에 대한 생각을 들을 수 있는 기회도 많았습니다. 일부이기는 하였지만, 회사를 개인이나 가족의 소유물이라고 생각하여, 방만하고 불합리한 회계적 조치를 취하는 경우들을 보았습니다. 회사의 대표가 된다는 것은 한 아이의 부모가 되는 것과 같다고 생각합니다. 간난 아기에게는 정말 무한한 정성을 들여야 하겠지만, 충분히 성장을 하고 나면 독립해 나가는 것을 대견하게 바라볼 수 있어야 합니다. 기업도 마찬가지라고 봅니다. 세월이 흘러서 나름 자생력을 가진 회사가 되면, 창업자의 뜻을 유지하면서 더 큰 기업으로 성장할 수 있도록 기꺼이 기회를 부여해 주어야 한다고 생각합니다. 회사를 통해서 부자가 되고자 하는 것도 존중되어야 할 가치이긴 하지만, 그것은 회사의 성장을 통해서, 그 과정에서 얻어지는 열매로서도 얼마든지 가능한 일입니다. 더 많은 이익을 취하려는 욕심에 해마다 맛있는 열매를 제공해주는 과일 나무의 둥치를 자른다거나, 황금알을 낳는 거위의 배를 가르는 일이 있어서는 안됩니다. 멋진 아이디어를 가지고, 그것을 제품화 함으로써, 성공적인 비즈니스를 하려고 하는 분들께, 이런 생각을 미리, 그리고 꼭 해보시고, 자신의 사업에 대한 궁극적인 미션에 기록해 두시기를 권장해 드립니다.

치과의사가 되려는 분들이나 이미 치과대학에 다니는 학생들에게, 성공적인 치과의사가 되기 위해 필수적으로 가져야 할 덕목들에 대해 해주고 싶은 이야기가 있다면?

앞에서 어느 정도는 말씀을 드린 것 같습니다만, 치과의사로서 더 나은 미래를 가지려는 분들에게 몇 가지 충고를 드리고 싶습니다. 물론 다 같은 치과의사라는 직업을 가지고 있다 하더라도, 개인마다 다른 꿈들이 있기에, 어떤 것이 자신에게 가장 알맞은 미래인지는 스스로 결정하여야 할 문제라고 생각합니다. 그저 제가 지내온 시간을 비추어볼 때, 조금 더 일찍 알았더라면 좋았을 것을… 하고 느꼈던 점들을 여기에서 말씀드리는 것입니다.

그 첫 번째는 '영어'와 '프리젠테이션 스킬'입니다. 전 세계적으로 공용되는 언어이자, 모든 국제학회에서 사용하는 것이 영어이다 보니, 충분히 잘 듣고, 스스로를 표현할 수 있을 정도의 영어는 필수인 것 같습니다. 제가 공부했던 시절과 비교하면, 요즘의 젊은이들은 영어에 대해 상당히 자유로운 것 같아 기쁩니다. 그러나 단순히 강의의 내용을 따라가고, 여행을 즐기는 정도를 넘어서서, 치과의사로서 국제 무대에서 강의를 하고, 또 국제적인 학술지에 기고할 수 있으려고 하면, 이 부분에 있어서 조금 더 자신을 갈고 닦아 둘 필요가 있습니다. 물론 영어가 전부는 아니지만, 비교적 고급영어를 자유롭게 구사하고, 읽고 쓸 수 있다면, 그렇지 않은 치과의사들에 비해 훨씬 더 유리한 고지에 오를 수 있다는 것은 상식적으로도 이해하실 수 있을 것입니다.

프리젠테이션 스킬은, 단순히 파워포인트나 키노트와 같은 컴퓨터 프로그램에 국한되지 않고, 타인에 대해 자신을 표현하는 모든 방법이라고 할 수 있겠습니다. 이는 꼭 치과분야뿐만 아니라, 모든 젊은이들이 필수적으로 가져야 할 덕목입니다. 자신의 생각을 남에게 정확하게 전달할 수 있다는 것은, 성공을 위한 가장 기초적인 자산입니다. 그냥 열심히 하면 알아주겠지… 라고 생각하는 것은 구시대적인 발상입니다. 작은 조직이건, 큰 회사이건, 어느 순간에도 프리젠테이션을 제외하고는 생각을 할 수가 없습니다. 때로는 상사나 선배, 교수님들에 대해 프리젠테이션을 할 수도 있을 것이고, 때로는 직원들이나 동료 팀원들에게 프리젠테이션을 통해 공감을 얻어내어야 할 수도 있을 것입니다. 자신이 누구에게, 어떤 목적으로, 무슨 메시지를 전달할 것인지를 명확히 생각하고, 이것을 어떤 방법으로, 얼마나 강력하게 전달할 것인지 생각하는 것이 프리젠테이션의 첫 과정입니다. 탁월한 임상실력을 가지고 있음에도 불구하고, 제대로 전달하는 힘이 부족하여 저평가되는 치과의사들을 많이 알고 있습니다. 특히 한국의 치과의사들은 이 부분을 보다 적극적으로 배우고 가다듬을 필요가 있다고 생각합니다.

치과의사로써 성공하기 위한 두 번째 조건은 '훌륭한 멘토'와 '좋은 동료들'을 만나는 것이라고 생각합니다. 멘토란, 모든 것을 일일이 가르쳐주는 가정교사가 아니라, 그저 옆에서 그 분들의 행동과 언행을 따라하기만 하여도 좋겠다고 생각하는 그런 분이어야 합니다. 한 사람이 사회에 나와 성장해 나아가고, 자신의 방식으로 기여하게 되기 위해서는 상당한 시간이 필요합니다. 그리고 그 사회의 패러다임 또한 몇 번의 큰 변화를 가지게 될 것입니다. 제가 드리고 싶은 말은, 멘토가 반드시 한 분일 필요는 없다는 것입니다. 어릴 때에는 집안의 형님이나 부모님이 멘토의 역할을 하게 될 것이고, 학창시절에는 선생님이나 멋진 선배가, 사회 초년생일 때에는 한두 해 위의 직장 선배가 우러러 보입니다. 그렇게 존경하는 분들을 열심히 추종하면서 살다보면, 어느 순간에는 자기 자신이 많은 사람들에게 어드바이스를 주는 위치에 도달해 있다는 생각이 들기도 할 것입니다. 어떤 경우에는 스스로 그렇게 존경하여 마지않았던 멘토에게 실망을 하는 수도 있습니다. 그 분을 잘 몰랐거나, 그 분이 변했기 때문이 아니라, 여러분 자신이 그만큼 커졌기 때문입니다. 주변을 조금만 살펴보면, 한때 죽고 못살던 절친들이 앙숙으로 변해 남보기에도 부끄러운 싸움을 벌이고 있는 일들을 발견하기도 합니다. 멘토라는 분들과는 그렇게 해서는 안됩니다. 어떤 이유에서든, 또 어떤 측면에서든, 여러분은 그분들을 보고, 배우고, 또 극복하게 되었습니다. 즉, 그분들은 여러분의 인생에 있어서 징검다리와 같은 역할을 해 주셨습니다. 지나온 다리에 불평을 쏟아낸다는 것은 상식에도 맞지 않을 뿐 아니라, 누구에게도 공감을 얻기 힘듭니다. 평생을 멘토들과 좋은 관계를 유지하며 살아가는 것이 참 아름다운 일이라고 할 수 있겠지만, 그렇지 못하더라도 아름다웠던 추억으로 안고 살아가면 좋겠습니다.

저는 참 운이 좋게도, 좋은 멘토분들을 많이 모셨습니다. 엄하셨지만 동시에 자상하셨던 아버님이 가장 큰 멘토임은 당연한 것입니다. 치주과 수련 시절에는 의국의 최고 형님이셨던 조 무현 선생님이 저의 정신적 지주였습니다. 수련의 시절 치주과 과장님과는, 뒤에 그다지 좋지 않은 인연이 되었지만, 치주학에 대한 꿈을 불사를 수 있도록 채찍질을 많이 해주신 멘토였습니다. 치예원의 김성오 선생님은 저를 비롯한 대한민국의 많은 치과의사들에게 제대로 된 임플란트 교육을 뿌리내리게 해주신 멘토이셨고, 토마스 한 선생님은 지금까지도 모든 면에서 저의 등대역할을 해 주고 계십니다. 젊은 시절 만나 30년이 넘게, 기쁜 일이 있을 때나, 슬픈 일이 있을 때나, 한결같이 곁을 지켜준 류 경호 원장님은, 지금의 저를 있게 해 주었고, 미래의 저를 지탱할 수 있도록 해 주는 가장 강력한 멘토입니다.

경북대 치대의 김 영진 교수님, 배 용철 교수님, 연세 치대의 문 익상 교수님, 또 일일이 말씀드리기 어려운 많은 교수님들은, 학자로서도 훌륭하실 뿐만 아니라, 인생의 선배로써, 또 한 사람의 자연인으로써, 제게 많은 가르침을 주셨습니다. 메가젠 임플란트의 운영적인 측면에서는 윤상한 고문님의 조언과 리더쉽이 큰 도움이 되었습니다. LG전자를 현재의 모습으로 만들어내는데 기여하신 분들 중 한 분으로서, 모름지기 제조업체가 갖추어야 할 기본부터 모든 것들을 하나하나 저와 회사의 임직원들에게 가르쳐 주셨습니다.

지금 이 순간 여러분이 어떤 어려움을 가지고 있거나, 펼쳐 나갈 인생의 길이 잘 보이지 않는다고 생각이 되면, 바로 멘토를 찾아보십시오. 그리고 주저없이 자신의 고민과 뜻을 의논해 보십시오. 틀림없이 놀라운 일들이 벌어질 것입니다.

훌륭한 멘토와 마찬가지로 중요한 요소는 소중한 동료들입니다. 멘토들로 부터 앞선 시대의 지혜를 배운다면, 동료들로부터는 현재와 미래를 개척해 나가기 위한 힘을 얻을 수 있습니다. 허심탄회하게 자신의 장점과 단점들을 나누고, 조언을 받을 수 있는 동료가 있다는 것은 세상의 어떤 재산보다도 큰 홍복이라고 할 수 있을 것입니다. 오랫동안 이런 동료들과 좋은 관계를 유지하기 위해서는, 서로 간에 진정으로 존중하는 자세가 절대적으로 필요합니다. 절친으로 격의없이 지내는 것도 참 좋은 일이지만, 자칫 상대에 대한 존중과 존경의 순간을 놓쳐버려, 관계가 소원해지는 경우를 많이 보았습니다. 물론 저도 그런 일을 적지 않게 겪었고, 후회하는 일들이 많았습니다.

멋진 치과의사가 되고자 하는 분들께 드리는 세 번째 어드바이스는, '자신에게 투자하라'는 것입니다. 사회 초년생으로 치과의사라는 면허증을 받아들고 주변을 둘러보면, 참 하고 싶은 일들도 많고, 해야 하는 일들도 많습니다. 그런데 이 즈음의 가장 큰 문제는, 금전적인 것입니다. 유명한 개인 교습 프로그램에 참가해서 더 깊은 경험을 배워보고 싶기도 할 것이고, 해외에서 열리는 좋은 학회에 참가해서 눈을 키워보고 싶기도 하겠지만, 늘 금전적인 문제로 고민을 하게 됩니다. 월급은 먹고살기에 빡빡할 정도인데, 수백 만원이나 드는 이런 기회를 선뜻 선택하기는 쉽지가 않습니다. 하지만, 저는 여기에서 과감히 이런 투자를 하라고 말씀드립니다. 일찍 일어나는 새가 더 많은 먹이를 찾게 됩니다. 일찍 눈을 뜰수록, 더 많은 기회가 열립니다. 이런 선택과 자신에 대한 투자가 반드시 '돈'과 연관되어 있고, 그만큼 더 큰 수입을 비례적으로 가져올 것이라 이야기할 수는 없습니다만, 대체적으로 그러한 경향을 보입니다. 부모님이나 가족들의 지원을 받을 수 없다면, 선배님이나 멘토들에게 도움을 요청하더라도 자신에 대한 이런 투자는 절대적으로 이어나갈 것을 권해드립니다. 최소한 일 년에 한두 번 정도는 해외 유명학회에 참가해서, 세상의 흐름을 파악함과 동시에, 전세계 유명 치과의사들과 비교해서 자신의 위치를 가늠해 보기를 바랍니다. 그러다 보면, 국내에서도 같은 생각, 같은 미래를 추구하는 분들과 교류하게 될 것이고, 이것이 치과의사로서의 여러분의 인생을 풍요롭게 해줄 것입니다. '자신에 대한 투자'를 게을리 하지 마십시오.

점점 장황해지고 있는 느낌이 듭니다만, 한 가지만 더 추가한다면, '경영에 눈을 뜨되, 돈을 추구하지는 마라'는 것입니다. 제가 치과대학을 졸업하고 치과의사가 되었을 때에는, 치과의사나 의사들이 '경영'을 이야기하는 것이 거의 금기시 되어 있었습니다. 그저 열심히, 또 좋은 시술로, 환자나 열심히 보면 되지, 치과의사가 무슨 장사꾼들처럼 '경영'을 이야기하느냐… 라는 것이 사회적인 통념이었습니다. 사실 그 시절, 그리고 저의 선배님들의 시절에는, 그래도 되었습니다. 치과의원을 개원하기만 하면, 충분히 환자들이 몰려 들었고, 따라서 수입도 좋았습니다. 어느 정도의 시간이 지나면, 상당한 자산가가 되는 것이 당연했으므로, 의료인의 품격을 떨어뜨린다고 여겨지는 '경영'을 이야기할 필요가 없었습니다.

하지만, 지금은 세월이 많이 바뀌었습니다. 필요한 것들을 제대로 갖추고 개원을 하는데 소요되는 자금이 크게 증가 하였을 뿐만 아니라, 주변 치과들과의 경쟁도 더 치열해 졌습니다. 게다가, 앞에서 여러 차례 언급하였지만, '세무적인 투명함'도 엄정해져서, '모든 자영업자의 가장 큰 적은 세금이다' 라고 이야기할 정도가 되었습니다. 경영이란 이런 모든 것을 꿰뚫어보는 혜안이라고 할 수 있습니다. 경영에서 필요한 가장 기초적인 자료라면, 자산의 상태를 한 눈에 확인해 볼 수 있는 '대차대조표'인데, 이것을 적절히 해석하고 문제점들을 발견해 낼 수 있는 지혜와 지식을 가지고 있는 치과의사 분들이 과연 얼마나 될까요? 다행스럽게도 일부 치과대학에서는 이런 문제점들에 대해 공감을 하고, 다소나마 경영적인 부분에 대한 강좌를 개설하고 있지만, 그야말로 수박 겉핥기 식일 뿐 아니라, 학생들도 시험을 치는 것이 아니므로 그리 심각하게 받아들이지 않습니다.

경영의 카테고리에 들어가는 다른 중요한 부분은 '인사'입니다. '인사' 또한 큰 회사에서나 취급되는 덕목이라고 여기기 쉽습니다만, 그저 간단한 예로, 치과의료를 구성하는 중요 멤버들인, 치과의사, 치과위생사 및 치과기공사들의 고용과 근로, 복지, 퇴사 등등의 모든 곳에 '인사'의 원칙이 적용되어야 합니다. '직장내 성희롱 방지법'이나 피고용자들에 대한 '괴롭힘 방지법' 등 노동관련 법규 등, 예전에는 상상하기 어려웠던 '제도권의 간섭'이 여러분을 지켜보고 있습니다. 치과의사회를 비롯해서, 회계사, 변호사 단체들이 치과의사들의 권익보호를 위해 노력하고 있지만, 무엇보다도 중요한 것은, 여러분 스스로가 그 생각과 흐름의 주체가 되어야 한다는 것입니다. 고용계약서, 직장내 윤리등에 대한 내부

서류들 뿐만 아니라, 환자들을 치료함에 있어서 명확한 사전 설명과 진료기록들을 유지해야 하는 등등, 모든 것들이 '경영'의 일부입니다. 현재로서는 여러분 스스로가 이런 도움을 찾아다녀야 하겠지만, 가까운 미래에 치과대학의 정규 교과목에 이것이 포함되어, 심도있는 교육이 이루어질 수 있기를 바랍니다.

흔히 경영이라고 하면, 옳지 않은 방법으로 '돈'만을 추구하는 것 같은 인상을 가지는 분들이 있습니다. 하지만 경영이란, 옳은 일을 옳게 추구하기 위한 기본적인 프로세스라고 생각하여야 합니다. '돈'을 버는 것은 인생에서 매우 중요한 과정입니다. 하지만, 부도덕한 방법을 동원하여 돈만 추구하였던 '극히 일부 치과의원들의 예'를 통해서 알 수 있는 것처럼, '돈'을 추구해서는 '돈'을 얻지 못합니다. 그것은 아픈 환자들을 더 아프게 하고, 동료 치과의사들 또한 불신의 늪에 빠트릴 뿐만 아니라, 치과의사로서 멋지게 선택된 자신에 대한 파멸 선고나 마찬가지이기 때문입니다.

올바른 기본 지식과 정보를 갖추고, 모든 과정을 투명하게 공개하며, 환자들과 직원들, 그리고 동료 치과의사들의 공감과 존경을 얻을 수 있는 치과의사의 길이 그리 멀지 않습니다. 조금 귀찮아 보일 수도 있고, 조금 늦어지는 일이 생길 수도 있겠지만, 옳은 방향의 선택은 항상 옳은 결과를 가져온다는 것을 배웠습니다. 영어에 능숙하며, 훌륭한 멘토와 함께 의논하고, 끊임없이 자기 자신의 발전을 위해 투자하는 분이, 사회가 요구하는 도덕적 기준에 맞춘 경영적인 감각과 혜안을 가지고 있다면… 분명히 세계 속에 우뚝 선, 명성과 명예와 부를 모두 갖춘 정말 멋진 치과의사가 될 것입니다. 더 많은 후배들이 이 길을 함께 갈 수 있기를 고대하며, 저 또한 제가 걸어온 길들이 반면교사가 되어 여러분들의 밝은 미래에 작은 도움이나마 될 수 있도록 더 열심히 하고 있겠습니다.

앞의 질문과는 거꾸로, 이미 성공을 거둔 치과의사들이 조심하여야 할 것들이 있을까요?

이 질문은 더 어려운 것 같습니다. 성공을 거두기는 쉽지만, 그 성공을 유지하는 것은 더 어렵다는 말이 있습니다. 작은 성공이 사람을 교만하게 만들기 때문이라고 생각합니다. 교만은 흔히 탐욕으로 이어지게 되고, 다른 사람에게는 허락되지 않는 것들을 자신은 할 수 있다고 생각하게 됩니다. 음주, 도박, 외도, 사치가 사람을 망치는 주된 이유라고들 이야기합니다. 이는 치과의사들에게도 똑같이 적용되는 원칙이라고 생각합니다.

열심히 정직하게 진료하는 치과의사라면, 그리 오래지 않아 어느 정도의 부를 축적할 수 있을 것입니다. 처음에는 대출을 갚느라고 허덕일 것이지만, 치과의 경영 상태가 안정이 되고나면, 고개를 들고 세상을 쳐다보게 됩니다. 열심히 살아왔고, 어느 정도의 성공과 안정을 거두었다고 생각했는데, 주변을 둘러보게 되면 자신보다 훨씬 큰 성공을 거둔 사람들이 눈에 띕니다. 이런 분들과 교류를 하다보면, 치과의사로서 열심히 공부하고 진료함으로써 얻었던 성과가 상당히 초라해 보일 때가 있습니다. 그리고 상대편의 성공하신 분들은 정말 쉽게 많은 돈을 버는 것처럼 보이게 됩니다. 여기에서 문제가 생기기 시작합니다. 자신도 그분들처럼 '쉽게' '큰 돈'을 벌 수 있으면 좋겠다고 생각하고, 그런 기회를 찾아보려고 애를 씁니다. 당연히 유혹의 손길들이 접근해 옵니다. 처음에는 믿음이 강하지 않으니 가볍게 시작할 것인데, 두어 번 짭짤한 재미를 보고나면 정신줄을 놓고 맙니다. 부동산도 그렇고, 주식이나 사업에의 투자들도 그렇습니다. 특히 결정적인 순간에는, 그 접근이 매우 은밀해집니다. '이건 정말 대박꺼리인데, 우리 ○○ 원장님께만 살짝 알려드리는 겁니다…'라는 식의 제안이지요. 그리고 그 수익성이라는 것이 보통 몇

백 퍼센트입니다. 앞에서 몇 번 작은 돈을 쥐여주었기에 믿음을 갖게 되었고, 정말 고급정보들을 자기에게만 알려주는 이 고마운 분을 거절하는 것은 도리가 아니라고 생각하게 됩니다. 이번 한 건만 하면, '고생 끝, 행복 시작'이라고 믿고, 정말 터무니없는 제안을 받아들이게 됩니다. 그 결말은 이야기하지 않아도 충분히 상상하실 수 있을 것입니다.

저와 아주 가까웠던 A 원장의 경우를 보면, 인생이 참 이렇게나 허무할 수가 없다는 생각이 듭니다. A원장은 주변의 모든 궂은 일들은 앞장서서 도맡아 할 만큼 열정적이었고, 솔선수범형이었습니다. 서글서글한 용모와 말투로 환자들과의 관계도 좋았습니다.

어디에서 어떻게 접촉이 이루어졌는지는 알지 못하였지만, 어느 날 갑자기 해외에 좋은 투자건이 있는데, 수십수백 배의 엄청난 수익을 생길 수 있으니, 함께 투자를 하면 어떻겠느냐고 했습니다. 시나리오 자체는 그럴싸했지만, 최악의 경우 법적으로 보장이 되는 계약서도 없었고, 투자의 주체나 수익의 분배원칙도 분명하지 않았습니다. 이런 이유들을 들어서, 조금 더 확실한 서류들이 도착하고, 변호사들의 공증을 거친 다음에 하는 것이 좋겠다고 의견을 주었습니다만, A 원장은 이 기회를 놓칠 수 없으니 개인적으로라도 시작하겠다며 단호하게 투자의 뜻을 밝혔습니다.

하필이면 제가 미국으로 출장을 나가는 날, 투자에 대한 결정이 이루어졌습니다. 인천공항에서 계속 통화를 하면서, 며칠 뒤에 내가 돌아와서 같이 서류들을 검토해보고, 투자 여부를 결정해도 좋지 않겠느냐고 만류를 했지만, 그렇게 되면 투자기회를 상실하게 된다고 했습니다. 그렇게 비극이 시작되었습니다. A원장은 자신이 가지고 있던 자금 뿐만 아니라, 친가와 처가로부터도 큰 돈을 빌려 이곳에 쏟아 부었습니다. 출장에서 돌아와 함께 한 자리에서 보여주는 서류들은, 그저 꿈들로만 가득

차 있었습니다. 그 나라 정부의 프로젝트가 이러하고, 우리가 이런 계획 하에 있으니, 이것을 정부의 프로젝트에 적용하기만 하면, 수십수백 배의 이익이 생길 수 있다… 하지만 A가 투자한 자금에 대한 권리들에 대해서는 어떤 표현도 되어있지 않았고, 투자에 대한 반대 급부로 당연히 있어야 할 지분 할애라든가, 보상에 대한 그 어떤 약속도 없었습니다. 심지어 투자를 어디에다 하는지도 분명하지 않았습니다. A의 이야기로는 그 프로젝트를 주도하고 있는 '회장님'이라는 분에게 투자하는 것이라고 했습니다. 이미 쏟아진 물이었습니다. 제발 더 이상은 투자하지 말고, 이미 투자한 것에 대해서 지금이라도 증명서를 받아두라고 했지만, 사기꾼들이 이런 공식적인 서류들을 만들어줄 리가 없었습니다. 안타까웠지만, 어찌할 방안도 없었습니다.

    시간이 꽤 지난 다음, A 원장이 스스로 그 해외투자의 현장에 가서 사업을 좀 돌보아야겠다고 이야기를 했습니다. 뒤에 알게 된 이야기였습니다만, 그 사이에 A는 자기 주변에 있던 다른 치과의사들에게 이 투자 건을 권했고, 몇몇 치과의사들이 상당히 큰 금액을 송금하였습니다. 불안한 마음이 생겨서 그랬는지, 실제 투자 환경을 체크해 보려고 했는지 모르겠으나, A는 그로부터 몇 달간 그 외국에 가서 지내게 되었습니다. 묘목 사업현장에서 노동자들과 함께 일한다는 사진을 몇 장 보내오기도 했습니다만, 치과의사로서 할 일은 아니었습니다.

    얼마간 시간이 지난 뒤, 다시 A 원장으로 부터 압박성 청탁이 들어왔습니다. 다시 자금이 필요한데, 저나 미르치과병원이 투자해 주면 안 되겠느냐고… 이번에는 그 회장님을 직접 만나서 설명을 들어보라고 했습니다. 이미 마음을 접고 있었지만, 만나서 어떤 사람들인지를 살펴보기로 했습니다. 어느 호텔 커피숍에서 만난 그 회장님으로부터도 무언가 확실한 실체를 가진 투자설명을 듣지 못하였고, A로 부터 전해들은 바와 차이가 없었습니다. 함께 배석했던 분들의 분위기도 '이건 아니다!'라고 이야기해주고 있었습니다. 병원의 자금이 조금 있기는 하지만, 그것이 내 개인의 것이 아니므로, 이사회에 의견을 물어보겠다고 하고 자리를 빠져나왔습니다. 물론 다른 파트너원장들에겐 이야기도 하지 않았습니다.

또 몇 달이 지나자, A 원장이 다시 연락을 해 왔습니다. 자신이 전재산을 투자해서 열심히 하고 있는 곳에, 제가 한번 와보지도 않는다고 서운한 마음을 토로했습니다. 그 정도는 해 줄 수 있겠고, 또 현장이 어떻게 벌어지고 있는지도 한번 보고 싶었습니다. A 원장을 잘 아는 몇 분의 원장님들과 함께, 주말을 끼워 현장으로 날아갔습니다. 거대한 묘목 사업의 현장으로 소개되어 갔습니다. 이제 손가락 크기 정도의 작은 묘목이 심겨져 있는 곳에서부터, 수십 미터는 되어보이는 큰 나무까지 다양한 수종의 '가로수'들이 어마어마한 땅에 펼쳐져 있었습니다. 꽤 많은 현지 주민들이 현장에 나와 작업을 하고 있었습니다. 그곳은 땅이 비옥해서 한국에 비해 성장속도가 4~5배나 높다고 했습니다. 그 나라의 정부가 대대적인 도로 정비사업을 하고 있는데, 그 묘목들은 이미 그 가로수로 팔기로 계약이 되어있으니, 조금만 더 있으면 큰 돈을 벌 수 있을 것이라고 했습니다.

다음 날은 커다란 돼지농장을 방문했습니다. 그 나라의 수도인 한 도시에 공급하는 4개의 돼지 농장 중 하나라고 소개를 받았습니다. 송아지보다 더 큰 종돈으로부터, 갓 태어난 새끼 돼지들까지 수천 마리가 있었지만, 그 농장의 십분의 일 정도만 실제 사용되고 있을 정도로 엄청난 규모였습니다. A 원장은 여기에서 나오는 분뇨들을 가지고 비료만 만들어도, 어마어마한 돈을 벌 수 있다고 했습니다.

귀국 전날은 그 회장님이 우리들을 술집으로 초대를 해서 파티를 열어주었습니다. 그 자리에서도 이 사업의 규모와 미래의 가치에 대해 설명이 이어졌습니다. 딱 얼마 정도의 돈이 더 있으면, 훨씬 사업이 원활해질 것이라고… 일본인가 미국으로부터도 투자를 하겠다는 사람이 있는데, 연락을 기다리고 있다고… 우리는 그저 술잔을 기울이면서 이야기만 묵묵히 듣고 있었습니다. 분위기가 가라앉고 있다고 느꼈던지, 그쪽 직원들 중 하나가 전화기를 들고 방으로 들어오더니, 일본인가 어디로부터의 투자가 확정되었다고, 이제 돈 걱정은 없다고 이야기했습니다. A도 함께 듣고서 기뻐했습니다. 그런데 그 분위기가 참 자연스럽지 못했습니다. 뭐랄까… 이렇게 여러 곳으로부터 투자가 들어오니까, 당신들도 믿고 투자하라는 그런 분위기를 만들고 싶었는지도 모르겠지만, 전혀 아니었습니다. 다음 날 귀국길에서도 마음이 편치 않았습니다. 이제 더 이상은 투자를 하라고 종용받지 않게 되어서 다행이라고 생각을 했지만, 이건 확실한 사기극이고 A 원장은 여기에 완전히 말려들어서 헤어나기 힘들 것이라는 것을 확인한 셈이 되었습니다.

　그해 겨울이 되어갈 즈음에 또 한번 급한 전갈이 왔습니다. A 원장이 사채까지 손을 대었나 본데, 그것을 갚을 방법이 없어 곤란을 겪고 있다는 것이었습니다. 수십 억의 투자가 빚 독촉으로 돌아오고 있었고, 이를 돌려 막을 생각으로 사채를 끌어들인 것이라고 하였습니다. ㅠ.ㅠ 이제는 투자 손실의 문제가 아니라 목숨이 달린 일이 되어버렸습니다. 주변 친구들의 도움으로 이 위기에서는 무사히 벗어났지만, 그 이후의 행보는 더 쉽지 않았습니다. 자세한 내용을 알지는 못하지만, 물심양면으로 도와주었던 동료 치과의사에게 상당한 손해를 끼치면서, 자신의 재기를 도모하였다는 소문이 들려왔습니다. 물에 빠진 친구를 구해주고, 보따리까지 빼앗긴 형국이었지만, 그 훌륭했던 친구는 이 또한 용인을 해 준 모양입니다. 그 후 몇 년간 열심히 치과를 운영하여, 재기의 모습을 보여주던

A는, 어느 날 저녁식사 후에 갑자기 심장마비로 운명을 달리하게 되었습니다. ㅠ.ㅠ. 짧지 않은 시간 동안 축적된 스트레스와 과로가 원인이라고 했습니다….

그날 투자를 해야겠다고 전화한 날, 미국 출장을 가지 않았다면 어떻게 되었을까 생각해 보았습니다. 정말 간곡히 만류를 하였거나, 아니면 적어도 투자에 대한 기본적인 서류들만이라도 함께 챙겨줄 수 있었다면, 그 투자의 불합리성을 스스로 깨우쳐서 이렇게 깊은 수렁에 빠지는 것을 막을 수 있지 않았을까… 깊이 후회를 하고 있습니다.

A 원장의 일은 상당히 극단적인 예가 되겠지만, 주변에서 유사한 일을 당한 치과의사들을 적지 않음을 알고 있습니다. '세상에 공짜는 없다!' 이 간단한 원칙을 너무 쉽게 잊어버립니다. 일부 투자 감각이 뛰어나신 분들이 놀랄만한 성공 사례들을 보여주고 있기는 합니다만, 모든 사람이 그와 같이 될 수 있는 것은 아닙니다. 실제로 이분들이 얼마나 치열하게 그 방면의 공부를 하고 있는지 아신다면, 그것이 치과의사의 길보다 결코 쉽지 않다는 것을 이해하실 것입니다. '투자'는 '성공'의 또 다른 이름이라고 할 수 있습니다. 다만, 그것이 '도박'이 되어서는 안됩니다. 언제나 여유자금의 한도 내에서, 사회적인 통념상 인정되는 정도의 수익률을 기대하는 것이 좋습니다. '일확천금'은 '패가망신'의 다른 이름이 될 수 있다는 것을 반드시 명심하셔야 합니다.

스스로 가지고 있는 인생의 좌우명은?

이 질문을 받을 때마다 항상 당황하곤 합니다. 사실 별로 말씀드릴 게 없기 때문입니다. 그래도 적지 않게 이런 질문들을 받았기에, 곰곰히 생각해 보았습니다. '나는 어떤 원칙으로 지금까지 살아왔던가'… 그래서 억지로 얻어낸 결론을 몇 가지 말씀드리고자 합니다.

저의 첫 번째 좌우명, 혹은 어떤 일을 당하든 제일 먼저 생각해 보는 말은, '역지사지'입니다. 상대방을 선도적으로 이해할 수 있다면, 실제로 아무런 문제도 일어나지 않을 것입니다. 문제가 발생한 이후라고 하더라도, 상대방의 입장에서 다시 생각을 하게 되면, 해결방법들을 훨씬 쉽게 얻어낼 수 있었습니다. 그럼에도 불구하고 이해하기 힘든 경우에는, 상대방이 '다른 유형의 사람'으로, 나와는 맞지 않아서 그럴 것이라고 흘려버립니다. 그렇게 생각하면, 본인의 스트레스를 다스리는데 크게 도움이 되고, 작은 문제로 인해 큰 다툼이 벌어지지 않았습니다.

두 번째로 제 자신에게 항상 주는 조언은, '가랭이가 찢어지기 직전까지 최선을 다하라'는 것입니다. 그저 최선을 다하라는 말은 모두가 다 알고 있는 말일 뿐, 실제로 어떻게 하는 것이 최선을 다하는 것인지 잘 이해하지 못하는 것 같습니다. '가랭이가 찢어지기 직전까지'라는 것은, 표현이 좀 상스럽기는 합니다만, 의미의 전달이 더 잘 되는 듯 해서 제가 자주 사용하는 말입니다. 이것은 돌아오지 못할 정도는 아니지만, 능력이 닿는 한 최대한 멀리까지 보폭을 넓게 잡으라는 이야기입니다. 그렇게 하기 위해서는 먼저 자신이 가지고 있는 능력과 한계를 잘 살펴볼 줄 알아야 합니다. 체력, 자금, 시간, 관계 등등의 조건들을 모두 잘 살피고, 스스로 결정을 내려야 합니다. 처음에는 작은 프로젝트들에 대해 도전하는 것이 안전하겠지만, 반복하다 보면 점차 큰 일에 대해서도 과감한 도전을 할 수 있게 됩니다. 실제로 남들이 보기엔 무모하고 과도해 보일지 몰라도, 본인은 그 일의 내용과 자신의 한계를 잘 알고 있으므로 무난히 이루어낼 수 있습니다.

　　조금 다른 이야기가 될 수도 있습니다만, '목표의 수립'과 '달성을 위한 노력'에 대한 저의 생각을 말씀드리고 싶습니다. 흔히 성현들께서 말씀하시길, '머리는 하늘을, 발은 바닥에!'라고 하십니다. 생각은 높게 하되, 항상 기본에 충실하며 무리함을 삼가라는 말씀이겠지요. 하지만 요즘같이 변화가 빠른 세상에서는 '발을 땅에' 붙이고 있다간 경쟁에서 이기기 힘들 뿐만 아니라, 자칫 시대에 뒤떨어질 가능성도 큽니다. 그래서 저는 나름대로 조금 변화를 줘봤습니다. '머리는 하늘을, 발은 땅으로부터 5센티미터 떠 있도록!'^^ 생각은 높게 하되, 세상의 흐름과 트랜드의 변화에 쉽게 적응할 수 있도록 유연성을 가지면 좋겠다는 생각입니다. 하지만 너무 높이 떠 있다보면, 바닥에 내려야 할 순간을 놓칠 수가 있으므로, 필요시에는 언제든 즉시 발을 땅에 붙이고 안정을 찾을 수 있도록 하자는 의미를 갖고 있습니다. 제 스스로 테스트를 해 본 결과 상당히 효과적인 방법이었습니다!

　　마지막으로, 절대로 '포기'를 하지 말라는 조언을 드리고 싶습니다. 누구나 나름대로 계획을 세우고 그 목표를 달성하기 위해 엄청난 노력들을 합니다만, 실제로 성공을 거두는 사람은 그다지 많지 않다고들 이야기 합니다. 누구나 노력을 하는 사람이라면, 포기하는 그 순간, 목표에 단 몇 걸음만을 남겨둔 상태라고 합니다. 포기는 모든 것을 잃어버리는 것을 뜻합니다. 그렇다면 자신이 취해왔던 방법을 한번 더 돌이켜보고, 왜 성공의 문턱에서 정상에 도달하지 못하는지 생각해 보는 것이 더 낫지 않을까요? 그동안의 노력이 밑거름이 되어 한순간에 성공에 도달할 수 있을 것입니다. 어쩌면 자신이 세운 목표보다 더 크고 웅장한 성공의 길을 발견할 수 있을지도 모르지요. 긍정적인 생각으로, 세상을 직시하며, 포기하지 않고 꾸준히 노력하는 사람에게는 세상이 항상 열려있다고 믿습니다.

미르치과병원의 수술실에서 수술을 함께 한 동료들과 한컷! 왼쪽부터 이 미정, 이 승애, 이 승엽, 박 세진, 허 준. 이 승애 치위생사 수석부장은 1994년 박 광범 치과의원에서 부터 2019년까지 25년을 함께 하고 있고, 이 승엽원장은 현재 미르치과의 수술과 수석원장으로 성장하였습니다. 박 세진 치위생사는 '4개의 손', '수술실의 전설'로 불릴 정도로 숙련된 수술 어시스트를 보여주어, 제가 많은 치과의사들로부터 부러움을 받을 수 있게 해 주었고 (두 아이의 엄마가 되어 2019년 10월 미르를 떠나게 되었습니다^^;;). 허 준 부장은 현재 메가젠 미주 담당 이사로서 큰 역할을 하고 있습니다. 이 분들과 함께 모든 임직원들의 헌신적인 도움이 없었다면, 저는 물론이고, 미르치과와 메가젠이 존재하지 못하였을지도 모르겠습니다. 늘 감사드립니다.

미르치과의 진료가 층별로 이루어지고 있던 2012년경, 함께 하였던 스텝들의 사진을 이 순구 화백의 작품으로 남겼습니다. 모두가 똑같이 활짝 웃음을 짓고 있어 비슷해 보이지만, 우리는 누가 누구인지 다 알아볼 수 있답니다.^^ (앞줄 왼쪽에서부터 이 승애, 박 광범, 양 경란. 중간 이 은진(왼쪽), 박 수진(오른쪽). 뒷줄 왼쪽에서부터 강 정은, 박 세진, 손 소라, 구 수진, 김 도경, 임 선혜, 이 은숙, 박 정혜). 저는 이 팀을 '드림 팀'이라고 감히 부를 수 있습니다!

모스크바 심포지엄 후 열린 메가젠 나이트 파티에서의 우연한 인증샷입니다. 의도되지 않은 한순간의 스냅샷이었지만, 이 속에 터키, 그리스, 중국, 한국, 레바논, 튀니지, 루마니아의 닥터들이 각자 개성있는 모습을 나타내고 있었습니다. 제가 글로벌 치과의사들과의 교류를 즐기는 이유이기도 합니다. 한국에도 좋은 치과의사분들이 많지만, 전세계에는 그보다 훨~~씬 많은 멋진 치과의사들이 있답니다. 마음을 열고 다가가면 모두가 친구가 됩니다.

It's always seems impossible until it's done.(어떤 일이든 이루어지기 전까지는 불가능한 것처럼 보인다) 남아프리카 공화국에서 여러 도시를 돌아다니며 순회 강연을 한 적이 있었는데, 넬슨 만델라 스퀘어에서 이 문장을 발견하였습니다. 이미 많은 분들이 잘 알고 계시는 문장이지만, 감회가 새로웠습니다. 나폴레옹이 이야기한 '불가능은 없다', 혹은 조선중기의 선비 양 사언의 시조 '태산이 높다 하되 하늘아래 뫼이로다 오르고 또 오르면 못오를리 없건마는 사람이 제 아니 오르고 뫼만 높다 하나니'와 같은 맥락의 경구라고 할 수 있겠습니다.

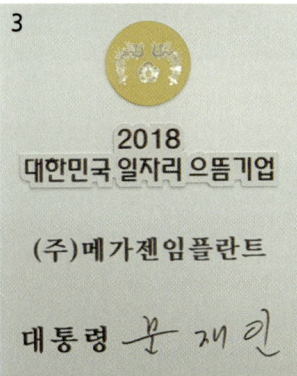

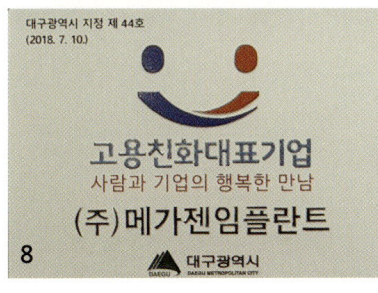

세계 속으로 뻗어 나가는 메가젠 임플란트임을 보여주는 몇 가지 사진들.
1. 2015년 메가젠은 정부에서 추진하는 World Class 300기업으로 선정되었습니다.
2. 2017년 독일의 독립적 임플란트 퀄리티 감시기구인 Clean Implant Foundation으로부터 한국의 임플란트 업체로서는 최초로 인증서를 수여 받았습니다. 전 세계적으로 가장 먼저 인증을 받은 5개사 중 하나로, 메가젠 임플란트의 우수한 품질을 공식적으로 인증받게 되었습니다.
3. 2018년 대구지역의 수 많은 기업들 중에서 유일하게 '2018 대한민국 일자리 으뜸기업'으로 선정되어 대통령 패를 받았습니다.
4. 2019년 제 45회 국가 품질경영 대회에서 대통령 표창을 수상하였습니다.
5. 2008년 오백만 불 수출의 탑을 수상한 이후, 지속적인 성장을 이루어 2017년에는 오천만 불 수출의 탑을 받았습니다. 10년의 기간동안 10배 이상 수출액이 증가하였습니다.
6. 2017년 12월 31일 한 해의 마지막 날 평창 동계올림픽 성화 봉송 주자의 일원으로 참여하게 되는 영광을 누렸습니다.
7. 2019년 한국의 20000여개 심사 대상기업들 중에서 메가젠 임플란트가 제 1 회 Global HEI award 를 수상하였습니다. 이 상은 UN에 등록된 기구가 수여하는 상으로써, 전세계에서 '사람중심 경영'을 우수하게 수행해 낸 기업을 발굴하여 격려하고, 이러한 생각을 전파하기 위해 만들어진 것입니다. 첫 번째 수상은 그야말로 큰 영광이었습니다.
8. 2018년 대구시로부터 고용친화 대표기업으로 선정되었습니다.
9. 2019년 여성가족부로부터 가족친화 우수기업으로 선정되었습니다.

행복이란

아무 일도
일어나지 않는게
얼마나 큰 행복인지
우리는 좀처럼 깨닫지 못한다.

사실은 하루하루가
담담히 평범하게 지나가는게
행복의 본질이다.

가까이 있을 때는 있는지 모르지만
멀어지면 커 보이는 것
그것은 바로 행복이다!

행복한 사람은 누군가
행복을 주어서 행복한게 아니라

별일 아닌 것에 '감사'하고
별일 아닌 것에 '감동'하고
별일 아닌 것에 '기뻐'하고
별일 아닌 것에 '즐거워'하고
별일 아닌 것에 '행복해'하는 사람이다.

"소박하고 욕심없는 마음을
가진 사람이 행복한 사람이다"

평범하게 살 수 있다는 것!
평범 자체가 바로 행복이다.

- 김옥두 아침 명상 -
문일현교수님께서 보내주신 아침명상 카카오톡 중에서…

많은 분들이 매일 아침 좋은 글을 보내주셔서 제 마음의 양식을 키워주십니다. 중국에 계시는 문 일현 교수님도 그중 한 분이십니다. 이스탄불에서 로드쇼를 준비하던 이른 아침에 이 글을 받았습니다. 그리고 다음 페이지를 일기로 남겼습니다.

평범, 그리고 아무 것도 일어나지 않는 일상… 그것이 행복입니다…

하지만 맨날 똑같다고 생각되게 만들고, 아무 변화를 느끼지 못하는 일상을 '유지'하기 위해서, 얼마나 많은, 눈에 보이지 않는 노력들이 있어야 하는지…

그것을 생각하고, 하루하루 열심히 최선을 다하는 그 분들이 우리 사회의 리더들입니다.

우리가 가지고 있는 것들을 몽땅 잃어버리는 것이 얼마나 쉽게 벌어질 수 있는지, 그 지옥스럽도록 놀랍고, 완전한 무기력에 빠지게 될 변화들과 사건들에 대해 '상상'해 보신 적이 있는지요? 혹시 이와 비슷한 실패와 파멸의 그림자가 가까이 어슬렁거리는 것을 '느끼신' 적이 있는지요?

이런 일들을 한 번도 생각하지 않고, 한 번도 느끼지 못하고, 평범하게 일상을 살아갈 수 있다면, 최고로 행복한 인생을 살다 간다고 할 수 있을 겁니다. 그러다가 어떤 일을 계기로, 이런 악마들과 불행들이 얼마나 우리 가까이에 있는가, 얼마나 순식간에 일어날 수 있는가를 느끼게 되면, 정말 많은 생각을 하게 될 것입니다.

그 속에서 우리는, 우리의 나약함과 무기력함을 가슴 절절이 느끼게 되고, 순간의 소중함, 내가 지금 이 순간 최선을 다해 할 수 있는 무언가가 있다는 것이 얼마나 감사한지 생각할 수 있게 되고, 비록 그것이 세상에 큰 변화를 일으킬 수 있는 대단한 혁신이라고 하더라도 스스로 자신을 낮추는 '겸손함'을 배우게 됩니다.

'혁명'을 외치는 사람들은 절대 '혁신'을 만들어낼 수 없습니다. '남을 위하는 척, 남을 위해 모든 것을 희생하는 척' 이야기하는 사람들은 절대 남을 위해 일하는 사람들이 아닙니다. '나' 조차도 혁신하지 못하고, '나' 조차도 위하지 못하는 사람들이 태반입니다.

오늘 자신이 가진 한계를 절감하고, 스스로를 수양하며, 가족과 주변의 작은 사회에 '평범한 일상'을 선사하기 위해 최선을 다해 노력하고, 이를 통해 '아주 천천히', '아주 조금씩' 좋은 방향으로 나아가는 '변화들'을 감사한 마음으로 지켜볼 수 있는, 그런 분들이 진정한 영웅들이고, 궁극적으로 혁신을 이끌어내는 주역들입니다.

- 이스탄불, 보스포러스의 아침을 마주하며, 2019/4/14 -

2019년 11월 대만에서 열린 임플란트 컨퍼런스 장소에 이런 대형 브로마이드가 걸려 있었습니다.^^ 참 당황스럽기도 하였지만, 주최측의 큰 배려에 감사하였습니다. 전 세계를 돌아다니면서 강의 활동을 하다보니, 분수에 넘치는 이런 감동을 누리는 행운도 가집니다. 더 많은 후배님들이 세계 무대를 누릴 수 있게 되기를 간절히 바랍니다.

더하는 페이지

나는 치과의사다

펴낸날	2020년 10월 26일 (2판 2쇄)
지은이	박광범
펴낸이	박광범
펴낸곳	엠지뉴턴

주 소	대구 중구 공평로 12
전 화	053-212-2074
팩 스	070-7469-2074
이메일	ceo@imegagen.com

Copyright@2020 MGNEWTON, Inc.
ISBN 979-11-970242-0-7-13510
정가 20,000원

- 본 서는 저자와의 협약에 의해 엠지뉴턴에서 발행합니다.
- 본 서의 내용 중 일부 혹은 전부를 무단으로 복제하는 것은 법으로 금지되어 있습니다
- 잘못된 책은 교환해 드립니다.

이 책의 저자 수익금은 전액 치과계의 발전을 위해 기부됩니다.